社会　出題傾向＆対策

◆基本データ（2024年度Ａ）

試験時間／満点	理科と合わせて60分／50点
問題構成	・大問数…３題 ・小問数…24問
解答形式	記号選択と用語の記入（漢字指定あり）のみの出題で，記述問題などは見られない。
実際の問題用紙	Ａ４サイズ，小冊子形式
実際の解答用紙	Ｂ４サイズ

◆出題傾向と内容

各分野から広く出題されています。いわゆる難問奇問はないので，基礎がしっかりできていれば迷うことはないでしょう。ただし，図表などの読み取りの問題には，考えさせるものも多くあるので，注意が必要です。

●**地理**…地図と地形図，日本の産業，日本の気候や災害を題材にした問題などが出されています。とくに，国土・自然・気候についてよく問われています。

●**歴史**…各時代についてまとめられた資料をもとに政策や人物についての歴史的なことがらを問う問題や，日本の外交などを題材にした問題が出されています。ほかに，図や絵，写真といった史料を題材とした問題や千葉県に関係する歴史なども見られます。

●**政治**…国会・内閣・裁判所と日本国憲法を中心に出題されています。なかでも，三権の関係，選挙と選挙制度，内閣のしごとやしくみ，裁判所のしくみとはたらき，裁判員制度，基本的人権などが取り上げられています。

分野＼年度			2024		2023		2022	
			A	B	A	B	A	B
日本の地理		地図の見方						
		国土・自然・気候	★	○	★			★
		資源			○			○
		農林水産業				[illegible]	[illegible]	[illegible]
		工[illegible]	[illegible]	[illegible]	[illegible]	[illegible]	[illegible]	[illegible]
		交通・通[illegible]	[illegible]	[illegible]	[illegible]	[illegible]	[illegible]	[illegible]
		人口・生[illegible]	[illegible]	[illegible]	[illegible]	[illegible]	[illegible]	[illegible]
		各地方[illegible]	[illegible]	[illegible]	[illegible]	[illegible]	[illegible]	[illegible]
		地理[illegible]	[illegible]	[illegible]	[illegible]	[illegible]		
世界の[illegible]			[illegible]					
日本の歴史	時代	原始～古代	○	○	○	○	○	○
		中世～近世	○	○	○	○	○	○
		近代～現代	○	○	○	○	○	○
	テーマ	政治・法律史						
		産業・経済史						
		文化・宗教史						
		外交・戦争史						
		歴史総合	★	★	★	★	★	★
世界の歴史								
政治		憲法		○	○			
		国会・内閣・裁判所	○	★	○		★	★
		地方自治				★		
		経済	★		○			
		生活と福祉			○			
		国際関係・国際政治						
		政治総合			★			
環境問題								
時事問題								
世界遺産								
複数分野総合								

※　原始～古代…平安時代以前，中世～近世…鎌倉時代～江戸時代，近代～現代…明治時代以降

※　★印は大問の中心となる分野をしめします。

◆対策～合格点を取るには？～

標準的な問題が多いので，まずは基礎をしっかり身につけることを心がけましょう。教科書のほか，説明がていねいでやさしい標準的な参考書を選び，基本事項を確実におさえることが大切です。用語などは漢字で正しく書けるようにしておきましょう。

地理分野では，地図やグラフをつねに参照しながら，白地図作業帳を利用して地形と気候をまとめ，そこから産業のようすなどへと広げていってください。

歴史分野では，教科書や参考書を読むだけでなく，自分で年表をつくって覚えると学習効果が上がります。年表は各時代の政治・文化・経済ごとに分けてまとめてもよいでしょう。また，資料集などで歴史的史料や地図などに親しんでおくと，楽しみながら実力をつけることができます。

政治分野では，政治のしくみ，日本国憲法の基本的な内容を中心に勉強してください。衆議院と参議院のちがいなど，混同しやすいことがらをしっかりと整理しておくことが得点につながります。また，時事問題についても，テレビや新聞などをこまめに確認するようにし，それにかかわる単元もふくめてまとめておきましょう。中学受験用の時事問題集に取り組むことも効果的です。

理科 出題傾向＆対策

◆基本データ(2024年度A)

試験時間／満点	社会と合わせて60分／50点
問題構成	・大問数…５題 ・小問数…22問
解答形式	記号選択と適語・数値の記入のほか，記述問題も出されている。
実際の問題用紙	Ａ４サイズ，小冊子形式
実際の解答用紙	Ｂ４サイズ

分野＼年度		2024		2023		2022	
		A	B	A	B	A	B
生命	植物	★	★	★		★	
	動物				★		
	人体						
	生物と環境						★
	季節と生物						
	生命総合						
物質	物質のすがた	○					
	気体の性質		★				
	水溶液の性質			★			
	ものの溶け方			○		★	
	金属の性質						
	ものの燃え方				★		★
	物質総合	★					
エネルギー	てこ・滑車・輪軸						
	ばねののび方			★			
	ふりこ・物体の運動						
	浮力と密度・圧力			○			
	光の進み方						
	ものの温まり方						★
	音の伝わり方						
	電気回路	○	★			★	
	磁石・電磁石				★		★
	エネルギー総合	★					
地球	地球・月・太陽系	○			★	★	
	星と星座	○					
	風・雲と天候						
	気温・地温・湿度			★			
	流水のはたらき・地層と岩石		★				
	火山・地震						★
	地球総合	★					
実験器具							
観察							
環境問題							
時事問題		★	★	★	★	★	★
複数分野総合							

※　★印は大問の中心となる分野をしめします。

◆出題傾向と内容

本校の理科は，以下にあげる各分野の出題のほか，時事問題(気象，月食，ノーベル賞，宇宙開発，ロケットなど)が出題されるのが特ちょうとなっています。

●**生命**…こん虫のからだのつくり，食物連鎖，植物のからだのつくりと成長，メダカの活動について出題されています。

●**物質**…気体の性質，水溶液の性質，ものの溶け方，ものの燃え方などが出題されていますが，どれも基本的な問題になっています。

●**エネルギー**…ばねののび方，浮力，ものの温まり方，電気回路，光電池，発電とエネルギーなどが出題されています。どれも基礎を土台にして，論理的に考えることが大切です。

●**地球**…太陽，地球，月などの動きやその動きにともなう現象が出題されています。地形に関する問題としては，流水のはたらき，地層，火山などが出題されています。気象については，気温や湿度の変化，空気中の水蒸気などが出題されています。

◆対策～合格点を取るには？～

本校の理科は実験・観察・観測をもとに基本的なことがらを問うものが大部分をしめているので，日ごろの学習の中でそれらを着実におさえ，かたよりのない勉強を心がける必要があります。そのためには，参考書の内容をよく理解し，整理しておくのがいちばんです。そのさい，知識事項は正確に覚えるように心がけ，実験・観察・観測の方法や結果，実験器具などのあつかい方についてまとめておくことも忘れてはなりません。そして，基礎が固まったら，知識や理解の確認のために，あまり難しくない入試問題集を解いてみることです。80～90％解けるようならば自信を持ってよいでしょう。もし，解けないようなら，もう一度教科書を読みなおして，基本的なことがらをあらためて整理・確認することが大切です。

なお，問題はほとんどが記号選択ですが，入試の全体的な流れからすると記述問題が増えることも予想されます。問題集などで，記述式の問題にあたって自分なりにまとめ，簡潔に書けるように練習をしておきましょう。また，環境問題や，科学・自然に関する時事的なできごとなどについても出題されますから，時事問題集などにも目を通しておきましょう。

国語　出題傾向＆対策

◆基本データ（2024年度Ａ）

試験時間／満点	50分／100点
問題構成	・大問数…３題 文章読解題２題／知識問題１題 ・小問数…20問
解答形式	記号選択と適語の記入のほかに，本文中のことばの書きぬきが出題されている。記述問題などは見られない。
実際の問題用紙	Ａ４サイズ，小冊子形式
実際の解答用紙	Ｂ４サイズ

◆出題傾向と内容

▶近年の出典情報（著者名）
説明文：苫野一徳　宮武久佳　齋藤　孝
小　説：小川未明　重松　清　江國香織
随　筆：又吉直樹

●読解問題…説明文・論説文から１題と，小説・物語文から１題取り上げられることが多いようです。小学校高学年向けの科学読み物や，同年代の主人公が登場する物語など，受験生が興味を持てる題材が選ばれています。筆者の考えや要旨，心情や理由の読み取り，接続語の補充などが問われています。

●知識問題…同音異義語，同訓異字，四字熟語，熟語の組み立て，慣用句・ことわざ，敬語の使い方，共通する部首で漢字をつくるもの，対義語，文学史などが出されています。

◆対策～合格点を取るには？～

本校の国語は，読解力を中心にことばの知識や漢字力もあわせ見るという点では，実にオーソドックスな問題ということができますが，その中でも大きなウェートをしめるのは，長文の読解力です。したがって，読解の演習のさいには，以下の点に気をつけましょう。①「それ」や「これ」などの指示語は何をさしているのかを考える。②段落や場面の構成を考える。③筆者の主張や登場人物の性格，心情の変化などに注意する。④読めない漢字，意味のわからないことばが出てきたら，すぐに辞典で調べ，用例などとともにノートにまとめておく。

また，知識問題は，漢字・語句の問題集を一冊仕上げるとよいでしょう。

分野 ＼ 年度			2024 A	2024 B	2023 A	2023 B	2022 A	2022 B
読解	文章の種類	説明文・論説文	★		★	★	★	★
		小説・物語・伝記	★	★	★	★	★	★
		随筆・紀行・日記		★				
		会話・戯曲						
		詩						
		短歌・俳句						
	内容の分類	主題・要旨	○	○	○	○	○	○
		内容理解	○	○	○	○	○	○
		文脈・段落構成	○					○
		指示語・接続語	○		○	○		○
		その他	○	○	○	○	○	○
知識	漢字	漢字の読み			○	○	○	○
		漢字の書き取り	○	○	○	○	○	○
		部首・画数・筆順		○				
	語句	語句の意味	○		○		○	
		かなづかい						
		熟語	○	○	○	○		○
		慣用句・ことわざ	○	○		○	○	○
	文法	文の組み立て						
		品詞・用法						
		敬語	○					
	形式・技法		○		○		○	
	文学作品の知識		○	○		○		
	その他			○	○			
	知識総合		★	★	★	★	★	★
表現	作文							
	短文記述							
	その他							
放送問題								

※　★印は大問の中心となる分野をしめします。

カコを追いかけ
ミライをつかめ
「今の説明、もう一回」を何度でも
web過去問
ストリーミング配信による入試問題の解説動画
もっと古いカコモンないの?
カコ過去問
「さらにカコの」過去問をHPに掲載(DL)
声の教育社
詳しくはこちらから

●収録内容一覧

■2025年度中学受験用

東海大学付属 浦安高等学校中等部

5年間(＋3年間HP掲載)スーパー過去問

入試問題と解説・解答の収録内容

2024年度　A	算数・社会・理科・国語	実物解答用紙DL
2024年度　B	算数・社会・理科・国語（解答のみ）	実物解答用紙DL
2023年度　A	算数・社会・理科・国語	実物解答用紙DL
2023年度　B	算数・社会・理科・国語（解答のみ）	実物解答用紙DL
2022年度　A	算数・社会・理科・国語	実物解答用紙DL
2022年度　B	算数・社会・理科・国語（解答のみ）	実物解答用紙DL
2021年度　A	算数・社会・理科・国語	
2021年度　B	算数・社会・理科・国語（解答のみ）	
2020年度　A	算数・社会・理科・国語	

2019～2017年度(HP掲載)

「カコ過去問」
（ユーザー名）koe
（パスワード）w8ga5a1o

問題・解答用紙・解説解答DL

◇著作権の都合により国語と一部の問題を削除しております。
◇一部解答のみ（解説なし）となります。
◇９月下旬までに全校アップロード予定です。
◇掲載期限以降は予告なく削除される場合があります。

～本書ご利用上の注意～　以下の点について，あらかじめご了承ください。

★別冊解答用紙は巻末にございます。実物解答用紙は，弊社サイトの各校商品情報ページより，一部または全部をダウンロードできます。
★編集の都合上，学校実施のすべての試験を掲載していない場合がございます。
★当問題集のバックナンバーは，弊社には在庫がございません（ネット書店などに一部在庫あり）。
★本書の内容を無断転載することを禁じます。また，本書のコピー，スキャン，デジタル化等の無断複製は著作権法上での例外を除き禁じられています。

合格を勝ち取るための
『スーパー過去問』の使い方

本書に掲載されている過去問をご覧になって，「難しそう」と感じたかもしれません。でも，多くの受験生が同じように感じているはずです。なぜなら，中学入試で出題される問題は，小学校で習う内容よりも高度なものが多く，たくさんの知識や解き方のコツを身につけることも必要だからです。ですから，初めて本書に取り組むさいには，点数を気にしすぎないようにしましょう。本番でしっかり点数を取れることが大事なのです。

過去問で重要なのは「まちがえること」です。自分の弱点を知るために，過去問に取り組むのです。当然，まちがえた問題をそのままにしておいては意味がありません。

本書には，長年にわたって中学入試にたずさわっているスタッフによるていねいな解説がついています。まちがえた問題はしっかりと解説を読み，できるようになるまで何度も解き直しをしてください。理解できていないと感じた分野については，参考書や資料集などを活用し，改めて整理しておきましょう。

このページも参考にしてみましょう！

◆どの年度から解こうかな 「入試問題と解説・解答の収録内容一覧」

本書のはじめには収録内容が掲載されていますので，収録年度や収録されている入試回などを確認できます。

※著作権上の都合によって掲載できない問題が収録されている場合は，最新年度の問題の前に，ピンク色の紙を差しこんでご案内しています。

◆学校の情報を知ろう!! 「学校紹介ページ」

このページのあとに，各学校の基本情報などを掲載しています。問題を解くのに疲れたら息ぬきに読んで，志望校合格への気持ちを新たにし，再び過去問に挑戦してみるのもよいでしょう。なお，最新の情報につきましては，学校のホームページなどでご確認ください。

◆入試に向けてどんな対策をしよう？「出題傾向＆対策」

「学校紹介ページ」に続いて，「出題傾向＆対策」ページがあります。過去にどのような分野の問題が出題され，どのように対策すればよいかをアドバイスしていますので，参考にしてください。

◇別冊「入試問題解答用紙編」

本書の巻末には，ぬき取って使える別冊の解答用紙が収録してあります。解答用紙が非公表の場合などを除き，（注）が記載されたページの指定倍率にしたがって拡大コピーをとれば，実際の入試問題とほぼ同じ解答欄の大きさで，何度でも過去問に取り組むことができます。このように，入試本番に近い条件で練習できるのも，本書の強みです。また，データが公表されている学校は別冊の１ページ目に過去の「入試結果表」を掲載しています。合格に必要な得点の目安として活用してください。

本書がみなさんの志望校合格の助けとなることを，心より願っています。

株式会社　声の教育社　編集部

東海大学付属浦安高等学校中等部

所在地	〒279-8558 千葉県浦安市東野3-11-1
電　話	047-351-2371
ホームページ	https://www.urayasu.tokai.ed.jp/
交通案内	東京メトロ東西線「浦安駅」よりバス約10分，JR京葉線「舞浜駅」より徒歩約18分またはバス約10分，「新浦安駅」よりバス約10分

くわしい情報はホームページへ

トピックス

★推薦試験の面接は，時間5分，面接官2名で実施(参考：昨年度)。
★例年，文化祭(建学祭)は10月に実施される〔一般公開〕。

創立年 昭和63年　男女共学　高校募集あり

応募状況

年度	募集数	応募数			受験数	合格数	倍率
2024	推70名	男	4科	115名	114名	76名	1.5倍
		女		51名	50名	35名	1.4倍
	A 30名	男	4科	377名	364名	164名	2.2倍
		女		196名	193名	87名	2.2倍
	B 20名	男	2科	66名	65名	19名	3.4倍
			4科	164名	147名	56名	2.6倍
		女	2科	64名	61名	30名	2.0倍
			4科	54名	50名	21名	2.4倍
2023	推70名	男	4科	111名	110名	82名	1.3倍
		女		40名	40名	27名	1.5倍
	A 30名	男	4科	376名	354名	170名	2.1倍
		女		196名	189名	108名	1.8倍
	B 20名	男	2科	64名	61名	23名	2.7倍
			4科	137名	125名	57名	2.2倍
		女	2科	41名	41名	23名	1.8倍
			4科	34名	30名	13名	2.3倍

2024年春の主な他大学合格実績

東京学芸大，中央大，成城大，獨協大，武蔵大，日本大，東洋大，順天堂大

○毎年，併設の付属高校の卒業生は，約80％が東海大学に進学しています。

本校の特色

本校は「大学の先にある人としての在り方生き方」を探究し，真の「人格形成」を教育の目標としています。

～総合的な学習の時間
「浦安人生学」を通した学習目標～

①横断的・総合的な学習や探究的な学習，協働的な学習に意欲的に取り組む。
②自ら進んで課題を見つけ，主体的に学び，判断し，より良く問題を解決する資質や力を伸ばす。
③学び方やものの考え方を身につけ，人とのかかわり合いを大切にできる。
④学んだことを身近な生活にいかし，地域社会に貢献できる力を高める。
⑤自分自身や友だちの良いところに気づき，自己の生き方を考えることができる。

2025年度入試情報

〔推薦試験〕
試験日時：2024年12月1日　8:30 集合
試験科目：国算理社，面接(本人のみ，個別面接)
合格発表：2024年12月2日　11:00＊

〔A試験〕
試験日時：2025年1月20日　8:30 集合
試験科目：国算理社
合格発表：2025年1月21日　11:00＊

〔B試験〕
試験日時：2025年1月24日　8:30 集合
試験科目：国算理社または国算
合格発表：2025年1月25日　11:00＊

＊合格発表は専用サイトにて行われます。

編集部注―本書の内容は2024年5月現在のものであり，変更されている場合があります。正確な情報は，学校のホームページ等で必ずご確認ください。

算数 出題傾向＆対策

◆基本データ（2024年度A）

試験時間／満点	50分／100点
問題構成	・大問数…５題 計算１題（６問）／応用小問１題（６問）／応用問題３題 ・小問数…20問
解答形式	解答のほかに途中の計算や式を書くスペースがある。必要な単位などはあらかじめ解答用紙に印刷されている。
実際の問題用紙	Ａ４サイズ，小冊子形式
実際の解答用紙	Ｂ４サイズ

◆出題傾向と内容

▶過去３年の出題率トップ３
１位：四則計算・逆算20％　２位：角度・面積・長さ８％　３位：濃度など６％
▶今年の出題率トップ３
１位：四則計算・逆算21％　２位：割合と比，調べ・推理・条件の整理10％

計算問題は，小数や分数の混合計算などが出題されています。複雑なものはありませんが，くふうして解くものも見られます。

応用小問は，割合・濃度・数の性質・売買損益・速さ・平面図形・立体図形など，バラエティーに富んでいますが，どれも基礎力をためす出題となっています。

応用問題は，水の深さと体積に関連する問題や速さに関連する問題（旅人算や通過算），周期算，推理・条件の整理などがよく出されており，特に，規則性を見つけて解く問題は難度が上がっています。

◆対策～合格点を取るには？～

まず，計算力を毎日の計算練習で身につけましょう。計算の過程をきちんとノートに書き，答え合わせのときに，どんなところでミスしやすいかを発見するようにつとめること。

数の性質，割合と比では，はじめに教科書にある重要事項を整理し，類題を数多くこなして，基本的なパターンを身につけましょう。

図形では，はじめに求積問題を重点的に学習すること。

特殊算には，参考書などにある「〇〇算」というものの基本を学習し，公式をスムーズに活用できるようになりましょう。

	年度	2024		2023		2022	
分野		A	B	A	B	A	B
計算	四則計算・逆算	●	●	●	●	●	●
	計算のくふう	○	○	○	○	○	
	単位の計算	○	○				
和と差	和差算・分配算	○					
	消去算						
	つるかめ算			○			
	平均とのべ			○	○		
	過不足算・差集め算						
	集まり			○			
	年齢算						
割合と比	割合と比	◎	○	○	○		○
	正比例と反比例						
	還元算・相当算						
	比の性質						
	倍数算						
	売買損益			○	○	○	○
	濃度	○	○	○	○	○	○
	仕事算	○	○		○	○	○
	ニュートン算			○	○		○
速さ	速さ	○	○				
	旅人算		○	○			○
	通過算				○	○	
	流水算	○					
	時計算						
	速さと比	○					
図形	角度・面積・長さ	○	○	○	○	○	○
	辺の比と面積の比・相似						
	体積・表面積			○		○	
	水の深さと体積						
	展開図						
	構成・分割						○
	図形・点の移動						
表とグラフ				○	○		
数の性質	約数と倍数					○	○
	N進数						
	約束記号・文字式						
	整数・小数・分数の性質						
規則性	植木算					○	
	周期算				○	○	
	数列						
	方陣算						
	図形と規則						
場合の数		○					
調べ・推理・条件の整理		○	◎			○	○
その他							

※　○印はその分野の問題が１題，◎印は２題，●印は３題以上出題されたことをしめします。

2025年度 中学受験用

東海大学付属浦安高校中等部　５年間スーパー過去問

をご購入の皆様へ

お詫び

本書、東海大学付属浦安高校中等部の入試問題につきまして、誠に申し訳ございませんが、以下の問題は著作権上の都合により掲載することができません。設問と解説、解答は掲載してございますので、ご必要とされる方は原典をご参照くださいますよう、お願い申し上げます。

記

2020年度　〈A試験〉国語　二　の問題文

以上

株式会社　声の教育社　編集部

2024年度 東海大学付属浦安高等学校中等部

【算　数】 〈**A試験**〉 (50分) 〈満点：100点〉

1 次の計算をしなさい。

(1) $413+17\times23$

(2) $1\frac{3}{7}\times\frac{3}{5}+2\div\frac{7}{8}$

(3) $1.15\times3+2.1\div0.35$

(4) $2\frac{1}{7}\div0.15-2\div\frac{1}{7}$

(5) $0.314\times3.14+0.43\times0.628$

(6) $5\div\left\{3-2\times\left(\frac{1}{3}-\frac{1}{7}\right)\right\}$

2 次の各問いに答えなさい。

(1) 1個298円の品物を15個買いました。10%の税がかかるとき，支払う金額は何円になりますか。

(2) ある自動車が1kmの道のりを72秒で走り抜けました。このとき，時速何kmでしたか。

(3) 午後6時27分の$2\frac{7}{12}$時間前は午後何時何分ですか。

(4) 食塩12gを水に溶かして3%の食塩水を作ります。水は何g必要ですか。

(5) ある製品をA工場では1日37個，B工場では1日27個作ります。この2つの工場で同時に製品を作るとき，1000個目の製品ができるのは何日目ですか。

(6) 右図の斜《しゃ》線部の面積は何cm^2ですか。ただし，円周率は3.14とします。

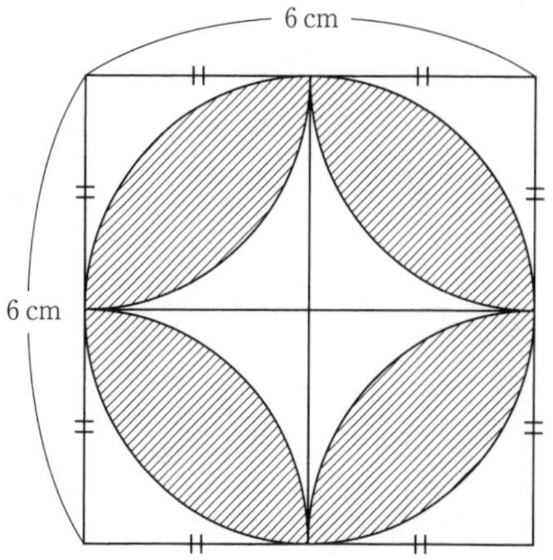

3 1個のさいころを2回投げます。このとき，次の問いに答えなさい。

(1) 1回目と2回目に出た目を足したとき，その和が7になるのは何通りですか。

(2) 1回目と2回目に出た目をかけたとき，その積が奇数になるのは何通りですか。

(3) 1回目と2回目に出た目をかけたとき，その積が4の倍数になるのは何通りですか。

4　ある中学校の全生徒数は432人です。各学年の生徒数について，次のことがわかっています。

①　３年生の生徒数は２年生の男子の人数と同じ。

②　１年生の生徒数は全体の３分の１。

③　全生徒数の男女比は11：7。

④　２年生の女子は１年生の女子よりも20人多い。

⑤　１年生の男子は１年生の女子より40人多い。

このとき，次の問いに答えなさい。

(1)　１年生の生徒数は何人ですか。

(2)　２年生の女子の人数は何人ですか。

(3)　３年生の男子の人数は何人ですか。

5　分速100ｍの速さで流れている川の上流にＡ市があり，下流にＢ市があります。Ａ市とＢ市の間を船が定期的に往復しています。午前９時にＡ市を出て，Ｂ市に向かいます。Ｂ市で25分休んだあと出発し，Ａ市に午前10時55分に着きました。ただし，船は流れのない水面上を時速18km で進むものとします。このとき，次の問いに答えなさい。

(1)　川の流れの速さは時速何 km ですか。

(2)　Ａ市とＢ市の間の距離《きょり》は何 km ですか。

【社　会】〈A試験〉（理科と合わせて60分）〈満点：50点〉

1　次の先生と生徒の会話文を読んで，あとの問いに答えなさい。

先　生：今日は日本の自然災害と防災について考えてみましょう。自然災害というとA君はどんなことが思い浮かびますか。

生徒A：昨年の夏休みに家族で宮崎県に旅行したのですが，大雨の影響で交通機関が大きく乱れてしまって，浦安に帰ることができませんでした。

先　生：それは大変だったね。どんな様子だったのですか。

生徒A：８月10日の明け方から土砂降《どしゃぶ》りの状態が続いて，24時間の雨量が300mmをこえる大雨で道路も水につかってしまい，翌日の夕方までホテルで待機していました。

先　生：台風６号が①この時期の台風としてあまり例がないルートを通っていたので，影響が長く続きましたね。②台風や前線に大量の水蒸気が集まり，雨雲が数時間にわたってほぼ同じ場所を通過《つうか》・停滞《ていたい》することで，大雨が長時間続いたんですね。

先　生：Bさんはどうですか？

生徒B：私も昨年に家族で岩手県へ行き，陸前高田《りくぜんたかた》市の「東日本大震災津波伝承館《ひがしにほんだいしんさいつなみでんしょうかん》」を見学したことが印象に残っています。

先　生：2011年からもうすぐ13年になりますね。

生徒B：伝承館は海に近い復興祈念《ふっこうきねん》公園にあって，多くの人が訪れていました。展示には被災した実際の物などもあって，災害の様子がよくわかりました。

先　生：日本列島は４つのプレートが集まっていて，フィリピン海プレートなどの（　１　）のプレートが，ユーラシアプレートなどの（　２　）のプレートに沈み込んでいるため，常に地震の危険がありますね。陸前高田市のある太平洋岸の東北地方では，③海岸の地形の影響で津波の被害が大きくなりやすいといわれています。町の様子はどうでしたか？

生徒B：④新しい防潮堤《ぼうちょうてい》が完成し，住宅街が山側の高台に移され，新しい市街地《しがいち》をかさ上げするなど，町づくりの工事はほぼ完成していました。ただ，人口の流出《りゅうしゅつ》が続いていて，地域の再生には課題が多いそうです。

先　生：町や道路ができても，地域が再生されるまでには多くの課題がありますね。

問１　文中の下線部①に関連して，台風の説明として正しいものを，次のア～エから２つ選び，記号で答えなさい。

ア．日本の南にあたる太平洋上で発生した温帯低気圧である。

イ．台風の最大風速は毎秒約17m以上である。

ウ．台風の気圧は960hpa以下である。

エ．日本の南にあたる太平洋上で発生した熱帯低気圧である。

問２　文中の下線部①に関連して，11月に日本列島にくる台風の平均的なルートを次の図中ア～ウから１つ選び，記号で答えなさい。

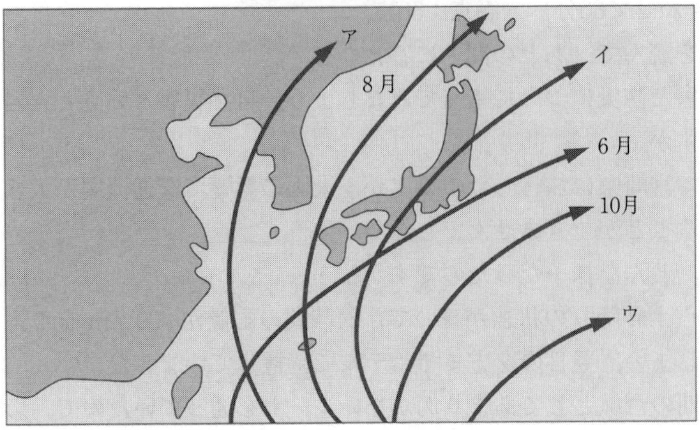

(気象庁HPのデータをもとに作成)

問3　文中の下線部②に関連して，このような気象現象の用語として正しいものを，次のア～エから1つ選び，記号で答えなさい。

ア．ゲリラ豪雨《ごうう》　イ．線状降水帯《せんじょうこうすいたい》

ウ．熱帯低気圧《ねったいていきあつ》　エ．梅雨前線《ばいうぜんせん》

問4　文中の(1)・(2)にあてはまる言葉を，それぞれ漢字1字で答えなさい。

問5　文中の下線部③に関連して，この海岸地形の名称を答えなさい。

問6　文中の下線部④に関連して，災害が起きる前提《ぜんてい》のもとで，複数の対策によって被害を最小限におさえる考え方を何といいますか。次のア～エから1つ選び，記号で答えなさい。

ア．防災《ぼうさい》　イ．被災《ひさい》　ウ．甚災《じんさい》　エ．減災《げんさい》

2　次の各時代の史料とその説明文を読み，あとの問いに答えなさい。

飛鳥時代	一．①皇族や豪《ごう》族の土地・人民を国家が直接支配する。 二．全国を国・郡に分ける。 三．戸籍をつくり，人民に田を分け与えて耕作させる。 四．②新しい税制度を定める。	左は，中臣鎌足《なかとみのかまたり》とともに蘇我蝦夷《そがのえみし》・入鹿《いるか》を滅ぼした(1)が，646年に発表した天皇中心の国をつくるための基本方針です。この後の701年，(2)律令が制定され，天皇を中心とした政治制度は完成しました。

問1　文中の(1)にあてはまる人物を，次のア～エから1つ選び，記号で答えなさい。

ア．藤原不比等《ふじわらのふひと》　イ．小野妹子《おののいもこ》

ウ．中大兄皇子《なかのおおえのおうじ》　エ．聖徳太子《しょうとくたいし》(厩戸皇子《うまやどのおうじ》)

問2　文中の(2)にあてはまる元号を，次のア～エから1つ選び，記号で答えなさい。

ア．大化《たいか》　イ．大宝《たいほう》　ウ．養老《ようろう》　エ．延喜《えんぎ》

問3　文中の下線部①について，このような原則を何といいますか。解答欄に合わせて漢字で答えなさい。

問4　文中の下線部②について，男子に課《か》された地方の特産物を納める税を，次のア～エから1つ選び，記号で答えなさい。

ア．雑徭《ぞうよう》　イ．庸《よう》　ウ．調《ちょう》　エ．租《そ》

室町時代	一．けんかをした者は，いかなる理由でも処罰《しょばつ》する。	③8代将軍足利義政《あしかがよしまさ》のあとつぎをめぐって（ 3 ）がおき，下剋上《げこくじょう》の風潮《ふうちょう》が広がりました。そして，幕府の権威《けんい》ではなく実力で領国を治める戦国大名が登場しました。左は，④甲斐《かい》の戦国大名の分国法（家法）です。

問５　文中の（３）にあてはまる言葉を答えなさい。

問６　文中の下線部③が建立《こんりゅう》した慈照寺の観音殿《かんのんでん》について正しくないものを，次のア～エから１つ選び，記号で答えなさい。

ア．銀閣とよばれ，２階は黒の漆塗《うるしぬ》りである。

イ．京都の東山に建立された。

ウ．世界文化遺産に登録されている。

エ．建築様式《ようしき》は寝殿造りを取り入れている。

問７　文中の下線部④の人物を，次のア～エから１つ選び，記号で答えなさい。

ア．今川義元《いまがわよしもと》　　イ．武田信玄《たけだしんげん》

ウ．上杉謙信《うえすぎけんしん》　　エ．浅井長政《あざいながまさ》

明治時代	余《よ》は日露非開戦論者であるばかりではない。戦争絶対反対論者である。戦争は人を殺すことである。・・・・	左はキリスト教徒の（ 4 ）が雑誌に掲載《けいさい》した日露の開戦に反対する主張の一部です。⑤日露戦争は日本が有利に進めましたが，両国とも戦争継続《けいぞく》が困難《こんなん》な状況になり，1905年，⑥ポーツマス条約が結ばれました。⑦この戦争前後，日本は第２次産業革命がおこり，貿易量が大きく伸《の》びました。

問８　文中の（４）にあてはまる人物を，次のア～エから１つ選び，記号で答えなさい。

ア．内村鑑三《うちむらかんぞう》　　イ．与謝野晶子《よさのあきこ》

ウ．幸徳秋水《こうとくしゅうすい》　　エ．平塚《ひらつか》らいてう

問９　文中の下線部⑤について，当時の外務大臣は関税自主権を回復させたことでも有名です。この人物を次のア～エから１人選び，記号で答えなさい。

ア．小村寿太郎《こむらじゅたろう》　　イ．伊藤博文《いとうひろぶみ》

ウ．陸奥宗光《むつむねみつ》　　エ．大隈重信《おおくましげのぶ》

問10　文中の下線部⑥について述べた文として正しくないものを，次のア～エから１つ選び，記号で答えなさい。

ア．遼東《りょうとう》半島南部の租借《そしゃく》権を得た。

イ．賠償金《ばいしょうきん》を得ることができなかった。

ウ．韓国の指導・監督権を得た。

エ．同盟国イギリスの仲介で開催された。

問11　文中の下線部⑦について，この当時の輸出入の変化の資料から読み取れる文として正しいものを，あとのア～エから１つ選び，記号で答えなさい。

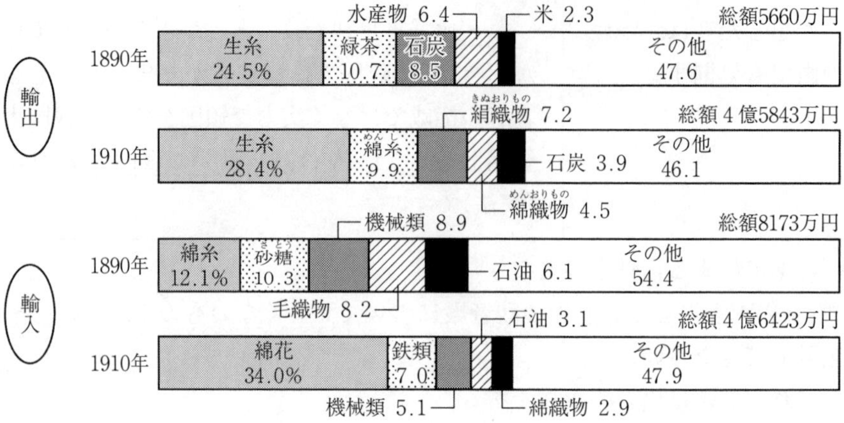

(「日本貿易精覧」)

ア．輸入品の総額は1890年と1910年と比べ，２倍に増えている。

イ．1890年の輸入品の中心は生糸であり，製糸《せいし》業より紡績《ぼうせき》業の方が発展していた。

ウ．1910年には原料の綿花を輸入して，綿糸として輸出するようになった。

エ．1910年には重化学工業が発達し，機械類などの輸出が大きな割合を占めた。

昭和時代	第１条　連合国は，日本国とその領海に対する日本国民の完全な主権を認める。 第２条　日本国は，朝鮮の独立を承認し，・・・日本国は，⑨台湾《たいわん》・澎湖諸島《ほうこしょとう》に対する全ての権利を放棄する。・・・	左は⑧1951年に結ばれた条約の一部で，日本はこの条約によって独立国としての主権を回復しました。1956年には（ ５ ）と国交を回復させ，同年に国際連合への加盟が認められて国際社会に復帰しました。

問12　文中の(５)にあてはまる国を，次のア～エから１つ選び，記号で答えなさい。

ア．イギリス

イ．アメリカ

ウ．中国

エ．ソ連

問13　文中の下線部⑧の条約を答えなさい。

問14　文中の下線部⑨は，日本が戦争に勝利して領有した地域である。この戦争の講和条約を，次のア～エから１つ選び，記号で答えなさい。

ア．南京条約

イ．北京条約

ウ．下関条約

エ．ワシントン条約

3　次の文を読み，あとの問いに答えなさい。

国や地方公共団体が税金などを集めて，公共事業や様々なサービスに支出することを(A)といいます。

国は，1年間(4月1日から翌年の3月31日まで)の収入と支出の見積もりを出します。これを①予算といい，予算案は(B)が作成し，国会が議決します。税金や②国債などを中心とした収入である歳入から，様々な政策などを通じて支出されることになります。この支出を歳出といいます。

収入の中の税金は，国に納められる(C)税と，地方公共団体に納められる(D)税とに分けられます。また，税の徴収の仕方は，③税を負担する者と税を納める手続きをする者とが同じ直接税と，税を負担する者と納める手続きをする者とが異なる間接税とに分けることができ，これをもとに様々な税目《ぜいもく》が定められています。

一般的には，(A)活動などによって，世の中に出回るお金の量を増やせば景気は(E)なりますが，(F)とよばれる物価高を招《まね》く恐《おそ》れがあります。逆にお金の量を減らせば景気は(G)なり，(H)とよばれる物価安を招く恐れがあります。このように国は，(A)を通じて経済をコントロールし，人々の暮らしの安定化に努めています。

問1　文中の(A)～(D)に入る言葉を，それぞれ漢字で答えなさい。

問2　文中の(E)～(H)に入る言葉の組み合わせとして正しいものを，次のア～エから1つ選び，記号で答えなさい。

ア.(E)　悪く　(F)　デフレーション　(G)　良く　(H)　インフレーション

イ.(E)　良く　(F)　デフレーション　(G)　悪く　(H)　インフレーション

ウ.(E)　悪く　(F)　インフレーション　(G)　良く　(H)　デフレーション

エ.(E)　良く　(F)　インフレーション　(G)　悪く　(H)　デフレーション

問3　次のグラフを参考に設問に答えなさい。

一般会計税収，歳出総額および国債発行額の推移

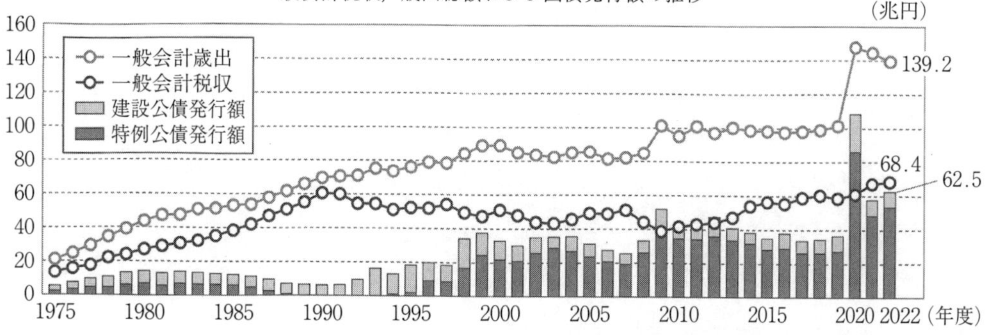

(財務省HP「財政に関する資料」より作成)

(1)　下線部①について，上のグラフは日本の国家予算の推移を表したものです。ここから読み取れる文として正しくないものを，次のア～エから1つ選び，記号で答えなさい。

ア. 2022年度の歳出総額は，約139兆2000億円である。

イ. 統計にある1975年以降で見ると，歳出を税収だけではまかなえていないことがわかる。

ウ. 歳出は1975年以降で見ると，増加傾向であることがわかる。

エ. 税収は1975年以降で見ると，減少傾向であることがわかる。

(2) 下線部②について，国債の説明として正しくないものを，次のア～エから1つ選び，記号で答えなさい。

ア．国債とは，国の借金のことである。

イ．国債は，利子をつけて将来返す必要がある。

ウ．国家予算の歳入のうち，国債が占める割合は1975年度から2022年度の間で一度も10%を超えたことはない。

エ．2020年の公債(国債)発行額が突出しているのは新型コロナウイルスへの対応が一番の理由である。

問4 下線部③について，以下の1～4の税は直接税と間接税のどちらですか。直接税の場合はア，間接税の場合はイで，それぞれ記号で答えなさい。

1．消費税　　2．法人税　　3．所得税　　4．酒税

【理　科】〈**A試験**〉(社会と合わせて60分)〈満点：50点〉

1　浦君は自由研究のテーマとして農業体験に行きました。次の各問いに答えなさい。

問1　浦君はジャガイモの収穫体験をしました。畑に行くとジャガイモの葉がしげっているのが見えました。ジャガイモの葉を次のア～エより１つ選び，記号で答えなさい。

ア.

イ.

ウ.
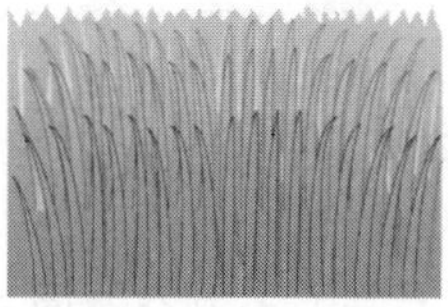

エ.

問2　浦君はジャガイモに花が咲いているのを見つけました。図1は浦君が観察したジャガイモの花をスケッチしたものです。スケッチの方法として間違っているものを次のア～エより1つ選び，記号で答えなさい。

図1

ア．ボールペンなどは使用せず，HBやBの鉛筆を用いて書く。

イ．二度書きをしてかげをつけることで立体的に書く。

ウ．スケッチをする物のみを書く。

エ．スケッチに色はつけない。

問3　浦君はピーマンの種まき体験をしました。ピーマンの種を次のア～エより１つ選び，記号で答えなさい。

ア.
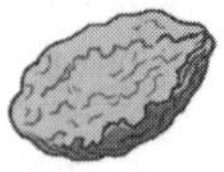

イ.

ウ.

エ.

問4　種をまいたピーマンの様子を別の日に観察したところ，発芽していました。植物が発芽する条件には水分の他に２つあります。それぞれ答えなさい。

問5　ピーマンが育っている畑は図２のように２種類ありました。Aは畑に直接種をまいて育てていました。Bは一定の間かくで穴を開けたビニールを畑にかぶせ，穴の開いた部分に種をまいて育てていました。AとBで発芽した数に差があるかを調べるために，浦君はピーマンの発芽数の記録をとりました。その結果を表１にまとめたところ，AよりもBの発芽した割合が高いことがわかりました。表１からBの発芽した割合が高い理由として予想されるものを下のア～エより１つ選び，記号で答えなさい。ただし，.植物が発芽する条件は満たしており，種の発芽する割合の差はないものとします。

A　　　　B

図2

表1　種のまき方による発芽した割合の違い

	A	B
まいた種の数[個]	30	30
発芽した数[本]	10	22
発芽した割合	33%	73%

ア．雑草の成長をうながしたことで，発芽した割合が増えた。

イ．まいた種の数を少なくすることで，発芽した割合が増えた。

ウ．ビニールをかぶせることで水分量の保持などができ，発芽した割合が増えた。

エ．ビニールで土を押さえつけることにより種を力強くさせ，発芽した割合が増えた。

2　東海大浦安の卒業生安さんは長距離通勤のため毎朝，午前４時50分に家を出て，午前５時３分の電車に乗ります。家を出るときの明るさ，空に見える星空によって，季節を実感することができます。次の各問いに答えなさい。

問１　家を出るとき，空が真っ暗，東の空が明るい，太陽が東の空に少し昇《のぼ》っていたなど，季節によって様子が違います。このようになる理由を説明した次の文章の空らん(ア)，(イ)に当てはまる言葉をそれぞれ答えなさい。

地球は(　ア　)が23.4°傾《かたむ》いて，太陽の周りを(　イ　)しているから。

問２　12月ごろ南西の空に，おおいぬ座の１等星シリウスが輝《かがや》いていました。この星は毎朝観測すると見え方はどのように変わりますか。正しいものを次のア～ウより１つ選び，記号で答えなさい。

ア．毎日，東に移動して１ヶ月後に南の空に見える。

イ．毎日，西に移動して１ヶ月後には，地平線の近くに見える。

ウ．毎日，同じ位置に見える。

問３　２月中旬《じゅん》の午後９時ごろ帰宅した時に，オリオン座が真南に見えました。毎日家を出る午前５時ごろにオリオン座が真南に見える(ある)のは，いつごろですか。正しいものを次のア～オより１つ選び，記号で答えなさい。

ア．８月中旬　　イ．９月中旬

ウ．10月中旬　　エ．11月中旬

オ．12月中旬

問４　ある日，家を出るのがおそくなり，自宅の最寄り駅に着くのが少しおくれてしまいました。電車を待っているとき，東の空から太陽が昇るのが見えました。この日の日の出の時刻は午前５時11分で，日の入りの時刻は午後６時17分でした。この駅の経度は東経何度になりますか。ただし，日本の時刻は兵庫県明石市に太陽が南中した時を正午とします。

問5　職場の最寄り駅でバスを待っているとき，上空に月が見えました。図1はその時の様子をスケッチしたものです。3日後の同じ時間の月の様子を書いたスケッチとして，正しいものを下のア～エより1つ選び，記号で答えなさい。ただし，月の大きさは実際よりも大きめに書いてあります。

図1

ア

イ

ウ

エ

問6　冬のある日，吐《は》く息が白く見えました。この理由を説明した次の文章の空らん(ア)，(イ)に当てはまる言葉をそれぞれ答えなさい。

人間の体温と同じ温度の吐く息に含まれる(　ア　)が，気温が低いため急激に冷やされて(　イ　)となって現れるため。

3　浦君は，学校から帰宅していた時，とても強い雨に降られました。その雨によって，持っていたカバンやカバンの中のプリントまでぬれてしまいました。その時，先生が書いていた赤ペンの文字がにじんでいることに気づき，学校の理科実験室を利用して，調べました。【実験1】・【実験2】を参考に，あとの各問いに答えなさい。

【実験1】　円形のろ紙を2枚と水性・油性の黒ペンを1つずつ用意して，ろ紙の中心に点を描《えが》きました。水性のペンを使用したろ紙Aと油性のペンを使用したろ紙Bを，図1のように駒込《こまごめ》ピペットを使って水でぬらしたあと，様子を観察しました。

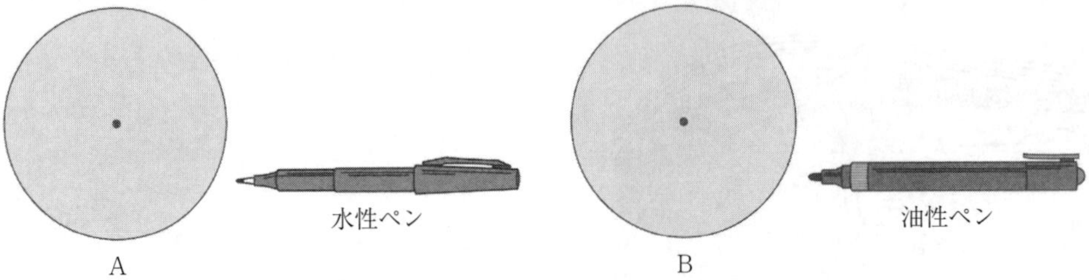

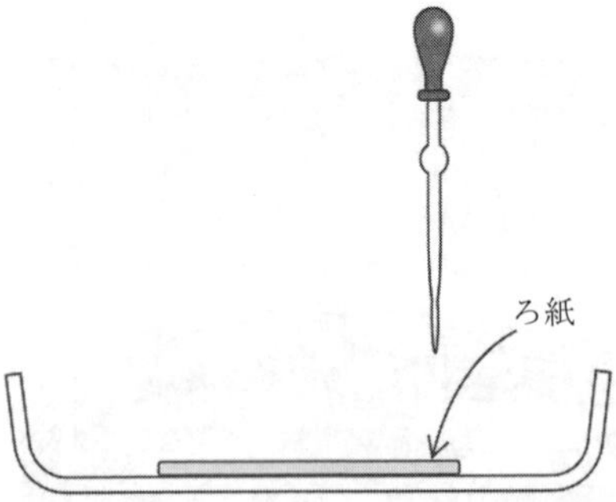

図1

【実験2】　長方形のろ紙Cを作成して，図2のようにに水でぬらしました。ろ紙Cには，X・Y・Zそれぞれの場所に，水性赤ペン・油性黒ペン・水性黒ペンで印をつけてあります。

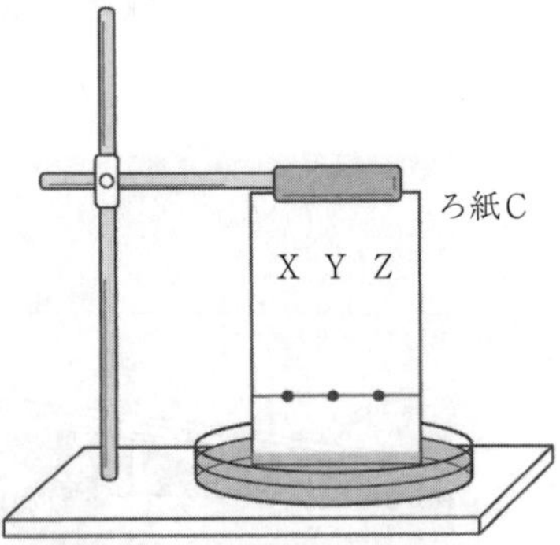

図2

問1　学校の理科実験室を利用したとき，実験を始める前に，机の上がぬれていることに気がつきました。安君は，自分の持っているティッシュペーパーを使って，その液体を拭《ふ》き取ろうとしたところ，先生から注意を受けました。注意を受けた理由として，正しいものを次のア～エより1つ選び，記号で答えなさい。

ア．ティッシュペーパーではなく，雑巾を使って拭き取らなければいけないから。

イ．水などの危険性のない液体とは限らないから。

ウ．自然に蒸発して，なくなるまで待つ必要があるから。

エ．実験室のドライヤーで乾かすことがルールだから。

問2　【実験1】において，時間をおいたあとのろ紙Bの様子として正しいものを次のア～エより1つ選び，記号で答えなさい。ただし，ろ紙に駒込ピペットで水を落とした位置を×で記してあります。

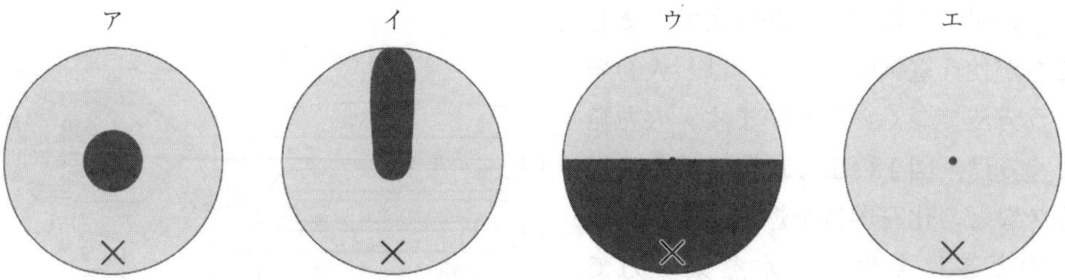

問３　(1)　【実験１】の結果に関する次の文章の空らん(①)～(③)に当てはまる言葉として，正しい組み合わせを下のア～オより１つ選び，文章を完成させなさい。

油性ペンは，(①)からできているものがインクの原料となっています。(①)は(②)に溶けないため，点を書いたろ紙を(②)につけてもそのままで，変化がありません。お皿に入れた(②)に一滴だけ油をたらしたら，油は(②)に(③)ままになります。

	①	②	③
ア	石油	水	沈んだ
イ	海水	水	浮いた
ウ	石油	油	浮いた
エ	海水	油	沈んだ
オ	石油	水	浮いた

(2)　次のア～オの中から下線部の現象に関係している言葉をすべて選び，記号で答えなさい。

ア．密度

イ．体積

ウ．温度

エ．重さ

オ．色

問４　【実験２】の結果(ろ紙Ｃの様子)として，正しいものを次のア～エより１つ選び，記号で答えなさい。

ア．Ｘの印は，赤インクのため，何も変化が起こらなかった。

イ．Ｙの印は，にじみながら上昇していった。

ウ．Ｚの印は，黒以外の色が現れて，にじみながら上昇していった。

エ．Ｘ・Ｙ・Ｚすべての印に変化が起こらなかった。

問５　水性ペンのインクと油性ペンのインクを取り出してビーカーの中で混ぜ合わせたとき，どのような反応が見られますか。問１～問４を参考にして簡単に答えなさい。

4　私たちの生活と電気について，(1)～(3)の文章を読み，あとの各問いに答えなさい。

(1)　私たちの生活は，電気を使えなかった時代と比べ，とても便利になりました。照明や料理，仕事，遊びなど多くのことに電気を使うようになり，日本で使う電気の量は，50年前の約６倍に増えています。私たちは，未来のために地球環境《かんきょう》を守りながら限りある地球の資源を有効に利用していかなければなりません。そのため，燃料を使わない発電方式(これを再生可能エネルギーといいます)の太陽光発電と(Ａ)発電などの利用や，使う電気の量が少ない発光ダイオードの照明などの利用が増えてきました。

(2)　私たちが使う電気の半分以上は，火力発電という方法でつくられています。火力発電のしくみは，図1のように(　B　)や石炭，天然ガスなどの化石燃料を燃やして水を熱し，そのときに発生する水蒸気の力で(　C　)を回すことで，電気がつくられます。

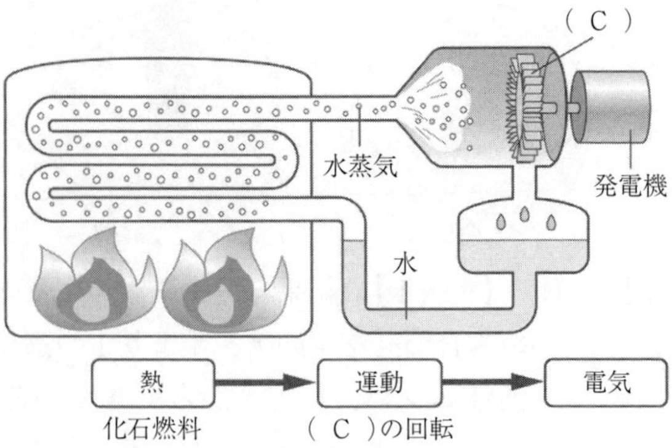

図1　火力発電のしくみ

(3)　図2のようなスマートハウスは電気を効率的に使うことができるように設計された家のことです。このスマートハウスは，屋根にとりつけた光電池(ソーラーパネル)で発電します。つくった電気は，家庭用蓄電池《ちくでんち》などにため，その電気で自動車を走らせたり，家電製品や部屋の照明などに使用したりします。そして，余った電気は，電力会社に売ることもできます。

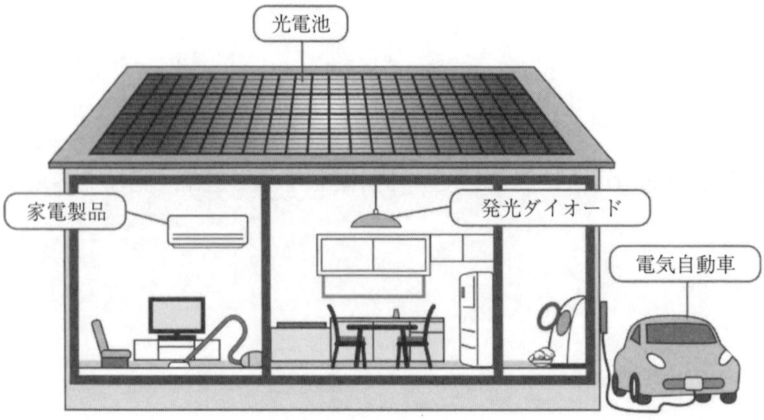

図2　スマートハウス

問1　文中の(A)～(C)に当てはまる言葉を，次のア～クよりそれぞれ1つずつ選び，記号で答えなさい。

ア．原子力　　イ．風力　　ウ．火力　　エ．石油

オ．灯油　　カ．タービン　　キ．手回し発電機　　ク．コンデンサー

問2　(1)の下線部は，別名では何といいますか。アルファベット3文字で答えなさい。

問3　(3)のスマートハウスの欠点を簡単に説明しなさい。

問4　雪が多く降る地域の信号機には，発光ダイオードではなく電球を利用しています。これは，電気が何に変わる性質を利用しているのか答えなさい。

問5　私たちは，くらしの中で空気中の酸素を多量に使い，多量の二酸化炭素を空気中に出しています。その結果，地球全体に影響を与えている環境破壊《はかい》を何といいますか。漢字5文字で答えなさい。

5 次の文章を読み，空らんに入る言葉の組み合わせとして正しいものを下のア～エより１つ選び，記号で答えなさい。

日本の次世代ロケット「(①)」初号機は，(②)から2023年２月17日午前に打ち上げ予定でしたが，直前で打ち上げを中断しました。中断の原因について(③)は状況を調査しました。

ア．① H2 ② 種子島宇宙センター ③ JAXA
イ．① H3 ② 種子島宇宙センター ③ JAXA
ウ．① H2 ② 筑波宇宙センター ③ NASA
エ．① H3 ② 筑波宇宙センター ③ NASA

三　次の各問いに答えなさい。

問一　――線部のカタカナを漢字で答えなさい。

①　彼の狂言《きょうげん》はエンジュクの域に達する。
②　ささいな言葉でジソンシンを傷つけられた。
③　彼女《かのじょ》はエソラゴトばかり言う。
④　彼《かれ》はホガらかな性格でクラスの人気者だ。
⑤　学芸会のイショウを考える。

問二　次の動詞の尊敬語をア～クから一つずつ選び、記号で答えなさい。

①　食べる　②　言う　③　来る
④　くれる　⑤　見る

ア　くださる　イ　いただく　ウ　めしあがる
エ　申し上げる　オ　いらっしゃる　カ　ご覧になる
キ　おっしゃる　ク　拝見する

問三　次の作品の作者名をア～コから一つずつ選び、記号で答えなさい。

①　源氏物語　②　枕草子　③　坊っちゃん
④　舞姫　⑤　羅生門

ア　紀貫之　イ　清少納言　ウ　紫式部
エ　鴨長明　オ　夏目漱石　カ　樋口一葉
キ　太宰治　ク　森鷗外　ケ　芥川龍之介
コ　正岡子規

ものを次から一つ選び、記号で答えなさい。

ア　雨　イ　花　ウ　月　エ　箱

問二　この作品では「レール」や「なでしこの花」が話しますが、これは何という表現技法ですか。最も適切なものを次から一つ選び、記号で答えなさい。

ア　倒《とう》置法　イ　反復法　ウ　擬《ぎ》人法　エ　直喩《ゆ》

問三　――線部②「汽罐車」はどこを負傷しましたか。本文中から五字で抜き出して答えなさい。

問四　――線部③「夕立」とはどういう意味ですか。最も適切なものを次から一つ選び、記号で答えなさい。

ア　しばらく晴れわたった後に、急に気温を下げる曇《くも》り空。

イ　太陽の光をおおう分厚い雲。

ウ　夕方から翌朝にかけて一晩中降り続く雨。

エ　夏の午後に一時的に激しく降って、しばらくしてやむ雨。

問五　――線部④「月」の性質として最も適切なものを次から一つ選び、記号で答えなさい。

ア　レールに寄りそう親切さと、汽罐車や箱に対する非情さ。

イ　考えても仕方がない問題を追究する好奇《き》心と、人に認められたいというどん欲さ。

ウ　約束を全うしようというまじめさと、誰にも大した影響《えいきょう》を与えられない無力さ。

エ　誰にでも分けへだてなく接する優しさと、人々を明るく照らす太陽に対する劣《れつ》等感。

問六　――線部⑤「そのこと」が指す内容として最も適切なものを次から一つ選び、記号で答えなさい。

ア　汽罐車がたくさんの材木と米だわらなどをいっぱい貨車に積んでいたということ。

イ　冷酷な汽罐車に傷つけられたことと、毎日太陽が頭から照りつけたこと。

ウ　これから雲が出てきて太陽の光を隠《かく》してくれるということ。

エ　花が自分にしんせつにしてくれたことと、これから雨が降るだろうということ。

問七　――線部⑥「昨日の苦痛を忘れてしまいました」に関連のあることわざとして、「のどもと過ぎれば□を忘れる」という言葉があります。□に当てはまる語を、漢字を用いた二字で答えなさい。

問八　――線部⑦「物思いに沈んでいました」とはどういう意味ですか。最も適切なものを次から一つ選び、記号で答えなさい。

ア　ふつうは考えないこともいろいろ考えて暗い気持ちになること。

イ　これからの不安をかき消して、前を向こうとすること。

ウ　自分がこの先どうしていいか分からず、人に助けを求めること。

エ　昨日まで仲が良かった人物を急に憎らしく感じること。

問九　本文の内容として間違っているものを次から一つ選び、記号で答えなさい。

ア　レールは、自分が受けた悲しみや苦しみも一晩経つと忘れてしまうという、ある意味での人間らしさを持っている。

イ　雨は、レールが傷つけられたことを最初から知っていたため、レールに同情して月の存在をほのめかした。

ウ　汽罐車は、レールを傷つけた自覚がありながらも、人間に対して不信感を抱いている。

エ　月は、赤ん坊が自分を見て笑っていたので、ますます誰が悪いのかわからなくなった。

「ほんとうに、いい月夜だこと」といって、砂浜でねころんだり、また暗い波の中を泳いだりしていました。客車の窓からは、人々が頭を出して、海の景色をながめながら、笑ったり、話したりしていました。

しかし、この汽車の汽罐車も、月のたずねている番号ではありませんでした。こうしてほとんど同じ時刻に、地上をたくさんの汽車が走っていましたが、レールのいった汽罐車は、トンネルの中へでもはいっていたものか、つい月の目にとまりませんでした。

涼しい一夜を送って、レールは、もはや、⑥昨日の苦痛を忘れてしまいましたけれど、約束をした月は翌日の夜も、レールを傷つけた汽罐車を探してまわったのでした。すると、ある停車場《ていしゃば》の構内に、ここからは、遠くへだたっている平原の中のレールから聞いた番号の汽罐車がじっとして休んでいました。

月は、さっそく、汽罐車の上へたどりつきました。そして、いつものように、静かな調子で、

「どうして、そんなに、沈《しず》んで、じっとしているのだ」といって、たずねました。

汽罐車は、月に、こういって話しかけられると、はじめて、口を開きました。

「私はどんなに、疲《つか》れているかしれません。毎日、毎日、遠い道を走らせられるのです。そして昨日は、いままでにない重い荷をつけさせられていたので、一つの車輪を痛めてしまいました。私は、あの重い荷物と車室の中で、そんなことには無頓着《むとんちゃく》に、笑ったり、話したりしていた人間が、憎《にく》らしくてしかたがありません……」と訴《うった》えたのであります。

「そんなら、おまえも、体をいためたのか?」と、月は問いました。

「そうです。どこかでレールとすれ合って、一つの車輪を傷つけました」と、汽罐車は答えました。

月は、それを聞くと、だれが悪いということができなかった。そして、レールを傷つけたといって汽罐車をしかることもできなかったのであります。

「その荷物は、どこまで載《の》せていったんですか」と、さらに月はききました。

「どこといって一ところではありませんでした。大きな箱は、港の駅までつけていき、また石炭や木材は、ほかの町で降ろしました」と、汽罐車はいいました。

「どうぞ、お大事に……」といって、月はこんどは、港の方へまわったのであります。すると、いま、汽船が煙《けむり》をはいて出ようとしていました。その船には、大きな箱がいくつも載せられてありました。月は、さっそく、船の上へやってきて、箱を照らしたのであります。

「これからどこへいくのですか」と、月はたずねました。箱は、黙って、⑦物思いに沈《しず》んでいましたが、

「私たちは、どこへやられるのかわかりません。故郷を出てから、長い間汽車に載せられました。そして、いまこの広々とした海の上をあてもなく漂《ただよ》っているのをみると心細くなるのであります」と、箱は答えたのです。

月は、そこで、いったいだれが悪いのかと考えました。そこで、こんどは、人間のようすを見とどけようと思いました。そして、街へ降りて、あたりを見まわしましたが、もうだいぶんおそかったとみえて、みんな窓がしまっていました。一軒《けん》、二階の窓がガラス戸になっているのがありましたので、月はそれからのぞきました。すると、そこには、かわいらしい赤ん坊《ぼう》がちょうど目をさまして、月を見て喜んで、笑っていたのであります。

（小川未明『小川未明童話集2』）

問一 ――線部①「レール」が直接話した登場人物として適切でない

このとき、花を吹いている風がいいました。

「ほんとうですよ。今日は、こちらも降るでしょう。もうすこしたつと、雲がぐんぐん押《お》し寄せてきて、あの太陽の光を隠《かく》してしまいますから」と、知らしてくれました。

レールは、熱くなった体を、早く水に浴びて冷したいと思いました。また、花は、早く、水を吸って死にそうな渇《かわ》きをば、いやしたいと思いました。

しばらくすると、はたして、黒い雲や、灰色の雲がぐんぐんとあちらから押し寄せてまいりました。そして、青々としていた空をしだいに征《せい》服して、いつしか太陽の光すら、まったくさえぎってしまったのです。

焼けるように、赤くいろどられていた野は、急に涼《すず》しく、うす暗くかげったのでした。その時分から雷の音は、だんだん大きく近づいてきたのでした。

レールも花も、声をたてずに、ものすごくなった空の模様をながめていました。雨がとうとう降ってきたのであります。雨は花に降りそそぎました。また、レールの上に降りかかりました。そしてレールの熱くなった体を冷やして、その傷痕《きずあと》を洗ってやりながら、「まあ、かわいそうに……」と、雨はいいました。

レールは、涙ぐみながら、雨に向かって、今日、冷酷《れいこく》な汽罐車に傷つけられたこと、太陽が、これまでというものは、毎日、毎日、用捨《ようしゃ》なく、頭から照りつけたことなどを話しました。すると雨は、こういいました。

「それは、お気の毒なことです。私はあつくなっていたあなたの体をひやしてあげました。私たちはもうじきにここを去らなければなりません。その後にはきっと④月が出るでありましょう。月は、太陽とはまったく気性がちがっています。そして、万物《ばんぶつ》の運命をつかさどる力は、いまこそ太陽のようになくても、昔は、えらかったものだそうです。⑤そのことを月に向かってお話しなさい。月は、あなたが訴《うった》えなされたら、けっして悪いように取りはからいはしなかろうと思います……」と、雨は静かな調子でさとしてくれました。

はたしてほどなく雲が去り、そして降っていた雨は晴れてしまいました。あとには、すがすがしい夕空が青々と水のたたえられたように澄《す》んで見えました。

その夜《よ》、平原を照らした月は、いつも見る月よりは清らかで、その光のうちには、慈悲《じひ》の輝《かがや》きを含《ふく》んでいました。やさしい花は、雨にぬれたまままうなだれて、早くから眠《ねむ》ってしまい、そしてその葉蔭のあたりから、虫の泣く声が流れていました。

去っていった雨が月にささやいてでもいったものか、月が、この平原を照らしたときは、まずレールの上に、その姿を映しました。レールは、月に向かって、今日、自分を傷つけていった汽罐車があったことを告げたのであります。

「どんな汽罐車であるかしれないけれど、そんなことをしてしらぬ顔をしているとは冷酷な汽罐車である。私がいって不心得をさとしてやるから、もし見覚えがあったら聞かしなさい」と、月はいいました。

レールは、汽罐車の番号を教えました。

月は、さっそく、町から村へ、村から山の間へというふうに、力のおよぶかぎり、レールの告げた汽罐車をさがして歩いたのです。ちょうどその時分、鉄橋の上を走っている汽車がありました。月はその汽罐車ではないかと飛び下りてみましたが、番号がちがっていました。

月は海岸という海岸、野原という野原をさがしてまわりました。そして、いたるところに汽車が走っているのを認めました。貨車ばかりのもあれば、また客車に貨車がまじっていたのもありました。海岸では海水浴をしている人間もありました。彼らは、正解が存在する。

エ　物事を哲学的に考えることは、他人の物の見方や考え方を自分と共有することにつながる。

二　次の文章を読んで、あとの問いに答えなさい。

①レールが、町から村へ、村から平原へ、そして、山の間へと走っていました。

そこは、町をはなれてから、幾《いく》十マイルとなくきたところでした。ある日のこと、汽車が重い荷物や、たくさんな人間を乗せて過ぎていきましたときに、レールのある部分に傷がついたのであります。

レールは、痛みに堪《た》えられませんでした。そして泣いていました。自分ほど、不運なものがあるだろうか。毎日、毎日、幾たびとなしに、重い汽罐《きかん》車に頭の上を踏《ふ》まれなければならない。②汽罐車は、それをば平気に思っている。そればかりでなく、太陽が、身を焼くほど、強く照らしつける。日蔭《ひかげ》にはいろうとあせっても自由に動くことができない。太い釘《くぎ》が自分の体をまくら木にしっかりと打ちつけている。考えてみると、いったい自分の体というものはどうなるのであろうか……と、レールは、思って泣いていました。

「どうなさったのですか?」と、そばに咲《さ》いていた、うす紅色《べにいろ》をしたなでしこの花が、はじらうように頭をかしげてたずねました。

いつも、この花は、なぐさめてくれるのであります。こういわれて、レールはうれしく思いました。

「いえ、さっき、汽罐車が、傷をつけていったのです。たいした傷ではありませんけれども、私は、身の上を考えてつくづく悲しくなりました。それで泣いていたのです」と、レールは、答えました。

「まあ、そうでしたか……。あなたのような、強い方がお泣きなさるのは、よくよくのことでございましょう。私どもだったら、どうなってしまったかしれない。そういえば、さっきたくさんの材木と、米だわらと、石炭と、なにかの箱を、いっぱい貨車に積んでいきました。そして、今日は客車もいつもよりか長かったようでございました。山のあちらには、海があり、また、温泉などもありますから、そこへいく人たちでにぎわっていたのでしょう。それにしても、あなたの傷が、たいしたことがありませんで、ようございましたこと」と、花は、しんせつにいいました。

レールは、きらきらと光る顔を花の方に向けて、

「やさしいあなたが、私をなぐさめてくださるので、どれほど、私は、うれしく思っているでしょう。あなたが、すぐ近くで咲かない時分はどんなに、私は、さびしかったでしょう……」と、日ごろは、いたって強く黙《だま》っていて、辛抱《しんぼう》しているレールは、つい涙《なみだ》ぐましい気持ちになりました。

すると、うす紅色をした花は、いいました。

「しかし、私の命もそう長くはありません。このあつさで、私の体は、弱っています。長いこと雨が降らないのですもの」と、歎《なげ》いたのでした。

このとき、風が、レールの上をかすめて、花を揺《ゆ》すっていったのであります。

レールは、耳をすましながら、

「③夕立がやってきそうですよ。遠方で雷《かみなり》が鳴っています。それは、あなたの耳には、はいりますまい。ずっと遠くでありますから。けれど私どもは、こうして長く、つづいていますので、その音が伝わって聞こえてくるのです」といいました。

花は風に吹《ふ》かれながら、

「ほんとうでしょうか。そうであれば、どれほど私はうれしいかしれません」と答えました。

繰り返すけど、それは「絶対の真理」とは全然ちがう。あくまでも、できるだけだれもが納得できる本質的な考え方。そうした物事の〝本質〟を洞《どう》察することこそが、哲学の最大の意義なのだ。

[A]主義の現代、人びとは――哲学者たちでさえ――「絶対に正しいことなんて何もない」といって問題を済ませようとする傾向がある。「よい社会って何だろう?」「よい教育って何だろう?」みたいなむずかしい問いに直面すると、「ま、考え方は人それぞれだよね」で済ませようとする傾《けい》向がある。

[⑧]、僕たちの人生にはそれでは済まない時がある。対立を解消したり、協力し合ったりするために、何らかの〝共通了解〟がどうしても必要になる時がある。

そんな時、哲学は、「ここまでならだれもが納得できるにちがいない」という地点まで考えを深めようとする。そしてすぐれた哲学者たちは、いつの時代も、もうこれ以上は考えられないというところまで思考を追いつめて、それを多くの人びとの納得へと投げかけてきたのだ。(d)

(苫野一徳『はじめての哲学的思考』)

問一　――線部①「ソクラテス」とありますが、ソクラテスは何を通して、物事への理解を深めようとしましたか。本文中から漢字二字で抜き出して答えなさい。

問二　――線部②「滑稽」の意味として最も適切なものを次から一つ選び、記号で答えなさい。
ア　最後までやり遂《と》げずに、無責任に投げ出すさま。
イ　言動に意外性があって、予期せずしてその場の人の笑いを誘うさま。
ウ　よい行いをしたつもりが、かえって迷惑《めいわく》になるようなさま。
エ　十分に慣れていないため、動作や表現が不自然であるさま。

問三　――線部③「哲学」とありますが、哲学にとって最も重要なことは何ですか。本文中から十四字で抜き出して答えなさい。(句読点や記号も一字と数えます。)

問四　――線部④「本質を知ること」とはどういうことですか。最も適切なものを次から一つ選び、記号で答えなさい。
ア　人々の感情の奥《おく》底にある気持ちをできるだけ読み取ること。
イ　哲学とは何かという問いを他者に投げかけること。
ウ　他者と分かり合える領域まで物事を熟考すること。
エ　他者と比較《かく》することで自分の考えをより明確にすること。

問五　[⑤]～[⑧]に当てはまる語として最も適切なものを次から一つずつ選び、記号で答えなさい。
ア　でも　イ　だから　ウ　つまり　エ　たとえば

問六　[A]には「絶対」の対義語が入ります。漢字二字で答えなさい。

問七　次の文は本文の(a)～(d)のいずれかに入ります。最も適切なものを一つ選び、記号で答えなさい。

> でも、こうした「そもそも」を考えるための〝思考法〟を、二五〇〇年もの長きにわたってとことん磨《みが》き上げてきたものこそが、哲学なのだ。

問八　本文の内容にふさわしいものはどれですか。最も適切なものを次から一つ選び、記号で答えなさい。
ア　人間は、共通認識があればどんな人とでも分かり合うことができる。
イ　現代のように唯《ゆい》一無二の正解がない時代では、人びとは哲学を必要とすることは少ない。
ウ　哲学は絶対的なものではなく、一人一人にとって自分らしい

2024年度

東海大学付属浦安高等学校中等部

【国　語】〈A試験〉（五〇分）〈満点：一〇〇点〉

一　次の文章を読んで、あとの問いに答えなさい。

西洋哲《てつ》学の父、①ソクラテス（紀元前469−399年）は、古代ギリシアのアテナイで、道行く人びとに「ねえ君、君、恋《こい》とはいったい何だと思うかね？」などと問いかけて、多くの人をげんなりさせていた。

「それは胸のドキドキ」とか「食事もノドを通らなくなる気持ち」とかいおうものなら、ソクラテスは、「そんなものは恋の本質じゃない。単なる症《しょう》状だ」みたいなことをいうものだから、人びとはついには、「はいはい、分かりましたよソクラテスさん。もういい加減にしてください」と、彼のもとを去っていくのだった。

そんなソクラテスに、ある時カリクレスという政治家がこんなことをいった（プラトン『ゴルギアス』）。

「ねえソクラテス、正義とは何かとか、徳とは何かとか、いい年した大人がそんなことばかり考えているのは②滑稽《こっけい》だよ。若い時に哲学に熱中するのはまあいいとしても、あなたももうおじさんなんだから、もっと処世術とか、儲《もう》け術とか、そういう人生の役に立つことを考えたまえ」

ソクラテスの時代から、③哲学は役に立たないとバカにする人はたくさんいたのだ。（a）

でも、僕《ぼく》はあえていいたいと思う。哲学は、僕たちの人生に、ある独特の仕方でとても役に立ってくれるものなのだ、と。

たとえば、今あげた私、愛、恋、生きる意味……。これらの④本質を知ることができたなら、それってちょっとすごいことじゃないだろうか？

ちょっとすごいだけじゃない。本質をとらえること、これは僕たちが物を考える時の、実は一番大事なことなのだ。

⑤教育について考えてみよう。もしも僕たちが、その本質について十分な共通了解《りょうかい》を持っていなければ、教育論議は、それぞれがそれぞれの〝教育観〟をぶつけ合うだけの、ひどく混乱したものになるだろう。実際、ちまたの教育論議は、「叱《しか》るべきか、ほめるべきか」とか、「体罰《ばつ》はありか、なしか」とかいった対立に満ちている。

その意味でも、哲学が「そもそも教育とは何か？」と問うことは、とても大事なことなのだ。

もちろん、哲学者じゃなくても「教育とは何か？」と考えることはある。（b）だから、僕たちがその思考法を身につけているといないとでは、思考の深さと強さにおいて圧倒《とう》的なへだたりがある。

そんなわけで、哲学とは何かという問いにひと言で答えるなら、それはさまざまな物事の〝本質〟をとらえる営みだということができる。

そんなこと本当にできるの？　そう思う人もいるかもしれない。特に現代は「 A 主義」の時代。 ⑥ 、世界には絶対に正しいことなんてなく、人それぞれの見方があるだけだという考えが、広く行き渡《わた》っている時代だ。

たしかにもちろん、この世に絶対に正しいことなんてない。（c）でもそれは、だからといって、僕たちが何につけても〝共通了解〟にたどり着けないことを意味するわけじゃない。

僕たちは、お互《たが》いに話をつづけていくうちに、「なるほど～それってたしかに本質的だ」と納得し合えることがある。 ⑦ 、恋っていったい何なのか、教育って何なのか、といったテーマについても、対話を通して、その〝本質〟を深く了解し合える可能性がある。

2024年度

東海大学付属浦安高等学校中等部　▶解説と解答

算　数　＜A試験＞（50分）＜満点：100点＞

解　答

1 (1) 804　(2) $3\frac{1}{7}$　(3) 9.45　(4) $\frac{2}{7}$　(5) 1.256　(6) $1\frac{10}{11}$　2 (1) 4917円　(2) 時速50km　(3) 午後3時52分　(4) 388g　(5) 16日目　(6) 20.52cm^2　3 (1) 6通り　(2) 9通り　(3) 15通り　4 (1) 144人　(2) 72人　(3) 64人　5 (1) 時速6km　(2) 12km

解　説

1 四則計算，計算のくふう

(1) $413+17\times23=413+391=804$

(2) $1\frac{3}{7}\times\frac{3}{5}+2\div\frac{7}{8}=\frac{10}{7}\times\frac{3}{5}+2\times\frac{8}{7}=\frac{6}{7}+\frac{16}{7}=\frac{22}{7}=3\frac{1}{7}$

(3) $1.15\times3+2.1\div0.35=3.45+6=9.45$

(4) $2\frac{1}{7}\div0.15-2\div\frac{1}{7}=\frac{15}{7}\div\frac{15}{100}-2\times\frac{7}{1}=\frac{15}{7}\times\frac{100}{15}-14=\frac{100}{7}-14=\frac{100}{7}-\frac{98}{7}=\frac{2}{7}$

(5) $A\times C+B\times C=(A+B)\times C$であることを利用すると，$0.314\times3.14+0.43\times0.628=0.314\times3.14+0.43\times2\times0.314=3.14\times0.314+0.86\times0.314=(3.14+0.86)\times0.314=4\times0.314=1.256$

(6) $5\div\left\{3-2\times\left(\frac{1}{3}-\frac{1}{7}\right)\right\}=5\div\left\{3-2\times\left(\frac{7}{21}-\frac{3}{21}\right)\right\}=5\div\left(3-2\times\frac{4}{21}\right)=5\div\left(3-\frac{8}{21}\right)=5\div\left(\frac{63}{21}-\frac{8}{21}\right)=5\div\frac{55}{21}=5\times\frac{21}{55}=\frac{21}{11}=1\frac{10}{11}$

2 割合，速さ，単位の計算，濃度《のうど》，仕事算，面積

(1) 1個298円の品物を15個買ったときの税抜《ぬ》きの代金は，$298\times15=4470$(円)になる。10%の税がかかると，支払《しはら》う金額は税抜きの代金の，$1+0.1=1.1$(倍)になるから，$4470\times1.1=4917$(円)と求められる。

(2) 1kmを72秒で進んだので，1秒間に進んだ道のりは，$1\div72=\frac{1}{72}$(km)である。また，1時間＝60分，1分＝60秒より，1時間＝$60\times60=3600$秒になる。よって，この自動車が1時間に進む道のりは，$\frac{1}{72}\times3600=50$(km)だから，時速50kmとわかる。

(3) $\frac{7}{12}$時間は，$60\times\frac{7}{12}=35$(分)だから，$2\frac{7}{12}$時間は2時間35分である。よって，午後6時27分の2時間35分前の時刻を求めればよいので，午後6時27分－2時間35分＝午後5時87分－2時間35分＝午後3時52分となる。

(4) 食塩12gを水に溶《と》かして3%の食塩水を作るとき，できる食塩水の重さを□gとすると，(食塩水の重さ)×(濃度)＝(食塩の重さ)より，□×0.03＝12(g)と表せる。よって，□＝12÷0.03＝400(g)より，できる食塩水の重さは400gだから，水は，$400-12=388$(g)必要となる。

(5) 2つの工場で同時に作るとき，製品は1日あたり，$37+27=64$(個)できる。よって，$1000\div64=15$余り40より，1000個目の製品ができるのは，$15+1=16$(日目)とわかる。

(6)　右の図で，太線で囲んだ部分は，半径が，$6 \div 2 = 3$ (cm)の円を4等分したものから，等しい辺の長さが3 cmの直角二等辺三角形を取り除いた形なので，その面積は，$3 \times 3 \times 3.14 \div 4 - 3 \times 3 \div 2 = 2.565$ (cm^2)となる。斜線《しゃせん》部は，太線で囲んだ部分の図形が8個集まってできているから，斜線部の面積の合計は，$2.565 \times 8 = 20.52$ (cm^2)と求められる。

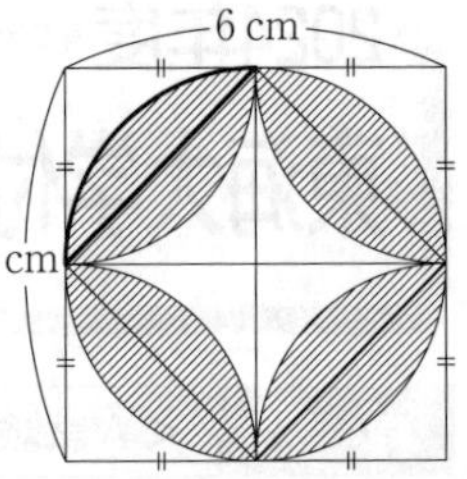

3 場合の数

(1)　1回目と2回目に出た目の和が7になるとき，2回の目の出方は，(1回目，2回目)＝(1，6)，(2，5)，(3，4)，(4，3)，(5，2)，(6，1)の6通りある。

(2)　1回目と2回目に出た目の積が奇数《きすう》になるのは，出た目がどちらも奇数の場合である。すると，1回目に出た目が1のとき，2回目に出た目は{1，3，5}の3通りある。1回目に出た目が{3，5}のときも同様に3通りずつあるから，全部で，$3 \times 3 = 9$ (通り)となる。

(3)　1回目と2回目に出た目の積が4の倍数となるのは，1回目に出た目が1のとき，2回目に出た目が4の1通り，1回目に出た目が2のとき，2回目に出た目が2，4，6の3通りになる。同様に考えていくと右の図のようになるから，全部で，$1 + 3 + 1 + 6 + 1 + 3 = 15$ (通り)とわかる。

1回目	2回目
1	4
2	2，4，6
3	4
4	1，2，3，4，5，6
5	4
6	2，4，6

4 条件の整理，割合と比，和差算

(1)　この中学校の全生徒数は432人だから，②より，1年生の生徒数は，$432 \times \frac{1}{3} = 144$ (人)である。

(2)　1年生の生徒数が144人なので，⑤より，右の図のように表せる。図から，1年生の女子の人数の2倍が，$144 - 40 = 104$ (人)となるので，1年生の女子の人数は，$104 \div 2 = 52$ (人)とわかる。よって，④より，2年生の女子の人数は，$52 + 20 = 72$ (人)と求められる。

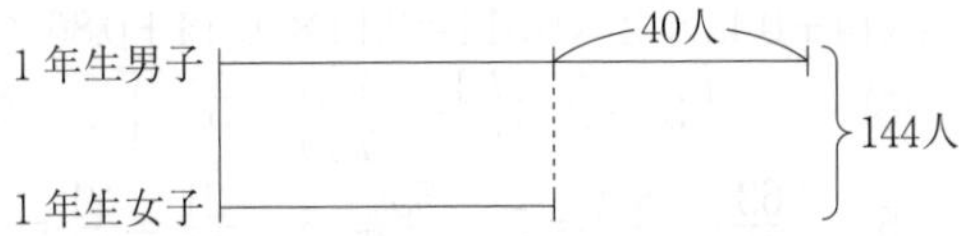

(3)　1年生の男子の人数は，$52 + 40 = 92$ (人)である。また，全生徒数が432人で，1年生の生徒数が144人，2年生の女子の人数が72人だから，2年生の男子と3年生全体の生徒数の和は，$432 - 144 - 72 = 216$ (人)である。すると，①より，2年生の男子の人数は，$216 \div 2 = 108$ (人)とわかる。さらに，③より，男子の生徒数の合計は，$432 \times \frac{11}{11 + 7} = 264$ (人)だから，3年生の男子の人数は，$264 - 92 - 108 = 64$ (人)と求められる。

5 流水算，速さと比

(1)　川の流れは，1時間(＝60分)で，$100 \times 60 = 6000$ (m)，つまり，6 km進む速さなので，時速6 kmである。

(2)　船の速さは，右の図のように考えられるので，この船の下りの速さは時速，$18 + 6 = 24$ (km)，上りの速さは時速，$18 - 6 = 12$ (km)となる。このとき，下りの速さと上りの速さの比は，$24 : 12 = 2 : 1$ なので，下りにかかった時間と上りにかかった時間の比は，$\frac{1}{2} : \frac{1}{1} = 1 : 2$ とわかる。また，Ａ市を出発した船は，Ｂ市で25分休んだ後，Ｂ市からＡ市までもどってきたので，下りにかかった時間と上りに

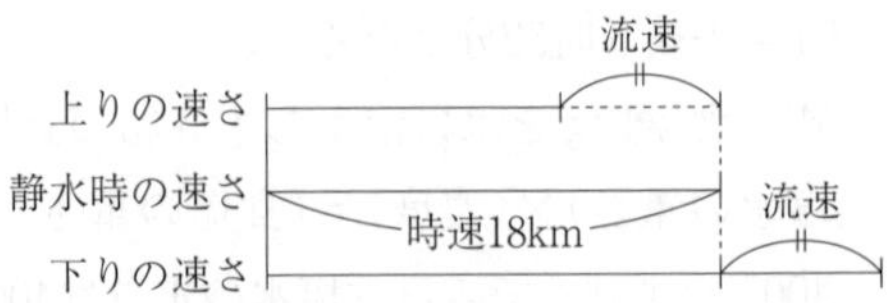

かかった時間の和は，10時55分－９時－25分＝１時間30分となり，これは，30÷60＝0.5(時間)より，1.5時間である。よって，比の，１＋２＝３にあたる時間が1.5時間だから，比の１にあたる時間，つまり，下りにかかった時間は，1.5÷３＝0.5(時間)とわかる。したがって，Ａ市とＢ市の間の距離《きょり》は，24×0.5＝12(km)と求められる。

社 会 ＜Ａ試験＞（理科と合わせて60分）＜満点：50点＞

解 答

1 問１ イ，エ　問２ ウ　問３ イ　問４ １ 海　２ 陸　問５ リアス　問６ エ
2 問１ ウ　問２ イ　問３ 公地公民　問４ ウ　問５ 応仁の乱　問６ エ　問７ イ　問８ ア　問９ ア　問10 エ　問11 ウ　問12 エ　問13 サンフランシスコ平和条約　問14 ウ
3 問１ Ａ 財政　Ｂ 内閣　Ｃ 国　Ｄ 地方　問２ エ　問３ (1) エ　(2) ウ　問４ １ イ　２ ア　３ ア　４ イ

解 説

1 日本周辺の気象や地形，災害についての問題

問１ 熱帯の海上で発生する熱帯低気圧のうち，北西太平洋(赤道より北で東経180度より西の領域)または南シナ海にあり，かつ低気圧域内の最大風速が毎秒約17m以上のものを，台風と呼《よ》ぶ(イ，エ…○)。なお，台風は北に進むにつれて上空に寒気が流れ込《こ》むため，台風としての性質が徐々《じょじょ》に失われ，温帯低気圧になる(ア…×)。台風には，気圧に関する厳密《げんみつ》な基準は設けられていない(ウ…×)。

問２ 台風は夏から秋にかけて日本列島に接近するが，台風の主な進路は月を追うごとに南へ移っていく。したがって，11月に発生した台風は日本列島に接近せず太平洋上を東へ進むことが多い(ウ…○)。なお，アの矢印は７月，イの矢印は９月の台風の平均的なルートを表している。

問３ 発達した雨雲が次々と発生して線状に並び，数時間にわたってほぼ同じ場所を通過，または停滞《ていたい》することでつくり出される，強い降水をともなう雨域を，線状降水帯という(イ…○)。なお，アのゲリラ豪雨は，比較《ひかく》的狭《せま》い範囲で短時間に降る集中豪雨のことである。ウの熱帯低気圧は，熱帯や亜《あ》熱帯の海上で発生した低気圧の総称で，台風もこれにふくまれる。エの梅雨前線は６～７月に日本列島に停滞し，長雨をもたらす前線である。

問４ １・２ 日本列島の周辺では，２つの海のプレート(太平洋プレートとフィリピン海プレート)が，２つの陸のプレート(ユーラシアプレートと北アメリカプレート)の下に沈《しず》みこんでいる。複数のプレートによって複雑な力がかかるため，日本列島は地震《じしん》が発生しやすい。

問５ 東北地方の太平洋岸に伸《の》びる三陸海岸には，リアス海岸が広がっている。リアス海岸は，起《き》伏《ふく》の多い山地が海に沈みこんだり，海面が上昇したりすることでできる海岸地形で，海岸線の出入りが複雑なことが特徴《とくちょう》である。入り江の奥にいくと幅《はば》が狭く，水深も浅くなるため，津波が起こった場合には波が急激に高くなり，被害が大きくなりやすい。

問６ 減災《げんさい》は，災害の発生を防ぐことはできないという考え方にもとづいて，災害時に発生する被

害を最小限にとどめようという考え方や取り組みである(エ…○)。なお，減災に対して災害が発生しないようにしたり，被害を出さないようにしたりする取り組みをアの防災という。

2 各時代の歴史的なことがらについての問題

問1　中大兄《なかのおおえの》皇子は中臣鎌足らと協力して蘇我蝦夷《えみし》・入鹿《いるか》を滅《ほろ》ぼすと，天皇を中心とする国づくりに取り組んだ。この政治改革は大化の改新と呼ばれ，646年には基本方針が大化の改新の詔《みことのり》で示された(ウ…○)。なお，アの藤原不比等は中臣鎌足の息子である。イの小野妹子は飛鳥時代の役人で，遣隋《けんずい》使として隋(中国)に派遣された。エの聖徳太子(厩戸《うまやどの》皇子)は，推古天皇の摂政《せっしょう》としてさまざまな政治改革を行った人物である。

問2　大宝律令は，文武天皇の命を受けた刑部《おさかべ》親王と藤原不比等らが編さんし，701年に完成した日本で最初の完全な法律である。律は現在の刑法，令は民法・行政法などにあたり，大宝律令の制定によって律令制度が確立した(イ…○)。なお，アの大化は645年に定められた日本で最初の元号である。ウの養老は奈良時代，エの延喜《えんぎ》は平安時代に使われていた元号で，それぞれの時期に養老律令と延喜式と呼ばれる法典がつくられた。

問3　全ての土地と人民を国(天皇)のものとする公地公民制は，律令制度における土地制度や税制度の基本となった。公地公民制のもと，全ての土地を所有した国が，6歳《さい》以上の男女に土地を貸し与え，かわりに税を徴収する班田収授が行われた。

問4　地方の特産物を都に納める税を調といい，調は成人男子にのみ課された(ウ…○)。なお，アの雑徭《ぞうよう》は国司の命令で課される60日以下の労役，イの庸は都での労役または布を納める税，エの租は収穫《しゅうかく》した稲の約3％を納める税である。

問5　1467年に起こった応仁の乱は，室町幕府第8代将軍の足利義政のあと継《つ》ぎ争いに有力守護大名の勢力争いなどが結びつき，京都を戦場として約11年続いた戦乱である。この結果，幕府や将軍の権威《けんい》は失われ，身分の下の者が上の者を実力で倒して高い地位につく下剋上《げこくじょう》の風潮が広がった。

問6　足利義政が京都東山の山荘内に築いた観音殿《かんのんでん》(銀閣)は，上下2層からなっている。下層には書院造，上層には禅宗様《ぜんしゅうよう》が取り入れられた室町時代の東山文化を代表する建築物である(エ…×)。なお，寝殿造りは平安時代の貴族の屋敷に用いられた建築様式で，室町幕府第3代将軍の足利義満が築いた金閣にも取り入れられている。

問7　武田信玄《しんげん》は甲斐《かい》(山梨県)を中心に勢力圏《けん》を築いた戦国大名で，分国法(家法)の制定や信玄堤《づつみ》による治水など，すぐれた領国支配を行ったことで知られる(イ…○)。なお，アの今川義元は駿河《するが》・遠江《とおとうみ》(静岡県)，ウの上杉謙信《けんしん》は越後《えちご》(新潟県)，エの浅井《あざい》長政は北近江《おうみ》(滋賀県)を本拠《ほんきょ》地とした戦国大名である。

問8　国内の世論が日露戦争開戦に傾《かたむ》く中，内村鑑三《かんぞう》はキリスト教の立場から日露戦争の開戦に反対した(ア…○)。なお，イの与謝野晶子は『君死にたまふ《もう》ことなかれ』という詩を発表し，反戦の意思を示した歌人である。ウの幸徳秋水は社会主義の立場から反戦論を唱えた。エの平塚らいてう《ちょう》は大正～昭和時代に活躍《かつやく》した女性解放運動家である。

問9　アの小村寿太郎は外務大臣として日英同盟の締結《ていけつ》(1902年)や日露戦争の講和条約であるポーツマス条約の調印(1905年)に貢献《こうけん》した。また，1911年には関税自主権を回復することに成功し，幕末に幕府が欧米諸国と結んだ不平等条約の完全な改正を実現した。なお，イの伊藤博文は初代内閣総理大臣を務めた人物で，ウの陸奥宗光とともに日清戦争の講和条約である下関条約を結んだ。陸奥宗光は1894年に領事裁判権（治外法権）の撤廃《てっぱい》を成しとげた外務大臣としても知られる。エの大隈重信も伊藤博文が内閣総理大臣のときに外務大臣を務めている。

問10　1904年に始まった日露戦争は，日本・ロシアとも戦争の続行が難しくなったため，1905年にアメリカ大統領セオドア・ルーズベルトの仲立ちのもと，アメリカのポーツマスで講和会議が開かれ，ポーツマス条約が結ばれた（エ…×）。

問11　資料より，1910年の輸入品の中心が綿花であることと，綿糸が生糸に次ぐ輸出品になっていることが読み取れる。つまり，1910年ごろには綿花から綿糸をつくる紡績《ぼうせき》業が発達し，日本は綿花を輸入して綿糸を輸出する加工貿易を行うようになったといえる（ウ…○）。なお，輸入品の総額は，1890年から1910年で５倍以上に増えている（ア…×）。1890年の輸入品上位品目に生糸はない（イ…×）。輸入品の上位には機械類が入っているが，1910年の段階でも輸出品の中心は生糸や綿糸などの軽工業の製品で，機械類は主要品目に入っていない（エ…×）。

問12　1956年に日ソ共同宣言が出されてソ連（ソビエト連邦）との国交が回復したことで，日本は同年，国際連合への加盟が認められた（エ…○）。

問13　1951年にアメリカのサンフランシスコで日本と連合国との講和会議が開かれ，日本は連合国48か国とサンフランシスコ平和条約を結んだ。この条約が翌年発効したことにより，日本は1952年に独立を回復した。

問14　日本は日清戦争の戦勝国となり，山口県の下関で講和会議を開いた。このとき結ばれた下関条約で，日本は台湾・澎湖《ほうこ》諸島などの領土や多額の賠償《ばいしょう》金を手に入れた。なお，アの南京《ナンキン》条約はイギリスと清（中国）が戦ったアヘン戦争の講和条約，イの北京《ペキン》条約はイギリス・フランス連合軍と清が戦ったアロー戦争後に結ばれた条約，エのワシントン条約（ワシントン海軍軍縮条約）は，第一次世界大戦後に採択《さいたく》された軍艦の保有量などについて定めた条約である。

3　日本の経済についての問題

問１　**Ａ**　財政とは，国や地方公共団体が国民に対してさまざまな行政サービスを提供するために資金を調達し，予算を組んで支出する活動のことである。　**Ｂ**　内閣は，法律と予算にもとづいて実際に政治を行う行政機関なので，内閣が必要な予算を組んで予算案を作成し，国会に提出する。　**Ｃ**　国税とは，国が徴収する税金のことである。国税には，所得税や法人税，消費税などがある。　**Ｄ**　地方税は地方公共団体が徴収する税で，住民税や事業税，固定資産税などがこれに分類される。

問２　世の中に出回るお金の量を増やすと景気は良くなるが，お金の価値は下がる。お金の価値が下がると，同じものやサービスに対しても，それまでより多くのお金を支払う必要が生じ，物価高になる。さらにお金の量が増え過ぎると，物価が上昇し続けるインフレーション（インフレ）が起こる可能性がある。逆に，世の中に出回るお金の量が少ないと景気が悪くなり，お金の価値は上がるので，物価安になる。物価が下がり続ける状況《じょうきょう》は，デフレーション（デフレ）とよばれる。政府や日本銀行は，極端《きょくたん》なインフレやデフレが起こらないように，財政政策や金融政策を行う。

問３　(1)　一般会計税収は1975年から1990年にかけて増加した後，2010年ごろまでは横ばいかやや減少気味に変動し，その後は再びゆるやかに増加している。途中《とちゅう》で増減はあるものの，1975年に比べると約50年間で税収は３倍以上になっているので，増加傾向であるといえる（エ…×）。なお，一般会計歳出と歳出総額は同意である。　(2)　日本では，少子高齢化の進行にともなって増加する社会保障費を税収だけではまかなえず，歳出が税収を上回る状況が続いている。そのため，国の借金である国債《こくさい》(公債)を発行して不足分を補っているが，近年は国債の割合が歳入の約30%を占《し》めている(ウ…×)。国債は利子をつけて返還《へんかん》する必要があるため，近年，歳出の約20%を占める国債費が日本の財政を圧迫《あっぱく》している。

問4　**1**　税を納める者と税を負担する者が異なる税を間接税，税を納める者と税を負担する者が同じ税を直接税という。商品の販売やサービスの提供に対してかかる消費税は，消費者が負担し，事業者が納めるので，間接税に分類される。　**2**　法人税とは，法人(法律上は人として扱《あつか》われる組織や団体)の所得に対してかけられる税である。法人がその所得額に応じて負担し，納付するので直接税に分類される。　**3**　所得税は個人の所得に対してかけられる税で，所得を得た個人が負担して納付するので，直接税である。　**4**　酒類にかけられる酒税は，消費税と同様に間接税に分類される。

理　科　＜A試験＞（社会と合わせて60分）＜満点：50点＞

解　答

[1] **問1**　ア　**問2**　イ　**問3**　エ　**問4**　空気，適当な温度　**問5**　ウ　[2] **問1**　**ア**　地じく　**イ**　公転　**問2**　イ　**問3**　ウ　**問4**　東経139度　**問5**　ウ　**問6**　**ア**　水蒸気　**イ**　水(水てき)　[3] **問1**　イ　**問2**　エ　**問3**　(1)　オ　(2)　ア，イ，エ　**問4**　ウ　**問5**　(例)　水性ペンのインクが下に，油性ペンのインクが上に分かれる。　[4] **問1**　**A**　イ　**B**　エ　**C**　カ　**問2**　LED　**問3**　(例)　夜間は発電できず，天候や季節に発電量が左右される点。　**問4**　熱　**問5**　地球温暖化

[5] イ

解　説

[1] 植物のつくり，種子の発芽と成長についての問題

問1　ジャガイモの葉は，アのように，先がとがった円の形をしていて，先端《せんたん》に1枚あり，ほかの葉は2枚が対になって並んでいる。

問2　理科でスケッチするときは，ボールペンではなく黒の鉛筆《えんぴつ》を用い，色鉛筆などは使わない。スケッチしたいもののりんかくをはっきり書き，かげをつけたり二度書きしたりしない。

問3　ピーマンの種は4mmほどの大きさで，白っぽく，丸くて平たい形をしている。なお，アはツルレイシ(ゴーヤ)，イはアサガオ，ウはヒマワリの種である。

問4　一般《いっぱん》に，種が発芽するには，水分のほか，空気(酸素)と適当な温度が必要である。成長するためには，このほかに光や肥料などが必要になる。

問5　畑にビニールをかぶせることで，水が土の表面から蒸発することを防ぎ，水分量を保つことができる。さらに土の温度変化を和らげる効果もあるので，発芽するための環境《かんきょう》がよくなり，発芽する割合が高くなる。

[2] 太陽と月，星座の動きについての問題

問1　日の出の時間が季節によって異なるのは，地球が地じくを23.4度傾《かたむ》けた状態で，太陽の周

りを公転しているためである。

問２　地球は，太陽の周りを１年で１回公転しているため，同じ時刻に見える星座は，１ヶ月で，360÷12＝30(度)だけ西に移動する。よって，12月ごろ南西に見えていたおおいぬ座のシリウスは，１ヶ月後には30度移動した西の地平線近くに見えることになる。

問３　地球が１日１回，西から東に自転しているため，南に見える星座は，１時間に，360÷24＝15(度)ずつ西に移動する。よって，２月中旬《ちゅうじゅん》の午後９時ごろに真南に見えたオリオン座は，８時間後の午前５時ごろには，15×８＝120(度)西に移動している。一方，同じ時刻に見える星座は１ヶ月で30度ずつ西に移動するので，オリオン座は，２月中旬の，120÷30＝４(ヶ月前)の10月中旬の午前５時に真南に見えることがわかる。

問４　駅での日の出の時刻が午前５時11分，日の入りの時刻が午後６時17分(18時17分)のとき，南中時刻は，(５時11分＋18時17分)÷２＝23時28分÷２＝22時88分÷２＝11時44分である。これは兵庫県明石市の南中時刻より，12時－11時44分＝16分早い。また，地球は西から東に向かって自転しているので，東の方ほど南中時刻が早くなる。太陽は１時間に15度，つまり，60÷15＝４より，４分で１度，東から西に動くので，16÷４＝４(度)より，この駅は明石市より経度４度東の，東経，135＋４＝139(度)にあるとわかる。

問５　図１に見える月は，左半分が光る下げんの月で，このとき真南に見えている。下げんの月は約１ヶ月かけて，下げんの月→新月→上げんの月→満月→下げんの月と形が変化して見え，また，月は，同じ時刻に観察すると約，360÷30＝12(度)ずつ東に動いて見える。よって，３日後の月はウのように見える。

問６　吐《は》く息に含《ふく》まれる水蒸気が，温度の低い空気に冷やされて細かい水てき(液体の水)になるため，冬の寒い日に吐く息は白く見える。

３　水性のインクと油性のインクについての問題

問１　理科室の机ではさまざまな実験が行われるので，必ずしもぬれている原因が水などの安全な液体とは限らない。そのため，机の上がぬれている場合は，不用意にティッシュペーパーで拭《ふ》き取ってはいけない。たとえば，水酸化ナトリウム水溶液はうすい食酢《しょくす》で中和し，こい塩酸は重そう水で中和してから，水でぬらした雑巾《ぞうきん》で拭き取ると安全である。

問２　ろ紙の端《はし》を水でぬらすと，水が少しずつしみこんで広がっていくが，油性ペンのインクは水に溶《と》けることがないので，ろ紙Ｂではにじんだり広がったりしない。

問３　油性ペンのインクは，色のもとである染料，染料を溶かすための石油からできている液体，インクをたれにくくする樹脂《じゅし》などからできており，水に溶けないため，点を書いたろ紙を水につけてもそのままで変化しない。また，油は水より密度(一定の体積あたりの重さ)が小さく，水に浮《う》く。

問４　インクはさまざまな色の染料を混ぜ合わせてつくられており，染料は色によって水への溶けやすさが異なる。図２のように水が下から上にしみてくると，水に溶けるＸやＺなどの水性ペンのインクは，溶けやすい染料と溶けにくい染料に色が分かれる。このように，ろ紙と液体を使って液体に溶けるものを分離《ぶんり》する方法をペーパークロマトグラフィーという。なお，Ｙのインクは油性のため，水に溶けず，印に変化は起こらない。

問５　水性ペンのインクと油性ペンのインクは性質が異なるので混ざり合わず，油性ペンのインクの方が水性ペンのインクよりも密度が小さいので，油性ペンのインクが上，水に溶けた水性ペンのインクが下に分かれる。

[4] 発電方法とスマートハウスについての問題

問1　A　石油や石炭，天然ガスなど，大昔に生きていた動物や植物の死がいが長い間に変化してできた燃料を化石燃料といい，化石燃料を燃やすと大量の二酸化炭素が排出《はいしゅつ》される。一方，再生可能エネルギーは，一度利用しても比較《ひかく》的短時間で再生可能で，なくなることのないエネルギーのことで，太陽光，水力，風力，地熱などがある。　**B，C**　火力発電は，石油や石炭などの化石燃料を燃やして水を熱したときに発生する水蒸気でタービンとよばれる羽根車を回転させて，電気をつくっている。

問2　発光ダイオードはLEDともよばれる。LEDは電球と比べて消費電力が少なく，寿命《じゅみょう》が長い，発生する熱が少ないなどの利点がある。

問3　スマートハウスは，発電設備を備え，ITなどの技術を用いて電化製品をコントロールし，電気を効率よく使うことができるように設計された家である。図2のようなスマートハウスでは，光電池による発電を行うが，光電池は夜間に発電ができず，発電量が天候や季節に左右されることが問題点としてあげられる。ほかにも，導入するときの費用が高い点，定期的な点検が必要である点，つくるときや廃棄《はいき》するときには二酸化炭素を多く排出する点などが欠点としてあげられる。

問4　LEDは電球に比べて発熱量が少ない。雪が多く降る地域でLEDの信号機を用いると，降った雪が解けず信号が見えにくくなり事故の原因となるため，現在でも電球を利用した信号機が使われていることが多い。

問5　二酸化炭素は，地表から宇宙に向けて放出される熱(赤外線)を吸収してたくわえる性質が強い。近年，化石燃料の大量消費などによって，地球をとりまく大気中に含まれる二酸化炭素が増え続けていて，大気にこもる熱の量が多くなり，地球の平均気温が上昇《じょうしょう》し続けている。これは，地球温暖化とよばれている。

[5] 日本の次世代ロケットについての問題

JAXAの開発する日本の次世代ロケットである「H3ロケット」の初号機は，2023年2月17日に種子島宇宙センターから打ち上げ予定であったが，打ち上げ直前にさまざまな問題が見つかり，打ち上げが中止された(その後，同年3月7日に打ち上げられたが，打ち上げは失敗している)。なお，2024年2月17日，JAXAは種子島宇宙センターから「H3ロケット」の2号機の打ち上げに成功した。

国語　＜A試験＞（50分）＜満点：100点＞

解答

[一] **問1** 対話　**問2** イ　**問3** 物事の“本質”を洞察すること　**問4** ウ　**問5** ⑤ エ　⑥ ウ　⑦ イ　⑧ ア　**問6** 相対　**問7** b　**問8** エ　[二] **問1** エ　**問2** ウ　**問3** 一つの車輪　**問4** エ　**問5** ウ　**問6** イ　**問7** 熱さ　**問8** ア　**問9** イ　[三] **問1** 下記を参照のこと。　**問2** ① ウ　② キ　③ オ　④ ア　⑤ カ　**問3** ① ウ　② イ　③ オ　④ ク　⑤ ケ

●漢字の書き取り

三 **問1** ① **円熟** ② **自尊心** ③ **絵空事** ④ **朗** ⑤ **衣装**

解 説

一 **出典：苫《とま》野《の》一徳《いっとく》『はじめての哲学《てつがく》的思考』**。筆者は，西洋哲学の父，ソクラテスのエピソードを紹介《しょうかい》し，役に立たないと言われがちな哲学は，実はとても役立つものなのだと述べている。

問1 後で筆者が，哲学とは「物事の“本質”をとらえる営み」だと述べたうえで，「教育」にしろ「恋《こい》」にしろ「お互《たが》いに話をつづけていくうちに」本質へとたどりつけることがある，と主張していることをおさえる。つまり，物事について人々に問いかけてまわっていたソクラテスも，「対話」によってその本質をとらえようとしていたものと考えられる。

問2 ここでの「滑稽《こっけい》」は，あざ笑う対象になるさま。

問3 空らん⑦の後の部分に，「物事の“本質”を洞察《どうさつ》することこそが，哲学の最大の意義なのだ」と述べられている。「洞察」は，よく観察して物事の本質や奥底《おくそこ》にあるものを見ぬくこと。見通すこと。

問4 これまでみてきたとおり，人々は「対話」によって「本質」を「深く了解《りょうかい》し合える可能性」がある。つまり，「だれもが納得《なっとく》できる」地点まで「考えを深めよう」とすることが「本質を知ること」だといえるので，ウが選べる。

問5 ⑤ 「物を考える」ときに「一番大事」なのは「本質をとらえること」であり，その例として「教育」の場合をあげているので，具体的な例をあげるときに用いる「たとえば」が入る。
⑥ 「現代」を，「世界には～人それぞれの見方があるだけだという考えが，広く行き渡《わた》っている時代」とくわしく説明しているので，“要するに”という意味の「つまり」が合う。 ⑦ お互いに話すうちに「それってたしかに本質的だ」と「納得し合えることがある」から，いろいろなテーマについても「対話を通して，その“本質”を深く了解し合える可能性がある」という文脈である。よって，前のことがらを理由・原因として，後にその結果をつなげるときに用いる「だから」がふさわしい。 ⑧ 「考え方は人それぞれだ」と済ませようとしても，「人生にはそれでは済まない時がある」という文脈なので，前のことがらに対し，後のことがらが対立する関係にあることを表す「でも」が選べる。

問6 「相対主義」は，それぞれの視点や価値観から複数の主張ができるとする考え方。

問7 もどす文には，「そもそも」を考える「思考法」を長く磨《みが》いてきたのが哲学だと書かれている。(b)に入れると，「哲学者じゃなくても～考えることはある」が，物事の源にさかのぼって考える哲学的な「思考法」を身につけているのとそうでないのとでは，「思考の深さと強さにおいて圧倒《あっとう》的なへだたり」がうまれる，というつながりになり，文意が通る。

問8 ア 空らん⑧の直後にあるとおり，「共通了解」とは，「ここまでならだれもが納得できる」だろうという地点をいい，対立の解消などのために必要なものである。だれとでも「分かり合うことができる」とまでは述べられていないので，ふさわしくない。 イ 相対主義の時代，何もかも「人それぞれ」で済ませがちだが，それでは済まず，「共通了解」が必要な場合がある。そのとき，哲学の思考法を身につけているかどうかで圧倒的《あっとうてき》な差が出ると，筆者は述べているので，合わない。 ウ 哲学は「絶対の真理」ではないが「ここまでならだれもが納得できる」地点へ考えを深めるものであるため，誤り。　エ　問５の⑦でみたように，お互いに話すことが，「哲学の最大の意義」である「物事の“本質”を洞察すること」につながり，「納得し合える」のだから，正しい。

二　出典：小川未明《おがわみめい》『小川未明童話集２』。重い汽罐車《きかんしゃ》で傷ついたレールが，花や雨になぐさめられ，月にその事情を話すと，月がレールに同情して汽罐車をさとそうとする。

問１　本文の後半にあるとおり，箱が話したのは月だけで，レールとは話していない。

問２　「擬人《ぎじん》法」は，人でないものを人に見立てて表現する技法。なお，「倒置《とうち》法」は，語順を入れかえることで，意味を強めたり語調を整えたりする技法。「反復法」は，くり返しによって強調を期待する技法。「直喩《ちょくゆ》」は，「ようだ(な)」「みたい」などを用いた比喩の表現。

問３　本文の後半の，汽罐車が月に話している部分に注目する。昨日はいままでになく荷物が重く，レールとすれ合って「一つの車輪」が傷ついたのである。

問４　「夕立」は夏の午後から夕方に，とつ然はげしく降る雨。さっと降って止む雨は，ほかに「にわか雨」「通り雨」などがある。

問５　ぼう線⑤の後の部分にあるとおり，「慈悲《じひ》の輝《かがや》き」を放つ月は，レールに同情して汽罐車を「さとしてやる」と約束している。しかし，探しあてた汽罐車も大きな重い箱を積んだせいで車輪が傷ついており，人間を憎《にく》く思っていた。次に箱を訪ねると，心細い身の上を聞かされ，さらに人間の家をのぞくと「赤ん坊《ぼう》」が「月を見て喜んで，笑っていた」のである。レールとの約束を果たそうとして汽罐車，箱，人間を訪ねて回った月は，「いったいだれが悪いのか」分からなくなっているので，ウがよい。

問６　「そのこと」とあるので，前の部分に注目する。「汽罐車に傷つけられたこと，太陽が～毎日，毎日，用捨《ようしゃ》なく，頭から照りつけたこと」をレールは訴《うった》えているので，イが選べる。

問７　「のどもと過ぎれば熱さを忘れる」は，“一度身にしみて感じたことも，時間がたてば忘れてしまう”という意味。

問８　「物思いに沈《しず》む」は，あれこれ考えて気がふさぐこと。

問９　雨は，レールが汽罐車に傷つけられたことを，レールから聞いて知ったので，イが誤り。

三　漢字の書き取り，敬語の知識，文学作品と作者

問１　①　人格，知識，技術などが十分に発達し，豊かな内容をもっていること。　②　自分を大切にする気持ち。自分に価値を認めて自分を高く保とうとする心情や態度。　③　大げさで現実にはあり得ないこと。　④　音読みは「ロウ」で，「朗読」などの熟語がある。　⑤　身につける着物。儀式《ぎしき》や祭りの場，芸能などで定められた衣服。

問２　①　「食べる」の尊敬語は，「めしあがる」。なお，「いただく」は謙譲語《けんじょうご》。　②　「言う」の尊敬語は，「おっしゃる」。なお，「申し上げる」は謙譲語。　③　「来る」の尊敬語は，「いらっしゃる」。　④　「くれる」の尊敬語は，「くださる」。　⑤　「見る」の尊敬語は，「ご覧になる」。なお，「拝見する」は謙譲語。

問３　①　『源氏物語』は，平安時代に紫式部《むらさきしきぶ》が書いた長編物語。　②　『枕草子《まくらのそうし》』は，平安時代に清少納言《せいしょうなごん》が書いた随筆《ずいひつ》。　③　『坊《ぼ》っちゃん』は，明治時代に書かれた夏目漱石《なつめそうせき》の小説。夏目漱石の作品にはほかに，『こころ』『吾輩《わがはい》は猫《ねこ》である』などがある。　④　『舞姫《まいひめ》』は，森鷗《もりおう》外《がい》が明治時代に書いた小説。森鷗外の作品にはほかに，『高瀬舟《たかせぶね》』などがある。なお，川端康成《かわばたやすなり》にも同名の小説がある。　⑤『羅《ら》生《しょう》門《もん》』は，大正時代に書かれた芥川龍《あくたがわりゅう》之《の》介《すけ》の小説。芥川龍之介の作品にはほかに，『鼻《はな》』『蜘《く》蛛《も》の糸』などがある。

Dr.福井の
入試に勝つ！脳とからだのウルトラ科学

睡眠時間や休み時間も勉強!?

みんなは寝不足になっていないかな？　もしそうなら大変だ。睡眠時間が少ないと，体にも悪いし，脳にも悪い。なぜなら，眠っている間に，脳は海馬《かいば》という部分に記憶をくっつけているんだから。つまり，自分が眠っている間も頭は勉強しているわけだ。それに，成長ホルモン（体内に出される背をのばす薬みたいなもの）も眠っている間に出されている。昔から言われている「寝る子は育つ」は，医学的にも正しいことなんだ。

寝不足だと，勉強の成果も上がらないし，体も大きくなりにくく，いいことがない。だから，睡眠時間はちゃんと確保するように心がけよう。ただし，だからといって寝すぎるのもダメ。アメリカの学者タウブによると，10時間以上も眠ると，逆に能力や集中力がダウンしたという研究報告があるんだ。

睡眠時間と同じくらい大切なのが，休み時間だ。適度に休憩するのが勉強をはかどらせるコツといえる。何時間もぶっ続けで勉強するよりも，50分勉強して10分休むことをくり返すようにしたほうがよい。休み時間は，散歩や体操などをして体を動かそう。かたまった体をほぐして，つかれた脳を休ませるためだ。マンガを読んだりテレビを見たりするのは，頭を休めたことにならないから要注意！

頭の疲れに関連して，勉強の順序にもふれておこう。算数の応用問題や理科の計算問題，国語の読解問題などを勉強するときには，脳のおもに前頭葉という部分を使う。それに対して，国語の知識問題（漢字や語句など）や社会などの勉強では，おもに海馬《かいば》という部分を使う。したがって，それらを交互に勉強すると，１日中勉強しても疲れにくい。

Dr.福井（福井《ふくい》一成《かずしげ》）…医学博士。開成中・高から東大・文Ⅱに入学後，再受験して翌年東大・理Ⅲに合格。同大医学部卒。さまざまな勉強法や脳科学に関する著書多数。

2024 年度

東海大学付属浦安高等学校中等部

【算　数】〈B試験〉(50分)〈満点：100点〉

1 次の計算をしなさい。

(1) $23\times11-171\div9$

(2) $17\div4-\dfrac{2}{3}\times5$

(3) $3\times1.25-2\div0.8$

(4) $3.15\div2\dfrac{1}{3}-4\dfrac{1}{5}\div5.6$

(5) $2.5\times3.14+1.57\times5$

(6) $7\div\left\{2\div\left(\dfrac{4}{5}-\dfrac{3}{4}\right)+1\dfrac{2}{7}\right\}$

2 次の各問いに答えなさい。

(1) ある品物の定価は5400円です。この品物を２割２分引きで買うと，支払う金額は何円になりますか。

(2) 水46.5ｇに食塩を溶かして７％の食塩水を作ります。何ｇの食塩を溶かしましたか。

(3) 70 m を３秒で走る自動車が，そのままの速度で37分間走ると何 km 進みますか。

(4) 午後１時37分の $\frac{3}{4}$ 時間後は，午後何時何分ですか。

(5) ティッシュ１箱をＡさんは４日，Ｂさんは７日で使い切ります。この２人が合わせて５箱のティッシュを使い切るのは何日目ですか。

(6) 右図の斜《しゃ》線部の面積は何 cm^2 ですか。ただし，円周率は3.14とします。

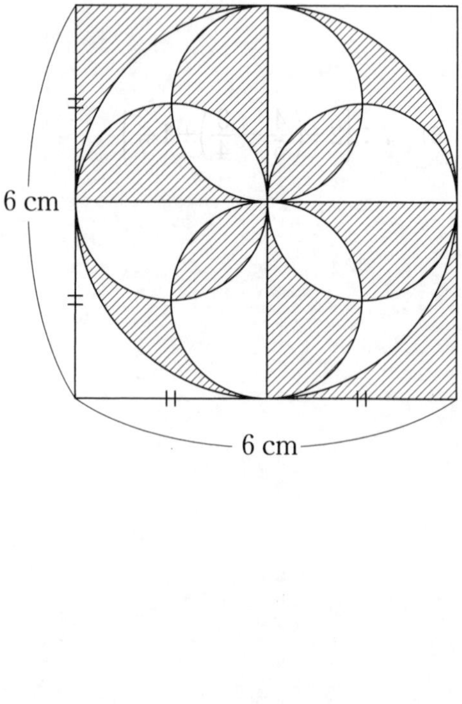

3 太郎くんは4月1日から毎日50円のおこづかいをもらいます。このとき，次の問いに答えなさい。

(1) 6月1日に友達と遊びに行くことになりました。太郎くんは最大何円まで使うことができますか。ただし，もらったおこづかいを4月1日から毎日すべて貯めていたとし，6月1日のおこづかいをもらった後に遊びに行くこととします。

(2) 太郎くんは6月1日に2956円を使いました。その後，またおこづかいを毎日すべて貯めていくとすると，貯めたお金が6000円を初めてこえるのは何月何日ですか。

4 Aくんと Bくんの2人が，それぞれ5個のビー玉を持っています。次のルールでじゃんけんを行い，どちらかのビー玉がなくなるまで続けます。

ルール
・勝ったとき，相手からビー玉を1個もらいます。
・あいこのとき，2人がそれぞれ1個ずつビー玉を捨てます。

このとき，次の問いに答えなさい。

(1) 2人は少なくとも何回以上のじゃんけんをすることになりますか。

(2) Aくんは1回勝ち3回負けて，残りはすべてあいこだったのでビー玉がなくなってしまいました。合計何回のじゃんけんをしましたか。

(3) もう一度5個ずつビー玉を持って，じゃんけんをしました。
Aくんが何回か勝って，残りはすべてあいこでした。Bくんのビー玉がなくなったとき，Aくんはビー玉を6個持っていました。このとき，Aくんは何回勝ちましたか。

5 2人の兄弟が同じ学校に通っています。兄は自転車で，弟は徒歩で通学しています。ある日，2人は同時に学校を出ました。12分後に帰宅した兄は，帰宅後すぐに学校と家の間にある郵便局に手紙を出しに行きました。兄は手紙を出すとすぐに家に向かいました。その後，2人は同時に帰宅しました。兄は分速112 m，弟は分速64 mで進みます。ただし，兄が家と郵便局で止まっている時間はないものとし，2人は常に同じ速さで動いているものとします。このとき，次の問いに答えなさい。

(1) 学校から家までの距離《きょり》は何 mですか。

(2) 弟は学校から家まで何分かかりましたか。

(3) 家から郵便局までの距離は何 mですか。

【社　会】〈B試験〉（理科と合わせて60分）〈満点：50点〉

1 次の文章を読み，あとの問いに答えなさい。

私（太郎君）は夏休みを利用して，祖父母の家に行きました。祖父母の家は青森県にあります。私たちは東京駅から，①いくつかの都市を通過し，途中，②広大な平野や山地など，様々な自然や風景を見ることができました。約3時間半で新青森駅に着くと，駅構内には③青森の有名な祭りの展示がありました。

祖父母の住む弘前《ひろさき》市は，江戸時代に津軽《つがる》藩が治め，弘前城の城下町として繁栄《はんえい》しました。また，④りんごの生産量は全国一を誇ります。祖父母の家に着くと，⑤八戸《はちのへ》で漁業をしているおじさんが，イカなどの魚介類を持って来てくれました。八戸は古くから漁港として発展し，現在は多くの観光客が訪れるそうです。

翌日，車で津軽半島に行きました。半島の先端にある竜飛岬《たっぴみさき》から北を見ると津軽海峡を挟《はさ》んで北海道の松前半島が，東を見ると（　⑥　）半島が見えました。津軽半島からは，本州と北海道を結ぶ⑦海底トンネルが通っています。半島の中ほどにある⑧十三湖《じゅうさんこ》は海水と淡水が混合した汽水湖《きすいこ》で，その特産物は宍道湖《しんじこ》と並ぶ漁獲量です。

今回の旅行では，美味しい料理を食べただけでなく，社会の授業で勉強した地理や歴史の内容を，自分の目でたくさん見て学ぶことができました。

問1　文中の下線部①について，次のA～Cは太郎君が通過した都市（県庁所在地）についての説明です。それぞれの都市の位置を，右の地図ア～カから記号で選び，またその都市名を答えなさい。

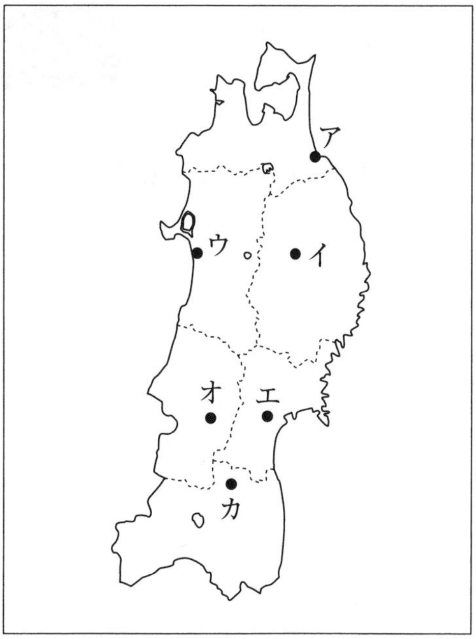

A　この都市は阿武隈川《あぶくまがわ》が流れ，昔から街道の分岐点として知られています。現在でも東北新幹線と山形新幹線の分岐点となっています。

B　この都市は伊達《だて》家の城下町として発展し，人口100万人を超える東北最大の都市です。大都市でありながら，自然と調和した「杜《もり》の都」として知られています。

C　この都市は第二次世界大戦による戦災被害の少ない都市で，古くからの街並みが残っています。南部鉄器や木工品などの伝統技術が受け継がれています。

問2　文中の下線部 ② について，述べた文として正しいものを，次のア～エから1つ選び，記号で答えなさい。

ア．進行方向の左側に標高の高い那須連峰《なすれんぽう》や奥羽山脈の中にある蔵王連峰《ざおうれんぽう》が見えていたが，到着駅に近づくと大きな平野が右手に見えた。

イ．長いトンネルを抜けると，左側の車窓から遠くに弥彦山《やひこやま》が見えて，米どころの越後平野が広がる風景が見えた。

ウ．糸魚川《いといがわ》付近で市街地越しに美しい海が見えた。その後いくつかトンネルを抜けると飛騨山脈の北部にある立山連峰《たてやまれんぽう》が見えた。

エ．山の斜面に広がるぶどう畑を望むことができ，上山城《かみのやまじょう》，さくらんぼ畑，月山《がっさん》の山並みなどが見えた。

問3　文中の下線部 ③ について，次の写真は青森市で8月上旬に行われている祭りの様子です。この祭りの名前を，次のア～エから1つ選び，記号で答えなさい。

ア．七夕　　イ．なまはげ　　ウ．ねぶた　　エ．だんじり

問4　文中の下線部④について，次の表はりんご・もも・西洋なし・おうとうの県別収穫量割合（上位5位）を表しています。表中の【A】・【B】にあてはまる東北地方の県名を答えなさい。（資料は農林水産省「令和3年産・作物統計・作況調査（果樹）」より）

りんご

県名	%
1位　青森	63
2位　長野	17
3位　岩手	6
4位　【B】	5
5位　【A】	3

もも

県名	%
1位　山梨	32
2位　【A】	23
3位　長野	10
4位　【B】	8
5位　和歌山	7

西洋なし

県名	%
1位　【B】	65
2位　新潟	8
3位　青森	7
4位　長野	6
5位　【A】	3

おうとう
（さくらんぼ）

県名	%
1位　【B】	70
2位　北海道	11
3位　山梨	7
4位　秋田	3
5位　―	―

問5　文中の下線部⑤が位置する三陸海岸沖は暖流と寒流がぶつかる潮目《しおめ》があり，プランクトンが豊富で多くの魚が集まる豊かな漁場になっています。暖流と寒流の名前の組み合わせとして正しいものを，次のア～エから1つ選び，記号で答えなさい。

ア．暖流：千島海流（親潮）　　寒流：日本海流（黒潮）

イ．暖流：リマン海流　　寒流：対馬海流

ウ．暖流：日本海流（黒潮）　　寒流：千島海流（親潮）

エ．暖流：対馬海流　　寒流：リマン海流

問6　文中の（　⑥　）に入る半島名を，次のア～エから1つ選び，記号で答えなさい。

ア．牡鹿《おしか》　　イ．能登《のと》　　ウ．男鹿《おが》　　エ．下北《しもきた》

問7　文中の下線部⑦について，本州と北海道を結ぶ鉄道専用の海底トンネルの名前を答えなさい。

問8　文中の下線部⑧について，この特産物は何ですか。次のア～エから1つ選び，記号で答えなさい。

ア．ほたて　　イ．うなぎ　　ウ．かき　　エ．しじみ

2 日本の外交について書かれた文A～Eを読み，あとの問いに答えなさい。

A　この時代は中国大陸と朝鮮半島との外交が中心でした。日本は大陸の進んだ文化や技術を取り入れるため，様々な外交を行いましたが，その中でも①聖徳太子《しょうとくたいし》（厩戸《うまやど》皇子《おうじ》）が中心となって，中国に使節を派遣したことは特に有名です。その後，中国の王朝が替わっても断続的に外交関係は続きますが，894年に（　②　）の意見によって使節の派遣は停止され，国同士の付き合いは途《と》絶《だ》えてしまいました。

B　武士が政治の実権を握ったこの時代は，国同士の付き合いは途絶えていましたが，中国に新たな王朝がおこると日本に対して朝貢《ちょうこう》を求めてきました。日本がこれを拒絶《きょぜつ》すると③２度にわたって日本に攻めてきましたが，日本はこれを退けました。幕府が替わり，中国も明に王朝が替わると④日本は貿易による利益を求めて中国に朝貢し，外交関係が復活しました。

C　戦乱の時代が終わり安定した時代になると，幕府は⑤禁教と外交貿易を独占《どくせん》する政策を行いました。中国やオランダとも正式な外交関係は結ばず，⑥制限された貿易のみの付き合いとしました。この時代，正式な外交関係を結んでいるとしたのは朝鮮と琉球《りゅうきゅう》だけで，両国からは⑦定期的に使節が来日しました。

D　欧米《おうべい》諸国による世界支配がすすんでいたこの時代，日本も欧米諸国の⑧圧力に押されて欧米諸国と外交関係を結びました。しかし，⑨そこで結ばれた条約は日本にとって不平等な内容を含むものでした。それまでの政権を倒した新政府によって近代化をすすめ，⑩欧米諸国に認められる国家となっていくなかで不平等条約は改正され，対等な外交関係を築き，国際社会の中での地位も高まっていきました。

E　⑪敗戦によって占領統治されていた日本は，⑫1952年に発効した条約によって独立を回復し，⑬国際社会に復帰しました。新たな憲法のもと経済発展をしていった日本は，国際協調を外交の柱として，外交をすすめました。しかし，⑭冷戦が終結すると各地での紛争などに対して，これまで以上の活動が期待されるようになり，平和維持活動などへの自衛隊の派遣が行われるようになっていきました。

問１　文中の下線部①の使節を何といいますか。漢字で答えなさい。

問2　文中の（　②　）にあてはまる人物を，次のア～エから１人選び，記号で答えなさい。

ア．藤原道長《ふじわらのみちなが》　イ．藤原頼通《よりみち》　ウ．菅原道真《すがわらのみちざね》　エ．吉備真備《きびのまきび》

問3　文中の下線部③について，これを指示した皇帝を，次のア～エから１人選び，記号で答えなさい。

ア．煬帝《ようだい》　イ．チンギス＝ハン　ウ．フビライ＝ハン　エ．李鴻章《りこうしょう》

問4　文中の下線部④について，この朝貢をすすめた将軍を，次のア～エから１人選び，記号で答えなさい。

ア．足利尊氏《あしかがたかうじ》　イ．足利義満《よしみつ》　ウ．足利義政《よしまさ》　エ．足利義昭《よしあき》

問5　文中の下線部⑤の政策は何と呼ばれていますか。漢字で答えなさい。

問6　文中の下線部⑥について，中国やオランダとの貿易が行われた港を，地図中のア～カから１つ選び，記号で答えなさい。

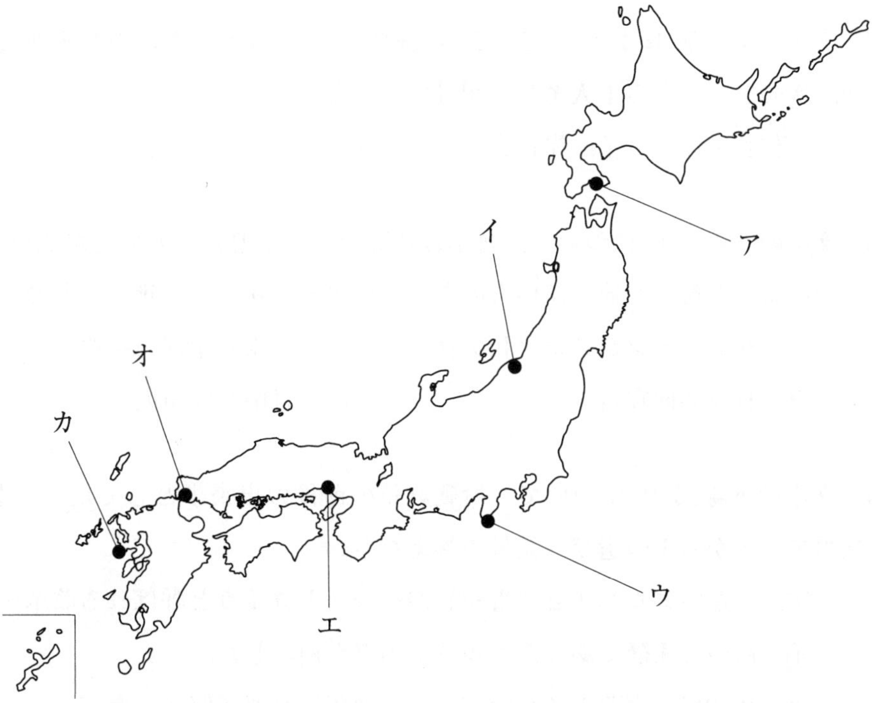

問７　文中の下線部 ⑦ について，朝鮮から派遣された使節を何といいますか。漢字で答えなさい。

問８　文中の下線部 ⑧ について，1853年に４隻の軍艦を率いて浦賀《うらが》に来航し，日本に国交を求めた人物は誰ですか。カタカナで答えなさい。

問９　文中の下線部 ⑨ について，1858年，日本はアメリカに領事裁判権を認め，日本に関税自主権がない不平等な条約を結びました。この条約を何といいますか。漢字で答えなさい。

問10　文中の下線部 ⑩ について，そのきっかけとなったのは1902年に結ばれた軍事同盟です。どの国と同盟を結びましたか。次のア～エから１つ選び，記号で答えなさい。

ア．ドイツ　　イ．アメリカ　　ウ．イギリス　　エ．ロシア

問11　文中の下線部 ⑪ について，日本を占領統治していた連合国軍最高司令官総司令部を何といいますか。アルファベットで答えなさい。

問12　文中の下線部 ⑫ について，この条約を結んだ時の日本の内閣総理大臣は誰ですか。次のア～エから１人選び，記号で答えなさい。

ア．佐藤栄作《さとうえいさく》　　イ．岸信介《きしのぶすけ》　　ウ．池田隼人《いけだはやと》　　エ．吉田《よしだ》 茂《しげる》

問13　文中の下線部 ⑬ について，日本は1956年に国際連合への加盟が認められました。この出来事と最も関連の深いものを，次のア～エから１つ選び，記号で答えなさい。

ア．サンフランシスコ平和条約　　イ．日米安全保障条約

ウ．日ソ共同宣言　　エ．日中共同声明

問14　文中の下線部 ⑭ について，冷戦終結の前後の出来事として正しくないものを，次のア～エから１つ選び，記号で答えなさい。

ア．ソ連でゴルバチョフ書記長がペレストロイカと呼ばれる改革を行った。

イ．冷戦の象徴であったベルリンの壁が崩壊した。

ウ．1990年に東西ドイツが統一し，翌年にソ連が解体した。

エ．アメリカとソ連の首脳がポツダムで会談した。

3 次の国会，内閣，裁判所についての文章を読み，あとの問いに答えなさい。

【国会】

国民主権とは，国の政治のあり方を最終的に決定する力は国民にあることを意味し，基本的人権の尊重・平和主義とともに日本国憲法の三大原則に掲げられています。しかし，日本国民全員で話し合い，多数決をとることは現実的ではありません。日本国憲法の前文では「日本国民は，正当に選挙された国会における（　1　）を通じて行動し…」と明記し，①国会によって政治決定がなされる（　2　）民主制を基本としています。日本国憲法第41条では「国会は，国権の [A] であって，国の唯一の立法機関である。」と定め，②衆議院と参議院からなる二院制を採用しています。また，日本国憲法では③参議院より衆議院により大きな権限を認めています。これを衆議院の [B] といいます。

【内閣】

日本国憲法第65条では「行政権は，④内閣に属する。」と定め，その内閣の首長となるのが内閣総理大臣です。内閣総理大臣は，国会議員の中から国会が（　3　）し，天皇によって（　4　）されます。国務大臣は内閣総理大臣が（　4　）し，過半数は国会議員でなくてはなりません。

【裁判所】

裁判所は司法権を持ち，最高裁判所と下級裁判所があります。最高裁判所は最も上級の裁判所で，違憲審査の最終的な決定権を持っていることから「憲法の [C] 」とも呼ばれています。また，日本の裁判は，同じ争いや事件について３回まで裁判を行うことができる三審制を採用しています。2009年に国民のいろいろな考えを裁判に生かしたり，裁判の時間を短くしたりすることなどを目的に，⑤裁判員制度が導入されました。

問１　文中の（　1　）・（　2　）に入る言葉を，次のア～オからそれぞれ１つずつ選び，記号で答えなさい。

ア．選挙人　　イ．直接　　ウ．議員　　エ．代表者　　オ．間接

問２　文中の（　3　）・（　4　）に入る言葉を，それぞれ漢字で答えなさい。

問３　文中の [A] ～ [C] に入る言葉を，それぞれ答えなさい。

問４　文中の下線部 ① について，衆議院が解散された場合，解散総選挙後30日以内に開かれる国会を何といいますか。次のア～エから１つ選び，記号で答えなさい。

ア．常会（通常国会）　　イ．特別会（特別国会）

ウ．臨時会（臨時国会）　エ．緊急集会

問５　文中の下線部 ② について，衆議院にあてはまる組み合わせとして正しいものを，次のア～エから１つ選び，記号で答えなさい。

	任期	定数	被選挙権	解散
ア．	４年	248人	25歳	あり
イ．	４年	465人	25歳	あり
ウ．	６年	465人	30歳	なし
エ．	６年	248人	30歳	なし

問６　文中の下線部 ③ について，必ず衆議院から議決しなければならないものを，次のア～エから１つ選び，記号で答えなさい。

ア．予算の議決　　　　　イ．法律案の議決

ウ．内閣総理大臣の指名　エ．内閣不信任の決議

問７　文中の下線部 ④ について，内閣の権限ではないものを，次のア～エから１つ選び，記号で答えなさい。

ア．最高裁判所の長官を指名する。

イ．条約を承認する。

ウ．政令を制定する。

エ．天皇の国事行為に対して，助言と承認をあたえる。

問８　文中の下線部 ⑤ の説明として正しくないものを，次のア～エから１つ選び，記号で答えなさい。

ア．扱う裁判は，殺人などの重大事件の第一審である。

イ．成人した国民から選ばれた裁判員６名と裁判官３名で構成する。

ウ．有罪か無罪かだけを判断する。

エ．裁判官とともに裁判に立ち会う。

【理　科】〈Ｂ試験〉（社会と合わせて60分）〈満点：50点〉

1　風がほとんどない晴れた日に，草むら（草や低い木がせまい範囲でしげっている場所）で実験をしました。その結果を図１と図２にまとめました。あとの各問いに答えなさい。

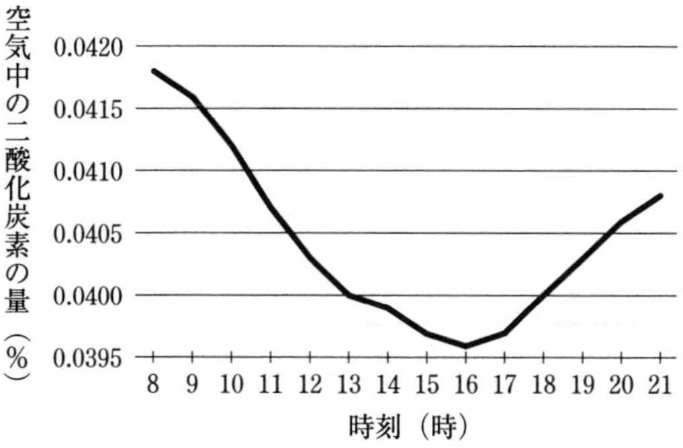

図１　時刻と空気中の二酸化炭素の量

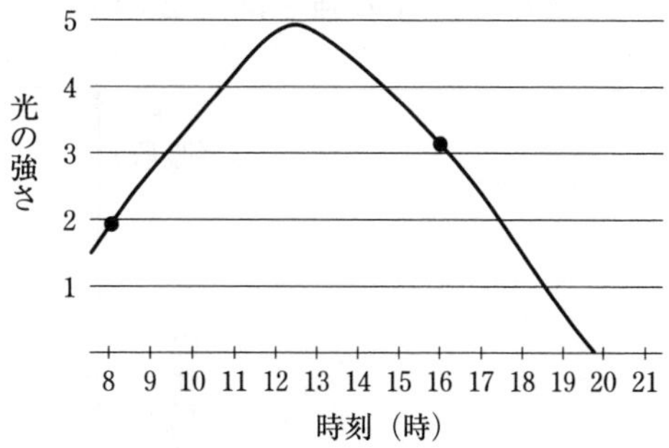

図２　時刻と光の強さ

問１　図１では，16時ごろまでの空気中の二酸化炭素の量が減少しています。その理由として正しいものを次のア～エより１つ選び，記号で答えなさい。

ア．気温が上がり，明るさも増して，動物の活動が活発になったから。
イ．草むらの植物や動物が，呼吸をしたから。
ウ．気温が上がり，空気がぼう張して上昇《じょうしょう》したから。
エ．植物が，光合成をしたから。

問2　図3は，草むらのある植物の葉を使用し，いろいろな光の強さのもとで，二酸化炭素の吸収量と放出量を調べたものです。二酸化炭素の吸収量の値が0より大きい場合は二酸化炭素を吸収し，0より小さい場合は放出しています。この植物を使って二酸化炭素の吸収量を比べました。16時にとった葉の二酸化炭素の吸収量は8時のものに比べて何倍になりますか。次のア～エより1つ選び，記号で答えなさい。ただし，光の強さは図2のグラフを参考にして答えなさい。

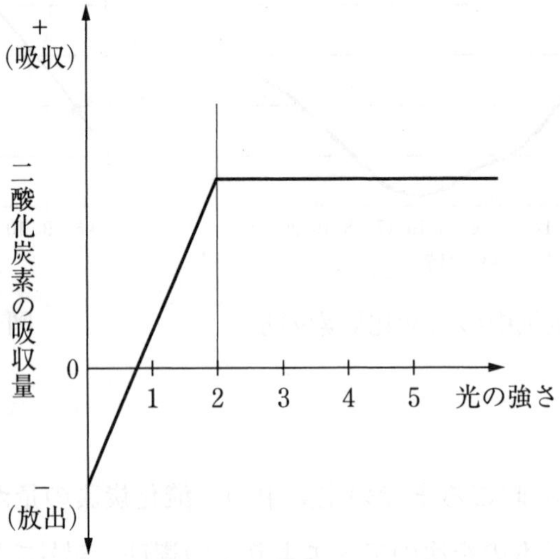

図3　光の強さと二酸化炭素の吸収量

ア．1倍　　イ．1.5倍　　ウ．2倍　　エ．2.5倍

問3　葉の多くは，葉の裏にあるすき間で呼吸や水分の出入りを調整しています。このすき間をひらがな3文字で答えなさい。

問4　正午ごろにとった植物の葉の裏の表面をはいで，顕《けん》微《び》鏡で観察しました。問3のすき間を拡大してスケッチしたものとして，正しいものを次のア～エより1つ選び，記号で答えなさい。

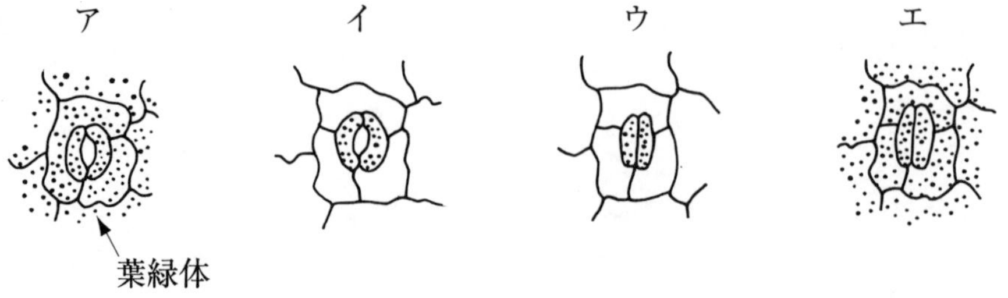

問5　図3のグラフで、光の強さによって二酸化炭素の吸収量が0になるときがあります。その理由を次のア～エより1つ選び，記号で答えなさい。

ア．光合成も呼吸もしない時間帯があるから。

イ．光合成のはたらきが呼吸のはたらきより強くなり，吸収される二酸化炭素の量と放出される二酸化炭素の量が等しくなったから。

ウ．光合成のはたらきと呼吸のはたらきが同じ強さになり，吸収される二酸化炭素の量と放出される二酸化炭素の量が等しくなったから。

エ．呼吸のはたらきが光合成のはたらきより強くなり，吸収される二酸化炭素の量と放出される二酸化炭素の量が等しくなったから。

2　図1はある地域での地層の様子をスケッチしたものです。あとの各問いに答えなさい。

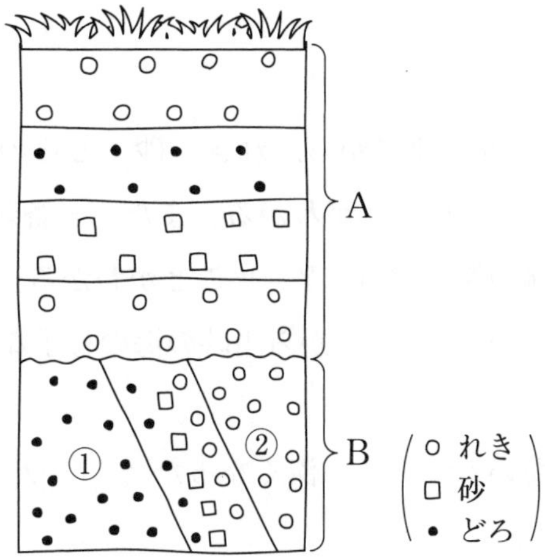

図1

問1　図1のBの地層のうち，古い地層は ① と ② のどちらですか。

問２　次のア～オは図１の地層ができた過程を説明したものです。Ｂの地層が海底でたい積した後の出来事を正しい順番に並べかえなさい。

ア．Ｂの地層が海底に沈《しず》んだ。

イ．ＡとＢの地層が陸上に持ち上げられた。

ウ．Ａの地層が海底でたい積した。

エ．Ｂの地層が陸上でしん食や風化を受けた。

オ．Ｂの地層が陸上に持ち上げられ，かたむいた。

問３　地層Ｂがかたむいた理由を答えなさい。

問４　次の文章は，地層Ａからわかる海の様子の変化について説明したものです。文章中の空らん（X），（Y）に当てはまる言葉として正しいものを，下のア～ウより１つずつ選び，文章を完成させなさい。また，空らん（Z）に当てはまる言葉を答えなさい。

Ａの地層では一番古い地層から，れき，砂，どろの順番でたい積していることから海の深さは（　X　）ことがわかる。また，一番新しい地層にはれきがたい積していることから海の深さが（　Y　）ことがわかる。

このように，粒子の（　Z　）から当時の海の様子などを推測することができる。

ア．変化していない　　　イ．深くなった　　　ウ．浅くなった

問５　野外で地層などを観察するときの行動として間違っているものを，次のア～エより１つ選び，記号で答えなさい。

ア．許可が必要な場所では事前に連絡をする。

イ．夏に観察するときは半そで半ズボンで行く。

ウ．観察するときには保護メガネを着用する。

エ．サンプルを採《さい》取するときは必要な量だけ採取する。

3 浦さんは，家の庭でシャボン玉を吹《ふ》いて遊んでいました。浦さんは風のないときは空気中で，シャボン玉が地面に向かって下降していくことを不思議に思い，シャボン玉の中にある，はいた空気について調べてみることにしました。以下の資料１を参考に，あとの各問いに答えなさい。

資料１　気体の種類と重さ

0℃，※１気圧の条件
・二酸化炭素の重さは22.4Ｌで44ｇ
・窒素《ちっそ》の重さは22.4Ｌで28ｇ
・酸素の重さは11.2Ｌで16ｇ

※空気が地球上の人やものをおさえつける力を気圧といいます。地上でかかる気圧は，1 cm^2 あたり約1kgでこれを１気圧といいます。気圧は場所によって異なり，高い所に行くほど小さくなります。

問１　下線部の理由を説明した次の文について，空らん（　Ｘ　）に当てはまる言葉を下のア～エより１つ選び，記号で答えなさい。

シャボン玉は，シャボン液に息を吹き込んで作ります。シャボン玉の中は空気中に比べて（　Ｘ　）の割合が大きくなっているため，地面に向かって下降していきます。

ア．二酸化炭素　　イ．酸素　　ウ．窒素　　エ．水素

問２　シャボン玉の中の空気の説明文として正しいものを，次のア～エより１つ選び，記号で答えなさい。

ア．空気中の二酸化炭素の割合よりも，シャボン玉の中にある空気の方が二酸化炭素の割合が小さい。
イ．空気中の窒素の割合よりも，シャボン玉の中にある空気の方が窒素の割合が大きい。
ウ．空気中の酸素の割合よりも，シャボン玉の中にある空気の方が酸素の割合が大きい。
エ．シャボン玉の中にある空気で割合が一番大きいのは，窒素である。

問３　次のア～エの実験をボウルの中で行いました。シャボン玉が浮くのはどれですか。正しいものをすべて選び，記号で答えなさい。

ア．クエン酸 10 g と重曹 10 g に水 100 mL を加えて，ラップでふたをしてしばらく放置する。その後，ラップを外してシャボン玉を吹く。

イ．ドライアイス 10 g に水 100 mL を加えて，シャボン玉を吹く。

ウ．氷 10 g に水 100 mL を加えて，シャボン玉を吹く。

エ．ボウルにふたをした状態でヘリウムガスを充満させて，しばらく放置する。その後，ふたを外してシャボン玉を吹く。

問４　資料１にある酸素の重さは 11.2 L という条件で書かれていました。資料中の二酸化炭素や窒素と同じ体積（22.4 L）に合わせるためには，どのような計算を行えばよいですか。途中式を記入し，22.4 L のときの酸素の重さを求めなさい。

問５　資料１から，空気 22.4 L の平均の重さを求めなさい。ただし，空気中には窒素（80%）と酸素（20%）のみが存在することとし，二酸化炭素の重さは考えません。

4 浦君は電気回路について調べました。あとの各問いに答えなさい。

図1のように乾電池と豆電球の回路を作りました。このとき，豆電球を流れる電流の大きさを1とします。

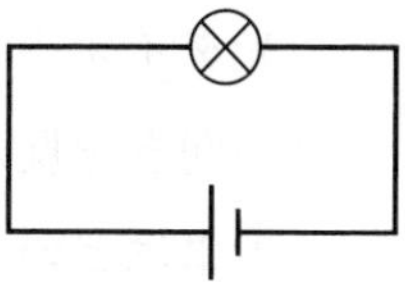

図1

問1　流れる電流の大きさが1である豆電球を，下のア～セよりすべて選び，記号で答えなさい。

問2　流れる電流の大きさが2である豆電球を，下のア～セよりすべて選び，記号で答えなさい。

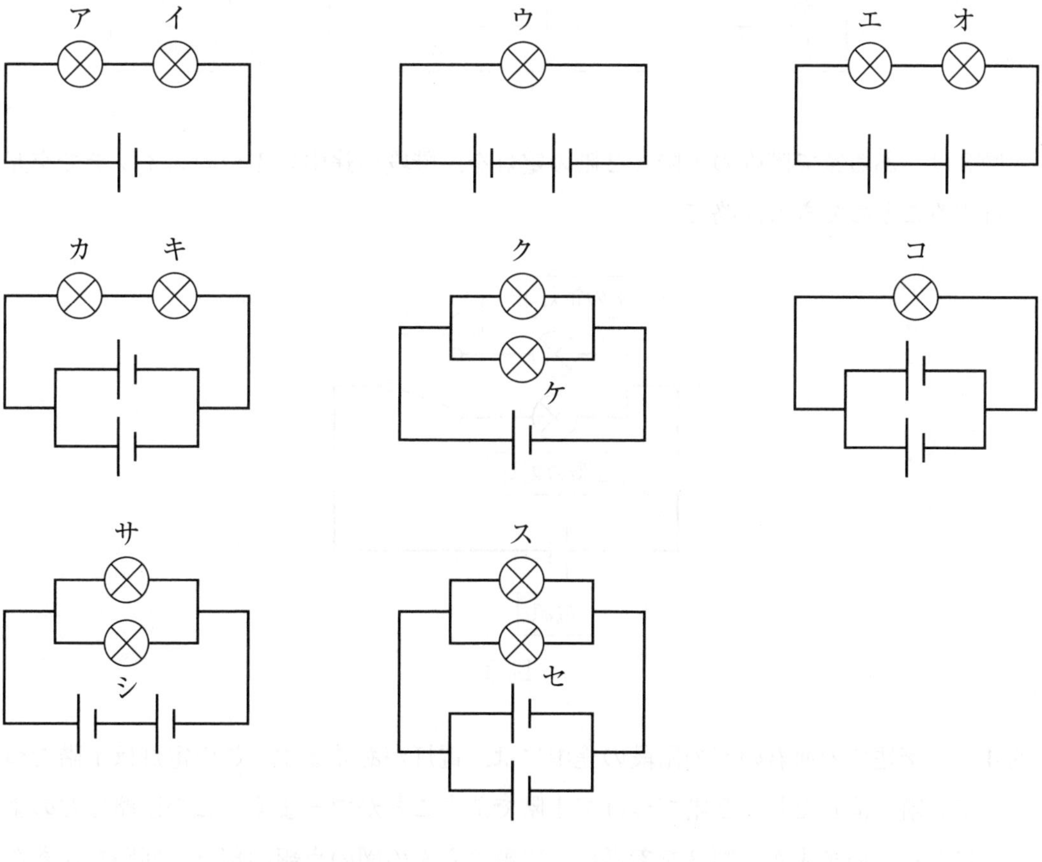

問3　図2の□の部分に，豆電球，発光ダイオード，モーターでまわる羽根車をそれぞれ接続したとき，豆電球，発光ダイオードは点灯し，羽根車はまわりました。乾電池の向きを反対にしたとき，豆電球，発光ダイオード，羽根車はどのようになりますか。次の表のア～クより１つ選び，記号で答えなさい。なお，○は点灯するまたはまわること，×は点灯しないまたはまわらないことを表しています。

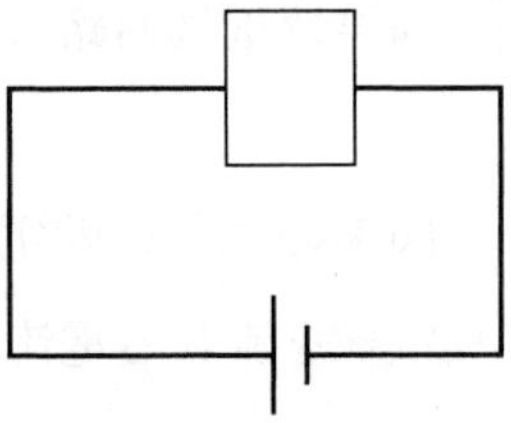

図2

	豆電球	発光ダイオード	羽根車
ア	○	○	○
イ	○	○	×
ウ	○	×	×
エ	○	×	○
オ	×	○	○
カ	×	○	×
キ	×	×	○
ク	×	×	×

図3は，ある家で階段の１階と２階の電灯を，階段の途中の１つのスイッチで交互に点灯することのできる回路です。

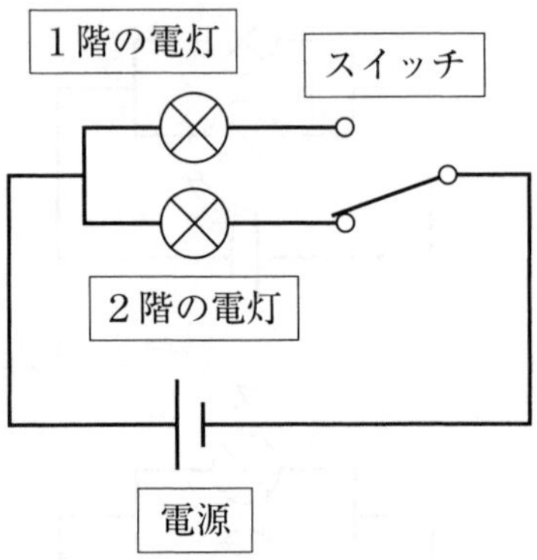

図3

問4　２階建ての浦君の家の階段の途中には，電灯があります。この電灯は１階でつけて２階で消したり，２階でつけて１階で消すことができます。この回路はどのようになっていますか。図3を参考にして解答らんの図の点線の部分に回路をかきなさい。

問５　次に浦君は乾電池と電熱線をつなげて図４の回路を組み，電熱線を水につけて，ある時間電流を流し水温の上昇を調べました。次のア～カの中で，同じ時間電流を流したとき，水温の上昇が図４と同じものはどれですか。次のア～カよりすべて選び，記号で答えなさい。ただし，電熱線の太さは，断面積を表しています。また電熱線による発熱は，すべて水温の上昇に使われます。

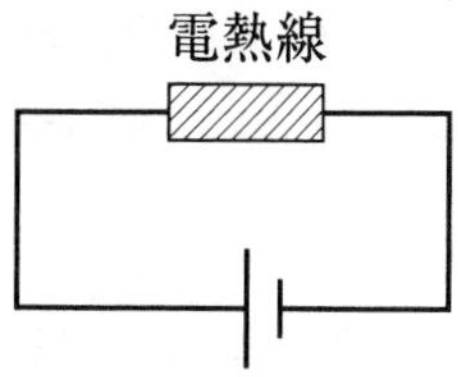

図４

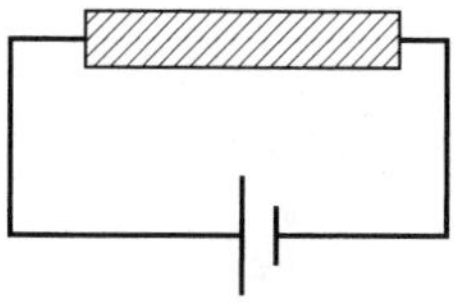

ア．太さが同じで長さが２倍の電熱線

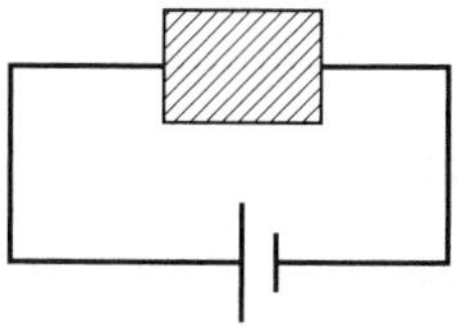

イ．太さが２倍で長さが同じの電熱線

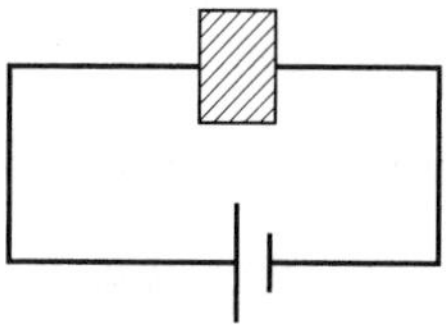

ウ．太さが２倍で長さが$\frac{1}{2}$倍の電熱線

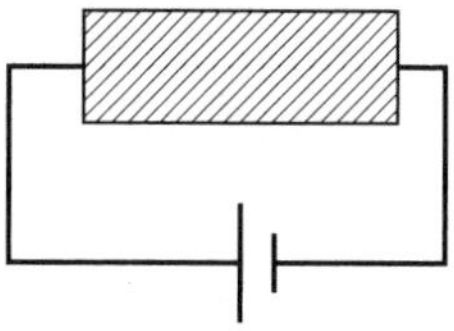

エ．太さが２倍で長さが２倍の電熱線

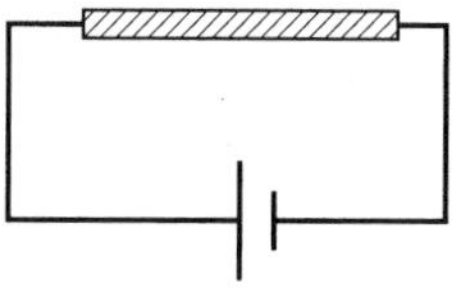

オ．太さが$\frac{1}{2}$倍で長さが２倍の電熱線

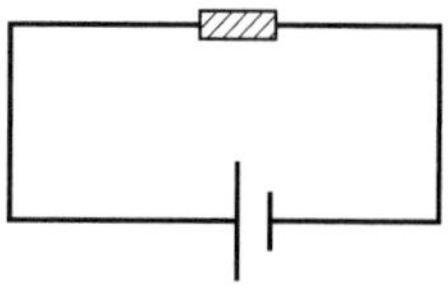

カ．太さが$\frac{1}{2}$倍で長さが$\frac{1}{2}$倍の電熱線

図５

問６　次の文章の空らん（ア）～（ウ）に当てはまる言葉を漢字で答えなさい。ただし，同じ記号のところは同じ語句が入ります。

問１～問５までに出てきた器具は，それぞれの電気エネルギーを，豆電球は（　ア　）エネルギーに，モーター付き羽根車は（　イ　）エネルギーに，発光ダイオードは（　ア　）エネルギーに，電熱線は（　ウ　）エネルギーに変えて利用しています。特に発光ダイオードは豆電球に比べて（　ウ　）エネルギーに変わる量が小さいので，省エネの電気器具として注目されています。

5 次の文章を読み，空らん（ ① ）～（ ④ ）に入る言葉の組み合わせとして正しいものを，下のア～エより1つ選び，記号で答えなさい。

2023年5月22日，気象庁は北日本（北海道と東北）から西日本にかけての一部で（ ① ）を観測したと発表しました。（ ① ）とは，東アジアの（ ② ）域から強風により吹《ふ》き上げられた多量の砂が，上空の風によって運ばれて浮遊《ふゆう》しつつ降下する現象のことです。日本における（ ① ）現象は，（ ③ ）に観測されることが多く，ときには空が（ ④ ）に煙《けむ》ることがあります。

ア．① 赤砂　② 砂漠　③ 夏　④ 黄褐《かっ》色
イ．① 黄砂　② 砂漠　③ 春　④ 黄褐《かっ》色
ウ．① 赤砂　② ジャングル　③ 春　④ 黒色
エ．① 黄砂　② ジャングル　③ 夏　④ 黒色

問五　次の□に漢字一字を入れると熟語が完成します。それぞれ□にあてはまる漢字を答えなさい。

①
望
志□書
念

②
録
物□感
私

③
機
受□作
活

問六　次の文を後の条件に従い、全文を二十五字以内で書き直しなさい。

塾の宿題を明日までに終わらせなくっちゃいけません。

条件1　常体（～だ　～である）にする。
条件2　話し言葉を書き言葉にする。

問七　次の言葉が対義語となるように、空欄にあてはまる漢字一字をそれぞれ答えなさい。

①　形□↔内容
②　□長↔短縮

問八　――線部の慣用句の意味として最も適切なものを次から一つ選び、記号で答えなさい。

①　友人の太郎は最近になって、頭角をあらわした。
ア　一生懸命になった。
イ　なまけだした。
ウ　人より優れてきた。
エ　背が急に伸びた。

②　とうとうしっぽをつかむことができた。
ア　ごまかしを見抜いた。
イ　思わぬ成功を果たした。
ウ　失敗の責任を果たした。
エ　良いアイデアが思いついた。

問九　――線部のカタカナを漢字で答えなさい。

①　テンランカイを見に行く。
②　センモンカの話を聞く。

問二　次の文章の話題として最も適切なものを次から一つ選び、記号で答えなさい。

> 多くの人たちにグラウンドで昼休みに遊んでもらう方法として、クラス委員会では次の三つのことを考えました。一つ目はみんなに人気のサッカーボールを貸し出すこと。二つ目はポスターを作って校内に貼り出すこと。三つ目はたくさんの人が遊んだクラスを全校集会で表彰すること。

ア　グラウンドの利用マナーを守る方法
イ　生徒に人気のあるサッカーボールを目立たせる方法
ウ　グラウンドで遊ぶ人を増やす方法
エ　サッカーボールを多くの人に使ってもらう方法
オ　休み時間の遊具の使い方を改善する方法

問三　次の文章と内容が合致するものとして最も適切なものを次から一つ選び、記号で答えなさい。

> 浦安市の図書館を利用した人は、昨年は三万人、今年は三万五千人である。また、千葉市の図書館を利用した人は、昨年は四万二千人、今年は四万人である。

ア　浦安市の図書館は千葉市に比べて大変人気がある。
イ　千葉市の図書館の方が浦安市の図書館より規模が大きい。
ウ　浦安市の図書館の蔵書数は、千葉市より少ない。
エ　千葉市の図書館の利用者は、昨年より減少している。

問四　「郷」という漢字を漢和辞典の総画索引で調べたとき、同じ画数の漢字を次から一つ選び、記号で答えなさい。

ア　停
イ　備
ウ　博
エ　候

問七　――線部⑦「意図を持ってその描写、表現をしています」とありますが、同じ意味で使われている語を、本文中から三字で抜き出して答えなさい。

問八　本文の内容にふさわしいものはどれですか。最も適切なものを次から一つ選び、記号で答えなさい。

ア　文学は役に立つものが少ないが、作者の意図したものを読み解く勉強のようなものである。

イ　小説の中での「私」は時には別の人物として語られることもあるが、それはまさに自分が様々な視点で複雑な物事をとらえているのと同じことである。

ウ　文学に触れた時、誰しも言葉に感動することはあるが、それを必ずしも信用してはならない。

エ　実社会では同一人物の性格は固定されているが、文学の世界では一人の人間の人格がコロコロ変わることがある。

三　次の各問いに答えなさい。

問一　次の空欄①～③に入る最も適切な文を次からそれぞれ一つずつ選び、記号で答えなさい。

二丁目の曲がり角に信号機が設置された。なぜなら、（　①　）。その結果、（　②　）。つまり、二丁目の曲がり角に信号機が設置されたことにより、（　③　）と言える。

ア　小学生が元気だからだ

イ　小学生の交通事故数が減少した

ウ　小学生が安心して登校できるようになった

エ　小学生が事故に遭《あ》う可能性の高い曲がり角だからだ

問一　――線部①「グッときた経験」とありますが、なぜこのような経験をすることが出来るのですか。本文中から三十一字で抜き出して答えなさい。

問二　[②] に当てはまるものとして最も適切なものを次から一つ選び、記号で答えなさい。

ア　言葉だけでは全体像が浮かび上がって来ない

イ　誰かひとりの意見だけで決めることでイメージが固まる

ウ　様々な視点から見ることによって実像が浮かんでくる

エ　信念を持って他者を受け入れないことで創造できる

問三　――線部③「文章を省略することで余韻が生まれたり、欠乏感が何かの象徴として表現される」とありますが、作者が生み出す余韻や欠乏感を感じ取るために必要なものは何ですか。本文中から三字で抜き出して答えなさい。

問四　――線部④「『人間失格』も『こころ』」とありますが、『人間失格』と『こころ』の作者として最も適切なものを次から一人ずつ選び、記号で答えなさい。

ア　太宰治　　イ　芥川龍之介　　ウ　宮沢賢治

エ　夏目漱石　　オ　森鷗外　　カ　川端康成

問五　――線部⑤「読む年齢によって異なる反応」とありますが、筆者が同じ作品で異なる反応をした体験を表した段落の最初の五字を答えなさい。（句読点やかっこがある場合は字数に数えます。）

問六　――線部⑥「どうしても矛盾が含まれます」とありますが、筆者が矛盾だと述べているものとして最も適切なものを次から一つ選び、記号で答えなさい。

ア　文学は難解な言葉を使い細かい描写もする一方で、省略にも味が出る点。

イ　小説は作者の意図と読者の想像力が合致しづらい点。

ウ　文学は読む人によって解釈が異なるので理解できない点。

エ　小説は感覚と言葉が融合できない中で完成する点。

が頭の中で再現できれば、それは理想の形です。

公園で小学生がサッカーをしていて、高校生がいきなり入ってきたとします。その時の小学生の恐怖《きょうふ》を描こうとしたら、例えば高校生の太い太股《もも》を細かく描《びょう》写します。そうすれば、小学生の目線の位置や高校生の大きさ、それに対する恐怖を読者が再現する度合いは随《ずい》分と違ってきます。そういう描写の線を増やすことによって文章はよりおもしろくなります。

読者は想像力があるから説明しすぎてもいけません。線を増やしたり減らしたり、作家は読者が文章をどう再現するかを考えながら、細かい仕掛けをしています。

例えば、登場人物の気持ちとして「悲しい」と書くかどうか。「悲しい」と書かずに、風景や別の心理描写で悲しいという気持ちを表現する。そうやって「悲しい」という言葉を避《さ》け、他の描写を重ねた上で出てきた「悲しい」という言葉はまた別の意味になってきます。

本の中に無駄な文章はひとつもありません。それは漫《まん》才の中に無駄な言葉があってはいけないのと同じです。無駄なおもしろさはあります。しかしそれは必要な無駄、仕掛《か》けのための無駄です。

作者は⑦意図を持ってその描写、表現をしています。僕達読者はそれを面倒《どう》くさいと思ったらもったいない。作者が何をやろうとしているのか、何を語ろうとしているのか、文体や描写も含《ふく》め、一行目からワクワクしてもらいたいなと思うんです。（中略）

人間はしゃべりながらあらゆることを考えています。他人といる時は「話は変わるけど」と説明もしますが、ひとりで物事を考えている時の頭の中はむちゃくちゃ脈絡《らく》のないイメージの世界です。言葉や映像がバンバン飛び交っています。

小説はまとまった世界が書かれていることが大前提と思われるかもしれません。しかし、僕達はそもそもそんなむちゃくちゃな世界で、すべてを理解しているわけではなくても、その時どきの瞬間を感覚的に受け取りそれなりに楽しめています。それが文章になった途《と》端《たん》「これは私の知っている小説じゃない」と戸惑《まど》うかもしれません。でもむしろ楽しんで、「こんな表現があったのか」と「まさに自分の、ものを考えているあの時の感覚に近いな」と思って読むと、もっと読書の世界が広がります。

ひとつの小説の中で人称《しょう》が変わっていくことは、サッカーのオーバーヘッドキックのような難しいことではありません。誰もが日常生活で頭の中でやっていることです。そして、それを文章の表現で感じさせてくれるのが小説の力です。

（又吉直樹『夜を乗り越える』）

ではありません。白と黒が混じっている、そしてそこには様々な濃淡《のうたん》がある。それが世界です。

ひとりの人間が優しくて残酷。その両方の話をぶつけられた時、僕の中で何かが立ち上がります。読むところはここだと思うのです。僕はこう読んでおもしろかったけど、あなたは読んでも全然おもしろくなかった、でもいいんです。

読むのは僕なんです。それぞれがひとりで読むんです。物語の中で何かと何かがぶつかり合うのを読んだ時、そこにそれぞれの人生が結びつきます。それは本当に素晴らしい瞬間です。それぞれ反応する場所も違うだろうし、反応の仕方も様々だと思います。ひとりの人間でも、⑤読む年齢《れい》によって異なる反応があります。

文学は自分の人生に返ってきます。それが最高のエンタテインメントであり、文学のおもしろさです。一方で、全然なんの役にも立たないという看板を掲《かか》げる作品もあるでしょう。役に立たないからこそ、おもしろいものもあります。それは、おもしろいということによって、役に立ってしまいます。

先程から文学の説明をしようとすると、⑥どうしても矛盾が含まれます。文学を簡単に説明することは、難しいです。だから、この本で長々と僕は語っているのでしょう。

小説に文体というものがあることを初めて意識したのが、野坂昭如《あきゆき》さんの『火垂るの墓』でした。

小学六年の時、読書感想文のために初めて読みました。最初は「むずっ！」と思って読んでいました。最後まで読めるのかなあと思いながら読み進めていくと、闇《やみ》市のシーンにぶつかりました。読点「、」も句点「。」さえもほとんど使わず、闇市に並ぶ品物を羅《ら》列してゆきます。なぜこんなに読みにくくするのか。間違いなくわざとです。でもそのうち、絵が浮《う》かんできました。なるほど、この人は絵を描くように文章を書いているんだと思いました。こんな表現も文章でできるのか。

野坂さんご本人がどんな意図で書かれたのかはわかりませんが、僕には絵が浮かびました。整然とした商店街ではなく、どこで何を売っているかわからないような闇市の様子が目の前に現れるようでした。

今『火垂るの墓』を読み返すと泣けて仕方ないですね。当時はあんなに難しいと思っていた冒《ぼう》頭の三宮《さんのみや》の風景から素晴らしい。もう完璧《ぺき》に絵が描けるぐらい映像が浮かぶ。文体のおもしろさについて考えるとなぜ難しく書く必要があるのかという問いが出てきます。

作家は頭の中で考えたことを文字にし、それを読者が頭の中で再構築します。作者が思い描いたことを完璧に読者

二　次の文章を読んで、あとの問いに答えなさい。

　純文学は回りくどいとか、何を書いているかわからないと言われることがあります。でも、そんな簡単な、簡潔な表現では納得できない時があるんです。本の中から一行だけ抜《ぬ》かれても、言葉を差し出されても無理です。そこには物語が必要です。その上で体重の乗った言葉が、そのために過不足のない表現が必要です。たまに、ふと目にしたり耳にした言葉から啓《けい》示を受ける時がありますが、それも言葉だけがすごいのではなくて、自分の人生という物語に、その言葉が奇跡《きせき》的に乗ることができたからなんです。

　親に同じようなことを言われても、「やかましいわ」で終わってしまうようなことも、小説、文学を通じて、物語を読んできた末に出会った言葉に①グッときた経験は、みんな一度は体験していると思います。

　本を読むことは無駄《だ》足じゃないし、遠回りでもない。純文学は知的なことをアピールするために難解にしたり、回りくどくしているわけではありません。必要だからやっていることです。一言では駄目なんです。あるいは、省略しまくった上での一言でないと駄目な瞬《しゅん》間もあるのです。

　自分はどういう人間かと考えた時、誰《だれ》かひとりの意見だけで決めるのは不安です。Aは僕《ぼく》のことを「暗くて残酷《こく》だ」と言うし、Bは「意外と優しい」と言う。ひとりの人間を知ろうとしたら何十人もの意見が必要になります。その中にはそれぞれ矛盾《むじゅん》することも出てきます。でもその矛盾も含《ふく》めて、いろいろな目線があって、ようやくその人がどういう人間かという全体像が浮《う》かび上がってきます。

　純文学を読んで感じるのはそういう誠実さです。［②］のが、純文学のおもしろさです。だからこそ、ある程度の長さが必要ですし、それぞれの言い回しや幅《はば》のある表現が必要になります。反対に③文章を省略することで余韻《よいん》が生まれたり、欠乏《ぼう》感が何かの象徴《ちょう》として表現されることもあるでしょう。それこそ新しく更《こう》新され続けていくものが純文学でもあり得るわけですから、可能性は無限です。

　言葉を信用しすぎることを僕は警戒《かい》しています。三色だけで世界の絵は描《か》けません。三色を混ぜて何百色にして陰《いん》影《えい》をつけていかなければ世界は描けません。そして反対に、もっと言葉に期待していいと思います。言葉の色を使えば使うほど、より具体的にリアルな絵を描くことができます。④『人間失格』も『こころ』もストーリーだけ聞くのと、実際に読むのとでは、受ける印象は絶対に違《ちが》います。

　純文学の中では、ひとりの人間がすごく優しくて、すごく残酷であるということも書けます。白と黒を混ぜているようなものです。現実の世界も、白か黒だけの単純なもの

問四 ――線部④「少しだけホッとした」とありますが、陽平はなぜホッとしたのですか。最も適切なものを次から一つ選び、記号で答えなさい。

ア ドンがおばあちゃんに暴言は吐いていたけれど、暴力はふるっていないことが分かったから。

イ 正子さんがドンのお母さんの秘密を妹に暴露《ばくろ》したわけではなかったから。

ウ 正子さんがドンたちのために、しっかりとご飯を作ってくれていたことが分かったから。

エ おばあちゃんが本当の親子のようにドンや妹に接しているとわかったから。

問五 ――線部⑤「もうちょっとオトナになれよ」とありますが、陽平の言うオトナになるとはどういうことですか。本文中の言葉を使って、二十字以内で答えなさい。（句読点も字数に数えます。）

問六 ――線部⑥「何度もの試作をへて完成したドンタマ」とありますが、試作を繰り返したことはドンにとってどのような時間でしたか。次の空欄に当てはまる語を本文中から七字で抜き出して答えなさい。

□□□□□□□時間

問七 ――線部⑦「ドンタマの魅力」とありますが、ドンタマの魅力を書き表している二十五字を本文中より探し、最初と最後の五字をそれぞれ答えなさい。

問八 ドンが陽平から教えてもらった料理の優しさとは何ですか。次の空欄に当てはまる語を本文中から八字で抜き出して答えなさい。

□□□□□□□□を見ること。

が変わんないじゃないっスか。それってつまんなくないっスか？」

　見た目はいかにも大ざっぱそうで、決して良いとは言えない。ラー油も卵もない「はずれ」の箇《か》所を食べてしまうリスクもある。それでも、「白身&ピリ辛・強」と「黄身&ピリ辛・弱」、「白身七割・黄身三割&ピリ辛・微」などなど、均一に混ぜないからこそ生まれる味や食感の多彩《たさい》な個性は、なんだか陽平に教育の原点まで教えてくれたような気がする。

　なによりサッカー部員たちの「うまいじゃん！」「お代わり！」の笑顔と歓《かん》声に勝る評価はない。

「うそ、マジかよ、おまえら、ふだんろくなもの食ってねーんだよ」と照れ隠《かく》しに憎《にく》まれ口を叩《たた》くドンも、ほんとうにうれしそうだった。

（重松清『ファミレス』）

問一　——線部①「マジ、ムカつくって」とありますが、ドンはおばあちゃんのどのような叱り方に腹を立てているのですか。最も適切なものを次から一つ選び、記号で答えなさい。

ア　回りくどく優しさのない叱り方
イ　自分本位で憎しみのある叱り方
ウ　勝ち負けにこだわる叱り方
エ　逃げ道をふさぐ叱り方

問二　——線部②「その意地はわからないでもない」とありますが、ドンはおばあちゃんのどのような態度に意地になっているというのですか。次の空欄に当てはまる語を本文中から七字で抜き出して答えなさい。

□□□□□□□態度

問三　[③]に入る言葉として最も適切なものを次から一つ選び、記号で答えなさい。

ア　沈《しず》む
イ　響《ひび》く
ウ　弾《はず》む
エ　下がる

卵を冷蔵庫に入れるのは、あくまでも長期保存のためなのだ。肉と同様に、調理をする前には室温に戻《もど》しておくのが原則である。焼くにしてもゆでるにしても、温度差がありすぎると火加減が難しくなるし、風味も損なわれてしまう。（中略）

「どんどんやってみろ。思いつくアイデアを試してみろ。卵もご飯もたっぷりあるし、調味料もひととおり揃《そろ》えてある」

「でも、つくっても食べきれないと……」

「心配するな。小峰《みね》先生にお願いして、サッカー部みんなで食ってくれることになってる」

「マジっスか、それ」

「マジに決まってるだろ。みんなの『おいしい!』っていう笑顔を思い浮かべて、がんばれ」

「はいっ!」

サッカー部員の厳しい審《しん》査を勝ち抜いて、堂々のトップに輝《かがや》いた『ドンの卵かけご飯』――略してドンタマは、発想の転換《かん》というか中二男子ならではの屁理屈炸裂《へりくつさくれつ》というか、卵かけご飯の食歴が四十数年になる陽平も「なるほど」と思わず膝《ひざ》を打つものだった。

「オレ、前からずーっと思ってたんスよ。日本語の意味、違うじゃん、って」

いま世の中で食べられているのは、ほんとうに「卵かけご飯」なのか――?

正しく表現するなら、あれは「卵混ぜご飯」と呼ぶべきではないのか――?

「だからオレ、ここは一発、基本に戻って、『混ぜない』ことにこだわってみようと思って」

そうして⑥何度もの試作をへて完成したドンタマのつくり方は、以下のとおり。

茶碗一杯ぶんのご飯を小さめの丼《どん》によそい、食べるラー油を混ぜ込む。味加減は少し辛《から》め。いったんボウルなどに移してからしっかり混ぜ込むのではなく、窮屈《きゅうくつ》な丼の中で箸《はし》先で混ぜる。当然ながら、均一にはならない。それでいい。いや、そうしなければ⑦ドンタマの魅《み》力は生まれない。

卵も同様に、じかに割り入れる。それを箸でざっくり溶《と》く。「混ぜる」のではなく「切り刻む」感覚である。黄身と白身は分かれたままでよし。ご飯と一緒にまとめなくてもよし。まだらな混ざり具合になった黄身と白身は、ご飯への染み込み方にもムラがある。ということは、ピリ辛のご飯の味が卵によってマイルドになっていく度合いも、大げさではなく一口ごとに違う。それが、なんというか、じつに楽しいのである。

「フツーの卵かけご飯って、最初の一口目からずーっと味

「なんで？」

「メシをつくるのは時間がかかるんだ。棚《たな》から弁当を取ってレジに持って行くようなわけにはいかないんだ。でも、時間がかかるってことは、それだけ相手を思いやる時間が増えるってことでもあるだろ？　優しさがコトコト煮込《にこ》まれるわけだ」

「そういうもんっスかねえ……」

「やればわかる。だから、とにかく――」

　教師としてどうかとは思ったが、「来なかったら、国語の補習やらせるぞ」と脅《おど》した。

　師匠と弟子といえば、陽平にとっては、やはり『燃えよドラゴン』――ブルース・リーが弟子の少年の頭をひっぱたきながら諭《さと》す、冒《ぼう》頭の名場面がすぐに思い浮かぶ。

　調理実習用の白衣と調理帽をかぶったドンが、実習室に入ってくる。ワイシャツに自前のエプロン姿の陽平は、ホワイトボードの前でドンを迎《むか》え、しかつめらしく語りかけた。

「料理とはなんだ」

「へ？」

「料理の『理』は、理屈《くつ》の『理』じゃない。理想の『理』なんだ」

「はあ……」

「できあがった料理を一口食べて、『おいしい！』と声をあげる瞬《しゅん》間を頭の中に浮《う》かべておくんだ。そのビジョンさえ持っていれば、途中経過の少々のつまずきに右往左往せずにすむ。うまくできた料理と、うまい料理っていうのは違うんだから」（中略）

　ボウルには、冷蔵庫から出したばかりの卵がいくつも入っている。

「ドン、きみなら、この卵でなにをつくる？」

「っていうか、いや、まあ、なんでも……」

「『おいしい！』の瞬間を思い浮かべろ。そのとき、きみはなにを食ってるんだ？　それをつくればいいんだ」

「……じゃあ、卵かけご飯」

　いきなり、手抜《ぬ》きで来た。だが、それも想定の範《はん》囲内である。炊《すい》飯器の中には、昼休みに炊《た》いておいた白いご飯がたっぷり入っている。

　ドンはご飯を茶碗《ちゃわん》によそって、ボウルの卵をさっそく割り入れようとした。

「違ーう！」

　陽平の一喝が飛んだ。

「卵、冷蔵庫から出したばかりで、まだ冷たいだろ。熱々のご飯とキンキンに冷えた卵の組み合わせなんて、もったいないと思わないか？」

「なんでメシを自分でつくらなかったんだ。本格的な料理なんてしなくていい。カップラーメンならお湯を沸《わ》かせばすむじゃないか。電子レンジでチンするだけのものも、いくらでもあるだろ」

「だって……」

「メシをナメるな！」――一喝《かつ》した。

「いいか、メシを食わなきゃ、勝ち負けどころか戦うことすらできないんだ。腹が減っては戦はできぬ。メシを食わなかったら不戦敗だよ」

そして、とどめの一言を。

「メシを食うことの重みがわからないうちは、おまえはまだ駄々《だだ》をこねてるだけのガキなんだよ」

昼休みに学校の外に出て、必要なものを買いそろえた。家庭科の教師に頼《たの》み込んで調理実習室の使用許可を取ったし、サッカー部の顧《こ》問の教師にも話を通しておいた。

『Ｓ・Ｃ・Ｃ』――サバイバル・クッキング・クラブの緊《きん》急出動である。

「いいな、絶対に来るんだぞ」

夕方の『終わりの会』のあと、ドンを教卓《たく》に呼んで念を押した。

だが、ドン自身は微《び》妙《みょう》に腰《こし》が退けている。料理まで覚えなくても、コンビニや冷凍《とう》食品、もしくはファミレスでなんとかなるじゃないか、と言いたげな顔で、「はあ……」「まあ……」と煮《に》え切らない反応しか見せない。

もちろん、それは陽平にもわかっている。当座の空腹をしのぐ方法ならいくらでもある。手間暇《ひま》はかからないし、コストパフォーマンスは手料理よりもむしろ優れているほどだし、なによりうまい。コンビニも冷凍食品もファミレスも、ほんとうにたいしたものだと感心している。

ドンがいまから料理を覚えても、とてもそのレベルには達しないだろう。お金もかかるし、時間もかかる。

それでも、いや、だからこそ――。

「メシをつくることは、それを食べる相手の笑顔を見たいと思う、ってことなんだ。優しさなんだ。料理を覚えることは、優しさを覚えることでもあるんだ」

「一人暮らしでつくるメシも？」

「ああ。自分自身への優しさだ。今日は疲《つか》れたからインスタントラーメンに卵を入れようとか、野菜モノも食わなきゃとか、たまにはメシのときにジュースも飲んじゃうかとか、あるだろ？」

「あるけど……それ、コンビニで弁当買うときも同じなんじゃないっスか？　あと、ラーメン屋でトッピング増やすとか」

「同じだ。同じだけど、違《ちが》う」

いて、またお説教をつづける。（中略）

「ばあちゃんの説教、オレも横で聞いてて、だんだんムカついてきたわけ。もうヤバい、キレる寸前、ってところで……」

正子さんは聞こえよがしのため息をついて、「ほんとうにねえ、尚美さんもどんなしつけ方をしてきたのかしらねえ」と言った。

「母ちゃんなんて関係ないじゃん……関係あるけど、悪口言わなくていいじゃん……」

ドンは湯呑《の》みを手に取り、お茶を覗《のぞ》き込んで、「オレがキレなきゃ、妹が泣いてたよ、絶対に」と言った。「妹が泣いたらばあちゃんはもっと怒って、最後は母ちゃんの秘密も……言っちゃったかもしれなくて……」

お茶を見つめたまま、まばたきをする。まつげに涙《なみだ》の粒《つぶ》が載《の》って、光っていた。

「暴力をふるったわけじゃないんだな？」

陽平が念を押して訊《き》くと、ドンは「それはだいじょうぶ」と言った。「『くそばばあ』とか『死ね、てめえ』とか『田舎に帰れ』とか言っちゃったけど、殴《なぐ》ったりとかは、してないから」

「メシのことは？」

「……ばあちゃんが『あなたたちのお世話をしてあげてるんじゃないの』とか、『おばあちゃんがいなかったら、ごはんはどうするの』とか、恩着せがましいこと言うから、『じゃあ食わねーよ、絶対に食わねーから』って」

「おばあさんのほうも、ごはんつくってくれなかったのか？」

「つくってたみたいだけど」

④少しだけホッとした。正子さんにもその程度の優しさがあってよかった――本人に言わせると、それも「正しさ」のうちなのかもしれないが。

「でも、そんなの食ったら『負け』だから、絶対に食えるわけないじゃん」

陽平は苦笑した。ドンの気持ちはわかる。わかるのだが、もっと、なんというか、こう……。

⑤「もうちょっとオトナになれよ」

「……ばあちゃんの言ったこと、スルーしろ、っていうわけ？」

「そうじゃない。怒《おこ》るときは怒っていい。ほんとうは怒っちゃだめなんだけど、でも、いい、そこは先生も許す。でも、メシを抜《ぬ》くのはだめだ。おまえはそれで勝ってるつもりかもしれないけど、そんなのはなんの意味もない。ぶっ倒れたわけだから、結局は負け、惨《ざん》敗だよ」

ドンは不承不承ながらもうなずいた。

2024年度

東海大学付属浦安高等学校中等部

【国　語】〈B試験〉（五〇分）〈満点：一〇〇点〉

一　次の文章を読んで、あとの問いに答えなさい。

恐《おそ》れていた事態がついに起きてしまった。
ドンと正子さんが衝突《しょうとつ》したのだ。
「だってさー、あんなに上から目線でガンガン言われまくったら、①マジ、ムカつくって。あれでキレなかったら人間じゃねーし」
ドンは生徒相談室の個室で、陽平の弁当をガツガツ頬張《ほお》りながら、憤懣《ふんまん》やるかたない様子で訴《うった》える。日曜日の朝に正子さんとケンカしてから丸一日、冷蔵庫の麦茶をがぶ飲みするだけで、固形物はなにも口に入れていないのだという。
「おばあさんにメシをつくってもらえなくても、コンビニで買えばいいだろ」
「だって、そんなの『負け』じゃん」
「腹ぺこでぶっ倒《たお》れるほうが、もっと『負け』じゃないのか？」
あきれてため息をついたが、陽平だって元・男の子である。②その意地はわからないでもない。
「でも……この弁当、マジうまいっス」（中略）
弁当をたいらげたドンは、ようやく人心地ついた様子で
「生き返ったーっ」と笑った。
「なんでおばあさんとケンカしちゃったんだ？」
急須《す》のお茶を湯呑《の》みに注ぎながら、陽平は訊《き》いた。あのばあさん相手ならケンカのタネはいくらでもありそうだけどな、と心の中でつぶやいて、ドンの湯呑みを、ほら、と手元に置いてやった。
「だって……」
声が［　③　］。悔《くや》しさがよみがえったのだろう、吐《は》き出す息がかすかに震《ふる》えていた。
そもそものきっかけはドン自身のことではなかった。リビングにオモチャを出しっぱなしだった妹のくるみちゃんが叱《しか》られていたのだ。
「ばあちゃんの叱り方って、サイテーなんだよ」
体罰《ばつ》をふるうわけではない。頭ごなしに怒《ど》鳴り散らすこともない。ただひたすら理詰《づ》め。お説教の合間合間に「おばあちゃんの言ってること、どこか間違《ちが》ってる？」「もし間違ってたら言ってちょうだい」と言って、くるみちゃんがうつむいてかぶりを振《ふ》ると、「そうでしょ？」とうなず

2024年度

東海大学付属浦安高等学校中等部　▶解　答

※　編集上の都合により，Ｂ試験の解説は省略させていただきました。

算　数　＜Ｂ試験＞（50分）＜満点：100点＞

解　答

[1] (1) 234　(2) $\frac{11}{12}$　(3) 1.25　(4) $\frac{3}{5}$　(5) 15.7　(6) $\frac{49}{289}$　[2] (1) 4212円　(2) 3.5g　(3) 51.8km　(4) 午後２時22分　(5) 13日目　(6) $18cm^2$　[3] (1) 3100円　(2) ９月27日　[4] (1) ５回以上　(2) ７回　(3) ３回　[5] (1) 1344m　(2) 21分　(3) 504m

社　会　＜Ｂ試験＞（理科と合わせて60分）＜満点：50点＞

解　答

[1] **問１**　**Ａ**　カ，福島　**Ｂ**　エ，仙台　**Ｃ**　イ，盛岡　**問２**　ア　**問３**　ウ　**問４**　**Ａ**　福島　**Ｂ**　山形　**問５**　ウ　**問６**　エ　**問７**　青函トンネル　**問８**　エ　[2] **問１**　遣隋使　**問２**　ウ　**問３**　ウ　**問４**　イ　**問５**　鎖国　**問６**　カ　**問７**　朝鮮通信使　**問８**　ペリー　**問９**　日米修好通商条約　**問10**　ウ　**問11**　GHQ　**問12**　エ　**問13**　ウ　**問14**　エ　[3] **問１**　**１**　エ　**２**　オ　**問２**　**３**　指名　**４**　任命　**問３**　**Ａ**　最高機関　**Ｂ**　優越　**Ｃ**　番人　**問４**　イ　**問５**　イ　**問６**　ア　**問７**　イ　**問８**　ウ

理　科　＜Ｂ試験＞（社会と合わせて60分）＜満点：50点＞

解　答

[1] **問１**　エ　**問２**　ア　**問３**　きこう　**問４**　イ　**問５**　ウ　[2] **問１**　②　**問２**　オ→エ→ア→ウ→イ　**問３**　(例)　地層が左右から大きな力を受けたから。　**問４**　**Ｘ**　イ　**Ｙ**　ウ　**Ｚ**　大きさ　**問５**　イ　[3] **問１**　ア　**問２**　エ　**問３**　ア，イ　**問４**　**途中式**…16×22.4÷11.2　**答え**…32g　**問５**　28.8g　[4] **問１**　エ，オ，ク，ケ，コ，ス，セ　**問２**　ウ，サ，シ　**問３**　エ　**問４**　(例)　右の図　**問５**　エ，カ　**問６**　**ア**　光　**イ**　運動　**ウ**　熱　[5] イ

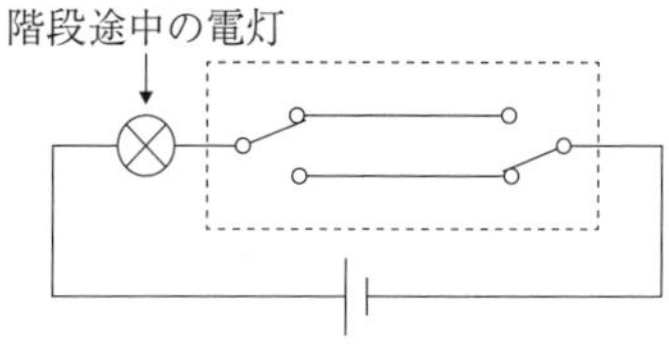

国　語　＜B試験＞（50分）＜満点：100点＞

解　答

一 **問1**　エ　**問2**　恩着せがましい　**問3**　ア　**問4**　ウ　**問5**　（例）メシを食うことの重みがわかるということ。　**問6**　相手を思いやる　**問7**　均一に混ぜ〜多彩な個性　**問8**　食べる相手の笑顔　二 **問1**　自分の人生という物語に，その言葉が奇跡的に乗ることができたから　**問2**　ウ　**問3**　想像力　**問4**　**人間失格**…ア　**こころ**…エ　**問5**　今『火垂る　**問6**　ア　**問7**　仕掛け　**問8**　イ　三 **問1**　①　エ　②　イ　③　ウ　**問2**　ウ　**問3**　エ　**問4**　ア　**問5**　①　願　②　語　③　動　**問6**　（例）塾の宿題を明日までに終わらせなければならない。　**問7**　①　式　②　延　**問8**　①　ウ　②　ア　**問9**　下記を参照のこと。

●漢字の書き取り

三 **問9**　①　展覧会　②　専門家

2023年度 東海大学付属浦安高等学校中等部

【算　数】〈A試験〉(50分)〈満点：100点〉

〈注意〉 必要があれば解答用紙の余白に途《と》中の計算および式を書きなさい。

1 次の各問いに答えなさい。

(1) 715−546÷13 を計算しなさい。

(2) 24＋12×(6−2) を計算しなさい。

(3) $\frac{5}{6}+4\frac{1}{12}-3\frac{2}{3}$ を計算しなさい。

(4) 8.84÷2.6＋0.8 を計算しなさい。

(5) 17×3.14−4×9.42 を計算しなさい。

(6) $0.8-\frac{6}{25}\times\left(\frac{1}{3}-0.125\right)$ を計算しなさい。

2 次の各問いに答えなさい。

(1) 63円切手と84円切手が合わせて60枚あり，合計の金額は4200円でした。63円切手は何枚ありますか。

(2) Aさんは図書館から1kmはなれた駅に分速60mの速さで向かいました。BさんはAさんが忘れ物をしたことに気が付き，Aさんが出発してから5分後に同じ道を図書館から分速100mで追いかけました。BさんがAさんに追いつくのはAさんが出発してから何分何秒後ですか。

(3) 3％の食塩水150gと6％の食塩水450gを混ぜると何％の食塩水になりますか。

(4) 1個80円の値段で売ると，1日に300個売れる商品があります。この商品は値段を1円値下げするごとに，売り上げ個数が6個ずつ増えます。この商品の値段を3円値下げするとき，この商品の1日の売り上げ金額はいくらですか。

(5) 右の図形の斜《しゃ》線の部分の面積は何cm^{2}ですか。ただし，円周率は3.14とします。

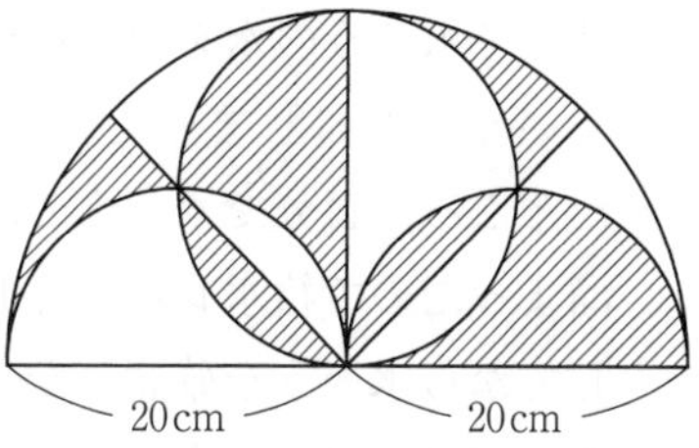

(6) 次の図は直方体から直方体を切り抜いた図です。このときの立体の体積は何cm^{3}ですか。

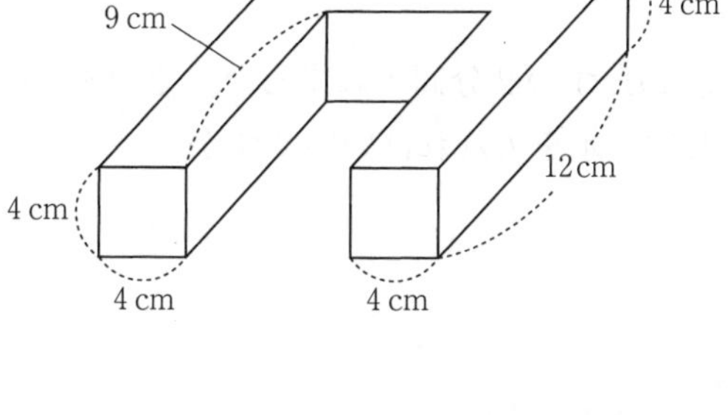

3　下の帯グラフは，ある年の浦安市の世代別人口の割合を表したものです。このとき，次の問いに答えなさい。

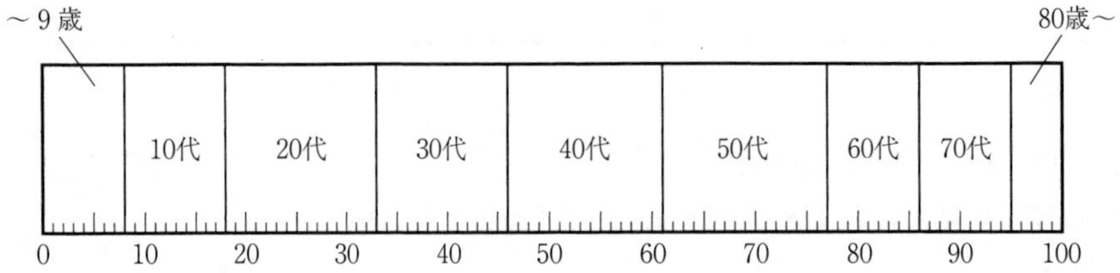

⑴　20代の人口は全体の何％になりますか。

⑵　20代，30代，40代，50代の人口を合わせた割合は，60代，70代，80歳～の人口を合わせた割合のおよそ何倍になりますか。小数第２位を四捨五入して求めなさい。

4　Ａさん，Ｂさん，Ｃさん，Ｄさん，Ｅさん５人の身長の平均は156cmでした。また，Ａさん，Ｂさん２人の身長の平均は150cmでした。このとき，次の問いに答えなさい。

⑴　Ｃさん，Ｄさん，Ｅさんの３人の身長の平均は何cmですか。

⑵　Ｆさんも加えた６人の身長の平均は155cmでした。Ｆさんの身長は何cmですか。

5　ある中学校の１年生134人のうち，電車を利用している生徒は126人，バスを利用している生徒は82人います。どちらも利用していない生徒が４人います。このとき，次の問いに答えなさい。

⑴　電車とバスの両方を利用している生徒は何人いますか。

⑵　電車かバスのどちらか一方を利用している生徒は何人いますか。

6　にごった水が大きな水そうに印のところまで溜《た》まっていました。そこで，図のような浄《じょう》化装置を使って水そうの水を抜《ぬ》きながらきれいな水を入れていくことにしました。毎分20Ｌずつ水を入れたところ，11分で水そうのふちいっぱいまで水が溜まったので給水レバーをしめました。しばらくしてから水そうを確認したところ，水が印のところまで減っていました。その後，毎分30Ｌずつ水を入れたところ，６分で水そうがいっぱいになりました。このとき，次の問いに答えなさい。ただし，水そうからは一定の割合で水が抜けているものとします。

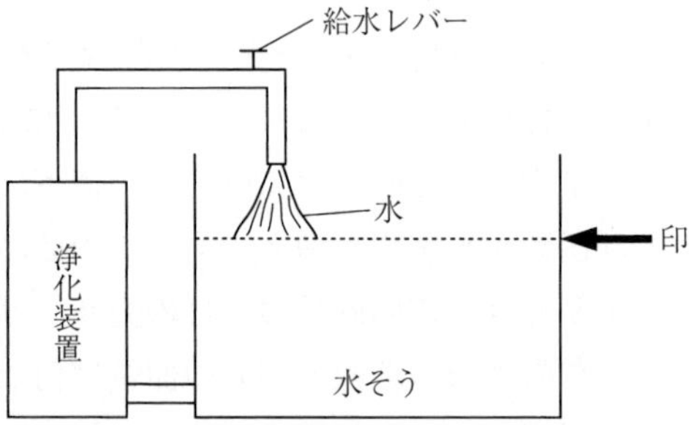

⑴　水は水そうから毎分何Ｌずつ抜けていますか。

⑵　印のところまで水が溜まった状態で，水を毎分40Ｌずつ２分間入れました。その後，ちょうど４分で水そうをいっぱいにするには，毎分何Ｌずつ水を入れればいいですか。

【社　会】 〈**A試験**〉(理科と合わせて60分)〈満点：50点〉

1　日本の自然と自然災害について述べた次の文を読み，あとの問いに答えなさい。

日本はユーラシア大陸の東に位置し，周囲を海に囲まれた南北に細長い島国です。また，①険《けわ》しい山々が多く，②平野とそこを流れる川など，変化に富んだ美しい景観をつくっています。

一方，その自然的条件から様々な自然災害も発生しています。日本は世界でも地震や火山が多い国です。地震はゆれによる家屋の倒壊《とうかい》など直接の被害のほかにも，土砂崩れや，③津波などの二次的な災害も起こることがあります。④火山の噴火《ふんか》は溶岩や火山灰を噴出《ふんしゅつ》し，火砕流《かさいりゅう》などによる被害を与えることがありますが，一方で⑤私たちは火山から様々な恩恵《おんけい》も受けています。

また日本の多くの地域は温帯に属《ぞく》していますが，季節風や海流の影響を受けるため，地域によって気候が異なります。さらに，台風や梅雨などにより，⑥気象災害がもたらされることがあります。

これまで日本は，数多くの自然災害に見舞《みま》われてきました。そして被害を受けるたびに，⑦当時の人々はその時の様子や教訓《きょうくん》を石碑などに刻《きざ》み，後世の私たちに残してくれました。残されたメッセージを教訓に，私たちは⑧自らの身を守る対策を日頃からしておかなければなりません。

問1　下線部①のうち，日本アルプスに含まれる山脈として，正しくないものを次のア～エから1つ選び，記号で答えなさい。

ア．飛驒山脈　　イ．赤石山脈

ウ．木曽山脈　　エ．日高山脈

問2　下線部②について，平野と川の組み合わせとして，正しくないものを次のア～エから1つ選び，記号で答えなさい。

ア．石狩川ー十勝平野

イ．信濃川ー越後平野

ウ．北上川ー仙台平野

エ．筑後川ー筑紫平野

問3　下線部③について，2011年3月に起こった東日本大震災で，津波による大被害を受けた三陸海岸の航空写真を，次のア～エから1つ選び，記号で答えなさい。

ア

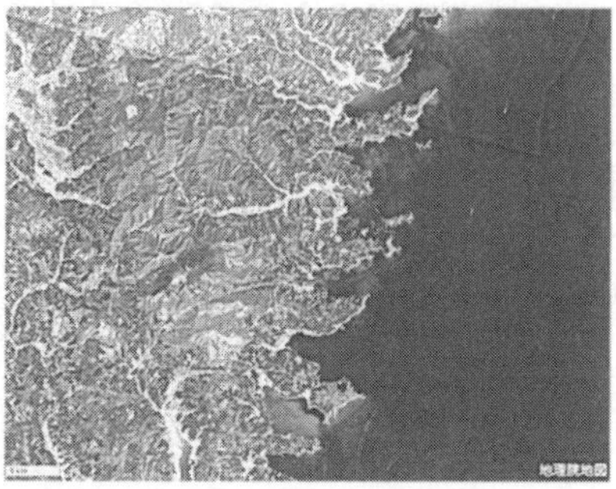

イ

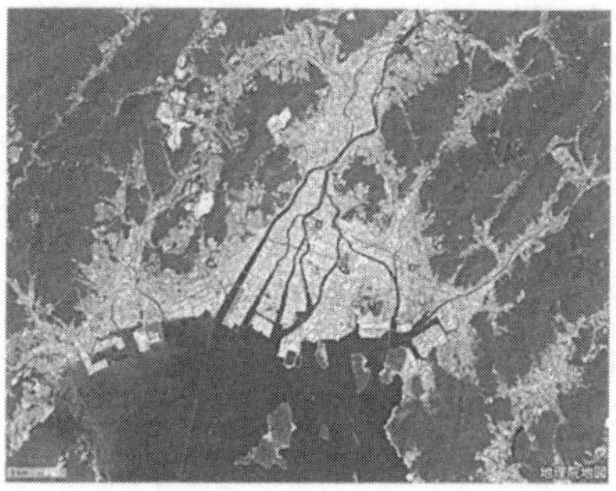

ウ

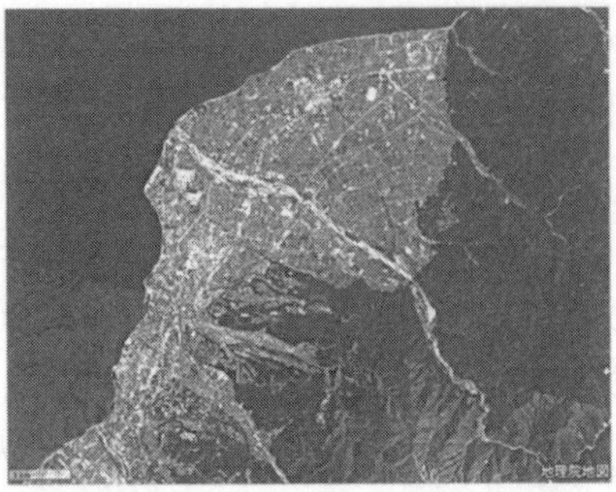

エ

(国土地理院ウェブサイトより作製)

問4　下線部④について，右の図を見て，次の文章中の(1)～(3)に適する語句を解答欄《かいとうらん》に合うように答えなさい。

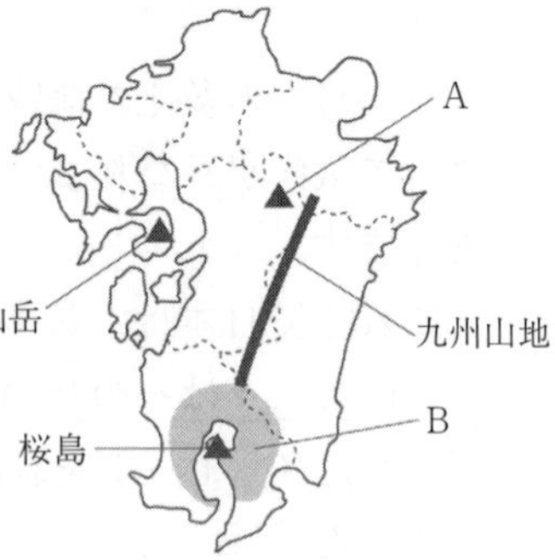

九州は火山が多い。右の地図中のAの(　1　)山には噴火の後で中央部が落ち込んでできた(　2　)という大きな窪地《くぼち》がある。九州には(　1　)山のほかにも，近年でも活発に噴火を繰り返す桜島や雲仙岳などの火山がある。九州南部のBの付近には，火山灰が堆積して生まれた(　3　)台地と呼ばれる水持ちの悪い地層が広がっている。

問5　下線部⑤について，火山は，様々な災害を引き起こす一方で，「二酸化炭素を発生させないで電気をつくる方法」としても利用されています。この発電方法を次のア～エから1つ選び，記号で答えなさい。

ア．風力発電

イ．太陽光発電

ウ．バイオマス発電

エ．地熱発電

問6　下線部⑥について，次の あ～え の文が示している地域を，次のページの地図中からそれぞれ1つずつ選び，記号で答えなさい。

あ　この地域では，大きな川が少なく年間の降水量も少ないため，特に夏は水不足が長期にわたり，干害(干ばつ)の被害に遭《あ》いやすくなっている。

い　この地域では，寒流の上を渡ってくる冷たい北東の風が，春から夏に吹き付けて，夏の気温が低下し，冷害を引き起こすことがある。

う　この地域では，台風や集中豪雨によって水害に遭いやすくなっている。そのためにかつては集落全体を高い堤防で囲い，洪水から守っていた。

え　この地域では，雪が多く降るため，家がつぶれたり，交通機関が止まるなど，人々の生活に大きな被害をおよぼすことがある。

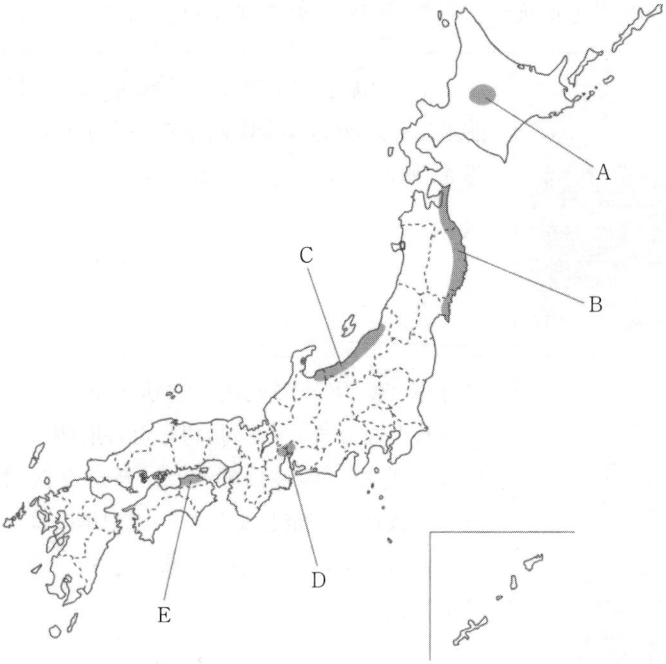

問７　下線部⑦について，国土地理院では2019年に「身近な災害の歴史を学び，教訓を未来に伝える」という意味から，「自然災害伝承碑」の地図記号を制定しました。その地図記号を下の地図から見つけ，解答欄に描きなさい。

問８　下線部⑧について，各市町村が発行する，災害が起きたとき予想される被害の範囲や避難《ひなん》場所などを示した地図を何というか，答えなさい。

2 次の各時代の絵や写真とその説明文を読み，あとの問いに答えなさい。

平安時代		①中臣鎌足《なかとみのかまたり》の子孫である藤原氏は，11世紀前半にその権力は全盛期をむかえました。左は，藤原頼通《ふじわらのよりみち》が建立した(　②　)です。
鎌倉時代		将軍源実朝《みなもとのさねとも》の死後，朝廷と幕府との間で③内乱となりました。勝利した幕府側は左の後《ご》鳥《と》羽上皇《ばじょうこう》を④隠岐に配流《はいる》し，新たな機関を設置し，政権は安定しました。1232年には，3代執権北条泰時《ほうじょうやすとき》が裁判の基準として⑤御成敗式目を制定しました。
江戸時代		幕府は⑥キリスト教の禁止を徹底するとともに，外交や貿易を独占しようと，いわゆる鎖国を実施しました。左は，⑦鎖国下の窓口の一つである人工島の(　⑧　)です。
大正時代		⑨第一次世界大戦のころ，日本では，普通選挙にもとづく⑩政党政治の実現を主張するなど，民主主義を求める風潮《ふうちょう》がおこりました。左は，1925年に普通選挙法を制定した時の内閣総理大臣である加《か》藤高明《とうたかあき》です。普通選挙の実施により，⑪有権者数は大きく増加しました。

問1　下線部①について，この人物が行った内容として正しいものを，次のア～エの中から1つ選び，記号で答えなさい。

ア．都を藤原京《ふじわらきょう》から平城京《へいじょうきょう》へ移した。

イ．犬上御《いぬかみのみ》田鍬《たすき》を遣隋使として中国へ派遣した。

ウ．中大兄皇子《なかのおおえのおうじ》などとともに政治改革を行った。

エ．土地の私有を永久に認める墾田《こんでん》永年私財法を制定した。

問2　(②)に当てはまる建築物を，次のア～エの中から1つ選び，記号で答えなさい。

ア．中尊寺金色堂《ちゅうそんじこんじきどう》　　イ．正倉院《しょうそういん》

ウ．平等院鳳凰堂《びょうどういんほうおうどう》　　エ．唐招提寺《とうしょうだいじ》

問3　下線部③を何といいますか。解答欄《らん》に合う形で，漢字2字で答えなさい。

問4　下線部④について，この場所は鎌倉時代末に後醍醐《ごだいご》天皇が配流された地としても有名です。その場所はどこですか。地図中のア～オから1つ選び，記号で答えなさい。

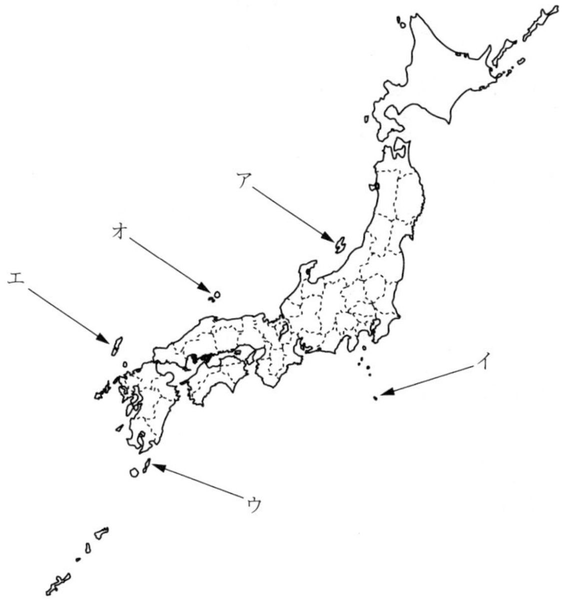

問5　下線部⑤の史料として正しいものを，次のア～エから1つ選び，記号で答えなさい。

ア．

> 一，農民が，刀・弓・やり・鉄砲などの武器をもつことを禁止する。

イ．

> 一，けんかした者は，いかなる理由でも処罰する。

ウ．

> 一，安土の町は楽市としたので，すべての座は廃止し，労役や税も免除する。

エ．

> 一，地頭は理由もなく荘園の年貢を差し押さえてはならない。

問6　下線部⑥について，1637年，九州の農民らが，厳《きび》しい年貢の取り立てとキリシタンへの迫《はく》害《がい》に対して反乱をおこしました。この反乱を何といいますか。次のア～エから1つ選び，記号で答えなさい。

ア．島原・天草一揆　　イ．大塩平八郎《おおしおへいはちろう》の乱

ウ．加賀の一向一揆　　エ．シャクシャインの乱

問7　下線部⑦についての説明として正しくないものを，次のア～エから1つ選び，記号で答えなさい。

ア．蝦夷地に領地を持つ松前藩がアイヌとの交易の独占権を幕府に認められていた。

イ．徳川将軍と琉球国王の代替《だいが》わりごとに琉球使節が江戸に派遣された。

ウ．朝鮮との国交は対馬藩の仲介で再開し，将軍の代替わりに朝鮮通信使が派遣された。

エ．明との間で勘合を用いた貿易が行われた。

問８　(⑧)に当てはまる言葉を，漢字２字で答えなさい。

問９　下線部⑨の説明文として正しくないものを，次のア～エから１つ選び，記号で答えなさい。

ア．日本は日英同盟を理由に，連合国の一員として参戦した。

イ．サラエボ事件をきっかけに，同盟国と連合国との戦争に発展した。

ウ．連合国は敗戦したドイツとの間でワシントン条約を結び講和した。

エ．大戦中に日本は権益《けんえき》を広げようと，中国に二十一か条の要求をつきつけた。

問10　下線部⑩について，五・一五事件まで戦前の政党政治は続きました。この事件で暗殺された内閣総理大臣は誰ですか。次のア～エから１つ選び，記号で答えなさい。

ア．大隈重信《おおくましげのぶ》　　イ．原敬《はらたかし》　　ウ．尾《お》崎《ざき》行《ゆき》雄《お》　　エ．犬養毅《いぬかいつよし》

問11　下線部⑪について，次の２つの資料から読み取れる文として正しいものを，下のア～エから１つ選び，記号で答えなさい。

総選挙実施の年	有権者の資格
1890年(明治23年)	直接国税15円以上納める25歳以上の男子
1902年(明治35年)	直接国税10円以上納める25歳以上の男子
1920年(大正９年)	直接国税３円以上納める25歳以上の男子
1928年(昭和３年)	25歳以上の男子(戦前の普通選挙)
1946年(昭和21年)	20歳以上の男女(戦後の普通選挙)

有権者数と全人口にしめる有権者の割合

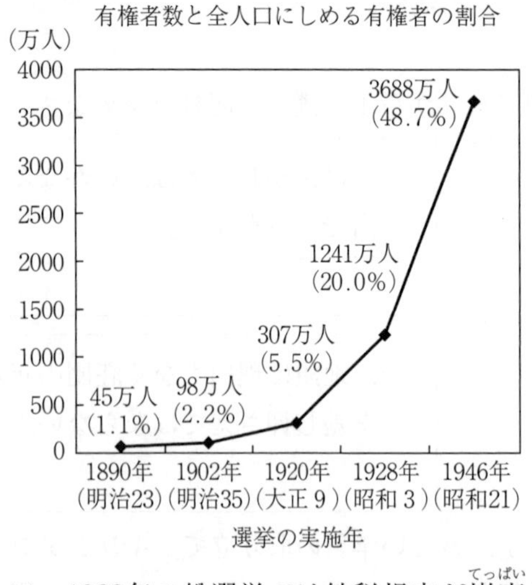

ア．1928年の総選挙では納税規定が撤廃《てっぱい》され，有権者数は1920年の約４倍に増加した。

イ．1902年の総選挙での有権者の割合は，全人口の5.5%と非常に少なかった。

ウ．1920年の総選挙では普通選挙が実施され，有権者数は307万人となった。

エ．1946年の総選挙では女性にも選挙権が与えられ，有権者は全人口の半分を超えた。

3 次の文を読み，あとの問いに答えなさい。

社会保障制度は，日本国憲法の生存権にもとづき，だれもが「(A)で文化的な生活」をおくれるということを，国を中心に社会全体で実現していこうというものです。具体的には，国民から保険料を集め，病気やけが，老齢や失業などのときに国が保険料を支払うしくみである(B)，さまざまな理由で生活に困っている人に生活費などを支給する(C)，働くことが困難な人などの生活を助けたり，自立をはかったりするために行われる(D)，伝染病の予防や，環境の改善などをはかる(E)があります。

一方で，世界有数の長寿国である日本は，世界の国々と比べて，a少子高齢化が急速に進んでいます。そのため，b社会保障の資金を，だれがどのように負担するかなどが大きな問題となっています。c租税《そぜい》(国民から集める税金)を見直したり，子どもを育てやすいような支援や環境整備などをしたりするなどの対策が求められています。

問1 文中の(A)に入る言葉を，漢字2字で答えなさい。

問2 文中の(B)～(E)に入る言葉を，次のア～エからそれぞれ1つずつ選び，記号で答えなさい。

ア．社会保険　　イ．公衆衛生　　ウ．社会福祉　　エ．公的扶助《ふじょ》

問3 文中の下線部aについて，以下の問いに答えなさい。

(1) 次のグラフは出生数と合計特殊《とくしゅ》出生率(1人の女性が一生のうちに産むと見こまれる子どもの数)の推移を表したものです。グラフの説明として正しいものを下のア～エから1つ選び，記号で答えなさい。

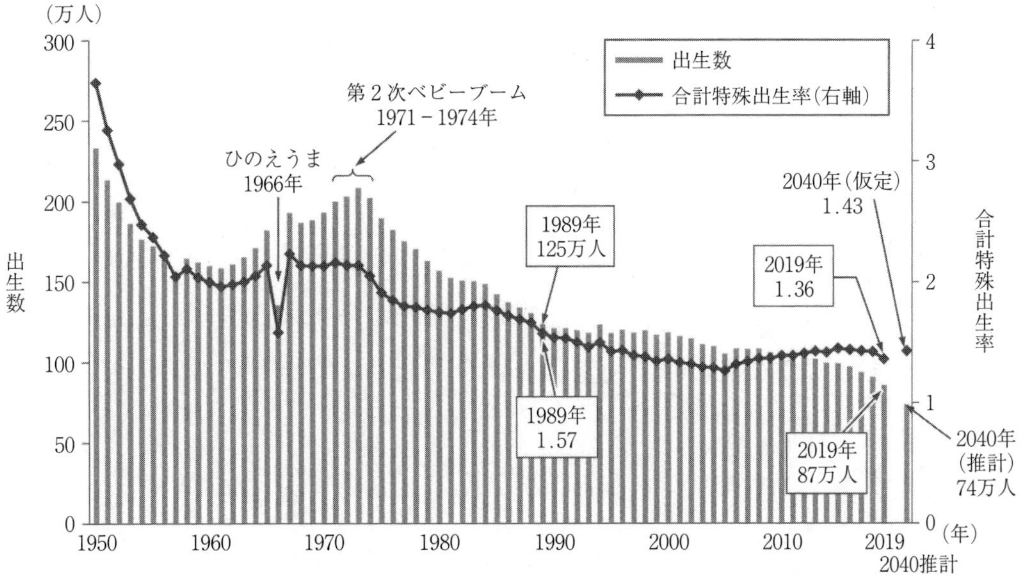

資料：2019年までは厚生労働省政策統括官付参事官付人口動態・保健社会統計室「人口動態統計」(2019年は概数)，2040年の出生数は国立社会保障・人口問題研究所「日本の将来推計人口(平成29年推計)」における出生中位・死亡中位仮定による推計値。

ア．出生数は第二次ベビーブーム以降減少傾向が続いているが，2040年には増加すると予測されている。

イ．1989年の時点で合計特殊出生率は1.4を割っている。

ウ．1950年以降，ピーク時には，出生数は300万人を超える年もあった。

エ．1950年と比較すると，2019年の合計特殊出生率は半分以下まで低下している。

(2)　日本で少子高齢化が進んでいる主な理由として正しいものを次のア～エから１つ選び，記号で答えなさい。

ア．女性の社会進出が遅れてしまっているため。

イ．医療の進歩により平均寿命が延びているため。

ウ．食生活が不安定になったため。

エ．子どもの死亡率が高いため。

問４　文中の下線部ｂについて，社会保障に使われる費用として正しくないものを次のア～エから１つ選び，記号で答えなさい。

ア．生活保護費　　イ．年金　　ウ．防衛費　　エ．医療費

問５　文中の下線部ｃについて，以下の問いに答えなさい。

(1)　個人の収入にかかる税金の名称を答えなさい。

(2)　会社の１年間の利益にかかる税金の名称を答えなさい。

(3)　商品の値《ね》段《だん》に一定の割合でかかる税金の名称を答えなさい。

【理　科】〈A試験〉（社会と合わせて60分）〈満点：50点〉

1　植物に関する文章を読み，あとの各問いに答えなさい。

植物のからだのつくりは，根，くき，葉の３つの部分に分けられます。これらには生きるための役割があります。例えば葉のはたらきをみてみると，植物にふくまれる水分を外に出す(あ)蒸散や，日光のエネルギーを利用して行う(い)光合成があります。くきには植物のからだを支えるはたらきや，(う)養分をたくわえるはたらきがあります。

問１　下線部(あ)が行われるのは葉の何という部分か答えなさい。

問２　下線部(い)について以下の文章の空らん(①)，(②)に入る正しい言葉を漢字で答えなさい。

光合成は日光のエネルギーを使って，水と(①)から(②)とデンプンを作るはたらきである。

問３　図１のように，着色した水を入れた三角フラスコにホウセンカを入れ，日光に当てました。数日後，くきの部分を切り取って断面を見てみると，断面の一部が染まっていました。断面の染まり方として正しいものを次のア～エより１つ選び，記号で答えなさい。

ア　　　　イ　　　　ウ　　　　エ

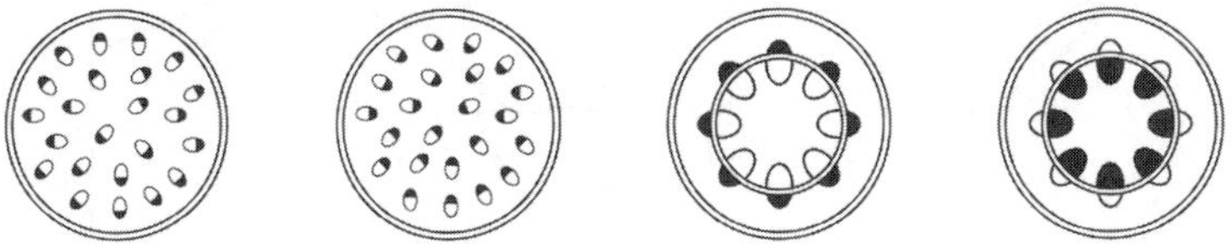

図１

問４　問３で使ったホウセンカの葉を切り取り，デンプンができているかを調べる実験を行いました。実験操作として正しい順番になるように，次のア～ウを並べかえなさい。

ア．温めたアルコールに入れて葉の緑色をとる。

イ．湯によくひたして，葉をやわらかくする。

ウ．葉を水で洗い流し，ヨウ素液にひたす。

問５　問４の実験をした結果，葉は何色になったか答えなさい。

問６　下線部(う)について，根に養分をたくわえる植物として正しいものを次のア～エよりすべて選び，記号で答えなさい。

ア．サツマイモ　　イ．ニンジン　　ウ．ダイコン　　エ．ジャガイモ

2　次の文章を読み，あとの各問いに答えなさい。

2022年の梅雨は，例年にない早さで明け，そのあと記録的な猛暑《もうしょ》となりました。６月下旬に気象庁が相次いで梅雨明けを発表したあと，日本付近は太平洋高気圧が張り出して，真夏のような暑さが続きました。６月25日には，群馬県伊勢崎《いせさき》市で40.2度の最高気温を観測し，６月として観測史上，初めて40度を超えました。東京の都心では７月３日にかけて，過去最も長い９日連続で①猛暑日となりました。７月下旬になると，一時暑さは弱まり，雨の日も多くなって，後ほど梅雨明けをこの時期に変更することになりました。しかし，８月に入ると再び暑さが続き，東京では今年の猛暑日が今までで一番多い16日を記録するなど，全国で記録的な暑さとなりました。

問１　下線部①の説明として正しいものを，次のア～エより１つ選び，記号で答えなさい。

ア．最高気温が30℃以上の日

イ．最高気温が35℃以上の日

ウ．最低気温が25℃以上の日

エ．熱中症警戒アラートが発令された日

問2　図1は6月25日の伊勢崎市の気温と時間の変化です。このグラフに，当日の太陽高度の変化，地面の温度の変化を書き加えるとどのようになりますか。正しいものを，次のア～エより1つ選び，記号で答えなさい。

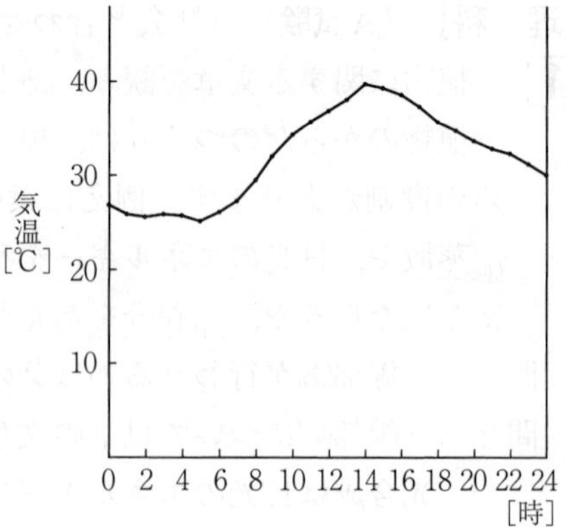

図1

太陽高度の変化

地面の温度の変化

ア

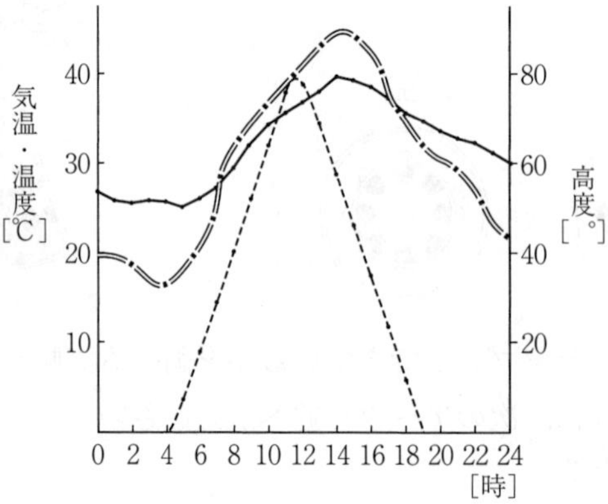

イ

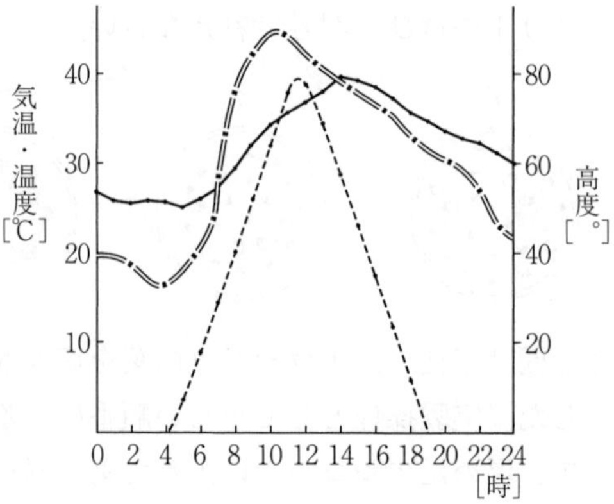

ウ

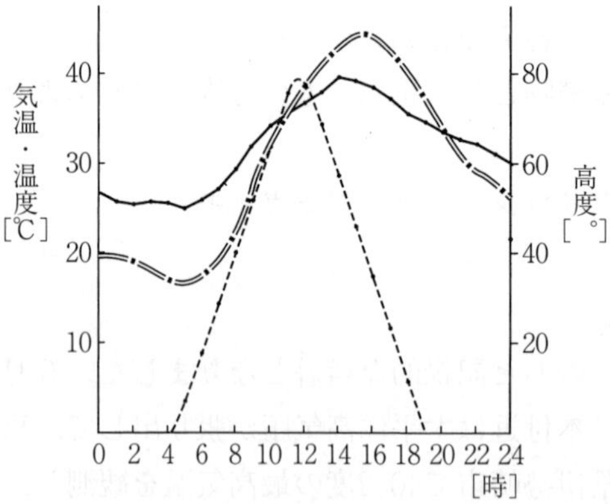

エ

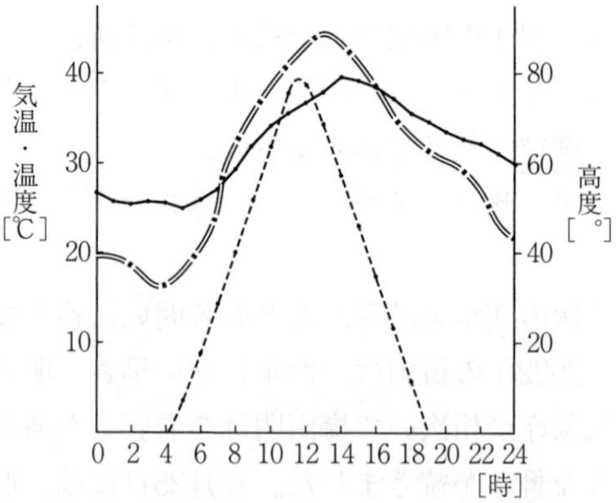

問3　問2を選んだ理由を説明した次の文章の，空らん(①)と(②)に入る言葉を答えなさい。

地球の空気は，まず(　①　)が暖められ，その熱によって(　②　)が暖められるから。

湿度《しつど》についての次の文章を読み，あとの各問いに答えなさい。

日本の夏は湿度が高いから暑いと言われます。湿度とは，空気がどれくらいの水蒸気をふくんでいるかという割合のことです。空気の温度が変わると，同じ量の水蒸気をふくんでいても湿度が変わります。これは，空気は高い温度ではたくさんの量の水蒸気をふくむことができますが，低い温度では少しの量の水蒸気しかふくむことができないからです。

問４　夏の暑い日に実験室の中を冷やしていたところ，図２中の窓に水てきがついていました。水てきがついていた場所について，正しいものを次のア～ウより１つ選び，記号で答えなさい。

ア．窓の廊下側についていた。

イ．窓の実験室側についていた。

ウ．窓の廊下側，実験室側両方についていた。

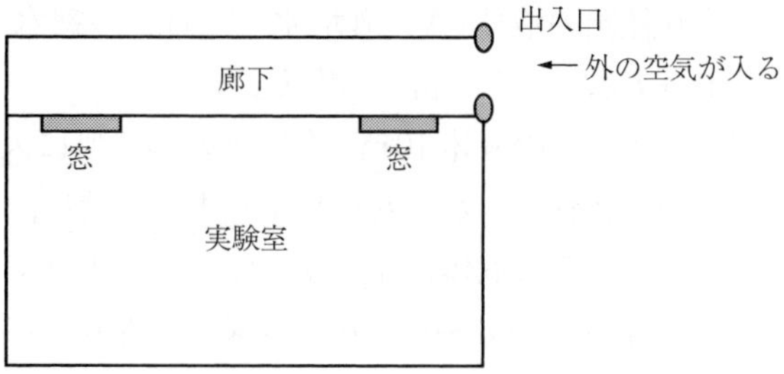

図２

問５　問４と同じ理由で起こる現象を，次のア～オよりすべて選び，記号で答えなさい。

ア．霜《しも》が降りる。　　イ．霧《きり》が出る。

ウ．雷《かみなり》が鳴る。　　エ．寒い外から暖房のきいた部屋に入ったところ眼《め》鏡《がね》がくもった。

オ．夕立の後，虹《にじ》が出た。

問６　空気中の水蒸気の量が１日中変わらなかったとします。その場合，伊勢崎市の６月25日の湿度は，気温の変化と比較すると，どのようになりますか。正しいものを次のア～エより１つ選び記号で答えなさい。

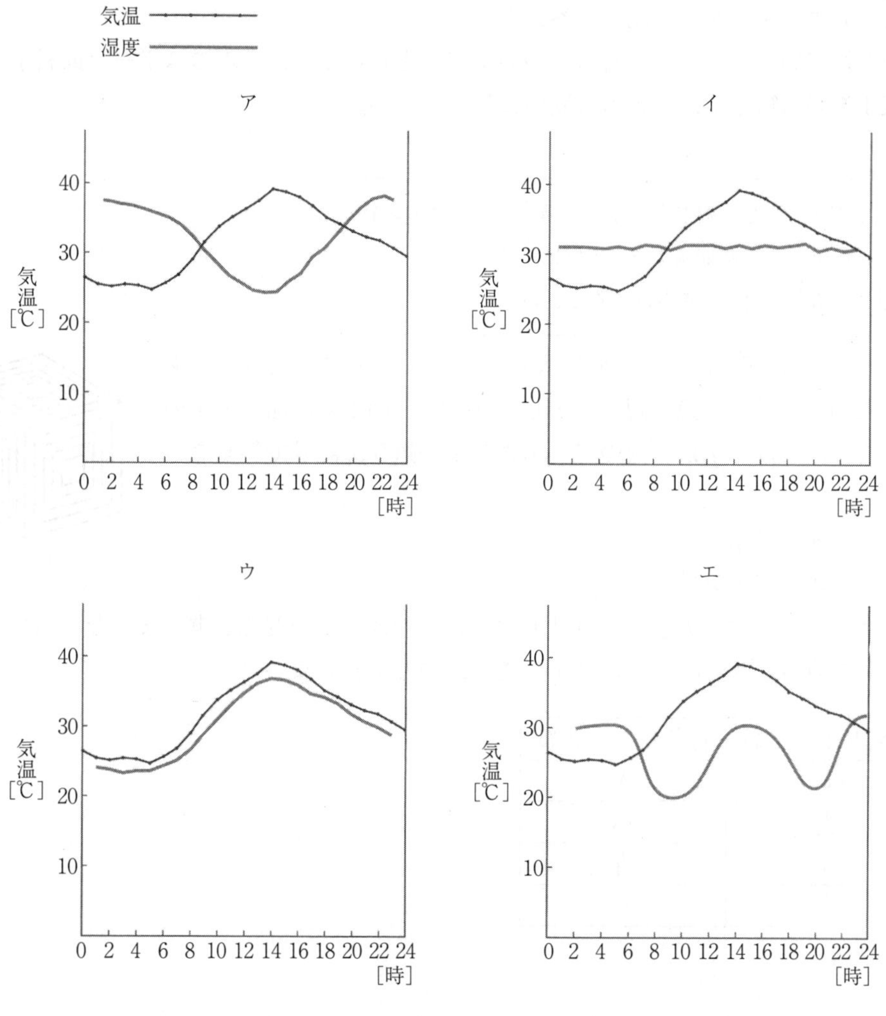

3 水よう液に関するあとの各問いに答えなさい。

6種類の液体(A．食塩水　B．砂糖水　C．石灰水　D．うすい塩酸　E．アンモニア水　F．酢)を用意しました。

問1　A～Fの液体10mLを別々の蒸発皿に入れました。完全に蒸発させたあと，固体が残ったのはどれですか。A～Fよりすべて選び，記号で答えなさい。

問2　A～Fの液体に赤いリトマス紙を入れて色の変化を調べました。色の変化として正しい組み合わせを①～⑥より1つ選び，番号で答えなさい。

	食塩水	砂糖水	石灰水	うすい塩酸	アンモニア水	酢
①	赤	赤	青	赤	赤	青
②	青	赤	赤	赤	赤	青
③	赤	赤	青	赤	青	青
④	青	青	青	青	赤	赤
⑤	赤	赤	青	赤	青	赤
⑥	青	青	赤	青	青	赤

問3　ムラサキキャベツ液を加えると黄緑色になる液体のうち，気体がとけているものはどれですか。A～Fより1つ選び，記号で答えなさい。

日常で使われているスポーツ飲料水について実験を行いました。このスポーツ飲料水に書かれていた表1を参考にして，あとの各問いに答えなさい。

表1

○品名：清涼《せいりょう》飲料水　○原材料名：水，砂糖，食塩，クエン酸
○内容量：600mL　○賞味期限：キャップに記載《きさい》
○保存方法：高温・直射日光をさけてください

問4　スポーツ飲料水10mLを蒸発皿に入れました。完全に蒸発させたあとに残った固体をけんび鏡で観察しました(図1)。図1の結晶は表1の原材料のうち，どれですか。次のア～エより1つ選び，記号で答えなさい。

ア．水　イ．砂糖

ウ．食塩　エ．クエン酸

図1

問5　このスポーツ飲料水に赤色・青色リトマス紙をつけて色の変化を調べました。色の変化として正しい組み合わせを①～④より1つ選び，番号で答えなさい。

	赤色リトマス紙	青色リトマス紙
①	赤	赤
②	青	赤
③	赤	青
④	青	青

問6　スポーツ飲料水10mLを蒸発皿にとり，全体の重さをはかると72.3gでした。この蒸発皿を1分間加熱し，冷ましてから もう一度重さをはかると69.1gになっていました。重さが変化したのはなぜですか。その理由を簡単に説明しなさい。

4　もとの長さやのび方がちがう2本のばねA，Bがあります。これらのばねに，それぞれおもりをつるして，つるしたおもりの重さとばねの長さの関係を調べたところ，表1のようになりました。次の各問いに答えなさい。ただし，使用しているばねや棒，ひもの重さは考えないものとします。

表1

おもりの重さ[g]	0	10	20	30	40	50	60
ばねAの長さ[cm]	10	12	14	16	18	20	22
ばねBの長さ[cm]	15	16	17	18	19	20	21

問1　おもりをつるしていないときのばねA，Bの長さはそれぞれ何cmになりますか。

問2　表1から，それぞれのばねについて，ばねののびとつるしたおもりの重さにはどのような関係が成り立ちますか。漢字で答えなさい。

問3　下の図1のように，ばねA，Bをつなげ，その下に40gのおもりをつるしました。このとき，ばねA，Bののびはそれぞれ何cmになりますか。

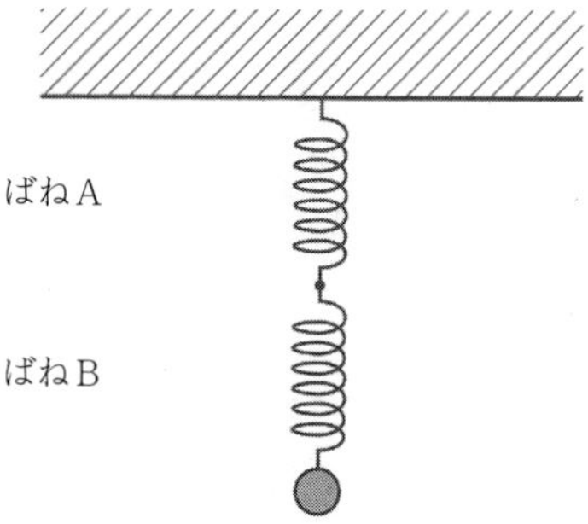

図1

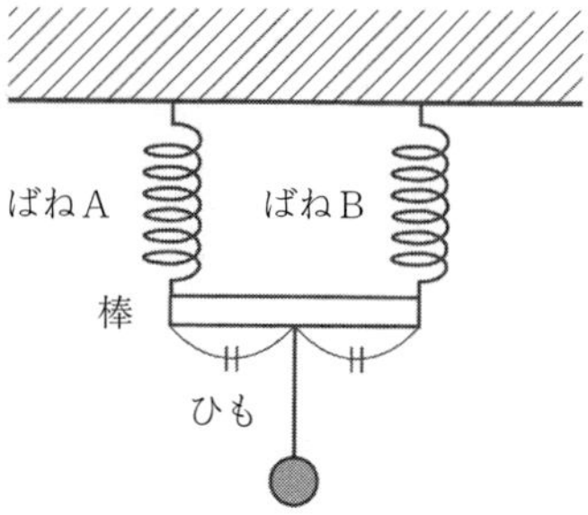

図2

問4　上の図2のように，ばねA，Bを棒の両端《はし》にとりつけ，さらに棒の中央に重さのわからないおもりをつるしたところ，ばねA，Bは同じ長さになりました。おもりの重さは何gになりますか。

図3のように，ばねAに重さ60gのおもりをつるして，ビーカーの中に入った水におもりを完全にしずめると，ばねAの長さは18cmになりました。あとの各問いに答えなさい。

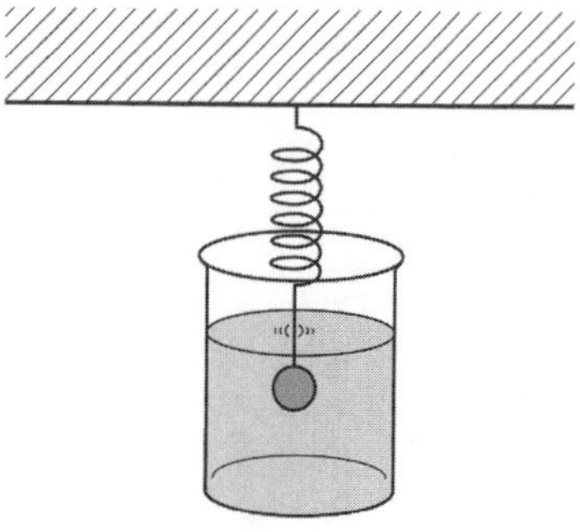
図3

問5　おもりが水から受ける上向きの力を何といいますか。正しいものを次のア～エより1つ選び，記号で答えなさい。

ア．重力　　イ．磁力

ウ．浮力　　エ．水力

問6　おもりが受ける問5の力の大きさは何gになりますか。

5 次の文章を読んで，あとの問いに答えなさい。

探査機《たんさき》「(A)」が小惑星《わくせい》「(B)」から持ち帰った砂などの試料に地球の生命の起源解明《きげんかいめい》などにつながるものを確認しました。(B)から回収した砂などにふくまれる物質を総合的に解析《かいせき》したところ，砂からは水素や炭素，水などが見つかり太陽系の形成・進化のメカニズムを解明していく上で重要な成果物であることを示しました。その他にも，生命に必要なたんぱく質を構成する物質である(C)も確認され，生命起源の解明に向け貴重な発見になりました。

問　(A)，(B)，(C)に入ることばの組み合わせとして，正しいものを次のア～エより1つ選び，記号で答えなさい。

ア．(A)　はやぶさ　(B)　イトカワ　(C)　アミノ酸
イ．(A)　はやぶさ　(B)　リュウグウ　(C)　クエン酸
ウ．(A)　はやぶさ2　(B)　リュウグウ　(C)　アミノ酸
エ．(A)　はやぶさ2　(B)　イトカワ　(C)　クエン酸

に父親として受け入れていくようになる。

三

次の各問いに答えなさい。

問一　次の①～④のものの数え方を漢字一字で答えなさい。

①　鳥　②　豆腐《とうふ》　③　馬　④　車

問二　次の①～④の言葉の上に「不・無・非・未」をつけると否定の形になります。（　）に当てはまる語をそれぞれ答えなさい。

①（　）理解

②（　）可能

③（　）発達

④（　）常識

問三　次の①②の上下が対義関係となるように、（　）の中に当てはまる漢字を答えなさい。

①　理想↔（　）実

②　全体↔（　）分

問四　次の①～④の各――線部について、カタカナは漢字に、漢字はひらがなに直しなさい。

①　ショウミ期限が過ぎる。

②　数学のセイセキが上がる。

③　旅の一行と出会う。

④　魚河岸で働く。

問五　次の①～④の[ア]～[ク]に漢数字を入れて四字熟語を完成させなさい。

①　[ア]日[イ]秋

②　[ウ]十歩[エ]歩

③　[オ]転[カ]倒《とう》

④　[キ]寒[ク]温

僕は少しあわてて、つっけんどんに言った。
「風太郎、そなたはいくつになる」
「十三」
「そうか。もう一人前の男だな」
草之丞はひっそりと笑い、僕は胸がしわっとした。

（『草之丞の話』江國香織）

※1 端役…主要でない役、役目。
※2 天真爛漫…むじゃきで明るいさま。
※3 闊歩…いばって歩くこと。

問一 ——線部①「うかつに声もかけられず」とありますが、なぜ主人公はおふくろに声をかけられなかったのですか。解答用紙に合うように十五字で抜き出しなさい。

問二 ——線部②「おもむろに」の意味として最も適当なものを一つ選び、記号で答えなさい。
ア 突然《とつぜん》に　イ けだるげに
ウ ゆっくりと　エ 静かに

問三 ——線部③「僕の心臓がこんなにじょうぶでよかった」とありますが、この時の主人公の気持ちとして最も適当なものを次から一つ選び、記号で答えなさい。
ア さむらいのかっこうをした男が幽霊だと知り、恐怖《きょうふ》で言葉を返せずにいる。
イ さむらいのかっこうをした男が幽霊だと知り、本当だろうかと怪《あや》しく思っている。
ウ 突然自分の父親だという人物が現れ、どう接すればいいか分からず困っている。
エ 突然自分の父親だという人物が現れ、衝撃《しょうげき》を受けて非常に驚《おどろ》いている。

問四 空欄 A に入る漢数字は何ですか。漢字一字で答えなさい。

問五 ——線部④「いそいそと墓参りに行った」とありますが、母親はどのような気持ちで墓参りに行きましたか。最も適当なものを次から一つ選び、記号で答えなさい。
ア 草之丞のことを息子が気味悪がっていたので、心落ち着かないままに行った。
イ 女手一つで息子を育てているので、忙しそうにあわてて行った。
ウ 大切に思っている草之丞の命日なので、心を弾ませて行った。
エ 草之丞との今後の関係性を心配して、しんみょうな心持ちで行った。

問六 空欄 B に入る語として最も適当なものを次から一つ選び、記号で答えなさい。
ア 失笑　イ 絶句　ウ 感動　エ 緊張

問七 主人公が草之丞と対面した時の気持ちがよく表れている行動を一文で探し、最初の五字を抜き出しなさい。

問八 ——線部⑤「十月のある夜、おふくろによばれてふろ場に行くと、草之丞が入っていた」とありますが、この件をきっかけに僕の気持ちはどのように変化しましたか。最も適当なものを次から一つ選び、記号で答えなさい。
ア 僕は最初、さむらいが父親であることに違和感を感じていたが、次第に草之丞を一人の男として認めていくようになる。
イ 僕は最初、草之丞に嫌悪感を持っていたが、次第に草之丞の悲しみを理解できるようになる。
ウ 僕は最初、草之丞が幽霊であることを受け入れられなかったが、次第にあきらめることで現実を受け止められるようになる。
エ 僕は最初、草之丞が幽霊であることに戸惑っていたが、次第

「それからの十三年間、草之丞さんはいつだって私をたすけて下さったのよ」

「たすけるって、どうやって」

「いろんな相談にのってくださるし、眠《ねむ》れない夜には子守唄《こもりうた》もうたってくださるし、お金にこまったら、お金も貸してくださるわ」

「幽霊が、金を」

「ええ。たいせつな刀やお皿を売ってね」

「……」

「だから私も、[A]月には供養をかかさないの」

おふくろの説明によれば、元和《げんな》八年[A]月七日、草之丞が壮絶《そうぜつ》なる一騎《いっき》打《う》ちの末にあの世へいった野っ原が、現在のあの、八百屋だったらしい。つまりおふくろはあの日、[A]月七日の命日に、草之丞の好物をかかえて、④いそいそと墓参りに行ったのである。僕は[B]してしまった。

草之丞は、ちかくで見ると思いのほか大きく、なかなかの二枚目だった。肩《かた》をいからせて、うつむいている。ひどく緊張《きんちょう》しているようだった。もちろん僕も緊張《きんちょう》していた。

「二人とも黙《だま》っちゃって、どうしたの」

ふしぎそうに言ったおふくろをみて、どこまで※2天真爛漫《てんしんらんまん》な人だろう、と僕は思った。

「はじめまして」

しかたなく、僕の方から口をきった。

「こんにちは」

ひくい声だった。

「そなたにとっては、はじめましてなのだね。私はいつも、そなたを見ていたのだが」

へんな感じだった。いつも見ていた、なんて気味が悪い。僕はぶっきらぼうにおじぎをして、さっさと部屋にひきあげた。僕は、幽霊の息子だったのだ。

その日以来、草之丞はしょっちゅう僕の前にあらわれた。幽霊だという立場もわすれて、草之丞はじつに堂々と人前にでるのだ。彼はよく、学校のそばで僕を待ちぶせていた。いきなりとびだしてくるので僕がおどろくと、草之丞はきまって、

「やっぱりこわいか」

とぼそっと言い、ひっそりとわらう。

草之丞と歩いていると、みんなが僕たちに注目した。しかし、さわいだりこわがったりする人は一人もいない。まさか本物のさむらいだとは思わないらしい。それに味をしめて、草之丞はまったくだいたんに街を※3闊歩《かっぽ》した。歩きながら彼はよく唄をうたった。やさしい声をしていた。それが、彼のぶっちょうづらには不似合いだった。

草之丞と僕とは、毎日いっしょに散歩をするようになった。おふくろはますます天真爛漫で、僕らはまるで家族のように、いっしょに食事をし、いっしょにテレビをみた。

⑤十月のある夜、おふくろによばれてふろ場に行くと、草之丞が入っていた。

「お父様の背中、ながしてさしあげなさい」

思わずあとずさりした僕の気も知らず、おふくろはにこにこして出ていった。こうして、とりのこされた僕は幽霊と混浴することになったのである。

草之丞のからだは、白くてきれいだった。ふろ場の窓からは三日月がみえた。

「そなたは、さむらいの息子がいやか」

湯ぶねにつかっていた草之丞が言った。

「やぶからぼうに」

エ　考え方や性質は人により異なるということ。

問八　――線部⑦「まるで「麻薬」のよう」とありますが、ここで使われている表現技法として最も適当なものを次から一つ選び、記号で答えなさい。

ア　擬人法《ぎじんほう》　イ　倒置法《とうちほう》　ウ　直喩《ちょくゆ》　エ　隠喩《いんゆ》

問九　本文の内容として間違っているものを次の中から一つ選び、記号で答えなさい。

ア　コピペ答案を見破る技術が進化しているのに対して、コピペによるレポートの数は増加している。

イ　アマチュアユーザーでもネット上で似ているコンテンツを指摘することは容易であるため、様々な事件へ発展するきっかけになる。

ウ　今の学生は簡単に世界中の情報へアクセスできることから、ネット上にすべての答えがあると考えている人が多い。

エ　楽をしたい、とりあえず格好を取りつくろうと考える姿勢が、「ハサミとノリで切り貼りして書く」という行為につながる。

二

次の文章を読み、後の問いに答えなさい。

世間知らずで泣き虫で、夜中に一人でトイレにも行かれないおふくろが、いったいどうして女手一つで、これまで僕《ぼく》を育ててこられたのか、ふしぎには思っていた。それでも、女優というのはよほどもうかる商売なのだろうと、僕はのんきに考えていた。

五月。僕は中学にも慣れ、さっそく午後の授業をさぼって映画をみに行った。すると電車の中に、桜色の着物を着たおふくろがいた。

（どこに行くんだろう）

そうは思っても、こちらも学校をぬけだしてきた身、①うかつに声もかけられず、遠くからながめていた。おふくろは、小さなふろしき包みをひざの上にかかえていた。

電車をおりたおふくろは、駅前商店街をぽくぽくと足ばやに歩き、八百屋の前で立ちどまった。そして、②おもむろにふろしき包みをほどくと、中からあじの干物（らしきもの）をとりだして地面におき、まるで墓参りでもするように、しんみょうに手をあわせるのだった。あっけにとられている僕のそばをすりぬけて、おふくろはさっさと駅へひきかえしてしまった。

七月。朝寝坊《あさねぼう》をした日曜日、パジャマのまま台所に行くと、おふくろは庭にでていた。よく晴れた、しずかな午後だった。びわの木の下に立って、おふくろはさむらいのかっこうをした男と話をしている。紺《こん》の着物に刀をきちんとぶらさげて、ちょんまげもりりしいさむらいだった。おおかた、ふうがわりな役者仲間だろうとは思ったが、それにしてはさむらい姿が板につきすぎている。これが草之丞《くさのじょう》だった。

おふくろは日傘《ひがさ》をくるくるまわして、まるで女学生のように頬《ほお》をそめている。サンダルをつっかけて、僕も庭にでた。

「おはよう、母さん。お客様なの」

おふくろはびくっとして、しばらく僕の顔をみつめていたが、やがてにっこりと微笑《ほほえ》んだ。

「草之丞さんといってね、お父様ですよ、あなたの」

僕は、③僕の心臓がこんなにじょうぶでよかったと思う。

おふくろの話はこうだった。草之丞は正真正銘《しょうしんしょうめい》のさむらいで、また正真正銘の幽霊《ゆうれい》で、おふくろに一目惚《ひとめぼ》れをした。おふくろがまだ新米女優だったころ、舞台《ぶたい》で時代劇の※1端役《はやく》をやった。セリフはたった一言だったけれど、あの世で見物していた草之丞は、そのたった一言のセリフ、『おいたわしゅうございます』にすっかりまいってしまい、やもたてもたまらず、下界にやってきたのだ。二人はめでたく恋《こい》におち、僕は生まれたというわけだった。

受け取った瞬間《しゅんかん》に「答えがないか」とネット上をサーフィンするのが彼《かれ》らの基本動作なのだと思います。

私が学生のころは、ネットもデータベースもなかったので、図書館か大きめの書店で書籍《しょせき》か論文を漁《あさ》るしか術がありませんでした。幸か不幸か、今の学生にとってネットは最も身近な情報環境であり、ネット上にすべての答えがあると思っている人が多いです。調べ物があるときはまずはネットに向かいます。手軽に世界中の情報にアクセスできるのですから、これを使わない手はありません。私だってそのようにしています。

ネットやSNSで簡単に情報が取れる時代では、便利すぎるコピペへの誘惑《ゆうわく》には抗《こう》しがたく、コピペ行為は⑦まるで「麻薬《まやく》」のようです。

(『正しいコピペのすすめ』宮武久佳)

問一 ――線部①「コピペはいけない」とありますが、なぜ人はコピペをするのですか。その説明として最も適当なものを、解答用紙に合うように本文中から二十三字で抜き出しなさい。(句読点を含《ふく》む)

問二 空欄《くうらん》[A]～[C]に入る語の組み合わせとして最も適当なものを次から一つ選び、記号で答えなさい。

	A	B	C
ア	そして	けれども	そして
イ	つまり	だから	たとえば
ウ	ところが	しかし	仮に
エ	しかし	そして	つまり

問三 ――線部②「デッドコピー」とありますが、学生がレポートの中でデッドコピーをした場合、どのようなことが起きますか。本文の内容として最も適当なものを次の中から一つ選び、記号で答えなさい。

ア 学生同士で全く同じ答えが10枚近くある状態になってしまうこと。

イ コピーした箇所のみ書体が異なってしまうこと。

ウ 自分の意見と異なった意見が含まれてしまうこと。

エ 論文が取り消されてしまうこと。

問四 ――線部③「この2つの事件」とありますが、何を指していますか。本文中から八字と九字で二つ抜き出しなさい。

問五 ――線部④「クリエーティブな仕事をするデザイナーが縮む傾向」とありますが、どういうことですか。最も適当なものを次から一つ選び、記号で答えなさい。

ア 誰もが手軽に情報を手に入れることができる時代の中で、自分のオリジナリティが失われてしまうということ。

イ デザイナーの仕事は創造性が大切なので、一般大衆の意見に影響《えいきょう》されすぎるのはよくないということ。

ウ 先人の作品と似てしまうと必ず著作権法に触れるため、自主規制をしてしまうということ。

エ 先人の作品と被《かぶ》ってはいけないという風潮の中で、自分の作品に規制をかけてしまっているということ。

問六 ――線部⑤「学生が提出するレポート」のコピペ対策としてどのようなことが行われていますか。本文中から十三字と十八字で二つ抜き出しなさい。(句読点、「」を含む)

問七 ――線部⑥「大同小異」とありますが、読みをひらがなで答えなさい。またその意味として最も適当なものを次から一つ選び、記号で答えなさい。

ア 似ていてあまり大差がないこと。

イ 多くの人間が同じことを言うこと。

ウ 大きさが同じでぴったりと当てはまること。

似する先行作品を探し出して、どの部分がコピペなのか色分けして示してくれます。学生が提出したペーパーを相互《そうご》に比べて、友人間のペーパーで似たものがないかどうか探し出す機能もあります。

　実のところ、教員からすれば、コピペ答案を見破るのは難しくありません。しかし、大人数の教室ではそのような監視ソフトは便利だろうと思います（私自身は使ったことはありません）。まずソフトにかけて、コピペ答案をはじき出せば採点が楽になりそうです。

　ある教員は、課題を出すときに学生に「コピペ監視ソフトを使う」と宣言するのだそうです。抑止力《よくしりょく》に期待するのですね。

　ネット上では、類似コンテンツを探し当てる技術もずいぶん進歩しました。ＳＴＡＰ細胞問題も、エンブレム問題も、アマチュアユーザーがネット上で「似ているコンテンツ」を指摘したことが発端でした。ネットを使えば、「似ているもの」を見つけることは困難ではありません。

　［Ｃ］、あなたが南国を旅行した時、極彩色《ごくさいしき》のヤモリを見かけたとします。これをスマホで撮影《さつえい》し、専用サイトにアップロードすれば、このヤモリの種類や名前、生息地が一発で分かるそうです。人の顔写真を撮影して、アップすれば、ネット上をコンピューターが探し回り、名前や所属まで知らせる技術も開発されています。そんな時代ですから、コピペをしたかどうか、コンピューターにかければ、いとも簡単に分かるようになりました。

　私が学生だったころでも、先達の文章をそっくり取ってきて自分の文章に貼り付ける手口は普通《ふつう》にありました。私自身、そうやって期末試験のレポートを切り抜けたことはあります。先生には、ばればれだったでしょう。「手書き」の時代だったので、コピペという言葉はありませんでしたが、「ハサミとノリで、切り貼《は》りして書く」という言い方はありました。格好の資料を見つけるや、必要な部分をハサミで切り取り、ノリでつなぎ合わせるという意味です。

　私が勤務した会社は、新聞社や放送局に、記事や写真をリアルタイムで送り届ける通信社です。私の記者修業の時代、ネットもワープロもありませんでしたが、「ハサミとノリ」に頼っていた時期がありました。記事を書くときに、過去の記事を真似ながら、原稿用紙《げんこうようし》を埋《う》めていくのです。

（中略）

　このように、私自身は学びや仕事の場で「コピペ」と決して無縁《むえん》だったわけではありません。おそらく、私以外の多くの人も同じようなものではないかと想像します。

　では、なぜ私たちは「コピペ」をするのでしょうか。

　学生のコピペによるレポートの中に、その答えがあります。

　彼らのコピペレポートで典型的なのは、ウィキペディアなど適当なウェブサイトに行って、課題の答えに合致《がっち》しそうなものを探し当ててコピーし、それをワープロ上で単語や文章を部分的に削除《さくじょ》しながら適当に表現を変え、要約する手口です。

　学生が提出するレポートを見て嫌《いや》になるケースは「デッドコピー」です。ワープロのコピー機能を使って、元の文章をそっくりそのまま貼り付けるので、ワープロのフォント（書体）が、コピーした箇所《かしょ》だけ違っていたり、文末表現が「です」「ます」と「だ」「である」で不揃《ふぞろ》いだったりするケースです。何の工夫も見られません。

　しかし、新人記者が先輩《せんぱい》の記事を真似るのと、学生がインターネットで文章を引っ張ってくることと、根っこのところでは、「その方が早い」「とりあえずは格好を取りつくろうことができる」という点で⑥大同小異かもしれません。

　つまり、コピペ行為《こうい》の根幹には、楽をして、その場を切り抜けようとする安易な姿勢があるのでしょう。今の学生をみていると、課題を

2023年度

東海大学付属浦安高等学校中等部

【国　語】〈Ａ試験〉（五〇分）〈満点：一〇〇点〉

一　次の文章を読み、後の問いに答えなさい。

「①コピペはいけない」と言われます。

ネット上には日々の暮らしや、勉強、研究にすぐ役立つ「宝のような情報」があふれています。だから、ネット上の情報や素材を得て、それを自分の作品（コンテンツ）に生かしたいと思ってしまいます。

[Ａ]、引用のルールなどを無視して、他人のものをそのまま貼り付けて公表すると「不正なコピペ」になります。著作権法に触《ふ》れることもあります。１００％そっくりコピーすることを「②デッドコピー」と呼びますが、デッドコピーでなくても、既存《きそん》のコンテンツを少し手直ししても「真似た」「違法コピーだ」などと指摘《してき》されるおそれがあります。だから「コピペはいけない」と言われるのですね。

一方で、「スマートフォンやネットを使いこなす」ことは「コピペしてしまう」ことになりかねません。誰《だれ》もがコピペする時代が来ました。私たちはどうすればよいのでしょうか。

研究者の世界では、コピペを正しく行わないと論文の盗用《とうよう》、剽窃《ひょうせつ》（他人の作品を自分のものとして公表すること）とされ、論文が取り消されます。存在を証明できなかった「ＳＴＡＰ細胞《さいぼう》」に関する大騒動《だいそうどう》が起きましたが、きっかけは、この研究者の不正と思われる「コピペ」論文でした。

コピーに関連した事件として、２０１５年に東京オリンピック・パラリンピックの「エンブレム類似問題」が起きました。日本の著名デザイナーが発表したデザインがベルギーで先行作品があると指摘されました。著作権や商標権など知的財産権に関する法律からみた場合、少なくとも違法性《いほうせい》はなかったようです。[Ｂ]「類似している」ことが原因で大きな騒《さわ》ぎになりました。

③この2つの事件は、事件の経緯《けいい》や問題のあり方などが違《ちが》っていますが、ニュースの発端《ほったん》で「真似たかどうか」「コピーしたかどうか」が、人の注目を集めた点が共通しています。事件の本質やその後の展開とは無関係に、「他と似ているかどうか」「それってコピーじゃないか」がまず問われたのですね。これらに端《たん》を発して世間でも「コピペ問題」が論じられることが増えました。

同時に、研究や教育の分野だけでなく、社会のいろんな場面で、「人のものを真似てはいけない」「似たものを公表してはいけない」という圧力が強くなっていると感じます。

私の友人のデザイナーは、「エンブレム事件以来、仕事がしにくくなった。何をやっても先行作品と似てしまう」と不安の様子です。デザインは人目に触れる宿命にあるので、萎縮《いしゅく》するのでしょうか。④クリエーティブな仕事をするデザイナーが縮む傾向《けいこう》になるのは、良い時勢ではありません。

私にとっても「コピペ」は頭の痛い問題です。⑤学生が提出するレポートには、残念ながら、コピペがつきまとうからです。

約２００人の学生が履修《りしゅう》する授業で次の課題を出したことがあります。「道路交通において『クルマは左側通行（右ハンドル）』の国と、その反対の国がある。どちらが合理的と思うか、述べよ」

集まったレポートには、そっくりの答えが10枚近くありました。ウェブサイトを探し回り、「あった！」とばかりに、それをコピーして書き写したのですね。堂々《どうどう》たるコピペです。

今、多くの大学が、コピペ答案を見破る「コピペ監視《かんし》」ソフトを導入しています。学生の提出物をこのソフトにかけると、ネット上で類

2023年度

東海大学付属浦安高等学校中等部 ▶解説と解答

算 数 ＜A試験＞（50分）＜満点：100点＞

解 答

1 (1) 673 (2) 72 (3) $1\frac{1}{4}$ (4) 4.2 (5) 15.7 (6) $\frac{3}{4}$ **2** (1) 40枚 (2) 12分30秒後 (3) 5.25% (4) 24486円 (5) 314cm^2 (6) 468cm^3 **3** (1) 15% (2) 2.6倍 **4** (1) 160cm (2) 150cm **5** (1) 78人 (2) 52人 **6** (1) 毎分 8 L (2) 毎分25L

解 説

1 四則計算，計算のくふう

(1) $715-546\div13=715-42=673$

(2) $24+12\times(6-2)=24+12\times4=24+48=72$

(3) $\frac{5}{6}+4\frac{1}{12}-3\frac{2}{3}=\frac{10}{12}+4\frac{1}{12}-3\frac{8}{12}=4\frac{11}{12}-3\frac{8}{12}=1\frac{3}{12}=1\frac{1}{4}$

(4) $8.84\div2.6+0.8=3.4+0.8=4.2$

(5) $17\times3.14-4\times9.42=17\times3.14-4\times3\times3.14=17\times3.14-12\times3.14=(17-12)\times3.14=5\times3.14=15.7$

(6) $0.8-\frac{6}{25}\times\left(\frac{1}{3}-0.125\right)=\frac{4}{5}-\frac{6}{25}\times\left(\frac{1}{3}-\frac{1}{8}\right)=\frac{4}{5}-\frac{6}{25}\times\left(\frac{8}{24}-\frac{3}{24}\right)=\frac{4}{5}-\frac{6}{25}\times\frac{5}{24}=\frac{4}{5}-\frac{1}{20}=\frac{16}{20}-\frac{1}{20}=\frac{15}{20}=\frac{3}{4}$

2 つるかめ算，旅人算，濃度《のうど》，売買損益，面積，体積

(1) 60枚とも84円切手だとすると，合計の金額は，84×60＝5040(円)となり，実際よりも，5040－4200＝840(円)多い。84円切手を63円切手に１枚かえるごとに合計の金額は，84－63＝21(円)ずつ減っていくので，買った63円切手の枚数は，840÷21＝40(枚)と求められる。

(2) Ｂさんが図書館を出発したとき，Ａさんは図書館から，60×５＝300(m)はなれたところにいる。この後，Ｂさんが分速100mで追いかけると，２人の間の道のりは１分あたり，100－60＝40(m)の割合で縮まるから，Ａさんに追いつくのはＢさんが出発してから，300÷40＝7.5(分後)とわかる。これはＡさんが出発してから，５＋7.5＝12.5(分後)，つまり，0.5分＝60×0.5＝30秒より，12分30秒後とわかる。なお，このときＡさんは図書館から，60×12.5＝750(m)のところにいるので，まだ駅にはついていない。

(3) 混ぜてできる食塩水の重さは，150＋450＝600(g)である。また，(食塩の重さ)＝(食塩水の重さ)×(濃度)より，３％の食塩水150gには食塩が，150×0.03＝4.5(g)ふくまれ，６％の食塩水450gには食塩が，450×0.06＝27(g)ふくまれる。よって，混ぜてできる食塩水600gには食塩が，4.5＋27＝31.5(g)ふくまれる。したがって，その濃度は，31.5÷600＝0.0525，0.0525×100＝5.25(%)と求められる。

(4) ３円値下げすると，商品１個の値段は，80－３＝77(円)になる。また，１円値下げすると売り上げ個数は６個増えるから，３円値下げすると売り上げ個数は，６×３＝18(個)増えて，300＋18＝318(個)となる。よって，売り上げ金額は，77×318＝24486(円)と求められる。

(5)　下の図１のように，斜線《しゃせん》の部分の一部を移動して考えると，斜線の部分の面積の和は太線で囲んだ部分の面積に等しいことがわかる。太線で囲んだ部分は，半径20cmの円の$\frac{1}{4}$だから，面積は，20×20×3.14×$\frac{1}{4}$＝100×3.14＝314(cm^2)となる。

(6)　下の図２で，切り抜《ぬ》く前の大きい直方体の体積は，12×15×４＝720(cm^3)である。また，切り抜いた小さい直方体の横の長さは，15－４×２＝７(cm)なので，体積は，９×７×４＝252(cm^3)となる。よって，図２の立体の体積は，720－252＝468(cm^3)と求められる。

図１

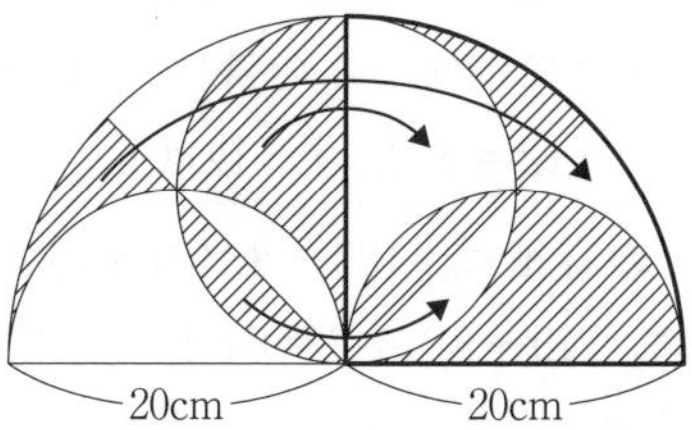

図２

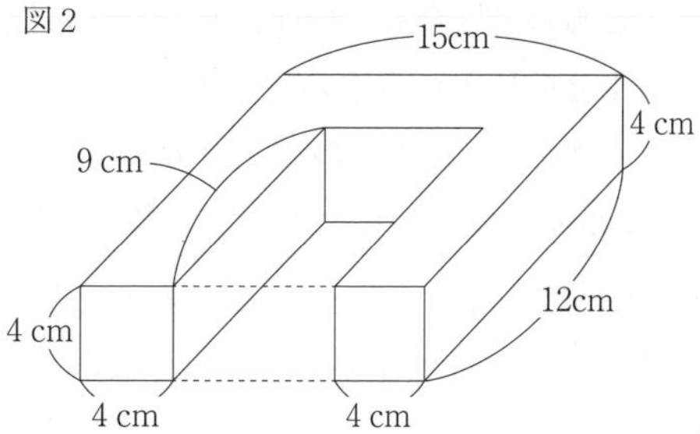

3 グラフ―割合

(1)　問題文中のグラフで，20代の部分は左はしが18の目もり，右はしが33の目もりになっているから，33－18＝15より，20代の人口は全体の15％とわかる。

(2)　20代，30代，40代，50代の人口を合わせた割合は，50代の右はしの目もりの数から20代の左はしの目もりの数をひくと，全体の，77－18＝59(％)とわかる。同様に，60代，70代，80歳《さい》～の人口を合わせた割合は全体の，100－77＝23(％)である。よって，59÷23＝2.56…より，およそ2.6倍となる。

4 平均とのべ

(1)　(合計)＝(平均)×(人数)より，５人の身長の合計は，156×５＝780(cm)，Ａさん，Ｂさんの２人の身長の合計は，150×２＝300(cm)である。よって，Ｃさん，Ｄさん，Ｅさんの３人の身長の合計は，780－300＝480(cm)だから，この３人の身長の平均は，480÷３＝160(cm)となる。

(2)　Ｆさんも加えた６人の身長の合計は，155×６＝930(cm)となる。このうち，Ｆさん以外の５人の身長の合計は780cmだから，Ｆさんの身長は，930－780＝150(cm)とわかる。

5 集まり

(1)　右の図のように表して考える。電車のみを利用している人(図のア)の人数は，134－(４＋82)＝48(人)だから，電車とバスの両方を利用しているのは，126－48＝78(人)とわかる。

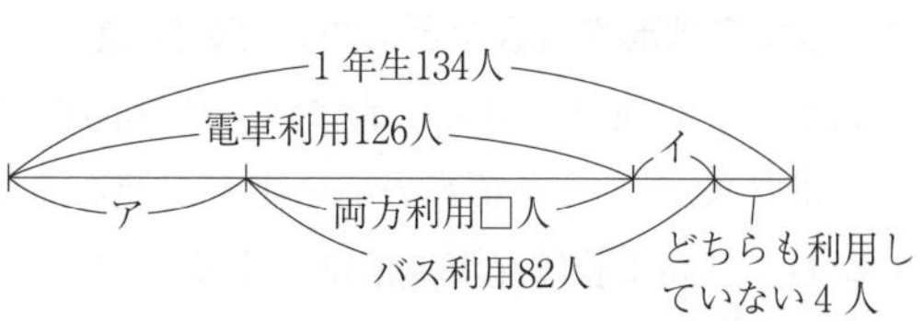

(2)　バスのみを利用している人(図のイ)の人数は，82－78＝４(人)だから，バスか電車のどちらか一方を利用している生徒の人数は，48＋４＝52(人)とわかる。

6 ニュートン算

(1)　水そうから毎分①の水が抜けているとする。毎分20Lずつ水を入れたとき，11分で入れた水の量は，20×11＝220(L)，水そうから抜けた水の量は，①×11＝⑪であり，これらの差が，印のと

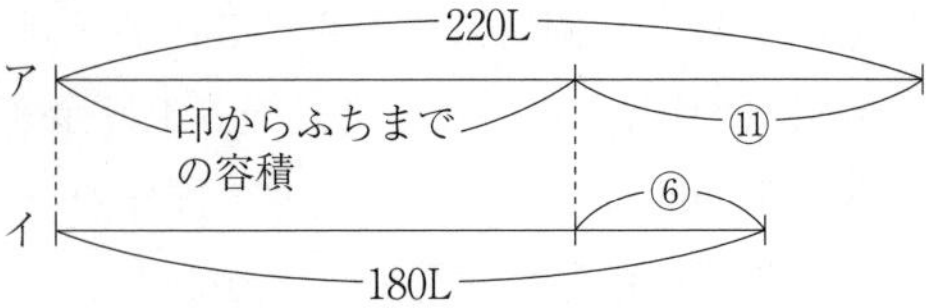

ころから容器のふちまでの容積にあたるので，右の図のアのように表せる。同様に，毎分30Lずつ水を入れたとき，６分で入れた水の量は，30×６＝180(L)，水そうから抜けた水の量は，①×６＝⑥だから，図のイのように表せる。よって，⑪－⑥＝⑤が，220－180＝40(L)にあたるから，①＝40÷５＝８(L)より，水そうからは水が毎分８Lずつ抜けていることになる。

〔ほかの解き方〕 毎分20Lで入れると11分で，毎分30Lで入れると６分で，印のところから容器のふちまで水が溜《た》まるから，２つの場合で１分間に溜まる水の量の比は，$\frac{1}{11}:\frac{1}{6}=6:11$とわかる。どちらの場合も１分間に水そうから抜ける水の量は同じだから，１分間に溜まる水の量の差は，１分間に入れる水の量の差と等しく，30－20＝10(L)となる。よって，比の，11－６＝５にあたる水の量が10Lなので，毎分20Lで入れたときに１分間で溜まる水の量は，10÷５×６＝12(L)と求められる。したがって，水そうから水は毎分，20－12＝８(L)ずつ抜けている。

⑵　右上の図のイより，印のところから容器のふちまでの容積は，180－８×６＝180－48＝132(L)である。また，毎分40Lずつ水を入れると，２分間では，(40－８)×２＝64(L)水が溜まる。水そうがいっぱいになるには，あと，132－64＝68(L)水を入れればよいので，４分で水がいっぱいになるには，毎分，68÷４＝17(L)ずつ水が溜まればよい。したがって，毎分，17＋８＝25(L)ずつ水を入れればよいことがわかる。

社　会　＜Ａ試験＞（理科と合わせて60分）＜満点：50点＞

解　答

1 **問１**　エ　**問２**　ア　**問３**　ア　**問４**　**１**　阿蘇　**２**　カルデラ　**３**　シラス　**問５**　エ　**問６**　**あ**　Ｅ　**い**　Ｂ　**う**　Ｄ　**え**　Ｃ　**問７**　　**問８**　ハザードマップ　**2** **問１**　ウ　**問２**　ウ　**問３**　承久(の乱)　**問４**　オ　**問５**　エ　**問６**　ア　**問７**　エ　**問８**　出島　**問９**　ウ　**問10**　エ　**問11**　ア　**3** **問１**　健康　**問２**　**Ｂ**　ア　**Ｃ**　エ　**Ｄ**　ウ　**Ｅ**　イ　**問３**　⑴　エ　⑵　イ　**問４**　ウ　**問５**　⑴　所得(税)　⑵　法人(税)　⑶　消費(税)

解　説

1 **日本の地形や気候などについての問題**

問１　中部地方の中央高地には，飛騨《ひだ》山脈(北アルプス)・木曽山脈(中央アルプス)・赤石山脈(南アルプス)という，標高の高い山々が連なる山脈が並んでおり，合わせて日本アルプスとよばれる。なお，日高山脈は北海道南部にある。

問２　石狩《いしかり》川は北海道西部を流れる川で，上川盆地や石狩平野を流れて日本海に注ぐ。十勝《とかち》平野は北海道南東部に広がる平野で，十勝川などが流れている。

問３　三陸海岸は東北地方の太平洋側にのびる海岸で，南部では典型的なリアス海岸が見られる。リアス海岸は，山だったところが海に沈《しず》みこみ，谷だったところに海水が入りこんでできた海岸地形であるため，複雑に入り組んだ形をしている。

問４　**１，２**　阿蘇《あそ》山は熊本県北東部にそびえる活火山で，広大なカルデラが広がっていることで知られる。カルデラは，火山の噴火のさいに火口付近が落ちこんでできた窪地《くぼち》のことで，阿蘇山のカルデラは世界最大級の大きさをほこる。　**３**　九州南部には，火山灰などの火山噴出物(シラス)が積もってできた，シラス台地とよばれる地層が広がっている。シラスは水持ちが悪いため稲作には適さず，畑作と畜産を中心とした農業が行われている。

問５　火山の近くの地下から得られる熱水や水蒸気《すいじょうき》を使ってタービンを回し，発電する方法を，地熱発電という。日本では，東北地方や九州地方の火山地帯の周囲に，地熱発電所がいくつも立地している。地熱発電は，石油や石炭などの化石燃料を燃やす火力発電とちがい，発電時に二酸化炭素を排出《はいしゅつ》しない。

問６　**あ**　Ｅは，香川県北部に広がる讃岐《さぬき》平野をさしている。香川県をふくむ瀬戸内海沿岸地域は，１年を通じて雨が少ない瀬戸内の気候に属しているため，昔から水不足による干ばつの被害になやまされてきた。　**い**　Ｂは，東北地方の太平洋側の地域をさしている。この地域では，梅雨どきから真夏にかけて，やませという北東の風が吹《ふ》くことがある。やませは寒流の親潮(千島海流)の上を吹き渡ってくるため冷たくしめっており，気温の低下や日照不足を引き起こすため，農作物の生育がさまたげられて冷害の原因となる。　**う**　Ｄは，岐阜・愛知・三重の３県にまたがって広がる濃尾《のうび》平野の南西部をさしている。この地域には，木曽川・長良《ながら》川・揖斐《いび》川という木曽三川《さんせん》が集中して流れているため，昔から洪水の被害になやまされてきた。そこで，集落を洪水から守るため，周囲を堤防《ていぼう》で囲む輪中という集落が発達した。　**え**　Ｃは，新潟県と富山県の日本海沿岸地域をさしている。この地域は，北西の季節風の影響《えいきょう》で冬の降水量が多い日本海側の地域に属しているため，場所によっては非常に多くの雪が降り，人々の生活に大きな影響をおよぼす。

問７　自然災害伝承碑《ひ》は，過去の自然災害の記録などを記した石碑やモニュメントで，過去の自然災害の教訓を未来に伝え，防災にいかすため，2019年に国土地理院によって定められた。自然災害伝承碑は，記念碑(　)の地図記号に，碑文を表す縦線を加えた(　)で示される。

問８　火山の噴火や津波といった自然災害ごとに，予想される被害の範囲《はんい》や避難《ひなん》場所，避難経路などを示した地図を，ハザードマップという。地方自治体などが作成・発行し，防災や減災に役立てられている。

２　各時代の歴史的なことがらについての問題

問１　中臣鎌足《なかとみのかまたり》は飛鳥時代の豪族で，645年，中大兄《なかのおおえの》皇子(のちの天智《てんじ》天皇)とともに蘇我蝦夷《そがのえみし》・入鹿《いるか》父子をたおすと，大化の改新とよばれる政治改革を進めた。中臣鎌足は，その功績によって亡くなる直前に天智天皇から「藤原」の姓をたまわり，藤原氏の祖となった。なお，アは元明天皇，イは舒明《じょめい》天皇，エは聖武天皇のときのできごと。

問２　平安時代に藤原氏が行った摂関《せっかん》政治は，11世紀前半，藤原道長・頼通《よりみち》父子のときに全盛期をむかえた。1052年，頼通は父の道長から京都宇治の別荘をゆずり受けると，これを平等院という寺に改め，翌1053年にはここに阿弥陀《あみだ》仏をまつる阿弥陀堂として鳳凰《ほうおう》堂を築いた。なお，中尊寺金色堂(岩手県)は奥州藤原氏の初代清衡《きよひら》が建てた。正倉院(奈良県)は東大寺の宝物庫で，聖武天皇ゆかりの品々などがおさめられた。唐招提《とうしょうだい》寺(奈良県)は，奈良時代に唐(中国)から来日した高僧の鑑《がん》真《じん》が建てた。

問３　鎌倉幕府の第３代将軍源実朝《さねとも》が暗殺されて源氏の将軍がとだえると，政権を朝廷の手に取りもどそうと考えた後鳥羽《ごとば》上皇は，全国の武士に鎌倉幕府打倒をよびかけて承久《じょうきゅう》の乱を起こした。しかし，上皇の軍は幕府の軍にわずか1か月ほどでやぶれ，上皇は隠岐《おき》に流された。

問4　島根県の北部にうかぶ隠岐(諸島)は，古くから配流《はいる》地(島流しの刑で流される場所)とされており，後鳥羽上皇や後醍醐《ごだいご》天皇がここに流された。なお，アは佐渡《さど》島(新潟県)，イは八丈《はちじょう》島(東京都)，ウは種子《たねが》島(鹿児島県)，エは対馬《つしま》(長崎県)。

問5　1232年，鎌倉幕府の第3代執権《しっけん》北条泰時《やすとき》は，源頼朝以来の先例や武家社会の習慣などをもとにして御成敗《ごせいばい》式目(貞永《じょうえい》式目)を定めた。御成敗式目は，当時増えていた，土地(荘園)をめぐる裁判についての基準を示した最初の武家法で，その後の武家法の手本ともなった。なお，アは1588年に豊臣秀吉が出した刀狩令，ウは1577年に織田信長が出した楽市令の一部。イのような定めは「喧《けん》嘩《か》両成敗」とよばれ，戦国時代にそれぞれの戦国大名が定めた分国法などに見られる。

問6　1637年，島原・天草地方(長崎県・熊本県)の農民らは，領主の厳しい年貢の取り立てやキリシタン(キリスト教信者)への迫害《はくがい》にたえかね，天草(益田)四郎時貞《ときさだ》を首領として反乱を起こした。これが島原・天草一揆《いっき》(島原の乱)で，一揆軍は原城跡に立てこもって抵抗《ていこう》を続けたが，幕府は大軍を投入して翌38年にようやくこれをしずめた。なお，大塩平八郎の乱は1837年に大坂(大阪)で，加賀の一向一揆は1488年に加賀(石川県)で，シャクシャインの乱は1669年に蝦夷《えぞ》地(北海道)で起こったできごとで，加賀の一向一揆は1580年まで続いた。

問7　明(中国)との間で，勘合《かんごう》という合い札を用いた貿易が行われたのは室町時代のことで，室町幕府の第3代将軍をつとめた足利義満が1404年に始めた。

問8　出島は長崎港内に建設された人工島で，最初はポルトガル人を収容するためにつくられたが，1639年にポルトガル船の来航が禁止されると，1641年には平戸にあったオランダ商館がここに移され，以後，オランダとの貿易の窓口となった。

問9　第一次世界大戦(1914～18年)は連合国の勝利で終わり，連合国と敗戦国のドイツの講和条約として1919年にベルサイユ条約が結ばれた。ドイツは植民地をすべて失い，多額の賠償《ばいしょう》金を課された。ワシントン条約という名の条約はいくつかあるが，第一次世界大戦後には国際的な軍縮の流れのなかで，1922年にワシントン海軍軍縮条約が結ばれた。

問10　1932年5月15日に海軍の青年将校らが起こした五・一五事件では，犬養毅《いぬかいつよし》首相が暗殺された。これによって戦前の政党政治は終わり，軍人などが内閣総理大臣をつとめるようになった。

問11　ア　2つの資料を正しく読み取っている。　イ　1902年の総選挙での有権者の割合は，全人口の2.2%であった。　ウ　1920年の総選挙は，納税額による制限がある制限選挙であった。なお，25歳以上の男子に選挙権を与える普通選挙法は，1925年に出された。　エ　1946年の総選挙では女性にも選挙権が与えられたが，有権者の割合は全人口の48.7%で，半分を超《こ》えていない。

3　日本国憲法と社会保障，税についての問題

問1　日本国憲法は第25条で，「健康で文化的な最低限度の生活を営む権利」として，国民の生存権を保障している。これにもとづき，さまざまな社会保障制度が整備されている。

問2　**B～E**　社会保障制度は，公的扶助《ふじょ》(生活保護)，社会保険，社会福祉，公衆衛生の4つの柱からなる。このうち，国民から保険料を集め，老齢や失業，要介護《かいご》状態などのときに国が保険料を支払うというしくみは，社会保険にあたる。また，生活に困っている人に対しておもに経済的な支援を行うのが公的扶助，児童や高齢者，障がい者など，社会的に弱い立場にいる人を支援するのが社会福祉，伝染病の予防や上下水道の整備などを通じて，国民の健康な暮らしを支えるのが公衆衛生である。

問3 ⑴ ア 2040年には，出生数はそれまで以上に減少すると予測されている。 イ 1989年の合計特殊《とくしゅ》出生率は1.57で，1.4を上回っている。 ウ 1950年以降，出生数が300万人を超えた年はない。 エ 1950年に3.5ほどあった合計特殊出生率は，2019年は1.36と半分以下に低下しているので，正しい。 ⑵ ア 日本では，以前に比べると女性の社会進出が進んでいる。これに合わせるようにして，少子化も進むようになった。 イ，ウ 医療《いりょう》の進歩や食生活の質の向上などによって平均寿命《じゅみょう》がのびたことも，高齢化の原因といえる。 エ 医療の進歩により，子どもの死亡率は以前より下がっている。

問4 社会保障に使われる国の予算(歳出)は社会保障関係費とよばれ，生活保護費や年金，医療費はこれにふくまれるが，防衛費はこれらとは別の費用である。

問5 ⑴ 個人の収入(所得)にかかる税金を，所得税という。所得税には，所得が多ければ多いほど税率が高くなる，累進《るいしん》課税というしくみが採用されている。 ⑵ 株式会社などの法人がかせいだ利益にかかる税金を，法人税という。 ⑶ 原則としてすべての商品やサービスにかかる税を，消費税という。2023年1月時点の消費税の税率は10％だが，外食を除く食品など，生活必需品《ひつじゅひん》の一部は，税率を8％とする軽減税率のしくみが採用されている。

理 科 ＜A試験＞（社会と合わせて60分）＜満点：50点＞

解 答

1 **問1** 気こう **問2** ① 二酸化炭素 ② 酸素 **問3** エ **問4** イ→ア→ウ **問5** 青むらさき色 **問6** ア，イ，ウ
2 **問1** イ **問2** エ **問3** ① 地面 ② 空気 **問4** ア **問5** イ，エ **問6** ア
3 **問1** A，B，C **問2** ⑤ **問3** E **問4** ウ **問5** ① **問6** (例) スポーツ飲料水中の水が蒸発したから。
4 **問1** **A** 10cm **B** 15cm **問2** 比例 **問3** **A** 8cm **B** 4cm **問4** 100g **問5** ウ **問6** 20g
5 ウ

解 説

1 植物についての問題

問1 植物が体内の水分を水蒸気として体外へ放出するはたらきを蒸散という。蒸散はふつう葉の裏側に多く見られる気こうで行われる。

問2 光合成では，主に葉にある葉緑体で，光のエネルギーを使い，水と二酸化炭素から酸素とデンプンが作られる。

問3 ホウセンカは双子《そうし》葉類で，双子葉類のくきの断面は道管と師管が集まった維管束《いかんそく》が輪状に並んでいる。道管は維管束のくきの中心側にあるので，維管束のくきの中心側が赤く染まる。

問4 葉のデンプンの有無を調べるときは，ヨウ素液の反応を見やすくするため，葉を湯にひたしてやわらかくしてから，あたためたアルコールなどに入れて緑色をぬき，葉を水で洗い流したあとでヨウ素液にひたすとよい。

問５　ヨウ素液は茶色っぽい色をしているが，デンプンと反応すると青むらさき色に変化する。問３で使ったホウセンカは光合成を行い，葉にデンプンができているので，葉は青むらさき色に変化すると考えられる。

問６　サツマイモ，ニンジン，ダイコンは根に養分をたくわえる。一方，ジャガイモは地下のくきに養分をたくわえている。

2 天気についての問題

問１　一日の最高気温が35℃以上の日を猛暑《もうしょ》日という。なお，最高気温が30℃以上の日は真夏日，25℃以上の日は夏日とよばれる。

問２　図１の気温のグラフから，この日の伊勢崎市は晴れていたと考えられる。ふつう晴れの日には，一日の中で13時ごろに地面の温度が最も高くなり，14時ごろに気温が最も高くなる。なお，太陽高度は12時ごろに最も高くなる。

問３　地面の温度が一日の中で最も高くなるのに少しおくれて気温が高くなるのは，太陽光の放射熱でまず地面があたためられ，その後地面の熱が空気に伝わり，空気があたためられるためである。

問４　空気中にふくむことができる水蒸気の量は温度が下がると小さくなる。そのため，あたたかい廊下《ろうか》側の空気が，冷たい実験室の窓にふれて冷やされ，廊下側の窓の表面に水てきがついたと考えられる。

問５　問４で起こったのは，空気中の水蒸気が水に変化する現象なので，これと同じ理由で起こる現象はイとエである。なお，霜《しも》は，空気中の水蒸気が葉などの表面で冷やされて直接氷のつぶになってつく現象，雷《かみなり》は，雲の中で発生した電気が地面や雲の中などに流れる現象，虹《にじ》は，空気中の小さな水のつぶに太陽の光などが屈折や反射をすることで見える現象である。

問６　問４で述べたように，空気中にふくむことができる水蒸気の量は温度によって変化し，気温が高くなるとその量は大きくなる。そのため，空気中の水蒸気の量が変化しない場合，気温が高くなると湿度《しつど》は下がり，気温が低くなると湿度は高くなる。

3 水よう液についての問題

問１　Ａは固体の食塩（塩化ナトリウム），Ｂは固体の砂糖，Ｃは固体の消石灰（水酸化カルシウム），Ｄは気体の塩化水素，Ｅは気体のアンモニア，Ｆは液体の酢酸などが水にとけてできた水よう液である。水を蒸発させたときに固体が残るのは，もともと固体がとけていた液体と考えられるので，ここではＡ，Ｂ，Ｃが選べる。

問２　赤色リトマス紙は，アルカリ性の水よう液をつけると色が青色に変化するが，中性や酸性の水よう液をつけても色が変化しない。石灰水とアンモニア水はアルカリ性，食塩水と砂糖水は中性，塩酸と酢は酸性の水よう液だから，⑤のような色の変化になる。

問３　ムラサキキャベツ液は，アルカリ性の水よう液に加えると色が緑色や黄色に変化し，酸性の水よう液に加えると色が赤むらさき色や赤色に変化する。よって，問１，問２より，アルカリ性の水よう液で気体がとけているのは，Ｅのアンモニア水である。

問４　図１は，食塩の結晶《けっしょう》である。

問５　クエン酸は水にとけると酸性を示すから，このスポーツ飲料水は酸性の液体だと考えられる。よって，赤色リトマス紙につけても色の変化はないが，青色リトマス紙につけると赤色に変化する。

問６　スポーツ飲料水の重さは，$72.3-69.1=3.2$(g)減少している。これはスポーツ飲料水の中にふくまれる水が蒸発をしたためだと考えられる。

4 ばねや浮《ふ》力についての問題

問1　表1で，おもりの重さが0gのときのばねの長さが，おもりをつるしていないときのばねの長さとなる。よって，Aは10cm，Bは15cmとわかる。

問2　ばねAにつるすおもりの重さを10gから，2倍の20gにすると，ばねAののびは，12−10＝2(cm)から，14−10＝4(cm)になり，2倍になっている。同様におもりの重さを3倍，4倍，…にすると，のびも3倍，4倍，…となる。これはばねBにもいえるので，ばねののびとおもりの重さには比例(正比例)の関係があるとわかる。

問3　図1のようにおもりをつるすと，ばねAとばねBのいずれにも40gの重さがかかる。表1より，ばねにつるすおもりの重さが40gのときのばねの長さは，ばねAが18cm，ばねBは19cmだから，それぞれのばねののびは，ばねAが，18−10＝8(cm)，ばねBは，19−15＝4(cm)と求められる。

問4　図2を見ると，おもりは棒の中央につるされているから，ばねAとばねBには等しい大きさの重さがかかる。よって，表1より，それぞれのばねに50gの重さがかかったときに長さが20cmで等しくなるとわかるから，おもりの重さは，50＋50＝100(g)になる。

問5　物体を水などの液体に入れたときに，その物体が受ける上向きの力を浮力という。このとき，物体が受ける浮力の大きさは，物体が水中に入ることによりおしのけた液体の重さと等しくなる。

問6　おもりが受けた浮力の大きさの分だけ，ばねにかかる重さが小さくなるので，ばねののびは小さくなる。表1より，ばねAの長さが18cmになるのは，ばねにかかる重さが40gのときとわかるから，おもりが受けた浮力の大きさは，60−40＝20(g)と求められる。

5 宇宙探査機についての問題

「はやぶさ2」は，JAXA(宇宙航空研究開発機構)が打ち上げた宇宙探査機で，2020年12月に小惑星《わくせい》リュウグウの表面の砂などを持ち帰ることに成功した。この試料からは，液体の水や生命に必要なたんぱく質を構成するアミノ酸が20種類以上発見されていて，生命の起源を解明するうえで重要な手がかりになることが期待されている。なお，「はやぶさ」もJAXAが打ち上げた宇宙探査機だが，はやぶさが小惑星イトカワから持ち帰った試料からはアミノ酸などは見つかっていない。

国語 ＜A試験＞(50分)＜満点：100点＞

解答

一 **問1**　楽をして，その場を切り抜けようとする安易な姿勢(があるから。)　**問2**　ウ　**問3**　イ　**問4**　STAP細胞問題／エンブレム類似問題　**問5**　エ　**問6**　「コピペ監視」ソフトを導入／「コピペ監視ソフトを使う」と宣言する　**問7**　**読み方**…だいどうしょうい　**意味**…ア　**問8**　ウ　**問9**　ア　二 **問1**　授業をさぼって映画をみに行った(から。)　**問2**　ウ　**問3**　エ　**問4**　五　**問5**　ウ　**問6**　イ　**問7**　僕はぶっき　**問8**　エ　三 **問1**　①　羽　②　丁　③　頭　④　台　**問2**　①　無　②　不　③　未　④　非　**問3**　①　現　②　部　**問4**　①，②　下記を参照のこと。　③　いっこう　④　がし　**問5**　①　**ア**　一　**イ**　千(三)　②　**ウ**　五　**エ**

百　③ オ 七　カ 八　④ キ 三　ク 四

●漢字の書き取り

三 問4 ① 賞味　② 成績

解説

一 **出典は宮武久佳《みやたけひさよし》の『正しいコピペのすすめ─模倣《もほう》，創造，著作権と私たち』による。**「コピペ問題」が論じられるようになった経緯《けいい》やコピペにたよってしまう理由，コピペ問題の現状や問題点などが述べられている。

問1　最後から三つ目の段落に，コピペ行為《こうい》の根幹には，「楽をして，その場を切り抜《ぬ》けようとする安易な姿勢がある」と，人がコピペをしてしまうおおもとの原因が説明されている。

問2　Ａ　前には，ネット上には役立つ情報や素材があふれ，それを「自分の作品(コンテンツ)に生かしたい」と思ってしまうとある。後には，「他人のものをそのまま貼《は》り付けて公表すると『不正なコピペ』に」なると続く。よって，意外な内容が後に続くときに使う「ところが」か「しかし」がよい。　Ｂ　東京オリンピック・パラリンピックの「エンブレム類似《るいじ》問題」では，法律上での「違法性《いほうせい》はなかった」と前にある。後には，デザインが「類似している」ために大騒《おおさわ》ぎになったと続く。よって，前の内容とは合わないことが後に続くときに使う「けれども」か「しかし」が入る。　Ｃ　ネット上で類似コンテンツを探すのは難しくないと前にある。後では，南国旅行で見かけた「極彩色《ごくさいしき》のヤモリ」や「人の顔写真」を例にあげて，属性を知るのは簡単だとしているので，例をあげるときに使う「たとえば」，あるいは，「極彩色のヤモリを見かけた」としたらと仮定する意味になる「仮に」が合う。

問3　最後から五つ目の段落に，デッドコピーをするとその箇所《かしょ》だけ書体が違《ちが》うといったことが起こると書かれているので，イが選べる。ぼう線部⑤をふくむ段落に続く二段落にはアに近い内容が書かれているが，これは履修《りしゅう》する学生が約200人の場合であり，常にアのようになるとは限らない。また，この二段落の内容は，「コピペ」についていえることであって，「デッドコピー」に限られたことではない。

問4　「この２つの事件」とは，直前の二段落で取り上げられた，「コピペ問題」が世間で論じられることが増えるきっかけとなった事件を指す。それは「『STAP細胞《さいぼう》』に関する大騒動《だいそうどう》」と「エンブレム類似問題」である。前者については，指定字数に合わせて，本文中ほどから「STAP細胞問題」をぬき出せばよい。

問5　同じ段落にあるように，先行作品と似ているとみなされることを過度に恐《おそ》れ，自分の作品に自ら規制をかけてしまうことを言っているので，エがよい。「エンブレム類似問題」では，先行作品に似ていると指摘《してき》されても著作権上で違法性はないとされたのだから，ウの「必ず」は合わない。

問6　この後に，大学が行っているコピペ対策について述べられている。多くの大学が「『コピペ監視』ソフトを導入」しているほか，「課題を出すときに学生に『コピペ監視ソフトを使う』と宣言する」教員もいると書かれている。

問7　「大同小異」は，ほとんど同じで大きな違いはないこと。

問8　「ようだ」は比喩《ひゆ》を表す助動詞で，このように「ようだ」「みたい」「ごとし」といったたとえを表す言葉を使った比喩を「直喩《ちょくゆ》」という。

問9　空らんCの直前の段落に，「STAP細胞問題」は「アマチュアユーザーがネット上で『似ているコンテンツ』を指摘したことが発端《ほったん》」だったとあるので，イは正しい。また，最後から二つ目の段落には，「今の学生にとってネットは最も身近な情報環境《かんきょう》であり，ネット上にすべての答えがあると思っている人が多い」と書かれているので，ウも合う。さらに，最後から三つ目の段落で筆者は，「コピペ行為の根幹には，楽をして，その場を切り抜けようとする安易な姿勢がある」のだろうと述べている。「ハサミとノリで切り貼りして書く」行為は，今でいう「コピペ」にあたるので，エもよい。

二　**出典は江國香織《えくにかおり》の『草之丞《くさのじょう》の話』による。**ある日「僕《ぼく》」は，母と庭で話していた草之丞という名のさむらいの幽霊《ゆうれい》が自分の父親だと知る。それ以来，「僕」は草之丞と奇妙《きみょう》な交流をするようになる。

問1　直前にあるとおり，「僕」は学校をぬけだしてきていて，学校をさぼっているのがおふくろにわかってしまうので声をかけられなかったのである。少し前には，「授業をさぼって映画をみに行った」と書かれている。

問2　「おもむろに」は，“ゆっくりと落ち着いて”という意味。

問3　ぼう線部③は，心臓がじょうぶでなかったら衝撃《しょうげき》のあまり卒倒《そっとう》しかねなかったということである。おふくろの女手一つで自分は育てられたと「僕」は思っていたが，ある日とつぜん，父親だという人物を紹介《しょうかい》されたのだから，非常に驚《おどろ》いたと考えられる。

問4　「僕」のおふくろが八百屋の前であじの干物《ひもの》を地面に置き，墓参《はかまい》りでもするように手を合わせていたのは「五月」のことだったと本文の最初の部分にある。

問5　「いそいそと」は，うれしい気持ちで何かをするようすなので，ウが合う。

問6　八百屋の前であじの干物を地面に置き，墓参りでもするようにおふくろが手を合わせていたのは草之丞の供養《くよう》だったと知り，「僕」は驚きのあまり言葉をなくしたと考えられる。「絶句」は，言葉が出ないこと。

問7　とつぜん，自分の父親がさむらいの幽霊だったと知らされた「僕」は，父親との対面に緊《きん》張《ちょう》している。さらに「いつも見ていた」と言われたことで，緊張感と気味の悪さが入り混じり，その場にいられなかったのだから，「僕はぶっきらぼうにおじぎをして，さっさと部屋にひきあげた」という一文がぬき出せる。

問8　初めて草之丞に会い，自分は幽霊の息子《むすこ》だと知ったとき，「僕」は「へんな感じ」を覚えたが，一緒《いっしょ》に散歩や食事をするなど，家族として交流するようになる。混浴することになった日も最初は思わず「あとずさり」しているが，父子らしい対話も交《か》わしているので，エがふさわしい。

三　**助数詞の知識，打ち消しを表す接頭語，対義語の知識，漢字の書き取りと読み，四字熟語の完成**

問1　①　鳥は“一羽，二羽…”と数える。　②　豆腐《とうふ》は“一丁，二丁…”と数える。　③　馬は“一頭，二頭…”と数える。　④　車は“一台，二台…”と数える。

問2　打ち消しを表す接頭語は，熟語によって何がつくかが決まっている。　①　無がつく熟語には，「理解」，「分別」，「表情」などがある。　②　不がつく熟語には，「可能」，「平等」，「健康」などがある。　③　未がつく熟語には，「発達」，「成年」，「開発」などがある。　④　非がつく熟語には，「常識」，「現実」，「公式」などがある。

問3　①　考えうる最高の状態をいう「理想」の対義語は，目の前にある確かな状態をいう「現実」である。　②　すべてという意味の「全体」の対義語は，一部をいう「部分」になる。

問4　①　おいしさを味わって食べること。　②　勉強や仕事などのできぐあい。　③　行動をいっしょにする人々。　④　魚市場のある河岸。魚市場のこと。

問5　①　**ア，イ**　「一日千秋」は，待ち遠しいようす。なお，「一日三秋」ともいう。　②　**ウ，エ**　「五十歩百歩」は，少しの違いはあるが，本質的には変わらないということ。　③　**オ，カ**　「七転八倒《ばっとう》」は，転げまわって苦しむこと。　④　**キ，ク**　「三寒四温」は，三日寒い日が続くと次の四日は暖かいという，春に向かうころの冬の気候のこと。

2023
年度

東海大学付属浦安高等学校中等部

【算　数】〈B試験〉(50分)〈満点：100点〉

1　次の各問いに答えなさい。

(1)　$16+2\div6\times3$ を計算しなさい。

(2)　$\dfrac{4}{9}\times\dfrac{11}{12}\div1\dfrac{5}{6}$ を計算しなさい。

(3)　$\left(3\dfrac{1}{3}-2\dfrac{3}{4}\right)\div\dfrac{5}{24}$ を計算しなさい。

(4)　$8\div10-0.45$ を計算しなさい。

(5)　$3.14\times98-48\times3.14$ を計算しなさい。

(6)　$\left(2.4-\dfrac{3}{5}\right)\div\left(0.24+\dfrac{2}{3}\times0.9\right)$ を計算しなさい。

2 次の各問いに答えなさい。

(1) 時速 72 km で走る列車が長さ 150 m のトンネルを通過するのに 11 秒かかりました。この列車の長さは何 m ですか。

(2) A君１人では 14 日，B君１人では６日かかる仕事があります。この仕事を２人で一緒にすると何日目に終わりますか。

(3) １％の食塩水 350 g と９％の食塩水 450 g を混ぜると，何％の食塩水ができますか。

(4) ある動物園では，開園直前には 240 人が並んでいました。開園後は，１分間に６人ずつ列に並び，12 人が入場することができます。開園して何分後にこの行列が無くなりますか。

(5) 2023 年４月７日は金曜日でした。2026 年３月 12 日は何曜日ですか。

(6) 右下の図は，８つの合同な直角三角形を図のように並べたものです。
このとき，斜《しゃ》線部分の面積は何 cm^2 ですか。

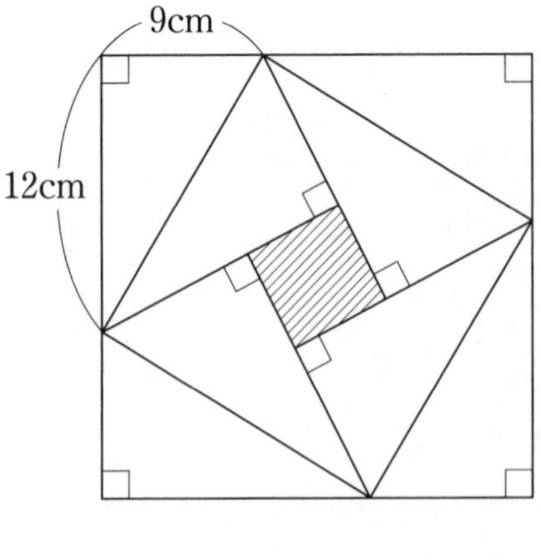

3 下の円グラフと帯グラフは，A校とB校の小学校でそれぞれ1番好きな科目を児童1人につき1科目ずつとったアンケートをまとめたものです。

全校児童はA校が400人，B校は450人とします。このとき，次の問いに答えなさい。

(A校　400人)

(B校　450人)

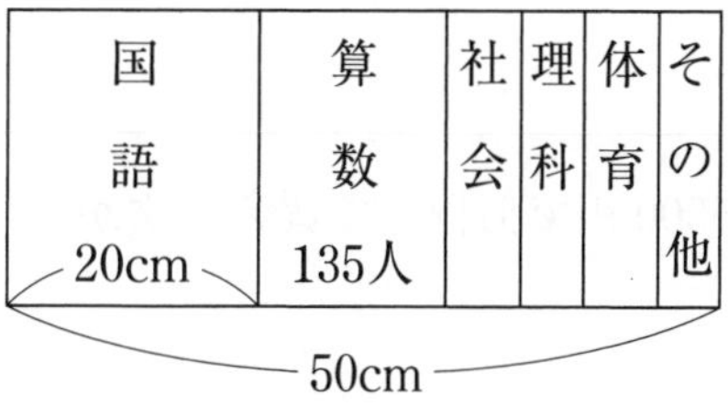

(1) A校では，理科が好きな人は何人ですか。

(2) B校では，算数が好きな人は帯グラフの何cmの幅で表されますか。

(3) A校とB校の国語が好きな人数はどのような比で表されますか。ただし，もっとも簡単な比で表しなさい。

4　1個160円の商品を個数で割引にしてくれるお店があります。その割引を表にまとめました。このとき次の問いに答えなさい。
（例）14個購《こう》入の場合，14個すべて1割引になります。

⑴　25個買ったときはいくらですか。

⑵　5000円で何個まで買えますか。

割引	
1個～10個	定価
11個～20個	1割引
21個～40個	2割引
41個～60個	3割引
61個～	4割引

5　次の①から④は，5つの小学校A，B，C，D，Eの児童数について調べたものです。このとき，次の問いに答えなさい。

① 5つの小学校の児童数の平均は623人である。
② 2つの小学校DとEの児童数の平均は605人である。
③ Aの児童数はCの児童数より45人多い。
④ AとBの児童数の比は3：4である。

⑴　5つの小学校の児童の総数は何人ですか。

⑵　3つの小学校A，B，Cの児童数の平均は何人ですか。

⑶　Cの児童数は何人ですか。

【社　会】〈Ｂ試験〉（理科と合わせて60分）〈満点：50点〉

1　日本の工業について、あとの問いに答えなさい。

問１　日本が生産しているもので「機械工業」に分類されるものを下のア～エから１つ選び、記号で答えなさい。

ア．プラスチック　　イ．ポリエステル　　ウ．船舶　　エ．鉄鋼

問２　1950年代後半から「三種の神器」と呼ばれる家庭用電気製品が普及し始めたが、それにあてはまらないものを下のア～エから１つ選び、記号で答えなさい。

ア．電気洗濯機　　イ．電気冷蔵庫　　ウ．電子レンジ　　エ．白黒テレビ

問３　1960年代後半から「３Ｃ」と呼ばれる家庭用電気製品が普及し始めたが、それにあてはまらないものを下のア～エから１つ選び、記号で答えなさい。

ア．パソコン　　イ．カラーテレビ　　ウ．クーラー　　エ．自動車

問４　次の表は、日本の自動車輸出相手国の割合を示したものである。【Ａ】にあてはまる国名を答えなさい。（財務省貿易統計より（2020年））

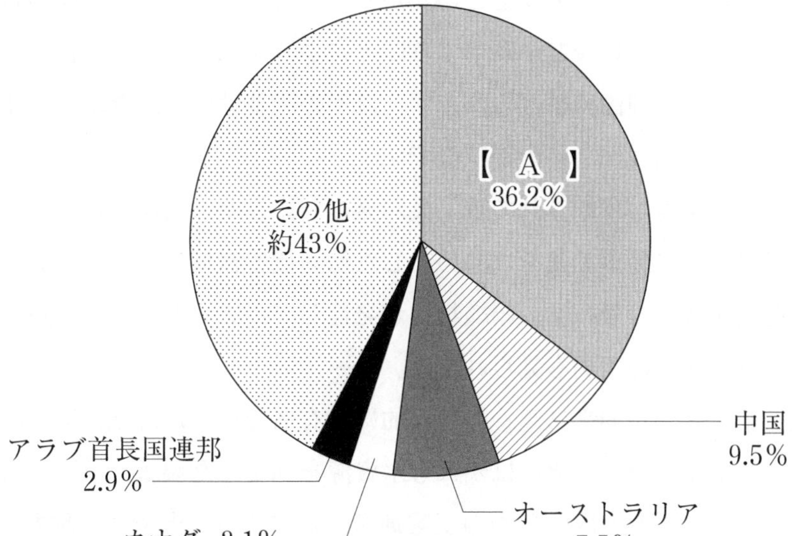

問５　かつて日本からある国に対する工業製品の輸出が増えたため、その国の工業製品が売れなくなり、貿易収支のバランスが悪くなったことによって対立が生じました。このことを何というか、下のア～エから１つ選び、記号で答えなさい。

ア．貿易黒字　　イ．貿易手形　　ウ．貿易自由化　　エ．貿易摩《ま》擦《さつ》

問6　職人がその地で長年受け継《つ》がれてきた技術と原材料を使い、その職人の手によって製品を作り出す工業のことを何というか答えなさい。

問7　日本の工業の説明として正しいものを下のア～エから1つ選び、記号で答えなさい。

ア．第二次世界大戦後から1950年代半ばまで工業出荷額の重化学工業の割合が半分以上を占めていた。

イ．1800年代前半から機械工業に代表される重工業を中心に産業革命が起こった。

ウ．高度な先端技術を用いて工業製品を生産する産業をハイテク産業という。

エ．繊維工業は工業生産額に占める割合が大きく上昇している。

問8　必要な部品を必要なときに関連工場に注文し、関連工場は決められた日時に従って自動車工場に注文通りの部品を納めている。この仕組みのことを何というか答えなさい。

問9　以下の文章A～Dの説明が適している工業地域を次の地図中のア～エからそれぞれ1つずつ選び、記号で答えなさい。

A　石油、鉄鉱石を大量に運び込むことができるという海上交通の便の良さと、塩田や軍用地のあと地などを利用することにより、工業用地を確保しやすかったことが発達した理由に挙げられます。ほかの工業地帯・工業地域と比べて化学工業のしめる割合が高いのが特徴です。

B　沿岸部から工場が移転されて重工業が発達しました。内陸に位置していることが特徴です。自動車工業をはじめとした輸送機器機械の生産で有名です。かつては養蚕が盛んで製糸業、絹織物業が発達していました。高速道路沿いにはコンピュータ関連の工場も見られます。

C　機械工業の割合が非常に高く、世界的にも有名な企業があり、楽器、オートバイの生産が盛んです。そのほかにも水資源を利用した製紙・パルプ工業も発達しています。この地域は2つの工業地帯の間にあり、市場や労働力、陸上交通にも恵まれているのも特徴です。

D　化学工業が約40％を占め、機械工業の割合が少ないことが特徴です。また、県内には輸出入額日本第1位の国際空港があり、精密機械や通信機、集積回路など、軽量で高価な品目が扱われています。沿岸には製鉄所や石油化学コンビナートが形成されています。

問10　地図中の網《あみ》線について、関東地方南部から九州北部にかけての太平洋側の臨海部に工業地帯・工業地域が集中している帯状の地域を何というか答えなさい。

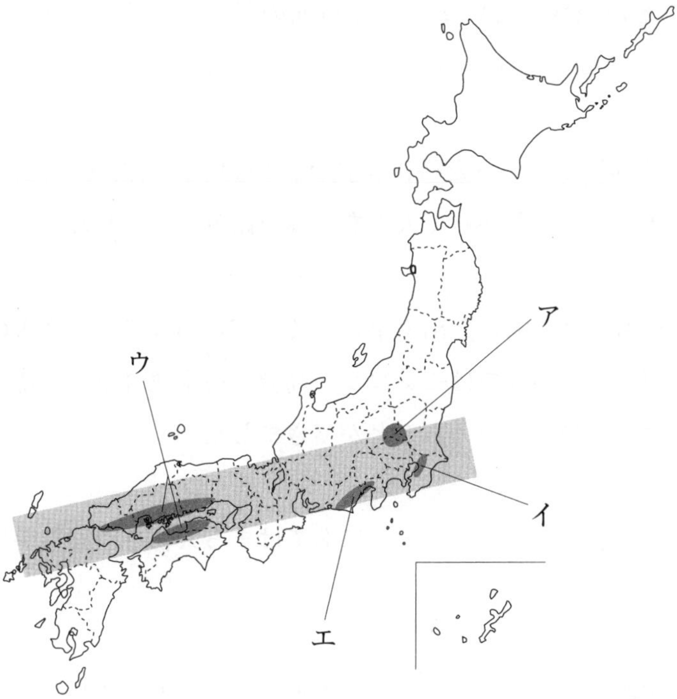

2 下の文(ア)～(ウ)を読み、あとの問いに答えなさい。

(ア) 平安時代に栄華《えいが》をきわめた奥州の藤原氏、その中心地であった①平泉《ひらいずみ》には中尊《ちゅうそん》寺、毛越《もうつう》寺などが残されています。江戸期の代表的俳人（　ア　）もこの地を訪《おとず》れ、「夏草や兵《つわもの》どもが夢の跡《あと》」という句を詠みました。

(イ) ②尾張《おわり》の清洲《きよす》城主であった織田信長は、1560年に桶狭間《おけはざま》の戦いにおいて（　イ　）を破り、天下統一にむかって大きな一歩を踏《ふ》み出しました。

(ウ) 鎌倉時代のもっとも大きな出来事として元寇があります。文永《ぶんえい》の役ではモンゴル・高麗《こうらい》連合軍、弘安《こうあん》の役ではモンゴル・高麗・南宋《なんそう》連合軍が③博多に上陸しましたが、執権《しっけん》（　ウ　）の下、退《しりぞ》けることができました。

問１　文中の（　ア　）～（　ウ　）にあてはまる人物を、解答欄に合わせて答えなさい。

問２　文中の下線部①～③の場所を次の地図(1)～(9)からそれぞれ１つずつ選び、番号で答えなさい。

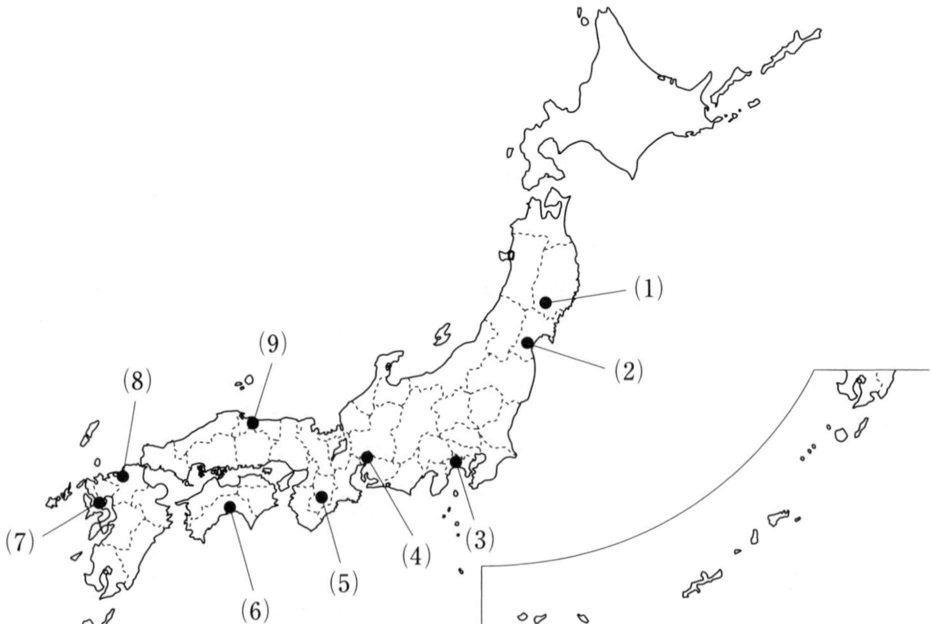

3 千葉県に関連のある次の文【A】～【E】を読み、以下の問いに答えなさい。

【A】 平安時代、貴族が互いに権力争いをしていたころ、関東地方では国司や豪族《ごうぞく》が対立するなど治安が乱れました。そうした中、現在の千葉県・茨城県を本拠地《ほんきょち》としていた（ 1 ）は、一族内での争いを終わらせるなどして関東地方一円を支配し、みずから新皇《しんのう》と名乗るなどして勢力を高めました。

【B】 江戸時代中期、徳川吉宗《よしむね》は幕府財政を立て直すため改革を行いました。これを享《きょう》保《ほう》の改革といいます。この改革では、飢饉《ききん》に備《そな》えるため、蘭学《らんがく》者（ 2 ）に命じて甘藷《かんしょ》（さつまいも）の栽培を行わせましたが、その場所は現在の千葉市幕張のあたりになります。

【C】 平治の乱に敗れて伊豆に流されていた源頼朝《よりとも》は、その地の豪族（ 3 ）の支援で平氏打倒の兵をあげましたが石橋山《いしばしやま》の戦いに敗れ、千葉県南部の安房《あわ》に逃れましたが、再び兵をあげ、ついには壇ノ浦《だんのうら》において平氏を滅亡させました。壇ノ浦で亡くなった《 あ 》天皇の話は悲劇《ひげき》として伝えられています。この頃、いわゆる鎌倉仏教が開かれましたが、そのうちお題目《だいもく》を唱えることで知られている宗派の開祖《かいそ》[a]は、現在の千葉県鴨川《かもがわ》市の出身です。

【D】 仏教の力によって平和な世の中をつくりだそうとした《 い 》天皇は、各国ごとに国分寺・国分尼《に》寺を建てさせました。その国分寺の総本山として平城京に建てられたのが東大寺で、その建設にあたっては[b]が大きな役割をはたしました。この時代には、唐から招かれて唐招提寺《とうしょうだいじ》を建てた[c]の活躍も大きなものでした。

【E】 現在の千葉県香取《かとり》市で商家を営みつつ、名主として地域のために尽《つ》くした（ 4 ）は、50歳で隠居《いんきょ》すると幕府の天文方《てんもんがた》に弟子入りして天文学・測量術などを学び、ついに日本中を歩いて『大日本沿海輿地全図《だいにほんえんかいよちぜんず》』を完成させました。

問1 文中の（ 1 ）～（ 4 ）にあてはまる人物を下のア～クからそれぞれ1人ずつ選び、記号で答えなさい。

ア．青木昆陽　イ．北条時政　ウ．水野忠邦　エ．平賀源内
オ．松平定信　カ．平将門　キ．杉田玄白　ク．伊能忠敬

問2　文中《　あ　》・《　い　》のどちらにもあてはまらない天皇名を下のア～ウから1つ選び、記号で答えなさい。

ア．聖武　　イ．安徳　　ウ．桓武

問3　文中の［　a　］～［　c　］のどれにもあてはまらない僧侶《そうりょ》名を下から1つ選び、記号で答えなさい。

ア．日蓮　　イ．最澄　　ウ．鑑真　　エ．行基

4　次の文を読み、あとの問いに答えなさい。

> a地方自治の仕組みは、国の政治の仕組みとよく似ています。しかし、ちがいもあります。その1つが住民にb直接請求《せいきゅう》権が認められていることです。これは住民が地方の政治に直接参加できる権利で、一定の署名《しょめい》数を集め、様々な請求をすることができます。住民の意思をより反映させるための仕組みといえます。
>
> また、c地方財政における歳入《さいにゅう》には、税金や国からの補助金があります。これらの歳入をもとに、公共施設の設置や学校教育の実施など、だれにとっても便利で暮らしやすい町づくりが進められています。

問1　文中の下線部aについて、以下の問いに答えなさい。

⑴　地方自治は、住民が直接政治に参加し、住民の意思をより反映《はんえい》させることから、「(　A　)の学校」と呼ばれています。(　A　)に入ることばを漢字4文字で答えなさい。

⑵　地方自治を行う地方公共団体の説明として正しくないものを、下のア～エから1つ選び、記号で答えなさい。

ア．首長《しゅちょう》が議会から不信任決議を受けた場合、10日以内に議会を解散しないとき、首長は辞職《じしょく》しなければならない。

イ．議会は、地方公共団体の予算を決め、決算を承認することができる。

ウ．都道府県には、知事が議会の同意を得て任命する副知事が置かれている。

エ．市（区）町村長の被選挙権は30歳以上で、任期は4年である。

問２　文中の下線部ｂについて、以下の問いに答えなさい。

【1】 住民の直接請求権に関する以下の表の（　①　）～（　④　）に入る数字やことばを、次のア～カからそれぞれ１つずつ選び、記号で答えなさい。

<table>
<tr><th>直接請求の種類</th><th>必要な署名数</th><th>請求先</th></tr>
<tr><td>条例の制定･改廃</td><td rowspan="2">有権者の
（　②　）以上</td><td>首長</td></tr>
<tr><td>監査</td><td>監査委員</td></tr>
<tr><td>議会の解散</td><td rowspan="2">有権者の
（　③　）以上</td><td rowspan="2">（　④　）委員会</td></tr>
<tr><td>首長･議員の（　①　）</td></tr>
</table>

ア．リコール　　イ．３分の１　　ウ．選挙管理　　エ．50分の１
オ．教育　　カ．オンブズマン

【2】 以下の文を読み、（　Ａ　）に入ることばを漢字２文字で、答えなさい。

2013年５月には東京都小《こ》平《だいら》市では、道路建設の見直しについて、地域住民の意思を問うため、条例にもとづき住民（　Ａ　）が実施されました。

問３　文中の下線部ｃについて、地方財政の歳入の種類①～④に対する正しい説明文を、次のア～エからそれぞれ１つずつ選び、番号で答えなさい。

種類　：①地方税　　②地方交付税　　③国庫支出金　　④地方債

説明文：ア．国が使い道を指定して、地方公共団体に交付する補助金
イ．住民税や固定資産税などの住民が支払う税金
ウ．国が地方公共団体ごとの歳入の格差を調整するために交付する資金
エ．地方公共団体が債券《さいけん》を発行して借りた資金

【理　科】〈Ｂ試験〉（社会と合わせて60分）〈満点：50点〉

1　安子さんは，夏休みに虫取りをしました。取った虫はカゴの中に入れて観察しました。あとの各問いに答えなさい。

問１　安子さんは，木にとまっているセミをつかまえました。からだがこげ茶色で，はねは不透明，そして，「ジージリジリジリ」と鳴いていました。このセミの性別はオスかメスのどちらですか。また，このセミの種類を次のア～オより１つ選び，記号で答えなさい。

ア．ミンミンゼミ　　イ．ヒグラシ　　ウ．クマゼミ
エ．アブラゼミ　　オ．ツクツクボウシ

問２　セミをつかまえた近くの木にセミのぬけ殻《がら》がついていました。そのぬけ殻を観察すると成虫の足と比べて前足２本だけが太く，図の○で囲んだような形をしていました。なぜ，幼虫の前足が太くなっているのか，その役割について簡単に説明しなさい。

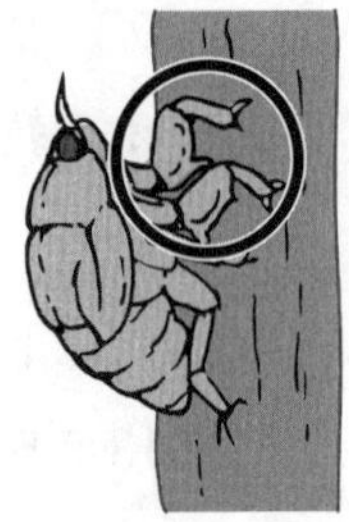

問３　セミのように卵からかえって幼虫になり，さなぎにならずに幼虫から成虫になるこん虫を何といいますか。また，このようなこん虫を次のア～オより<u>すべて選び</u>，記号で答えなさい。

ア．トンボ　　イ．チョウ　　ウ．カブトムシ
エ．バッタ　　オ．カマキリ

問４　安子さんはアキアカネを観察しました。アキアカネの頭部の正しい図を次のア～カより１つ選び，記号で答えなさい。また，アキアカネの口は，「かむ・吸う・なめる」の３つのうち，どのはたらきか答えなさい。

ア　イ　ウ　エ　オ　カ

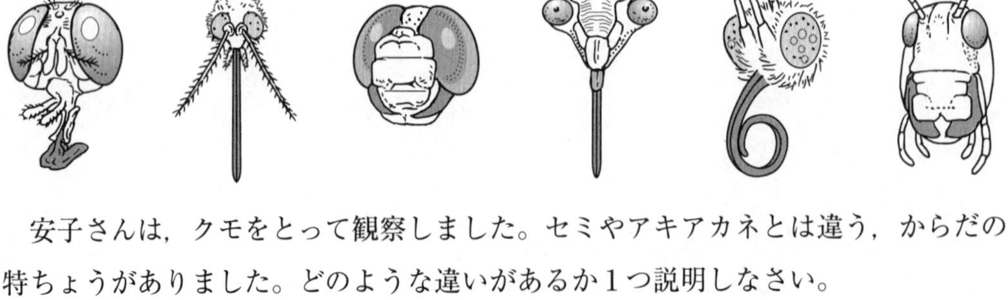

問５　安子さんは，クモをとって観察しました。セミやアキアカネとは違う，からだの特ちょうがありました。どのような違いがあるか１つ説明しなさい。

2 月について調べました。あとの各問いに答えなさい。

問1　私たちの目には月がかがやいて見えます。その理由を説明した次の文中の空らん（　ア　）に入る言葉を漢字で書きなさい。

月は自《みずか》ら光を出さず，（　ア　）の光をはね返すことによって，かがやいて見ることができるから。

問2　月の表面には丸いくぼみが多く見られます。このくぼみを何といいますか。

問3　問2の丸いくぼみは月の表面に何がぶつかってできたと考えられますか。

問4　月の形は日によって変化して見えます。その理由を説明した次の文中の空らん（　①　）と（　②　）に入る言葉を漢字で書きなさい。

（　①　）と（　②　）の位置関係が毎日少しずつ変わっていくから。

問5　月でのものの重さは，地球ではかったときの約$\frac{1}{6}$になります。地球上で54 kgの体重の人が月に行ったとき，その人がのった体重計は何kgをさしますか。

問6　図1のように，上皿てんびんを用いて測定したとき，地球上で物体Aは60 gの分銅とつり合いました。月面上にもっていくと何gの分銅とつり合いますか。

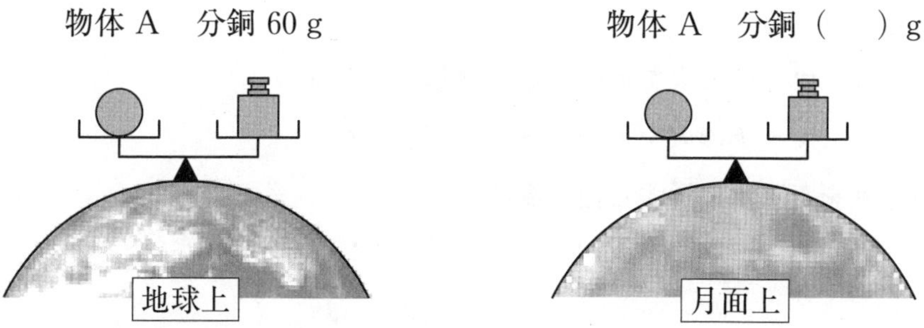

図1

3 肌寒い12月のある日，浦君はお父さんと焚火《たきび》をしていました。焚火は，理科の授業で学んだ「ものの燃《も》え方」と深いかかわりがあることに気づき，さまざまな実験を行いました。焚火や「ものの燃え方」に関するあとの各問いに答えなさい。

問１　図１のように，焚火付近の気体を集めて気体検知管で測定しました。焚火の燃える前と燃えているとき，空気中の酸素や二酸化炭素の割合はどのようになりますか。正しい文章を次のア～エより２つ選び，記号で答えなさい。

図１

ア．燃える前より燃えているときのほうが酸素の体積の割合が大きい
イ．燃える前より燃えているときのほうが酸素の体積の割合が小さい
ウ．燃える前より燃えているときのほうが二酸化炭素の体積の割合が大きい
エ．燃える前より燃えているときのほうが二酸化炭素の体積の割合が小さい

問２　焚火から出てくるけむりに色がついていることに気づいた浦君は，けむりについてさらに詳しく調べました。焚火のけむりに関する正しいものを次のア～オよりすべて選び，記号で答えなさい。

ア．けむりは黒色
イ．けむりは白色
ウ．けむりにマッチの火を近づけると激しく燃える
エ．けむりにマッチの火を近づけると火が消える
オ．けむりを石灰水に通すと白く濁《にご》る

問３　次の文章について，けむりに注目して，冬にスモッグが大量に発生してしまった理由を簡単に答えなさい。

ある年の冬にイギリスの首都ロンドンで大量のスモッグが発生したことで１万人以上の人が病気になったり亡くなったりしました。スモッグとは，焚火などのけむりときりがまざったものであり，ロンドンはきりの出る町として知られています。

問４　浦君は図２のように，ぬれた雑巾《きん》を使って焚火の火を消しました。

火が消えた理由を説明している次の文において，空らん（　①　）（　②　）に正しい言葉を入れて，文章を完成させなさい。

ぬれた雑巾を使うことで（　①　）が下がり，雑巾をかぶせたことで火の近くの（　②　）が少なくなったため。

図２

問５　浦君は空き缶《かん》の中に木片を10ｇ入れて小さな焚火ができるか実験を行いました。その空き缶の中の木片に火をつけたとき，一番よく燃える条件になるのはどれですか。次のア～エより１つ選び，記号で答えなさい。

ア．空き缶に木片をすきまなくつめたもの。
イ．空き缶の中に木片と木片を交差するように重ねたもの。
ウ．空き缶の上部に数か所穴をあけて，木片を交差するように重ねたもの。
エ．空き缶の下部に数か所穴をあけて，木片を交差するように重ねたもの。

問６　ものが燃えるときに二酸化炭素が発生するものと，発生しないものがあります。燃やしても二酸化炭素が発生しないものを次のア～エより１つ選び，記号で答えなさい。

ア．アルコール　　イ．スチールウール（鉄）　　ウ．木　　エ．ろう

4 実験室に強い棒磁石と鉄の棒があります。これらには同じ色のペンキがぬってあり，区別がつきません。これらを棒 ①・棒 ② とし，その性質を調べるために次の【実験１】～【実験４】を行いました。あとの各問いに答えなさい。

【実験１】 棒 ①・棒 ② のどちらが棒磁石かを調べるために，２つの棒をそれぞれ図ア～エのように近づけました。その結果，アとエのときには２つの棒がくっつき，イとウのときには２つの棒がくっつきませんでした。

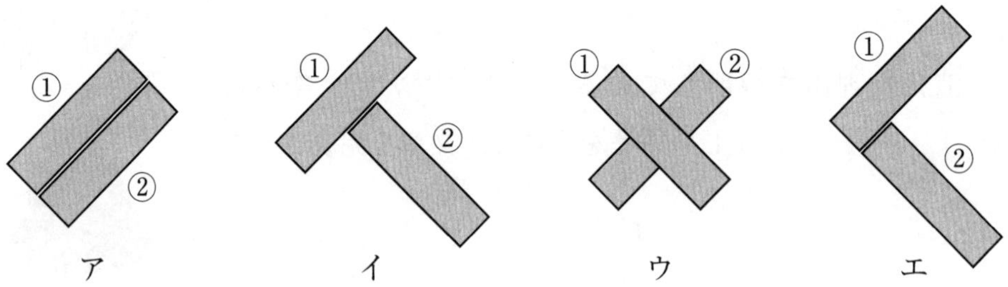

問１ 棒 ①・棒 ② のどちらが棒磁石なのかがわかるのは，どのように近づけたときですか。正しいものをア～エより１つ選び，記号で答えなさい。

問２ 棒 ①・棒 ② のどちらが棒磁石か，答えなさい。

【実験２】 実験１で調べた棒磁石の磁極を調べるために，発泡スチロールで作った模型の船の上に棒磁石を固定したものを作りました。これを水面に浮かべると，船はやがて決まった方向を向いて止まりました（図１）。

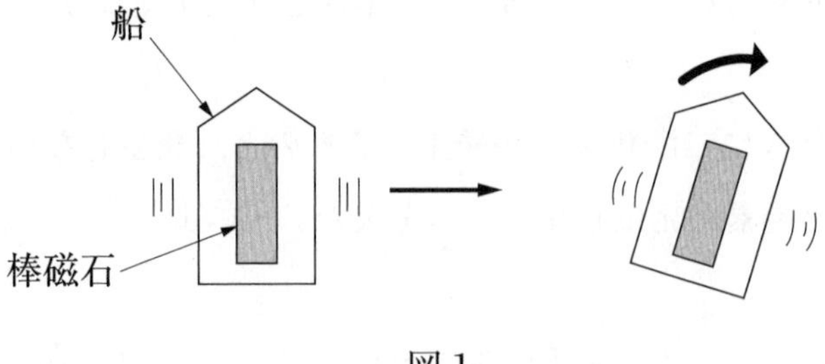

図１

問３ 棒磁石の磁極（Ｎ極・Ｓ極）と，磁極が向いている方角について簡単に説明しなさい。

【実験3】　実験2で調べた棒磁石のN極を鉄くぎにあてることで，鉄くぎに変化が起きるかどうか調べました。結果として，図2のように何回か同じ向きにこすることで鉄くぎは磁石になりました。磁石となった鉄くぎの頭を方位磁針のN極に近づけたところ，互いに反発しました。

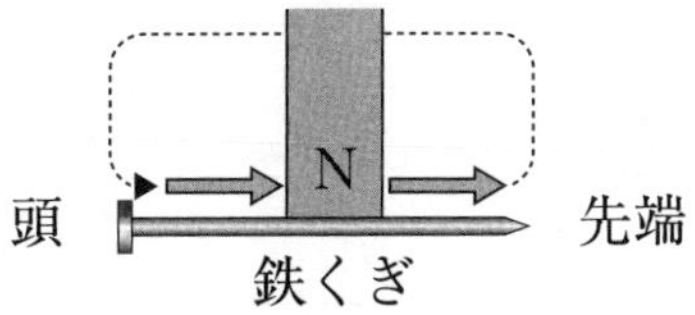

図2

問4　磁石となった鉄くぎの磁極を表したものとして，最も正しい組み合わせを次の①～④より1つ選び，番号で答えなさい。

	頭側	先端側
①	N極	N極
②	N極	S極
③	S極	N極
④	S極	S極

【実験4】 さまざなものを用意して棒磁石に近づけ，棒磁石にくっつくものはどれか調べたところ，表1のようになりました。

表1

用意したもの	調べた結果
鉄のゼムクリップ	くっつく
鉄製のはさみの刃《は》	くっつく
ガラスのコップ	くっつかない
紙	くっつかない
1円玉	くっつかない
10円玉	くっつかない
100円玉	くっつかない
アルミニウムかん	くっつかない
スチールかん	くっつく

問5 表1からわかることを説明している文として誤っているものを次のア～エより1つ選び，記号で答えなさい。

ア．紙，ガラスなどは磁石にくっつかない。

イ．同じ材料で作られたものでも，磁石にくっつくかどうかはものの形で決まる。

ウ．金属でできたものでも磁石にくっつかない場合がある。

エ．表1のものの中では鉄でできたもののみが磁石にくっつく。

問6 銅でできたはりがねは磁石にくっつくか，くっつかないか，答えなさい。

5 次の文章を読んで，あとの各問いに答えなさい。

地層の中から，動物や植物のからだの一部や動物のすみかのあとなどが見つかることがあります。このようなものを（ A ）といい，当時の気候などを推定し，見つかった生物が生きていた時代を決定しています。

日本で初めて恐《きょう》竜《りゅう》の（ A ）が発見されたのは1978年の岩手県です。それ以来，日本でも続々と恐竜の（ A ）が発見されています。2022年の5月には，20年以上前に日本で見つかっていた（ A ）が，新種の恐竜のものであったことが発表されました。

問1 （ A ）に当てはまる正しい言葉を漢字で答えなさい。

問2 恐竜が地球上にいたとされている年代として，最も正しいものを次のア～エより1つ選び，記号で答えなさい。

ア．約258万年前

イ．約2億3000万年前

ウ．約5億4200万年前

エ．約46億年前

問四　[①]～[⑤]に当てはまる言葉を次の中からそれぞれ一つ選び、記号で答えなさい。

> 兄の野球の試合を観戦した。相手のチームは昨年、優勝しているチームのため、余裕《よゆう》のある雰囲《ふんい》気《き》を感じる。この試合もどうせ勝てるだろうと[①]様子である。兄のチームでは[②]かもしれないが、[③]つもりで頑張ってほしいと思った。試合は兄のチームが終始負けていた。しかし八回、とうとう同点に追いつき、[④]試合展開だ。相手チームはようやく[⑤]。結局、兄のチームは負けたが、兄の目に涙《なみだ》はなかった。

ア　手に汗握《あせにぎ》る
イ　顔が立つ
ウ　目の色を変える
エ　胸を借りる
オ　高をくくる
カ　歯が立たない

問五　①～④の作品の作者は誰ですか。次の中からそれぞれ一人選び、記号で答えなさい。

①『吾輩は猫である』
②『人間失格』
③『雨ニモマケズ風ニモマケズ』
④『枕草子』

ア　紫式部
イ　川端康成
ウ　柿本人麻呂
エ　宮沢賢治
オ　樋口一葉
カ　夏目漱石
キ　清少納言
ク　太宰治

問六　本文の内容に当てはまるものを次の中から一つ選び、記号で答えなさい。

ア　私たちは、人生のあらゆる経験の中で習得した語彙のアウトプットを通して教養の深さを測定される。

イ　語彙とは、様々な言葉を覚えているかといった知識的な要素であり、それまでの人生で、どれだけのアウトプットをしてきたのか明確になるものである。

ウ　コミュニケーションとは、人生の中で自然に取得していくものであり、本や映像を通して身につける明確なゴールのないものである。

エ　日本語を１００％認識するためには、24万語を習得しなければならないが、相手からの評価を高めるためには必要不可欠である。

三　次の各問いに答えなさい。

問一　次の①～③の――線部を漢字で答えなさい。

①　ゆうそう料がかかる。

②　北米じゅうだんの旅。

③　現状をかいかくする。

問二　次の①～③の――線部の読みをひらがなで答えなさい。

①　勇ましい発言が目立つ。

②　客の注文を承る。

③　目標が成就する。

問三　①～③の意味に当てはまる四字熟語を次の中からそれぞれ一つ選び、記号で答えなさい。

①　強い敵に対する苦しい戦い。困難に打ち克《か》とうと頑《がん》張ること。

②　あちらこちらに走りまわること。

③　きわめて多くの差異、区別があること。

ア　五里霧《む》中　　イ　自暴自棄《き》

ウ　千差万別　　エ　悪戦苦闘《とう》

オ　我田引水　　カ　東奔《ほん》西走

問三　③ に当てはまるものとして最も適当なものを次の中から一つ選び、記号で答えなさい。

ア　教養の省エネ化
イ　表現の多様化
ウ　言葉の定型化
エ　語彙の貧困化

問四　④・⑤ に当てはまる言葉として最も適当なものを次の中からそれぞれ一つ選び、記号で答えなさい。

ア　むしろ
イ　ところが
ウ　また
エ　つまり
オ　なぜなら

問五　——線部⑥「日本語の特徴」とありますが、ここでいう「日本語の特徴」はどういうことですか。最も適当なものを次の中から一つ選び、記号で答えなさい。

ア　日本語の90%を理解するために必要な語彙数はおよそ1万5千語以上あり、気が遠くなるような数の言葉を理解しないといけないということ。
イ　日本語は他の言語に比べ習得すべき語彙数が多く、日常会話のあらゆる場面で他人に知的レベルを判断されてしまうということ。
ウ　日本語には片仮名があるため、和語と漢語を組み合わせた新しい言葉が誕生し、外国人にとってわかりやすいということ。
エ　日本語は世界でも群を抜《ぬ》いた語彙数であるが、成人でもそれらの習得は困難であり、教養で補っているということ。

うことがおわかりいただけるのではないでしょうか。

　さらに、前述したとおり、本書で扱う「語彙」はただ単語数や言葉の量を指すものではありません。語彙＝教養ですから、言い回しやフレーズなどの文章も含《ふく》んだ知識の集合体を「語彙」としています。ただでさえ膨大《ぼうだい》な語彙に、それら周辺情報も足される。語彙力は「ここまでできたらＯＫ」という明確なゴールのない、むしろ宇宙のようにどこまでも広がっていく果てしないものかもしれません。

　だからこそ、貪欲《どんよく》にインプットした人とそうでない人で、教養の差が生まれやすい。語彙力が「教養測定器」になりえるのです。

（『語彙力こそが教養である』齋藤孝）

※1　教鞭を執る…教師として生徒を教える。
※2　インプット…外部にあるものを内部に取り込むこと。
※3　紋切り型…決まりきっていて新鮮さがないこと。
※4　アウトプット…内部に入っているものを外に出すこと。
※5　網羅…そのことに関する全てを残らず集めること。

問一　――線部①「語彙力」とありますが、筆者は「語彙力」をどのように定義していますか。本文中から二十四字で抜き出しなさい。

問二　――線部②「言葉の選び方が『省エネ』なのです」とありますが、それはどういうことですか。最も適当なものを次の中から一つ選び、記号で答えなさい。

ア　様々な言葉を知っていれば、より多くの人とのコミュニケーションをとることが簡単になるということ。
イ　あやふやな言葉を使うことは、知性の欠落をごまかすことができるため、多くの語彙を習得しなくても済むということ。
ウ　複雑な言い回しをしなくても、意思疎通《そつう》ができるため、双方《そうほう》にとって都合がいいということ。
エ　語彙力アップは、一朝一夕でかなうものではなく、習得までに時間がかかってしまうということ。

てもらえないかもしれません。なんと恐《おそ》ろしい話だ、と思われるでしょう。

でも、逆に考えれば、どんなスキルよりも無条件にあなたの評価を高めてくれるもの。それが語彙だとも言えるのです。

これまでのインプット量を悔《く》やんでも仕方ありません。本書を読み終えた瞬間《しゅんかん》から、失われたインプットを取り返しにいけばいいのです。

豊かな語彙をとおして世界を見たときに「言葉を知るだけで、世界はこんなにカラフルになるのか」と驚《おどろ》くことでしょう。そのとき、あなたを見る周りの目も間違いなく変わります。

語彙力アップは、一朝一夕でかなうものではありません。けれどその分、これからの人生は間違いなく豊かなものになるのです。

ここで、辞書的な意味での「語彙」について、少しご説明したいと思います。

語彙とはその名のとおり、「語句（言葉）」の「集まり」という意味です。（「彙」という字は「集まり」を意味します）。日本語を母語とする私たちで言えば、「どれだけ多くの日本語を知っているか」を測る言葉として「語彙力」があります。

さらに、語彙にまつわる数字を見てみましょう。

日本語の90％を理解するために必要な語彙数は、およそ1万語と言われています。［⑤］、諸外国を見てみると、ケタが違う。英語は日本語の3分の1にも満たない３０００語、スペイン語やフランス語にいたっては２０００語足らずで、その言語を90％理解できるのです。

つまり、日常のコミュニケーションを円滑に進めたり文章を読んだりするために、私たち日本人はスペイン人の5倍の語彙を持たなくてはならない、ということです。片仮名を持っているため外国語を取り入れやすく、和語と漢語が入り交じり、「咲《さ》き乱れる（咲く＋乱れる）」のように動詞を組み合わせて新しい言葉にもできる言語は、世界に目を向けてもなかなかありません。日本語を習得している外国の方には、本当に頭が下がります。

また、日本の大学生が持っている平均的な語彙数がおよそ5万語で、『広辞苑《こうじえん》』には24万語も掲載《けいさい》されていることを考えると、大学を卒業してからさらに残りの19万語を網《もう》※5羅《ら》して、ようやくほぼ１００％の日本語が理解できる計算になります。これもまた、気が遠くなりそうな数字です。

こうした数字に鑑《かんが》みても、語彙数の「ピン」から「キリ」までの幅が圧倒的に大きく、それが会話のなかで残酷《ざんこく》なほど浮き彫《ぼ》りになりやすいのが⑥日本語の特徴《とくちょう》だ、といただし、その便利さと引き替《か》えに、あなたは「本当の自分よりも低いレベルに見積もられてしまう」という大きな代償《だいしょう》を支払っています。というのも、人は無意識のうちに語彙を通じて「相手のレベルや知性」を判断しているからです。

「相手のレベルや知性」というと、少し嫌《いや》らしく聞こえるかもしれませんね。でも、要は「どれだけ話が通じる人なのか」を見定め、そのうえで会話の内容や難易度を調整するということ。相手をいじわるな目で見ているのではなく、コミュニケーションを円滑《えんかつ》にするために必要不可欠な作業です。

これがビジネスの現場になれば、語彙不足のせいで第一印象が悪いと「この人のことをもっと知りたい、また会いたい、一緒《いっしょ》に仕事をしたい」とすら思われなくなってしまいます。さらに、部下や後輩からは「部長はどうも言うことが浅い」と軽《かろ》んじられる可能性もあります。

大人として、ビジネスマンとして、自ら大きなハンデを背負うようなものなのです。

ここで、本書全体を貫く大きな定義を掲《かか》げましょう。

「語彙とは、教養そのものである」

誤解しないでください。ここでの語彙とは、ただ「たくさんの言葉を知っている」暗記的な知識を指しているのではありません。たしかに辞書的に考えるなら、語彙が豊かということは「知っている語句の総量」が多いということ。④知識の問題に映ります。

でも、もう一歩踏み込んで「なぜ語句の総量が増えたのか?」を考えてほしいのです。

語彙とは、勝手に増えるものではありません。語彙が増える過程で、たくさんのインプットがあったはずです。本や映画、テレビなどメディアからのインプット、さらには人生経験からのインプットがあったから、豊かな語彙がつくられた。

そして、それだけたくさんインプットしているということは、古典文学から最新のハリウッド映画まで、先人の紡《つむ》ぎ出した言葉や言い回し、リズム、そこに込められた教訓を身につけているということです。これは、ただの「知識」でしょうか?

いや、「教養」以外のなにものでもありません。

あなたが今までどんなインプットをしてきて、どのような教養を持っているか。これは、アウトプット※4をとおして他人に判断されることとなります。1分とは言わずとも、少し話をしただけで相手から知的レベルを判断される。教養の深さを見積もられる。その結果、「難しい話をしてもわかってもらえそうにない」と思われれば、重要な話をし

二　次の文章を読み、後の問いに答えなさい。

毎日の仕事や日常生活のなかで、あなたはどれくらいの言葉を交わしていますか？

他愛《たあい》のない雑談から取引先との商談、プレゼン、スピーチ、報告や連絡《れんらく》まで、たくさんの話す機会があると思います。

さて、もしも私が、その場に同席していたら。

あなたがこれまでどれだけ本を読んできたか、またどれくらいの教養《きょうよう》があるかを、見抜く自信があります。

私はかれこれ20年以上、明治大学で※1教鞭《きょうべん》を執《と》ってきました。数え切れないくらいたくさんの学生さんとコミュニケーションをとってきたわけですが、あるとき、自分が妙《みょう》な特技を身につけていることに気づいたのです。

それは、「この学生はこれくらいの①語彙力《ごいりょく》がある」と瞬時《しゅんじ》に判定できること。

ほんの1分間でもプレゼンを聞けば、その人が持っている語彙や言葉の密度が、手に取るように把握《はあく》できる。ひいては、それまでの人生で読んできた本の種類や※2インプットの量をも予想できるようになったのです。

いったいどうやって判定しているのか？

判定基準はいたってシンプルです。それは、「複数のことがらをひとつの言葉で表現しようとするか否か」。語彙が少ない、教養が乏《とぼ》しいと感じる人は、とにかく②言葉の選び方が「省エネ」なのです。

ポジティブにもネガティブにも使える「やばい」。小さいものも愛らしいものもひっくるめた「かわいい」。感嘆《かんたん》詞にも強調にも使える「まじ」。本気とも冗談ともつかない「うざい」。

③が深刻なのは、若者だけではありません。

上司に出すレポートの末尾《まつび》が「頑張《がんば》ります」「精進します」だらけの部下。※3紋切《もんき》り型のメールしか送ってこない取引先。「なるほど」「たしかに」ばかりの相づち。ＳＮＳに料理の写真をアップしても「おいしい」「感動」としか書けない人。どんな言葉も「とても〜」で強調する人。挙げ句の果てには「言葉にならない」で逃《に》げる人……。

「自分のことだ！」とドキッとした方も、「ああ、いるいる！」と誰かの顔を思い浮《う》かべた方もいらっしゃるでしょう。

少ない語彙で表現することは、たしかに便利です。言いたいことはなんとなく伝わりますし、わざわざ難しい表現を使わなくとも、コミュニケーションは成立します。親しい間柄《あいだがら》であれば、あいまいなニュアンスを共有することで、より仲間意識も強くなるかもしれません。

問七　――線部⑥「トクイワザ」、――線部⑩「セイダイ」を漢字に直しなさい。

問八　⑦ に当てはまるばあちゃんのセリフはどれですか。最も適当なものを次の中から一つ選び、記号で答えなさい。

ア　かわいいね　　イ　覚えててね
ウ　元気でね　　エ　笑っててね

問九　――線部⑧「『タマシイム・マシン』は、ある」とありますが、「俺」がそう考えたのはなぜですか。適当でないものを次の中から一つ選び、記号で答えなさい。

ア　抱き上げた子どもの瞳を見ていると、大人の話を全て理解しているように見える瞬間があるから。
イ　二十歳になった伸太が未来から魂だけ入れ替わって、子どもの体に入っているように感じられたから。
ウ　家族に大切にされる子どもを見て、自分も幼い頃大事にされたと理解したから。
エ　子どもとのかかわりが少ないことを後悔《こうかい》し、時間を巻き戻したくなったから。

問十　――線部⑨「カタカタ車」について述べた文として最も適当なものを次の中から一つ選び、記号で答えなさい。

ア　じいちゃんとの思い出の品だが、埃っぽいため捨てようとしている。
イ　希美が掃除《そうじ》をしていたら出てきたおもちゃである。
ウ　俺が幼い頃遊んだ品で、今は伸太にうけつがれようとしている。
エ　俺が泣いて欲しがったため、親父が買い与えた品である。

問十一　この文章の内容として適当でないものを次の中から一つ選び、記号で答えなさい。

ア　希美は伸太の母親になれてよかったと感じている。
イ　幼い俺の保育園の送り迎えをしてくれたのは祖父母だった。
ウ　祖母は伸太のことがかわいくてしかたなく、頬ずりしていた。
エ　就職してからも俺は実家によく帰っていた。

問一　――線部①「伸太が生まれてからも、俺は何回も、あの日のことを奇跡のように思い返す」とありますが、何を思い返すのですか。「〜ということ。」につながるような一つづきの部分を文章中から四十四字で抜き出しなさい。

問二　「希美」という人物の説明として適当でないものを次の中から一つ選び、記号で答えなさい。

ア　伸太のお母さんになれてよかったと思っている。

イ　「おばあちゃんの思い出」というアニメが好きだ。

ウ　「タマシイム・マシン」が存在すると考えるようにしている。

エ　両親や祖母からは今でもお客さんだと思われている。

問三　――線部②「『タマシイム・マシン』で、今、来てますか？」とありますが、ここで使われている敬語の種類と同じものを含む文はどれですか。最も適当なものを次の中から一つ選び、記号で答えなさい。

ア　私は中学一年生です。

イ　家にお客様がいらっしゃる。

ウ　近所の人からお菓子をいただく。

エ　先生は私に勉強を教えて下さった。

問四　――線部③「それまで開いていたように思えていた親や祖母との距離」とありますが、親や祖母に対する主人公の具体的な態度がわかる一文の最初の五字を抜き出しなさい。

問五　――線部④「俺自身が覚えていることは少ない」とありますが、「俺」が覚えていたこととして最も適当なものを次の中から一つ選び、記号で答えなさい。

ア　ドラえもんの絵がプリントされたカタカタ車のこと

イ　じいちゃんが作った屏風のこと

ウ　長距離ドライブ旅行に行ったこと

エ　じいちゃんのお見舞いに行ったこと

問六　――線部⑤「大転機」とありますが、それはどういう意味ですか。最も適当なものを次の中から一つ選び、記号で答えなさい。

ア　物体の状態が変わること

イ　物事がどうなるかの分かれ目

ウ　めまぐるしく物事が入れかわること

エ　他の状態に変わるきっかけ

触発《しょくはつ》される、記憶があった。

俺も、いつか、この声を聞いたことがある。

覚えててくれな、と、誰《だれ》かに言われた。

俺のじいちゃんは、病室で、やってくる俺のことを、とても楽しみにしていたそうだ。もらった見舞いの菓子や果物をたくさん、俺の手に握らせて帰した。

覚えてないと思っていた。残った記憶も、ほとんどが両親やばあちゃんからの伝聞で補われた記憶だろうと。

『ドラえもん』の中で、のび太のおばあちゃんになれてよかった、と語ったおばあちゃんは、のび太がランドセルを背負って学校へ行く姿が見たいと言った。

のび太のことがとてもかわいくて、いつまでもいつまでもあの子のそばにいて世話をしてあげたいけど、そうもいかないだろうね、と話しながら。

今、伸太が遊ぶこの家で俺は生まれ、その時にはまだ、じいちゃんもいた。夏生まれの俺に、扇風機の風が直接あたったらかわいそうだと屏風《びょうぶ》を作ってくれたと、つぎはぎだらけの段ボールでできた屏風を見せられたことがある。

覚えていてほしい、というその声が誰のものだったか。

わからないけれど、それは確かに俺が受けた声だ。確かに聞いた、声だった。

「風があたったらかわいそうだ」

奥におもちゃを取りに行ったはずの親父が、真新しい段ボールを手に縁側に戻ってくる。伸太をかばうようにして、扇風機に向けて屏風のように立てる。

ああ、と、その時にわかった。

これはたぶん、俺が生まれたその頃《ころ》にあった光景だ。

俺は今、伸太を通じて、自分が生まれたその頃の様子を、数十年の時を経て、我が子に見せてもらっているのだ。

俺は大事にされ、愛され、いろんな人に成長を見たいと、それが叶《かな》わないなら覚えていてほしいと、祈《いの》られ、祝福されながら、この家の中心にいた。

希美に教えてやろうと思った。

⑧『タマシイム・マシン』は、ある。実現している。希美もたぶん、見ることができるはずだ。自分が育った家で、俺と同じように。当の伸太だって、いつの日か、この家で見る日がきっと来るのだろう。

ばあちゃんが、ドラえもんの⑨カタカタ車をそっと押す。先のカタカタが小さく鳴って、伸太が、あきゃきゃ、と両手を挙げ、⑩セイダイに拍手《はくしゅ》をした。

（辻村深月『家族シアター』）

俺が昔使っていたという、ドラえもんの絵がプリントされたカタカタ車を、母さんが奥から出してくる。親父が顔をしかめ、「こんなのもう埃《ほこり》っぽいから、伸太に渡《わた》すなよ」と言うと、ばあちゃんが「いいじゃないか、懐《なつ》かしい」と目を細めた。きれいに水拭《ぶ》きして、「希美さん、これでいいよね？」と、押《お》してくる。

伸太が、まだおぼつかない足取りで、よちよちと車を押す。色がほとんど剝《は》げたドラえもんがその動きに合わせてカタカタ揺《ゆ》れるのを見て、うちは漫画《まんが》が禁止されてたけど、『ドラえもん』だけはよかったんだよな、ということを、数十年ぶりに思い出す。

夕食になるまでのひととき、縁側《えんがわ》に面した座敷で横になって休む。

今日はちらし寿司《ずし》だと言っていた。蒸気を含《ふく》んだ酢飯《すめし》のむわっとした匂いと、ばあちゃんが夏になると毎年作るしょうがの酢漬《づ》けの匂いが、母さんと希美の立つ台所の方でしている。

うとうととまどろむ俺の横で、伸太とばあちゃんが遊んでいた。

寝ている俺の前で、伸太が何か声をあげて転げ回り、ばあちゃんがそれをそばで「あれあれ」とあやしている。腕《うで》ごと全力で振《ふ》る〝ばいばい〟と、〝ちょーちちょーち〟という声に合わせてする拍手、それに一人でハンカチを顔にかぶせ、次の瞬間《しゅんかん》にばっと取る〝いないいないばあ〟が今の伸太の⑥トクイワザで、実家に帰るたび、伸太はできる芸をありったけ披露《ひろう》する。

さっきまで一緒に伸太をあやしていた親父は、おもちゃを取りに行ってくると、席を外した。みんなが孫に夢中になり、俺を寝たまま放置してくれるのは、休日のサラリーマンの身にはありがたく、俺は伸太をばあちゃんに任せたまま、ぼんやりと目を閉じたり、たまに薄目《うすめ》を開けたりしていた。扇風機《せんぷうき》が回って、生ぬるい風が、一定間隔《かんかく》で俺にも届いてくる。

その時。

ばあちゃんが伸太の耳にそっと口を近づけた。そして、優しく、こう言った。

「⑦」

祈るような声だった。

俺は身体を起こして、伸太とばあちゃんを見た。伸太は何事もなかったように遊び続け、ばあちゃんもまた、その伸太を後ろから抱っこする。俺が聞いていたとは、思っていないようだった。

俺の視線に気づいたばあちゃんが、「ん？」と顔を向ける。その顔が少し、笑っていた。

も長く抱いて離《はな》そうとしない。

「長生きするもんだ。おじいさんにも会わせてやりたかった」

ばあちゃんのこの言葉は、もう何度目に聞くかわからなかった。伸太に会うたび、ばあちゃんはじいちゃんのことを話す。

共働きだった両親に代わって、俺の保育園の送り迎えをし、食事やトイレの面倒をみてきた祖父母のうち、じいちゃんが他界したのは、俺が小学校に入る前だ。正直、じいちゃんについての話はほとんどが祖母や両親からの伝聞で、④俺自身が覚えていることは少ない。

畑仕事が好きで、働きづめに働きながら、ばあちゃんとのたまの旅行を楽しみにしていたじいちゃんは、俺の両親が心配するのも聞かずに、まだ二歳かそこいらの俺を、長距離のドライブ旅行にもつれ出していたらしい。旅先で会った人たちから「よくもまぁこんな小さい子を」と感心されたことを、事あるごとに親戚《しんせき》に自慢《じまん》していたと親父から聞いたが、俺自身にその旅の記憶《きおく》はない。

岡山で撮《と》ったという写真の中で、肩《かた》をくっつけて並んだじいちゃんとばあちゃんが俺の両手を片っぽずつ握《にぎ》っている。観光用に作られた等身大の鬼《おに》ヶ島の鬼が怖くて、写真の俺は見事なまでの泣き顔だ。

じいちゃんが亡くなる前、病院に何度かお見舞《みま》いに行ったこと、その時の薬の匂いや、そこでもらった柿《かき》やみかんの匂い、病院の帰りにいつも寄った近所の公園のことは、なんとなく覚えている。

「私もすぐにいきますからね」

ばあちゃんが背中を丸めて骨壺《こつつぼ》を抱く横を、一緒に墓地まで歩いたことも、やはり、なんとなく覚えている。

ばあちゃんはもともと友達も多く、明るい性格だったから、じいちゃんが亡くなってからも、ずっと元気にしてきた。多少足が悪くなったり、耳が遠くなったりしても、大きな病気を患《わずら》うことはなかったし、俺も、ばあちゃんの体調を心配したことは一度もない。

中学生になり、部活や遊びで忙しくなってからの俺は、あまりいい孫ではなかった。昔のように「おばあちゃん、おばあちゃん」とついて歩くことはもちろんなかったし、ばあちゃんのくれる甘ったるいお菓子《かし》を欲しがることも、進んで何かを話すことも減った。そのことに微妙《びみょう》な後ろめたさを感じながらも、家を出て東京で就職してしまうと、実家を顧《かえり》みる余裕《よゆう》すらなくなった。

⑤伸太が生まれたのは、そんなこの家と俺たち家族にとっての大転機だったのだ。

「そうだ、こんなのが出てきたんだけど……」

正確には、藤子先生の原作をベースにしたアニメ映画だ。『おばあちゃんの思い出』は、俺も大好きな話で、希美とも、何度も一緒に観た。

「昔はピンと来なかったけど、今はその気持ちが少しわかる気がする」と希美が言った。

「生まれてくるまではそんなふうに考えたことなかったけど、仲太のお母さんになれてよかった。なりたかったんだって、今なら思う。――いろいろ大変だし、そりゃ、お父さんには早く帰ってきてほしいけど」

ご機嫌になった仲太を希美の手から受け取る。頭から、希美と同じ、ミルクのあたたかい匂《にお》いがした。正面から目が合って、大きな瞳《ひとみ》に見つめられると、赤ん坊《ぼう》相手なのに妙《みょう》に照れくさい気持ちになった。②「『タマシイム・マシン』で、今、来てますか?」と敬語で話しかけてみたい気持ちになる。

仲太は関心がないようにすぐに視線をふいっと逸《そ》らし、頭をぐるぐる回して母親を探す。抱《だ》っこをせがむように、希美に向け、あーあーと手を伸《の》ばした。

「ただいま」と挨拶《あいさつ》して玄関《げんかん》を一歩入った途端《とたん》、「まあまあ、おかえり」と奥《おく》の廊下《ろうか》からばあちゃんがやってくる。

「希美さんもどうも、どうも」と話しながらも、目は、希美に抱かれた仲太に釘付《くぎづ》けだ。

「シンちゃん、ひいばあよ。こんにちは」

「母さん、奥で荷物を下ろしてからにしろよ、長旅でみんな疲《つか》れてると思うから」

車のトランクから出した大きな鞄《かばん》を運んできた親父が笑って言うと、早速仲太に手を伸《の》ばそうとしていたばあちゃんが「あ、そうね、ごめんなさい」と謝った。そこで初めて俺の顔を見て、「お父さんも、おかえり」と微笑《ほほえ》んだ。

③仲太が生まれ、一番驚《おどろ》いたのは、赤ん坊や孫というのは、それまで開いていたように思えていた親や祖母との距《きょ》離《り》を、ただ存在それだけで、あっという間になかったもののように近づけてしまうということだった。

俺に対してはどこか遠慮《えんりょ》がちになっていた両親や祖母も、仲太には違《ちが》う。孫ができてからは、「帰ってきなさい」と躊躇《ためら》いなく言う。「仲太に会えるのが楽しみだ」と声を弾《はず》ませる。希美に対する距離《きょり》感さえ、これまでのお客さん扱《あつか》いから身内のものへと変わったように思う。息子であり、孫だったはずの俺の呼び名が、この家で「お父さん」になる日が来るなんて。

奥の座敷《ざしき》に荷物を運び、居間に戻《もど》ると、希美の手から仲太を受け取ったばあちゃんが、「かわいいねえ、かわいいねえ」と頬《ほお》ずりしていた。遠くなり始めた耳を、仲太の口元にくっつけ、「重たいわぁ、疲れるわぁ」と言いながら

2023年度

東海大学付属浦安高等学校中等部

【国　語】〈B試験〉(五〇分)〈満点：一〇〇点〉

一　次の文章を読み、後の問いに答えなさい。

①伸太《しんた》が生まれてからも、俺《おれ》は何回も、あの日のことを奇《き》跡《せき》のように思い返す。

もし藤子《ふじ》先生がいなければ、ドラえもんを好きでなければ、俺は希美と出逢《あ》うことはなかったし、その後結婚《けっこん》することも、伸太が生まれることもなかった。

仕事が忙《いそが》しくてなかなか早く帰れず、伸太をお風呂《ふろ》に入れるのも休日しか手伝えない日々が続いた。核《かく》家族のわが家では、昼間、伸太の面倒《めんどう》をみられるのは希美だけだ。育児をまかせっきりにしていることを詫《わ》びると、希美はこう答えた。

「――私ね、『タマシイム・マシン』はもう開発されてるんだって思うことにしてるの」

「え？」

「今じゃなくて、この子が大きくなった未来での話だけど。ひょっとしたら、十歳《さい》や二十歳になった伸太が、未来から魂《たましい》だけ入れ替《か》わって、今、この子の中に入ってるかもしれないじゃない」

眠《ねむ》いのか、伸太が顔を真っ赤にして、ぎゃあん、ぎゃあんと泣いている。手伝いたいが、こういう時は、もう母親でないとダメだ。希美が「はいはい」と話しかけながら、抱《だ》き上げておしりをさすると、しばらくして伸太が泣き止み、頭を希美の胸にこてんと転がす。

「自分が大事にされてたかどうか確かめに来たのに、その時にお母さんがため息ついてたり、笑ってなかったら、きっと嫌《いや》だろうなって思いながら一緒《いっしょ》にいるの」

「そりゃ、気が抜《ぬ》けないな」

「そうだよ。赤ちゃんだからって、甘《あま》く見ちゃだめ。あなただって、自分をかわいがってるかどうか、未来のこの子に試されてるって思ってね」

伸太の、産毛のような茶色い髪《かみ》の後頭部に、寝《ね》過ぎでできた禿《は》げがある。いつの間にか機嫌《きげん》の直った伸太が、バウワーと声を出すのと一緒に口からたらーっと流したヨダレを、希美がガーゼのハンカチで拭《ぬぐ》った。

「『ドラえもん』で、のび太のおばあちゃんが、のび太に、なりたかったものにはもうなっちゃったよって教える話があったでしょ。のびちゃんのおばあちゃんになれてよかったって」

「ああ」

2023年度

東海大学付属浦安高等学校中等部 ▶解 答

※ 編集上の都合により，Ｂ試験の解説は省略させていただきました。

算 数 ＜Ｂ試験＞（50分）＜満点：100点＞

解 答

[1] (1) 17 (2) $\frac{2}{9}$ (3) $2\frac{4}{5}$ (4) 0.35 (5) 157 (6) $2\frac{1}{7}$ [2] (1) 70m (2) 5日目 (3) 5.5% (4) 40分後 (5) 木曜日 (6) 9 cm^2 [3] (1) 80人 (2) 15cm (3) 5 ： 9 [4] (1) 3200円 (2) 44個 [5] (1) 3115人 (2) 635人 (3) 540人

社 会 ＜Ｂ試験＞（理科と合わせて60分）＜満点：50点＞

解 答

[1] **問1** ウ **問2** ウ **問3** ア **問4** アメリカ合衆国 **問5** エ **問6** 伝統工業 **問7** ウ **問8** ジャストインタイム **問9** **A** ウ **B** ア **C** エ **D** イ **問10** 太平洋ベルト [2] **問1** **ア** 松尾芭蕉 **イ** 今川義元 **ウ** 北条時宗 **問2** ① (1) ② (4) ③ (8) [3] **問1** **1** カ **2** ア **3** イ **4** ク **問2** ウ **問3** イ [4] **問1** (1) 民主主義 (2) エ **問2** **【1】** ① ア ② エ ③ イ ④ ウ **【2】** 投票 **問3** ① イ ② ウ ③ ア ④ エ

理 科 ＜Ｂ試験＞（社会と合わせて60分）＜満点：50点＞

解 答

[1] **問1** **性別**…オス **種類**…エ **問2** （例） 土に穴を掘る役割。 **問3** **名前**…不完全変態 **記号**…ア，エ，オ **問4** **頭部**…ウ **はたらき**…かむ **問5** （例） 足が８本ある。 [2] **問1** 太陽 **問2** クレーター **問3** いん石 **問4** ① 太陽 ② 月 **問5** 9kg **問6** 60g [3] **問1** イ，ウ **問2** イ，エ，オ **問3** （例） 石炭を大量に使用したから。 **問4** ① 温度 ② 空気(酸素) **問5** エ **問6** イ [4] **問1** イ **問2** ① **問3** （例） 棒磁石のＮ極が北の方角を向く。 **問4** ② **問5** イ **問6** くっつかない [5] **問1** 化石 **問2** イ

国　語　＜B試験＞（50分）＜満点：100点＞

解　答

一 **問1**　伸太を通じて，自分が生まれたその頃の様子を，数十年の時を経て，我が子に見せてもらっている(ということ。)　**問2**　エ　**問3**　ア　**問4**　そのことに　**問5**　エ　**問6**　エ　**問7**　下記を参照のこと。　**問8**　イ　**問9**　エ　**問10**　ウ　**問11**　エ

二 **問1**　「どれだけ多くの日本語を知っているか」を測る言葉　**問2**　イ　**問3**　エ　**問4**　④　エ　⑤　イ　**問5**　イ　**問6**　ア

三 **問1**　下記を参照のこと。　**問2**　①　いさ　②　うけたまわ　③　じょうじゅ　**問3**　①　エ　②　カ　③　ウ　**問4**　①　オ　②　カ　③　エ　④　ア　⑤　ウ　**問5**　①　カ　②　ク　③　エ　④　キ

●漢字の書き取り

一 問7　⑥　得意技　⑩　盛大　三 問1　①　郵送　②　縦断　③　改革

Memo

Memo

Memo

中　2022年度　東海大学付属浦安高等学校中等部

〔電　話〕　(047) 351―2371
〔所在地〕　〒279-8558　千葉県浦安市東野3―11―1
〔交　通〕　JR京葉線―「舞浜駅」より徒歩18分またはバス
東京メトロ東西線―「浦安駅」よりバス

【算　数】〈A試験〉(50分)〈満点：100点〉

〈注意〉　必要があれば解答用紙の余白に途《と》中の計算および式を書きなさい。

1　次の各問いに答えなさい。

(1)　31－4×2 を計算しなさい。

(2)　3.14×12－3.14×2 を計算しなさい。

(3)　13÷19×38÷39 を計算しなさい。

(4)　$\frac{1}{5}\div\left(\frac{2}{3}-\frac{2}{5}\right)$ を計算しなさい。

(5)　$\left(\frac{1}{3}-0.2\right)\div0.4+\frac{2}{3}$ を計算しなさい。

(6)　2けたの整数のうち，7の倍数は全部で何個ありますか。

2　次の各問いに答えなさい。

(1)　原価210円の品物を定価280円で売ったところ，利益が7700円ありました。全部で何個の品物を売りましたか。

(2)　一辺の長さが異なる3つの正方形を右の図のように重ねます。このとき，斜《しゃ》線部の面積は何 cm^2 ですか。

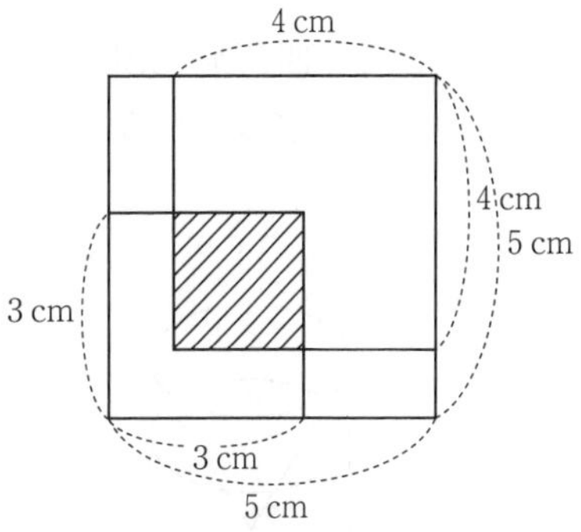

(3)　時速108kmで進む電車が100mの橋を渡り終えるのに6秒かかりました。この電車の長さは何mですか。

(4)　2022年1月24日を1日目としたとき，100日目は何月何日になりますか。

(5)　4％の食塩水50gに水を50g足すと何％の食塩水になりますか。

(6)　一つの製品を作成するのにAの機械では5分，Bの機械では6分かかります。AとBをどちらも休みなく使って完成した製品を400個作るには何時間何分必要ですか。

3　横50cm，たて40cmの紙が1枚あります。次の問いに答えなさい。

(1)　横8cm，たて2cmの帯状に紙を切ると帯は何本作ることができますか。

(2)　この帯状の紙を2cmの「のりしろ」でつないでいくとき，横の長さの合計が7mを超《こ》えるには何枚の帯状の紙を使いますか。

4　A，B，C，D，Eの5人が，ゲームの勝ち負けの順位を総当たり戦で決めました。結果について以下の条件①～④がわかっています。

> ①　AはBに勝った。
> ②　BはCに負けた。
> ③　Cは5人中，4位だった。
> ④　EはAとCに勝った。

次の問いに答えなさい。ただし，同じ順位の人はいません。

(1)　最下位の人はA～Eの誰《だれ》になりますか。

(2)　①～④の条件に「⑤　Dは3位だった。」という条件⑤を加えると，Aは何位になりますか。

(3)　①～④の条件に，以下のア～ウの条件のどれを加えたら全員の順位が決まりますか。記号で答えなさい。

ア　AはDに負けた。

イ　DはEに勝った。

ウ　Eは1位だった。

5　直線 l を軸《じく》として直角三角形ACDを回転させてできる立体について，次の問いに答えなさい。円周率《えんしゅうりつ》は3.14とします。

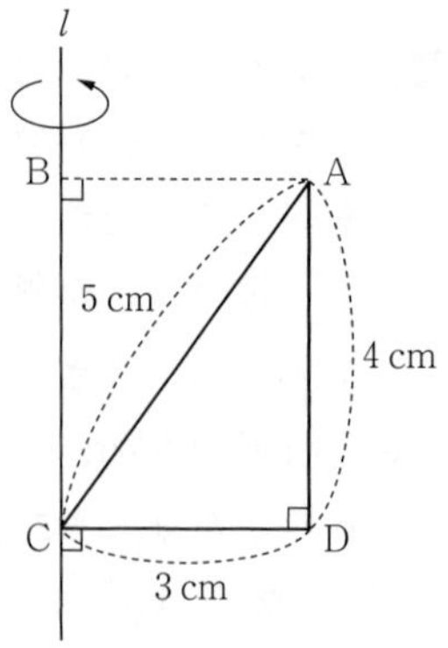

(1)　立体の体積の求め方について，花子さんと太郎くんが立体の体積を次のように考えました。

花子さん：四角形ABCDが回転した円柱から中にある円錐《えんすい》を引いたら求められるよ。

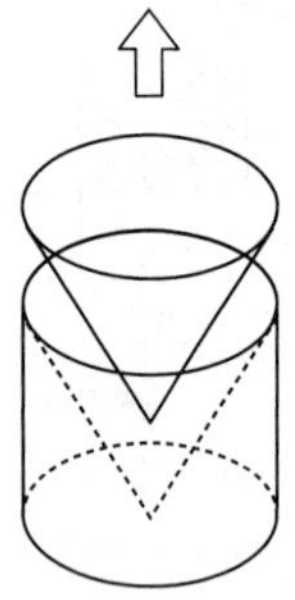

太郎くん：違《ちが》うよ。三角形ACDを高さ半分に切ったら，上の三角形が下の部分にはまるから，回転すると高さ半分の円柱を求めたらいいよね。

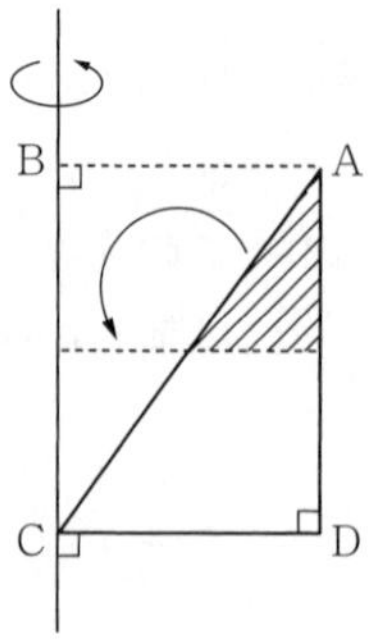

このとき，花子さんと太郎くんの考えのどちらが正しいですか。名前で答えなさい。

(2)　立体の体積は何 cm^3 になりますか。

(3)　立体の表面積は何 cm^2 になりますか。

【社　会】〈A試験〉（理科と合わせて60分）〈満点：50点〉

1　次の文を読み，あとの問いに答えなさい。

多数の工場が集中している地域を工業地帯といい，日本の工業地帯は①関東から北九州にかけて帯状に分布しています。なかでも，②東京・愛知・大阪・福岡の各都市を中心とする工業地帯は明治時代以降に大きく発展し，四大工業地帯が形成されました。

四大工業地帯は第二次世界大戦時の空襲によって大きな被害を受けましたが，戦後はいち早く工業生産を回復し，日本の復興を支えました。しかし，福岡を中心とする③北九州工業地帯は高度経済成長の後に生産量が減少し，現在は東京・愛知・大阪を中心とする三大工業地帯に変化するとともに，④新しい工業地帯を含め，日本各地で⑤地域の特性を活かした工業生産が行われています。

問1　下線部①の連続した工業地帯を何といいますか。

問2　下線部②の各都市を中心とした工業地帯の名称を漢字で答え，下の説明文ア～ウがそれぞれどの工業地帯のものかを選び，記号で答えなさい。

ア．現在の日本最大の工業地帯である。戦前は織物工業，戦後は機械工業が大きく発達し，日本最大の自動車メーカーの拠点となっている。

イ．機械工業とともに，出版社が多いことから印刷業の発達が特徴となっている。戦後から高度成長期までは日本最大の工業生産額をあげていたが，現在はこれらの工業地帯の中ではもっとも生産額が小さい。

ウ．江戸時代に「天下の台所」とよばれた商業の発展と，大消費地の利点を活かしたさまざまな工業が発達している。湾岸地域には重化学工業，中心地には電気機器や医薬品などが発達し，第二次世界大戦までは日本最大の生産額をあげていた。

問3　下線部③の理由を説明した文の空欄（1）～（3）にあてはまる言葉を答えなさい。

1901年に官営の（　1　）がつくられて以来，中国からの鉄こう石と筑豊《ちくほう》地域の（　2　）を利用して製鉄業が大きく発達していたが，エネルギー革命による（　2　）産業の衰退《すいたい》と鉄こう石の輸入先が（　3　）に変化したことなどによって生産がふるわなくなった。

問4　下線部④のうち，自動車などの機械工業の割合が高く，近年では阪神工業地帯に次ぐ出荷額をあげている工業地域はどこか。次のア～ウから選び，記号で答えなさい。

ア．鹿島臨海工業地域

イ．京葉工業地域

ウ．関東内陸工業地域

問5　下線部⑤について，地域の伝統産業である製薬や漆器，金属加工などを活かした工業がさかんな工業地域はどこか。次のア～ウから選び，記号で答えなさい。

ア．瀬戸内工業地域

イ．東海工業地域

ウ．北陸工業地域

問6　下線部⑤では，工業の種類によって分布が違う傾向もみられます。図A～図Cに示される工場の製品として正しいものを次から一つずつ選び，記号で答えなさい。

ア．半導体　　イ．石油化学　　ウ．セメント

図A

図B

図C

2 次の各時代の資料とその説明文を読み，あとの問いに答えなさい。

奈良時代		①左の人物は，仏教の布教《ふきょう》や②東大寺《とうだいじ》の大仏造立《ぞうりゅう》に尽力《じんりょく》した僧侶《そうりょ》の像です。社会発展のため，農業用のため池や橋，港などを整備しました。③大輪田泊《おおわだのとまり》もこの人物が築《きず》いたと伝えられています。
安土桃山時代		戦国大名の今川《いまがわ》氏や織田信長《おだのぶなが》などが実施した検地は自己申告《じこしんこく》制でしたが，④豊臣秀吉は⑤全国を同一の基準によって直接測量する方法で，検地を実施しました。左の絵は，その様子を描《えが》いたものです。

江戸時代		⑥左の人物は，白河藩主《しらかわはんしゅ》から老中に就任《しゅうにん》し，⑦寛政の改革を行いました。この改革は，これまでの利権《りけん》的な政治を否定《ひてい》し，クリーンな政治を目指すものでしたが，取り締《し》まりが厳《きび》しかったため，「白河《しらかわ》の　清《きよ》きに魚《うお》も　すみかねて　もとの濁《にご》りの　田沼恋《たぬまこい》しき」という歌が詠《よ》まれました。
明治時代		左の絵は，1886年におこったイギリス貨物船《かもつせん》が沈没《ちんぼつ》した事件を描いた風刺画《ふうしが》です。これをきっかけに⑧不平等条約改正を求める運動が強くなりました。そののち，⑨大日本帝国憲法が制《せい》定《てい》され，法律や制度が整《ととの》い，1911年に条約改正は完全に達成されました。
大正時代		⑩左の人物は，⑪第一次世界大戦中におこった⑫米騒動で倒《たお》れた寺内内閣《てらうちないかく》の後を受けて，内閣総理大臣となりました。この人物は，平民宰《へいみんさい》相《しょう》といわれて人気を集めたことでも有名です。

問1　下線部①の人物名を，次のア～エの中から1つ選び，記号で答えなさい。

ア．鑑真《がんじん》　イ．空也《くうや》　ウ．玄昉《げんぼう》　エ．行基《ぎょうき》

問2　下線部②を建てた天皇名を，次のア～エの中から1つ選び，記号で答えなさい。

ア．聖武《しょうむ》天皇　イ．天武《てんむ》天皇　ウ．桓武《かんむ》天皇　エ．天智《てんじ》天皇

問3　下線部③は平安時代末に平《たいらの》清盛《きよもり》によって修築《しゅうちく》され，日宋《にっそう》貿易で栄《さか》えた港です。この港の場所はどこですか。地図中のア～エから1つ選び，記号で答えなさい。

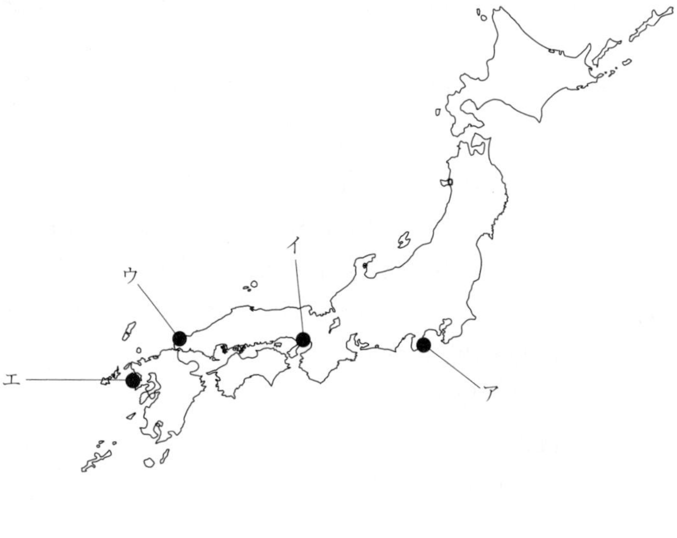

問4　下線部④について，この人物が実施した一揆《いっき》の防止や兵《へい》農分離《のうぶんり》を図《はか》るための政策を何といいますか。解答欄《らん》に合う形で，漢字2字で答えなさい。

問5　下線部⑤について，この検地を何といいますか。解答欄に合う形で，漢字2字で答えなさい。

問6　下線部⑥の人物名を次のア～エの中から1つ選び，記号で答えなさい。

ア．田沼意次《たぬまおきつぐ》　　イ．徳川吉宗《とくがわよしむね》
ウ．松平定信《まつだいらさだのぶ》　　エ．水野忠邦《みずのただくに》

問7　下線部⑦について，この改革の内容として正しいものを，次のア～エの中から1つ選び，記号で答えなさい。

ア．庶民《しょみん》の声を政治に反映《はんえい》させるため，目安箱を設置《せっち》した。
イ．商人の財力をもちいて，印旛沼《いんばぬま》や手賀沼《てがぬま》の干拓《かんたく》を行った。
ウ．旗本《はたもと》・御家人《ごけにん》の生活を救うため，札差《ふださし》からの借金を帳消《ちょうけ》しにする棄捐令《きえんれい》を出した。
エ．株仲間を解散させて，商品取引を自由にし，物価《ぶっか》を安定させようとした。

問8　下線部⑧について，日本はイギリスなどの条約締結国《ていけつこく》に対して，「外国人は罪《つみ》を犯《おか》しても，日本の法律で裁《さば》かれない権利」を認めていた。この権利を何といいますか。漢字で答えなさい。

問9　下線部⑨の説明文として正しくないものを，次のア～エの中から1つ選び，記号で答えなさい。

ア．天皇が制定した欽定《きんてい》憲法であり，主権は天皇にあった。
イ．国会(帝国議会)は，衆議院《しゅうぎいん》と貴族院《きぞくいん》からなっていた。
ウ．国民の権利は法律の範囲内《はんいない》で認められていた。
エ．アメリカ合衆国の憲法を模範《もはん》にして作られた。

問10　下線部⑩の人物名を，次のア～エの中から1つ選び，記号で答えなさい。

ア．黒田清隆《くろだきよたか》　　イ．犬養毅《いぬかいつよし》
ウ．原敬《はらたかし》　　エ．伊藤博文《いとうひろぶみ》

問11　下線部⑪について，右のグラフは第一次世界大戦前後の日本における貿易の動きを表したものです。このグラフについて述べた文として正しいものを，次のア～エの中から1つ選び，記号で答えなさい。

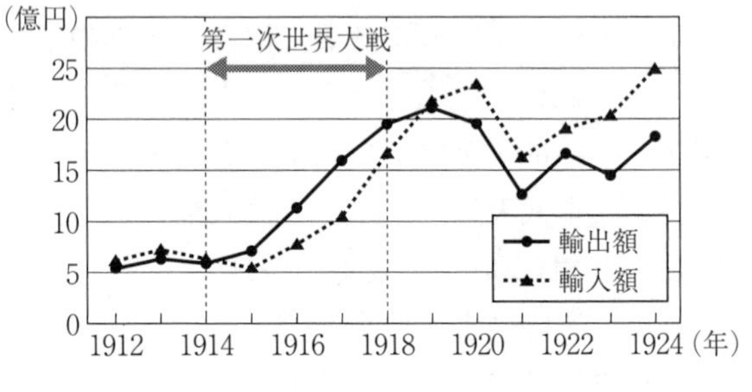

ア．第一次世界大戦前は輸入額《ゆにゅうがく》より輸《ゆ》出額《しゅつがく》の方が大きかった。
イ．第一次世界大戦が始まると貿易は行われなくなった。
ウ．第一次世界大戦中は，輸出額が輸入額を上回るようになった。
エ．第一次世界大戦が終わると，輸出額が大きくなっていった。

問12　下線部⑫について関連《かんれん》が深い出来事《できごと》を，次のア～エの中から1つ選び，記号で答えなさい。

ア．治安維持法《ちあんいじほう》の制定
イ．満州国《まんしゅうこく》の建国
ウ．関東大震災《かんとうだいしんさい》の発生
エ．シベリアへの出兵

3 下の文と図を見て，あとの問いに答えなさい。

国の政治を行うために，計画を立て，実際の仕事を運営する機関を中央官庁といいます。中央官庁は2001年に再編され，現在では１府12省庁があり，それぞれの役割分担のなかで，国を動かしています。それぞれの省庁を指揮・監督する人を大臣といい，内閣総理大臣が任命します。また，重要政策を担当する特命担当大臣もいて，この大臣も内閣総理大臣が任命します。各省には，副大臣と(あ)官がおかれ，大臣を補佐しています。

大臣は一般的には国会議員が任命されますが，内閣総理大臣は国会議員ではない人を大臣に任命することもできます。ただし，その人数は(い)未満と憲法で定められています。

また，特殊で独立性の高い仕事を担当するために，省庁の下に17の庁と９つの委員会がおかれています。

国のおもな行政機関

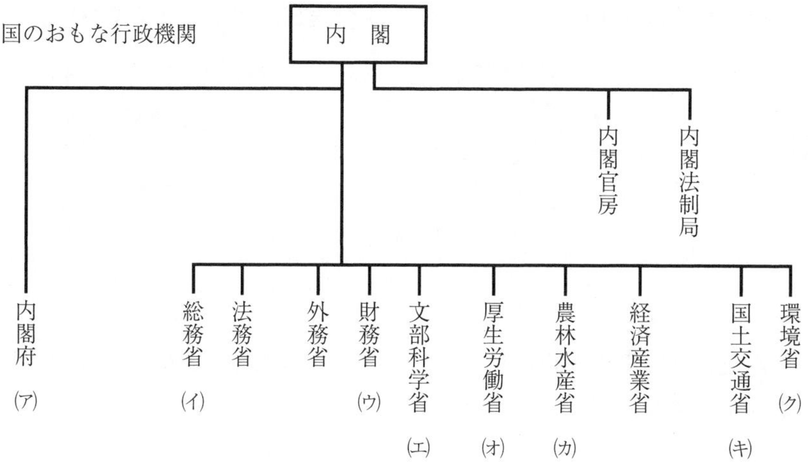

2021年現在

問１　文中の(あ)・(い)にあてはまる言葉をそれぞれ漢字２字で答えなさい。

問２　次の文Ａ～Ｄはそれぞれの省庁の仕事を説明したものです。図中の(ア)～(ク)の中からそれぞれ１つずつ選び，記号で答えなさい。

Ａ　この機関の仕事は，内閣の重要な政策を担当する省庁です。何人もの大臣がいることも大きな特徴です。

Ｂ　この機関は，国民の健康と労働など，生活の基盤《きばん》づくりを専門とする省庁で，幅広い仕事を受け持っています。

Ｃ　この機関は食料生産や食品の安全を担当する省庁です。

Ｄ　この機関は交通の整備や安全，土地の整備・管理を担当する省庁です。

問３　次の庁と委員会はどの省に属していますか，図中の(ア)～(ク)の中からそれぞれ１つずつ選び，記号で答えなさい。

① 国税庁

② スポーツ庁

③ 気象庁

④ 公正取引委員会

【理　科】〈Ａ試験〉（社会と合わせて60分）〈満点：50点〉

1　アサガオとヘチマについて，あとの各問いに答えなさい。

問１　アサガオやヘチマの種をまくころに見られるできごとは，どれですか。次のア～オより１つ選び，記号で答えなさい。

ア．カエルが冬眠している。

イ．アブラナの種が芽を出している。

ウ．ツバメが卵をあたためている。

エ．夜の草むらでコオロギが鳴いている。

オ．セミが羽化している。

問２　観察するためそれぞれの花をたてに割り，アサガオ，ヘチマの花のつくりを調べました。「おしべ」「めしべ」をそれぞれ図１のア～コより１つずつ選び，記号で答えなさい。

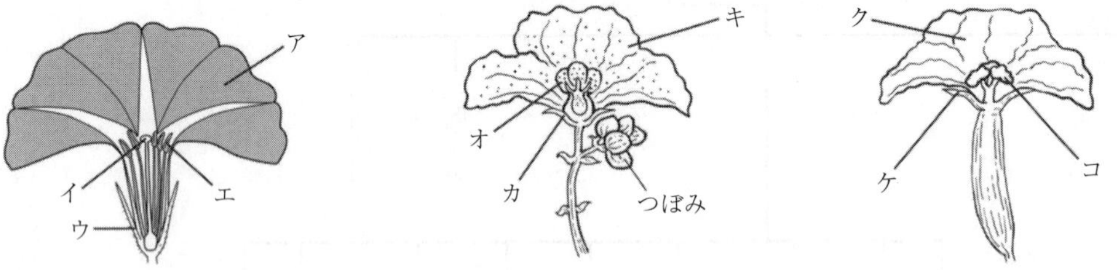

図１

問３　おしべの先からでた花粉を顕微鏡で観察しました。ヘチマの花粉を観察したものはどれですか。次のア～エより１つ選び，記号で答えなさい。

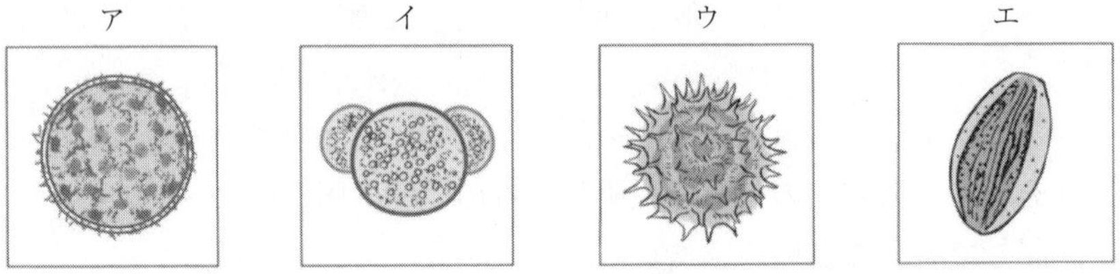

問４　アサガオのつぼみを使って，以下の〔実験〕ア～キを行い，実ができるかどうか調べました。その結果，イ・ウ・カ・キは実ができましたが，ア・エ・オは実ができませんでした。

〔実験〕

ア … つぼみの状態で，めしべを取った。

イ … つぼみの状態で，おしべを取った。

ウ … そのままにして，透明なふくろをかぶせた。

エ … つぼみの状態でおしべを取って，すぐに透明なふくろをかぶせた。

オ … つぼみの状態でめしべを取って，すぐに透明なふくろをかぶせた。

カ … 開花した直後に，おしべを取った。

キ … つぼみの状態で透明なふくろをかぶせて，翌日に開花した直後におしべを取った。

(1)　実を作るために，おしべが必要であることを確認するには，ア～キのうちどれとどれを比べるとわかりますか。ア～キより２つ選び，記号で答えなさい。

(2)　アサガオの自家《じか》受粉(同じ花からの花粉で受粉すること)が，つぼみのとき(開花する前)に行われることを確認するには，ア～キのうちどれとどれを比べるとわかりますか。ア～

キより2つ選び，記号で答えさない。

(3) アサガオが他家《たか》受粉(1つの植物の花粉が，異なる株《かぶ》のめしべについて受粉すること)によっても実のできることを確認するには，ア～キのうちどれとどれを比べるとわかりますか。ア～キより2つ選び，記号で答えなさい。

2 浦安市に住んでいるA君は夏休みに月の観察をしました。図1の①～⑤は観察したときの月のスケッチです。①，③，④は月が南中したときのスケッチです。また，①は2021年7月24日に観察したものです。あとの各問いに答えなさい。

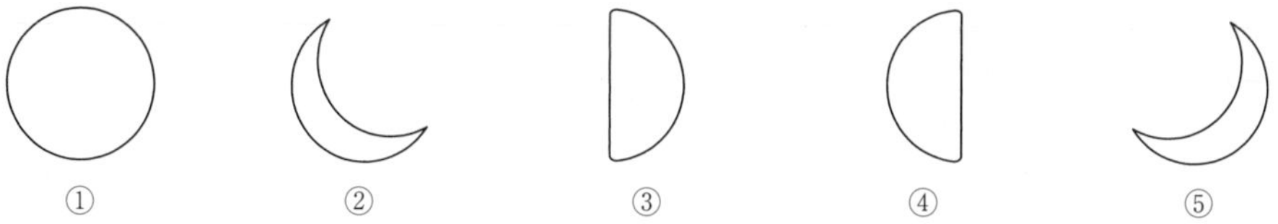

図1

問1 月はどの方角から出て，どの方角にしずみますか。正しいものを次のア～エよりそれぞれ選び，記号で答えなさい。

ア．東　イ．西

ウ．南　エ．北

問2 ①を始めとして月の形が変化していく順番に並べ，番号で答えなさい。

問3 ②の月をスケッチしたのは何時ごろですか。正しいものを次のア～エより1つ選び，記号で答えなさい。

ア．午前5時ごろ

イ．午前9時ごろ

ウ．午後3時ごろ

エ．午後7時ごろ

問4 ③の月がしずむときは地平線に対してどのような向きになりますか。正しいものを次のア～エより1つ選び，記号で答えなさい。

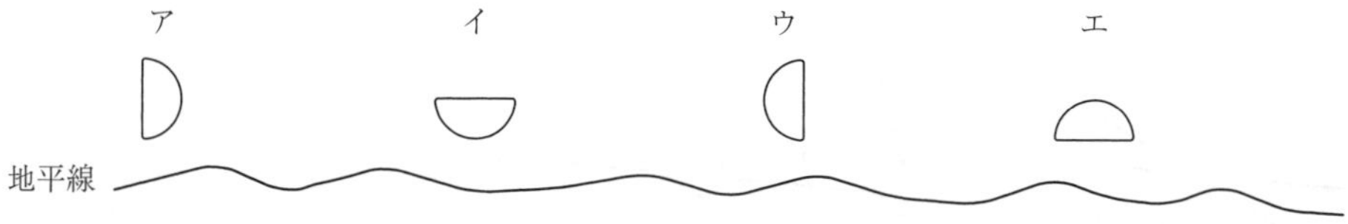

問5 ①の月は，季節によって大きさが違って見えます。5～6月のころが一番大きく見えて，スーパームーンといわれます。なぜ月の大きさが季節によって違って見えるのか説明しなさい。説明の中には，月，地球という言葉を必ず入れること。

問6 7月24日の次に①と同じ形になるのはいつですか。正しいものを次のア～エより1つ選び，記号で答えなさい。

ア．7月30日　イ．8月7日

ウ．8月22日　エ．9月1日

問7 図2は太陽，月，地球の位置関係です。⑤の月はA～Hのどの位置に月があるときですか。正しいものを1つ選び，記号で答えなさい。

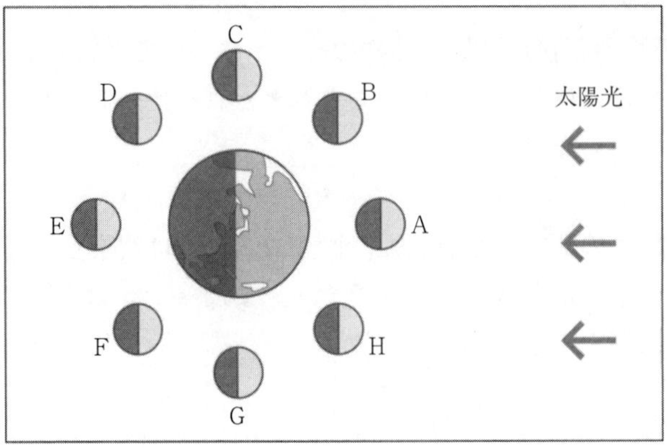

図2

3 A君は学校で物のとけ方についての実験を行いました。あとの各問いに答えなさい。

【実験】 温度の違う水をそれぞれ100gずつビーカーに入れました。そこに食塩とミョウバンを入れ，何gとけるかを調べ，表1にまとめました。

表1 実験の結果(各温度で水100gに食塩，ミョウバンがそれぞれとけた量)

	0℃	20℃	40℃	60℃	80℃	100℃
食塩	37.6g	37.8g	38.3g	39.0g	40.0g	41.1g
ミョウバン	3.0g	5.9g	11.7g	24.7g	71.0g	119.0g

問1 A君は『物がとける』という言葉の意味について，氷がとけるという意味と，食塩が水にとけるという2つの意味があることに気づきました。実験と同じように，「物の形が見えなくなるほど小さくなり，液全体に広がる」という意味で使われている文を次のア～エより1つ選び，記号で答えなさい。

ア．夏になり，富士山の雪がとけた。　　イ．火をつけたろうそくがとけた。

ウ．紅茶に砂糖がとけた。　　エ．鉄が高温でとけた。

問2 表1のグラフとして正しいものを次のア～エより1つ選び，記号で答えなさい。

ア

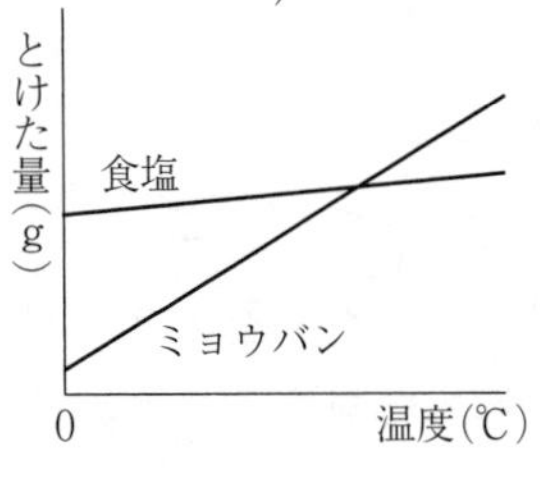

イ

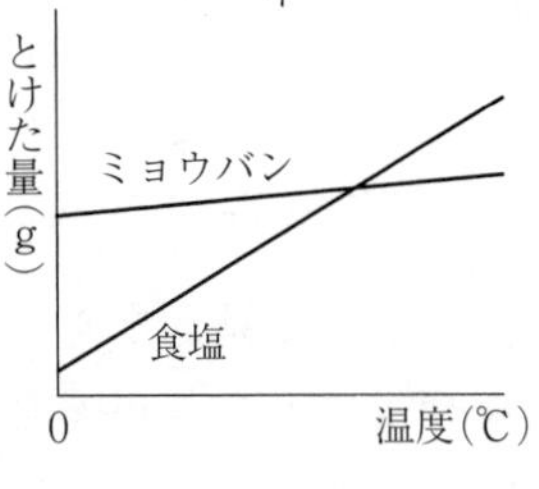

ウ

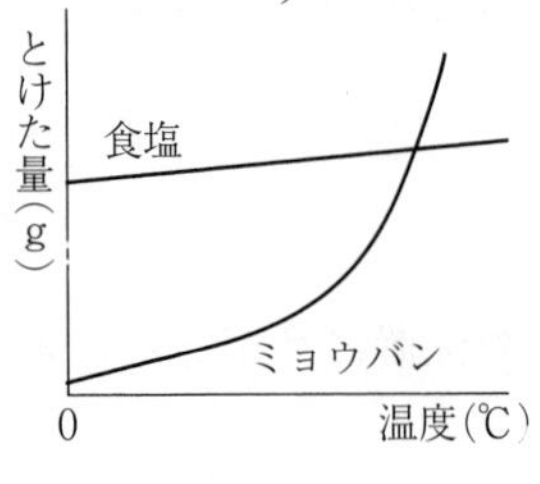

エ

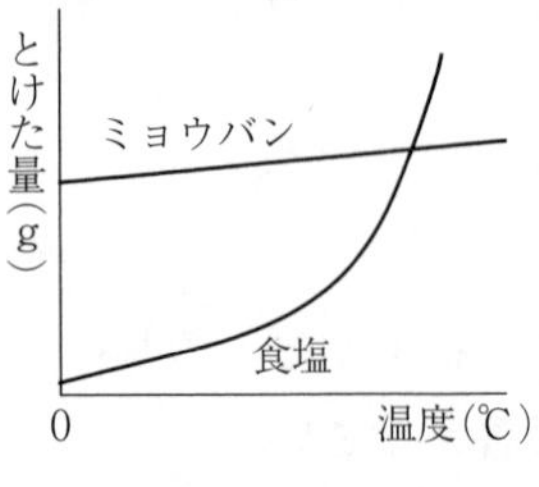

問3　80℃の水200gに，食塩は何gまでとかすことができますか。

問4　80℃の水100gを2つのビーカーに用意し，一方には食塩，もう片方にはミョウバンをそれぞれとけるだけとかしました。その後，20℃まで水の温度を下げたとき，食塩とミョウバンはそれぞれ何g出てきますか。

問5　重さのわからない80℃の水に食塩をとけるだけとかしました。この水よう液を20℃にしたとき，食塩が3.3g出てきました。80℃のときの水よう液の重さは何gでしたか。

4　同じ種類のかん電池と，同じ種類の豆電球を使い，下の図1～図5のような回路を組み立てて豆電球を光らせました。あとの各問いに答えなさい。

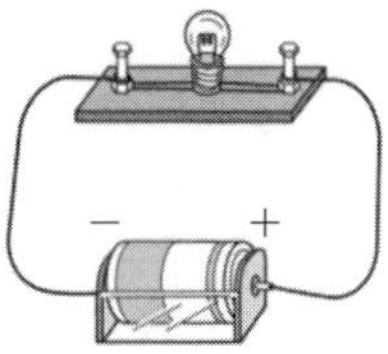

図1

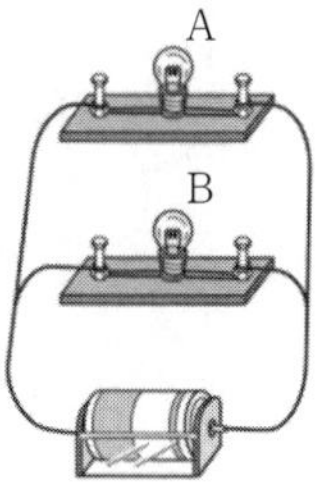

図2

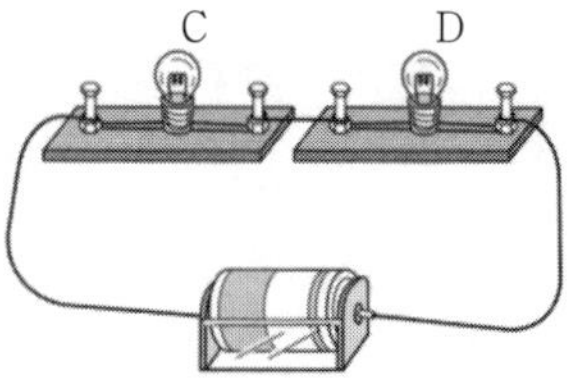

図3

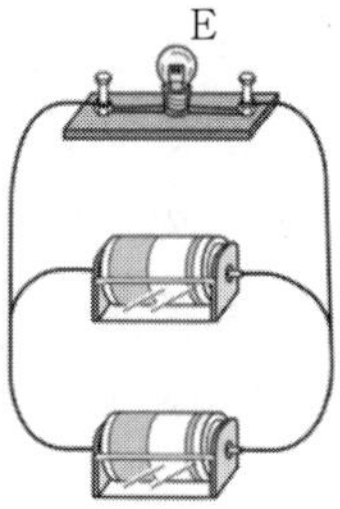

図4

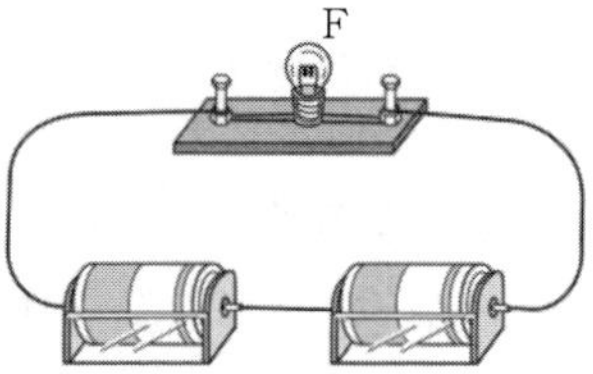

図5

問1　図1のかん電池の向きを反対にして電気を流すと，豆電球の光はどうなりますか。正しいものを次のア～エより1つ選び，記号で答えなさい。

ア．同じように光る　　イ．より明るく光る

ウ．暗くなる　　エ．光らない

問2　図4のようなかん電池のつなぎ方を何つなぎといいますか。漢字で答えなさい。

問3　図1の豆電球よりも明るく光る豆電球はどれですか。図中のA～Fより1つ選び，記号で答えなさい。

問4　図1の豆電球と同じ明るさで光る豆電球はどれですか。図中のA～Fよりすべて選び，記号で答えなさい。

問5　図1，図2，図3の中で，かん電池がもっとも長持ちするのはどれですか。図1，図2，図3より1つ選び，数字で答えなさい。

問6　同じ種類のかん電池2個と，同じ種類の豆電球2個を使い，図6～図9のような回路を組み立てて豆電球を光らせました。かん電池がもっとも長持ちするものはどれですか。図6～図9より1つ選び，数字で答えなさい。

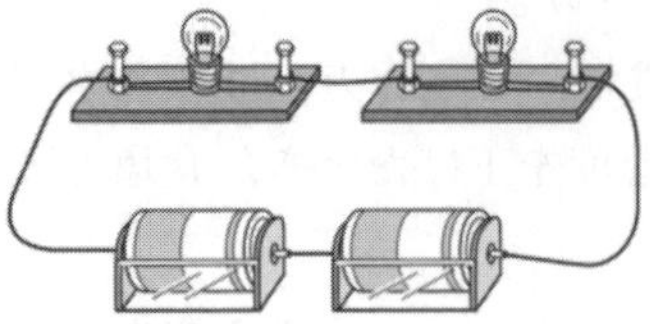

図6

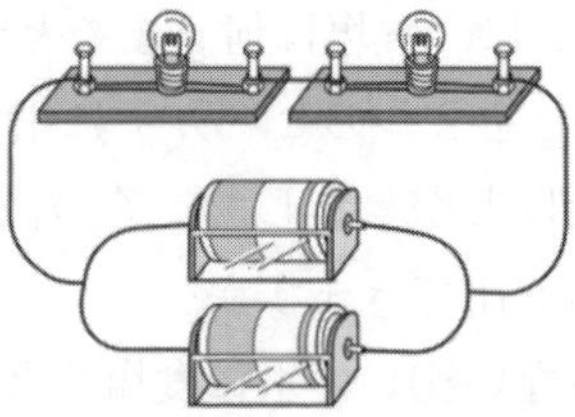

図7

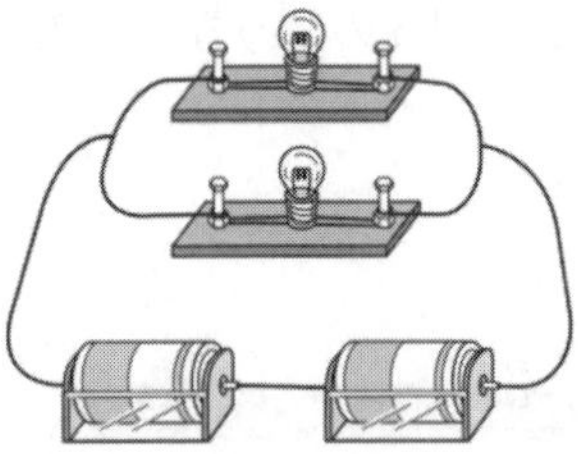

図8

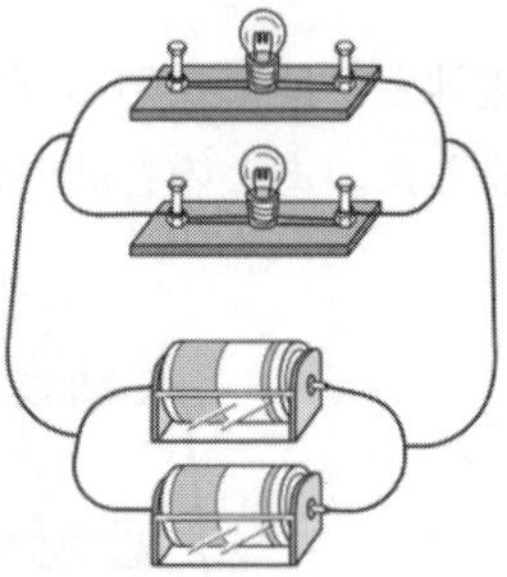

図9

5 次の文章を読んで，あとの問いに答えなさい。

感染症《かんせんしょう》の予防のため，ワクチン接種《せっしゅ》が各国で進んでいます。ワクチンとは，その病原体の力を弱めたり，バラバラにしたり，病原体に似せて作ったりしたものです。ワクチンを打つことで，抵抗《ていこう》する力をつけ，予防したり症状《しょうじょう》を弱めたりすることができます。今回の新型コロナウイルスに対するワクチンは，これまで私たちが使用してきたものとは異《こと》なり，ウイルスの①タンパク質を作るもとになる遺伝情報《いでんじょうほう》の設計図《せっけいず》の一部を注射します。そして，その遺伝情報をもとに体内でウイルスのタンパク質を作り，そのタンパク質に対する抗体《こうたい》が作られることで免疫《めんえき》を獲得《かくとく》します。

問 下線部①の体内で抗体を作るもととなる設計図の一部を何といいますか。次のア～エより1つ選び，記号で答えなさい。

ア．DNA　　イ．メッセンジャーRNA　　ウ．BTB溶液　　エ．生理食塩水

(4)　月日はあっというまに過ぎ去ること。

ア　一事が万事
イ　光陰《こういん》矢のごとし
ウ　なせば成る
エ　帯に短したすきに長し
オ　枯《か》れ木も山のにぎわい
カ　後悔《こうかい》先に立たず

問四　――線部④「諦《あきら》めの気持ちばかりがどんどんふくれあがっていった」とありますが、この後の中座の心境として最も適切なものを次の中から一つ選び、記号で答えなさい。

ア　現在の言いようのない不安を取りのぞくためには、目の前のことを一つずつ取り組むしかないという悲しい決意。

イ　将棋しかやってこなかった自分の人生を後悔し、周りと同じような平凡な道を歩もうとする決意。

ウ　自分の弱さを自覚し、強みを分析した上で将棋を指そうという、迷いを断ち切った決意。

エ　自分の夢に向かって最後まで努力すれば、例えプロ棋士になれなくても今後の人生につながっていくはずだという前向きな決意。

問五　[A]、[B]に当てはまる言葉を文章中から漢字二字でそれぞれ抜き出しなさい。

問六　――線部⑤「さまざまな感情」とありますが、適切でないものを次の中から一つ選び、記号で答えなさい。

ア　自分の人生への失望。

イ　故郷の両親への感謝。

ウ　木村に勝てなかった悔しさ。

エ　奨励会を退会する情けなさ。

問七　――線部⑥「運命の悪戯《いたずら》」とは、どういうことですか。最も適切なものを次の中から一つ選び、記号で答えなさい。

ア　自分の運命の急転を受け入れられずにいる青年を、カメラが映し出したこと。

イ　人生をかけて将棋に打ち込んだ中座が、他の棋士の負けを祈らなかったこと。

ウ　絶望した中座の奇跡的な昇段の瞬間写真が、多くの人の心を震わせたこと。

エ　奨励会の退会を覚悟した青年が、一転して四段昇段を勝ち取ったこと。

問八　――線部⑦「頭ハネ」とはどういうものですか。文章中から二〇字で抜き出しなさい。

問九　第18回奨励会《しょうれいかい》三段リーグ最終日の残り2局、中座が四段に昇段するための絶対的な条件として最も適切なものを次の中から一つ選び、記号で答えなさい。

ア　中座が今泉に勝つこと。

イ　中座が1勝以上すること。

ウ　木村が1敗以上すること。

エ　野月、藤内と勝敗で並ぶこと。

三

次の各問いに答えなさい。

問一　次の(1)～(3)の――線部を漢字に直しなさい。

(1)　仲間の声援《せいえん》に心がふるい立つ。

(2)　情報しゅうしゅうをする。

(3)　あの会社は年功じょれつ制だ。

問二　次の(1)～(3)の――線部をひらがなに直しなさい。

(1)　敵の大軍を退ける。

(2)　優勝して気分が最高潮だ。

(3)　夕日に映える山。

問三　次の(1)～(4)の意味に当てはまることわざとして、最も適切なものをあとの中からそれぞれ一つ選び、記号で答えなさい。

(1)　つまらないものでも、ないよりはましだということ。

(2)　一つのことを見れば、他のすべてがわかること。

(3)　中途《ちゅうと》半端《はんぱ》で使いものにならないこと。

堀口一史座　14勝4敗
中座　真　12勝6敗
今泉健司　12勝6敗
野月浩貴　12勝6敗
藤内　忍　12勝6敗
木村一基　11勝7敗

これが勝ち残っていた6人の青年たちが平成8年3月7日を戦った記録である。野月と藤内は2連敗、中座と今泉と木村(現七段)は1勝1敗。終わってみれば中座は3人を順位の差で⑦頭ハネしていた。しかも木村が最終局に勝っていれば、逆に順位が上の木村に中座が頭ハネされていたことになる。

しかも木村の1局目の相手は今泉であった。その将棋に木村は勝ち、そして2局目を自分が負けるという、まるで中座のために与えられたような役割を演じる結果になっている。6人の青年の運命が糸のように、無意識に必然的に絡《から》み合いほぐれ、そしてたった一つの結論は導《みち》き出されたのだ。

(『将棋の子』大崎善生)

※1　嚥下…口の中の物を飲み下すこと。
※2　冷酷…思いやりがなく酷いこと。
※3　奨励会…日本将棋連盟のプロ棋士養成機関。
※4　茫洋…広くて検討のつかないさま。
※5　懊悩…悩みもだえること。
※6　掉尾…物事の終わり。
※7　投了…囲碁や将棋で、一方が負けを認めて勝負を途中で終了すること。

問一　——線部①「衝撃《しょうげき》的な写真だった」とありますが、これはどのような写真ですか。最も適切なものを次の中から一つ選び、記号で答えなさい。
ア　四段になれないことを悟った一人の青年が、今後の人生に絶望し、呆然《ぼうぜん》としている写真。
イ　自分がプロ棋士になれないという現実を耐え忍んでいた青年が、栄光を掴み取ったという奇跡《きせき》的な瞬間の写真。
ウ　運命の流れに翻弄《ほんろう》され、大波に弄ばれる青年が、勝利の喜びを必死で抑えている神々しい写真。
エ　自分の実力を超えた結果を手に入れた青年が、周りに感謝し、より一層気を引きしめている写真。

問二　——線部②「鋭利《えいり》な硝子《がらす》の破片《はへん》が胸に突き刺《さ》さったような痛みを覚えた」とありますが、この文章に使われている表現技法として最も適切なものを次の中から一つ選び、記号で答えなさい。
ア　隠喩《ゆ》　イ　擬《ぎ》人法
ウ　倒置法　エ　直喩《ゆ》

問三　——線部③「最後の三段リーグ」とありますが、なぜ最後なのですか。最も適切なものを次の中から一つ選び、記号で答えなさい。
ア　26歳になると年齢制限によって奨励会を強制的に退会させられてしまうから。
イ　両親への申し訳なさを感じ、将棋をキッパリとあきらめ企業に就職しようと考えたから。
ウ　元々のルールに従って、四段に上がれなければ今期で退会しようと心に決めていたから。
エ　棋士ではなく、後進の指導という形で将棋に関わっていきたいと思ったから。

帰ってしまうほどの低確率でもない。

　他にどうすることもできずに、中座は熊のように廊下をうろうろと歩き回り始めた。

　自分の力でどうなるわけでもない。そのことは中座にはもちろんわかっていた。二人の負けを願う気持ちには到底《とうてい》なれなかった。ともに苦しいリーグを戦ってきた仲間である。しかし、だからといってきれいさっぱり諦めるにはその結果がもたらす意味はあまりにも重大すぎた。

　自分はまだ完全に詰まされたわけではない、そうつぶやきながら、うろうろと歩き回り結果を待つ、そのこと以外に中座に何ができたというのだろう。

　やがて中座のもとに一人の奨励会員が駆《か》け寄ってきた。

　そして、彼は中座がまったく予期していなかった言葉をいきなり口にした。

「おめでとう」

「えっ？」

「だから、おめでとう」

「えっ？」

　中座はわが耳を疑った。

「先ほど野月君が負け、中座さんの昇段が決まりました」

「昇段って、僕が？」

「そうです」

「嘘《うそ》だろう」

「本当です。［B］とも負けましたので」

「本当に？」

「はい。間違いありません」

　その言葉を聞いた瞬間、中座は腰《こし》が砕《くだ》けへなへなになってその場にへたりこんでしまった。

　天国から地獄《じごく》へとはいうが地獄から天国へということも人生にはありうるのだ。奨励会を去るために靴箱に手をかけた青年を誰かが引きとめそして手招きをした。そうとしか思えない奇跡《きせき》的な報告であった。

　あまりの運命の急転にどうすればいいのか、何を考えればいいのかさえ中座の頭には浮かんでこない。ただ、壁にもたれて座りこみ、膝《ひざ》を抱え頭をうつむけ、自分に起こっている事態を懸命《けんめい》に把握《はあく》しようとした。

　その姿を週刊将棋記者のカメラが捕らえた。

　思ってもみなかった⑥運命の悪戯《いたずら》に翻弄《ほんろう》され、その現実に対処することもできずに茫然《ぼうぜん》と座りこんでいる26歳の青年の姿である。自分に栄冠《えいかん》が舞《ま》い下りることなど想像することもできずに、わずか1時間前までは挫折《ざせつ》感や後悔や、容赦《ようしゃ》なく襲《おそ》いかかってくるさまざまな感情を封じ込めようと懸命《けんめい》に唇《くちびる》を噛《か》んでいた青年が実は勝ち残っていた、それはあまりにも残酷《ざんこく》で皮肉でそれゆえに神々《こうごう》しい瞬間《しゅんかん》の映像なのである。

　おそらく自分がその場に居合わせたとしても、私にはカメラを向けることはできなかっただろう。勇気を振《ふ》りしぼってカメラを向けた週刊将棋記者の行動が、図《はか》らずも奨励会と三段リーグの厳しさの現実を的確に写しだし、多くの人の心を震《ふる》わせ、硝子の破片を胸に突き刺す結果となったのだった。

　平成8年3月7日、自分の人生や夢の行方をかけて戦う青年たちが演じてきた奨励会三段リーグという数々のドラマのなかでも、この一日は歴史的な死闘《しとう》が繰《く》り広げられた。

　その日、地獄の畳《たたみ》の上に座る26人の若者の運命を決めたものはいったい何だったのだろうか。それは、星の巡《めぐ》り合わせとか運とかでかたづけられるものなのだろうか。

時代の※6掉尾《とうび》となる。歩いても歩いてもそれ以外のことは何も思いつかず、考えはまとまらなかった。ただ、すれ違うカップルや若者たちがなぜかとても眩《まぶ》しく思えた。

運命の最終局は競争相手の今泉健司三段との直接対決だった。

しかし、その第2局に中座は敗れ去る。

今泉は強かった。歯が立たなかった。序盤《じょばん》の構想を巧《たく》みにとがめられ、それからはほとんど何をすることもできないまま押しきられてしまった。まったくの完敗であった。

せめてもと思い中座は最後の一手詰《いってづめ》の局面まで指して、王様を詰《つ》まされて※7投了《とうりょう》した。がんじがらめになって、一歩も動けない王様は［A］の姿のように思えた。しかし、そうすることによって中座は自分自身にけじめをつけたかったのである。

昇段は今泉だろうなと虚《うつ》ろな状態で簡単な感想戦をやりながら中座は直感していた。将棋の手厚さ堅実《けんじつ》さ落ち着き、何をとっても自分より上に思えたからだ。このとき、中座は今泉が1局目に敗れていることを知らなかったのだ。今泉だけではない、野月も藤内も1局目に敗れていた。そのことも何も、中座は知らないでいたのである。

何もかもが終わったと中座は考えた。子供のころから抱《いだ》き続けてきた棋士《きし》になる夢は、たった今自分の手のなかでついえたのだ。あの一歩も身動きのとれなくなった王将ともろともに。

将棋盤《ばん》を離れると突然《とつぜん》に⑤さまざまな感情が地鳴りのように胸に押《お》し寄せてきた。最終局に勝てなかった悔《くや》しさや、奨励会を卒業できなかった情けなさ、はるか稚内《わっかない》の地から自分を支援《しえん》し続けてくれた両親への感謝とそして申し訳なさ、小学校6年からの故郷を遠く離《はな》れた東京での修業の厳しさや寂《さび》しさや、ああ、これからどうしよう俺は何をすればいいんだという不安感や、とにかくそんな感情がとめどもなく胸に響《ひび》き渦巻いていた。

それから、ここにいてもどうしようもないと思い立ち、靴《くつ》箱の前で帰り仕度を始めた。

そのときである。

一人の奨励会員が近づいてきた。

「二人が負ければ、中座さんにまだ上がり目があります」

と伝えた。

「えっ？　何のこと」と中座は聞き返した。

彼が何を言っているのか、中座には理解することができなかったのである。

「野月君と藤内さんの二人が負ければ中座さんが昇段です」

「冗談《じょうだん》だろ？」

「いや本当です」

「だって、今泉君は？」

「彼は、1局目負けましたので12勝6敗。中座さんが上です」

「えっ、今泉君負けていたんだ」

「はい」

同じ12勝6敗で終わったが、中座の方が順位が上だった。三段リーグには前期の成績を基《もと》に定められた順位があって、同星の場合は順位上位者が昇段となる決まりがある。いわゆる頭ハネというルールである。

堀口一史座（現六段）が1局目を勝ち昇段を決め、残る最後の椅子《いす》を3人が争うことになっていた。

12勝4敗で最終日を迎えた野月浩貴（現五段）も藤内忍も1局目を負けていた。その時点で二人とも12勝5敗、しかもこの二人よりも中座の方が順位が上なのである。

可能性がある、その言葉に中座の心は乱れた。昇段をかけた大一番で、まさか二人がそろって負けるとは思えなかったが、しかし確かに

藤内《とうない》　忍　12勝4敗
中座　真　11勝5敗
今泉健司　11勝5敗
木村一基《かずき》　10勝6敗

半年間にわたる26人という大人数のリーグ戦の末、最終日まで生き残ったのがこの6人だった。

三段リーグは一日2局。したがって自分が2連勝したとしても上位3人のうちの2人に連勝されてしまえば中座に上がり目はない。その瞬間に中座の棋士《きし》人生は終止符《しゅうしふ》を打つことになるのである。

そんな極限状態のなか中座は1局目を制する。残すはあと一局。それは自分にどんな結果が待ち受けていようとも、中座にとっての奨励会最終最後の一番となる。

四段昇段か奨励会退会か。あまりにも大きな運命の重しをずっしりと背負《せお》って、中座は対局に挑《いど》んだ。

1局目が終了した時点で中座は競争相手の星をいっさい確認しなかった。自力で2連勝しない限りは、確率的にいっても自分に勝算がほとんどないことはわかりきっていたから、他人の星には興味もなかった。

勝つしかない。

他のことはどうでもいい。勝っても上がれないかもしれないが、それもどうでもいい。

どんなに頑張《がんば》っても人の将棋の結果を変えることはできないのだ。とにかく自分は目の前にいる敵を全力で倒《たお》して、そして15年の奨励会生活を終えるのだ。たとえやめるにしても、自分に与えられた最後の戦いを勝って終わりにしよう。

そう中座は心に決めたのだった。

中座が三段リーグに参入したのは平成2年の春、20歳のときのことだった。その後何度かチャンスはあったもののもう一歩のところで届かないという状態が続き、リーグ6期目を過ぎたあたりでは、希望は空気を抜《ぬ》いた風船玉のようにくしゃくしゃにしぼみ、④諦《あきら》めの気持ちばかりがどんどんふくれあがっていった。

これまでの人生で、将棋のほかのことは何もしていない。こんな自分が将棋をやめていったい何ができるというのだろう。同じ年頃《としごろ》の人間は大学を卒業し社会人としてのスタートを切っている。世界が日に日に広がっていくように見える彼らと、可能性がしぼみ路地裏の細い道へと入りこんでいく自分。

形のない※4茫洋《ぼうよう》とした不安がつねに頭のなかに渦《うず》巻いている、そんな苦しい状態で※5懊悩《おうのう》の日々が続いた。

しかし25歳のある日、中座はその不安を捨てる。自分に残された時間は泣いても笑ってもあと1年、そのわずかな時間を怯《おび》えながらではなく戦いながら過ごそう。周りばかりを気にするのではなく勇気を持って前を向こう。自分の進む道は確かにか細く、見つけることはできないかもしれないけれども、しかしそれは確実に存在しているのだ。

そして中座はこうも考えた。

ここで、この奨励会という場所で経験してきたことは、たとえ自分がその後にどんな人生を歩むことになろうとも決して無駄《むだ》にはならないはずだ。

最終日の1局目を制した中座は、昼食をとるために将棋会館を出た。いつもは奨励会で出される弁当を食べてすますのだが、この日ばかりはそんな気分にはなれなかったし、何を食べても喉《のど》を通る気がしなかった。軽食をすませた中座は東京体育館や国立競技場の周辺をあてもなくうろうろとさまようことで時間をつぶした。自分にとって奨励会最後の対局が迫《せま》っている。勝っても負けても次の一局が長かった修業

問六　――線部⑦「同一視」とはどういうことですか。最も適切なものを次の中から一つ選び、記号で答えなさい。

ア　他者と自分の境界がわからなくなってしまうこと。

イ　ペルソナと自分本来の姿を同じだとみなしてしまうこと。

ウ　個性的な生き方に寄せていくということ。

エ　他者と同じような考え方にしていくということ。

問七　――線部⑧「硬化したペルソナの悲劇」から逃れるために筆者はどのようにしたらよいと考えていますか。最も適切なものを次の中から一つ選び、記号で答えなさい。

ア　周囲に合わせた態度を常にするのではなく、本来の自分をあらわす場をもつことが必要である。

イ　周りの意見に流されるのではなく、自分の意見をしっかりと表明することが必要である。

ウ　人々はペルソナを持たないように働きかけていくべきである。

エ　考えを固持するのではなく、柔軟に物事を考えていく必要がある。

二

次の文章をよく読み、あとの問いに答えなさい。

心の片隅《すみ》に貼《は》りついてしまったシールのように、剝《は》がそうとしてもなかなか剝がすことのできない一枚の写真がある。

平成8年3月13日に発行された「週刊将棋《しょうぎ》」の13面という、あまり目立たない場所にひっそりとそのモノクロ写真は掲載《けいさい》された。

ダイレクトに胸を衝《つ》く、①衝撃《しょうげき》的な写真だった。それを見た瞬間《しゅんかん》に私は確かに何かが、たとえば②鋭利《えいり》な硝子《がらす》の破片《はへん》が胸に突き刺《さ》さったような痛みを覚えた。

一人のセーター姿の青年ががっくりと首を落として座りこんでいる。場所は東京将棋会館4階の廊下《ろうか》の片隅《かたすみ》である。

青年は膝《ひざ》を抱《かか》え腕《うで》の中に顔を埋《う》めるようにして、へたりこんでいる。精も根も尽き果て、まるで魂《たましい》を何ものかに奪《うば》われてしまったかのようにうなだれている。その日一日で、まるで大波に弄《もてあそ》ばれる小船のようにくるくると変わっていった自分の運命への驚《おどろ》きを隠そうともせず、受け入れることも※1嚥下《えんか》することもできず、また涙《なみだ》さえ流すこともできずにただ茫然《ぼうぜん》と座りこんでいる。

その姿をカメラは※2冷酷《れいこく》にとらえていた。

写真は3月7日に行われた第18回※3奨励会《しょうれいかい》三段リーグ最終日に写されたもので、被写体《ひしゃたい》は中座真《ちゅうざまこと》(現五段)である。

中座はその日、彼にとって③最後の三段リーグを戦っていた。このリーグ戦の最中に誕生日を迎《むか》え26歳になっていた中座は、年齢《ねんれい》制限という奨励会《しょうれいかい》特有の規則のため、基本的にはもうこれ以上リーグ戦に参加することは許されない。

このころ、リーグ戦で勝ち越《こ》していれば29歳までは次回にも参加できるというようにルールが一部改正されていたが、中座は今期が自分にとっての最後のリーグであると固く心に決めていた。11歳で奨励会に入会した中座にとって、15年という長い月日の果てに迎《むか》えた文字通りの最終日である。

そんな状況《じょうきょう》で迎えた長丁場のリーグ戦を中座は何とかよろよろと勝ち進み、昇段《しょうだん》の可能性を残したままその日を迎《むか》えていた。

中座には競争相手が5人いた。彼を含めた6人が四段へ、つまりは自分の夢や将来へと続く二つの椅子《いす》を争っていた。

中座はその6人のうちの4番手に位置していた。

堀口一史座《かずしざ》　12勝4敗
野月《のづき》浩貴　12勝4敗

がむずかしくなる。いつか、マルセル・マルソーのパントマイムを見たとき、ある男がいろいろな面をかぶって喜んでいるうち、道化の面をかぶると取れなくなってしまって困る場面の演技があった。面を取ろうと苦労して、身体はもがき苦しむが、どんなに苦しんでも、ずっと顔のほうは道化の笑い顔で、この相反するものを表現してみせるところにマルソーの演技が輝きを見せる。これは、まさに⑧硬化したペルソナの悲劇を演じているものと感じられたのだった。」（河合隼雄『ユング心理学入門』培風館）

こうしてみると、周囲にうまく溶《と》け込《こ》むためにはペルソナは大事だが、ペルソナを脱ぎ捨てて本来の姿をあらわす場をもつことも必要であり、自分の出し方を調整するという意味で、適度な柔軟《じゅうなん》性をもつことが大切だとわかる。

ペルソナを外すことができず、ペルソナに同化した生き方をしていると、ときに窒息《ちっそく》しそうな息苦しさに襲《おそ》われることになりかねない。

（『「さみしさ」の力　孤独《こどく》と自立の心理学』榎本博明）

問一　——線部①「ペルソナ」とは何のことですか。本文中から二十二字で抜き出しなさい。

問二　——線部②「円滑」の本文中の意味として最も適切なものを次の中から一つ選び、記号で答えなさい。

ア　協力し合って行うこと。
イ　すべすべして肌触《はだざわ》りがよいこと。
ウ　親しみやすいこと。
エ　物事がとどこおりなく進むこと。

問三　——線部③「学校の先生なら先生らしいペルソナを身につけ、営業担当者であれば営業の人間らしいペルソナを身につけないと、仕事上の役割をうまく遂行することができない」とありますが、この具体的な説明として最も適切なものを次の中から一つ選び、記号で答えなさい。

ア　学校の先生は体を鍛《きた》えておかないと周囲の信頼を得られないということ。
イ　営業の人は行動の予測がつきにくいため信頼されず、仕事がはかどらないということ。
ウ　学校の先生は信頼してもらえる態度を身につけていないと、保護者や生徒との関係に問題が出てきてしまうということ。
エ　営業の人は丈夫《じょうぶ》な体を持っていないと取引先を回ることができないということ。

問四　——線部④「忠実」⑥「率直」の読み方をそれぞれひらがなで答えなさい。

問五　——線部⑤「いったんペルソナが身につくと、それを脱ぎ捨てるのはかなり難しい」とありますが、この説明として最も適切なものを次の中から一つ選び、記号で答えなさい。

ア　ペルソナは環境に適応するために作られているもので、いったんそれを身につけると、その環境に身を置いた瞬間に対応するペルソナに切り替わってしまうため、本来の姿をさらけ出すことが難しくなるということ。
イ　ペルソナは環境に適応するために作られているので、慣れてしまうと心地よくなり、どのような環境であってもそのペルソナから抜け出せなくなってしまうということ。
ウ　ペルソナによって環境に適応していくと、どれが本当の自分なのかわからなくなってしまうので、自分の気持ちさえ明確にならなくなってしまうということ。
エ　ペルソナは小さいころからのしつけによって身についているものなので、成人後に環境の変化によって新たなペルソナを獲得することは難しくなってくるということ。

二〇二二年度 東海大学付属浦安高等学校中等部

【国語】〈A試験〉(五〇分)〈満点：一〇〇点〉

一 次の文章をよく読み、あとの問いに答えなさい。

周囲の人たちとつながるための①ペルソナに苦しむ人もいる。

ペルソナとは、外的世界への適応のために個人が身につけた態度のことである。わかりやすく言えば、人間関係を②円滑《えんかつ》にするための仮面である。

③学校の先生なら先生らしいペルソナを身につけ、営業担当者であれば営業の人間らしいペルソナを身につけないと、仕事上の役割をうまく遂行《すいこう》することができない。社会的役割をきちんと担うためにも、社会的に適応するためにも、安定したペルソナを築くことが必要となる。学生であれば、もっとプライベートな意味での役割、友だちづきあいにおいてこんな役回りを演じているという意味でのペルソナである。

ペルソナの安定しない人物は、行動の予測がつきにくく、相手からすればよくわからない人物、それゆえ信頼《しんらい》しにくい人物、あるいはつき合いづらい人物ということになりやすい。

ただし、ペルソナというのは、自分本来の姿、個性といったものをある程度犠牲《ぎせい》にすることで維持《いじ》されるものであるため、あまりにペルソナに④忠実に生き続けていると息が詰《つ》まって苦しくなる。

ある学生は、いつも笑顔でおちゃらけているため、深刻に悩《なや》むことがあり、とてもはしゃぐような気分じゃないときも、みんなに会うと反射的に笑わせるようなことを言ってしまい、いつものようにテンションをあげて場の盛り上げ役に徹《てっ》している。そこまで無理しなくてもいいのにと思うものの、どうしても無理をしてしまい、それが苦しくなることがあるという。

自分はけっこう無理してサービス精神を発揮し、場の盛り上げ役を引き受けているのに、仲間たちからはお調子者みたいに見られ、一方、仲間のことなど考えずにテンション下がってる自分を平気で出す人がまじめとみなされ同情されたりして、何だか損な性格だなと思うという者もいる。

いつも明るく元気に冗談《じょうだん》を言っているけれども、ときには悩むこともあり、人に話したくなったりもするのだが、あるとき友だちに話したら、「何言ってるんだ。お前らしくないな」の一言でかわされてしまい、ほんとうの自分の姿をさらけ出せる友だちがいないことに気づき、とてもさみしい気持ちになったという者もいる。

それなら無理して明るく振《ふ》る舞《ま》ったり、はしゃいで盛り上げ役を演じたりするのをやめればいいと思うかもしれない。でも、⑤いったんペルソナが身につくと、それを脱《ぬ》ぎ捨てるのはかなり難しい。なぜなら、周囲の人たちはそのペルソナを通してこちらとかかわっているからだ。

無理してはしゃぐ自分から脱《だっ》しようと思ったけれど、そうした行動パターンが自分の中で自動化しているため、結構深刻な気分のときでも、友だちと会った瞬間《しゅんかん》におちゃらけてはしゃぐ自分に切り替わる。そんな習性が染みついてしまった自分がいる。サービス精神でつながるのではなく、お互いにほんとうに気になることを⑥率直に話せる関係になりたい。そんな悩みを口にする者もいる。

そうした悩みを聞くにつけ、ユング心理学者河合隼雄《はやお》のつぎのような記述を思い出す。「ペルソナの形成に力を入れすぎ、それとの⑦同一視が強くなると、ペルソナはそのひとの全人格をおおってしまって、もはやその硬《かた》さと強さを変えることができなくなり、個性的な生き方

2022年度

東海大学付属浦安高等学校中等部 ▶解説と解答

算　数　＜Ａ試験＞（50分）＜満点：100点＞

解　答

1 (1)　23　(2)　31.4　(3)　$\frac{2}{3}$　(4)　$\frac{3}{4}$　(5)　1　(6)　13個　2 (1)　110個　(2)　4 cm^2　(3)　80m　(4)　５月３日　(5)　２％　(6)　18時間12分　3 (1)　125本　(2)　117枚　4 (1)　Ｂ　(2)　２位　(3)　イ　5 (1)　花子　(2)　75.36cm^3　(3)　150.72cm^2

解　説

1 四則計算，計算のくふう，倍数

(1)　$31-4\times2=31-8=23$

(2)　$3.14\times12-3.14\times2=3.14\times(12-2)=3.14\times10=31.4$

(3)　$13\div19\times38\div39=13\times\frac{1}{19}\times38\times\frac{1}{39}=\frac{13\times38}{19\times39}=\frac{2}{3}$

(4)　$\frac{1}{5}\div\left(\frac{2}{3}-\frac{2}{5}\right)=\frac{1}{5}\div\left(\frac{10}{15}-\frac{6}{15}\right)=\frac{1}{5}\div\frac{4}{15}=\frac{1}{5}\times\frac{15}{4}=\frac{3}{4}$

(5)　$\left(\frac{1}{3}-0.2\right)\div0.4+\frac{2}{3}=\left(\frac{1}{3}-\frac{1}{5}\right)\div\frac{2}{5}+\frac{2}{3}=\left(\frac{5}{15}-\frac{3}{15}\right)\times\frac{5}{2}+\frac{2}{3}=\frac{2}{15}\times\frac{5}{2}+\frac{2}{3}=\frac{1}{3}+\frac{2}{3}=\frac{3}{3}=1$

(6)　１から99までの整数のうち，７の倍数は，99÷７＝14あまり１より，14個ある。また，１から９までの整数のうち，７の倍数は，９÷７＝１あまり２より，１個ある。よって，10から99までの整数（２けたの整数）のうち，７の倍数は，14－１＝13（個）ある。

2 売買損益，面積，通過算，日暦算《にちれき》，濃度《のうど》，仕事算

(1)　１個あたりの利益は，280－210＝70（円）なので，全体の利益が7700円のとき，売った品物の個数は，7700÷70＝110（個）とわかる。

(2)　右の図１で，アの長さは，５－３＝２（cm）だから，イの長さは，４－２＝２（cm）である。同様に，ウの長さは，５－３＝２（cm）だから，エの長さは，４－２＝２（cm）となる。よって，斜線《しゃせん》部の面積は，２×２＝４（cm^2）と求められる。

図１

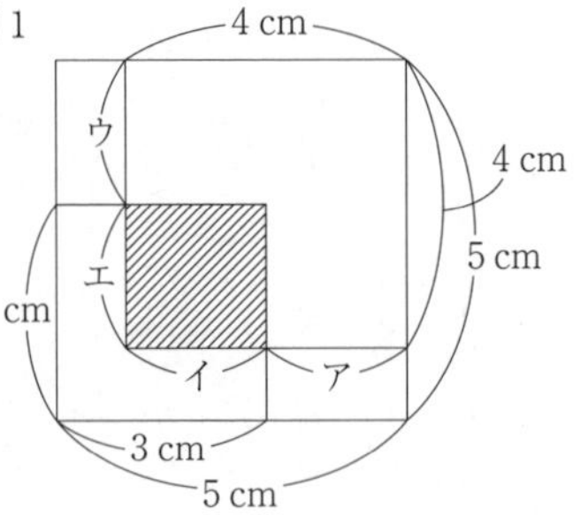

(3)　１時間＝60分＝（60×60）秒＝3600秒であり，108km＝108000mだから，時速108kmを秒速に直すと，秒速，108000÷3600＝30（m）となる。また，電車は橋を渡《わた》り始めてから渡り終えるまでに，右の図２のように，橋と電車の長さの和だけ進む。橋と電車の長さの和は，30×６＝180（m）なので，電車の長さは，180－100＝80（m）と求められる。

図２

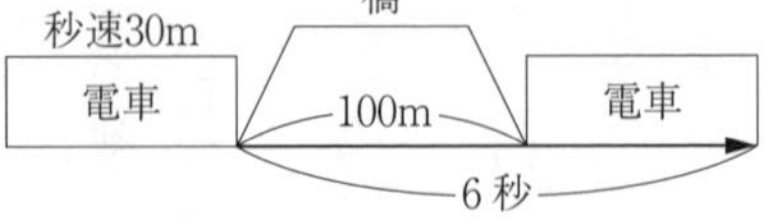

(4)　2022年１月24日から１月31日までは，31－24＋１＝８（日）ある。また，2022年はうるう年では

ないから，２月は28日，３月は31日，４月は30日あるので，１月24日から４月30日までは，８＋28＋31＋30＝97(日)ある。よって，１月24日から数えて100日目は，５月１日から数えて，100－97＝３(日目)だから，５月３日とわかる。

⑸　４％の食塩水50ｇには，食塩が，50×0.04＝２(ｇ)ふくまれる。水を50ｇ足すと，食塩水の重さは，50＋50＝100(ｇ)になるが，ふくまれる食塩の重さは２ｇで変わらない。よって，濃度は，２÷100＝0.02より，２％となる。

⑹　５分と６分の最小公倍数である30分間で，Ａは，30÷５＝６(個)，Ｂは，30÷６＝５(個)製品が作れるから，ＡとＢをどちらも使うと，30分間で，６＋５＝11(個)製品が作れる。よって，400÷11＝36あまり４より，30×36＝1080(分)で，11×36＝396(個)の製品ができる。残りの，400－396＝４(個)を作るようすは，右の図３のように表せるので，残り４個を作るのにかかる時間は，６×２＝12(分)とわかる。したがって，製品を400個作るには，1080＋12＝1092(分)，つまり，1092÷60＝18あまり12より，18時間12分必要である。

図３
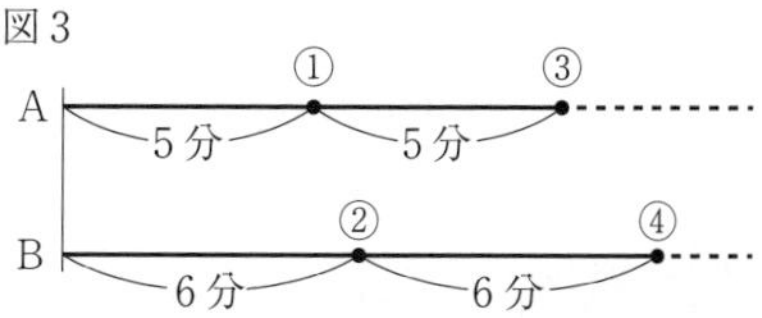

3　植木算

⑴　紙を90度回転して，横40cm，たて50cmの紙と考えると，横８cm，たて２cmの帯状の紙は，横の方向にちょうど，40÷８＝５(本)ずつ，たての方向にちょうど，50÷２＝25(本)ずつ切り取ることができる。よって，帯は，５×25＝125(本)作ることができる。

⑵　帯状の紙が１枚のとき，横の長さは８cmで，２cmの「のりしろ」で１枚つなぐごとに，右の図のように，横の長さは，８－２＝６(cm)ずつ増える。よって，横の長さの合計が，７ｍ＝700cmを超《こ》えるには，６cmずつ増やした長さが，700－８＝692(cm)を超えればよいので，692÷６＝115あまり２より，最初の１枚の後に，115＋１＝116(枚)つなぐと，７ｍを超える。したがって，全部で，１＋116＝117(枚)使えばよい。

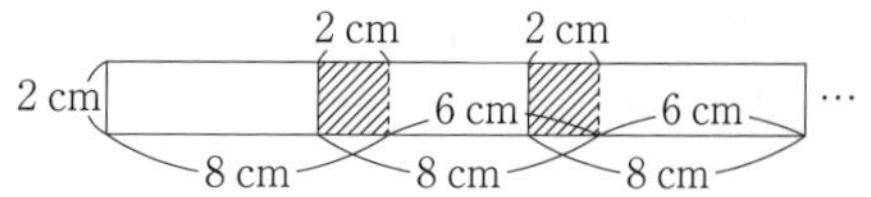

4　条件の整理

⑴　条件②と条件③より，Ｃが４位で，Ｃに負けたＢが５位であることがわかる。

⑵　引き分けはないものとして考えると，⑴より，Ａ，Ｄ，Ｅの３人は１位～３位のいずれかであることがわかる。条件⑤を加えると，Ｄが３位であることが決まり，条件④より，Ａが２位，Ｅが１位となる。

⑶　ア　ＡはＤにもＥにも負けたことになるが，ＤとＥの勝ち負けがわからないため順位が決まらない。　　イ　ＤがＥに勝ったことがわかると，⑴と条件④より，Ａが３位，Ｅが２位，Ｄが１位と決まる。　　ウ　Ｅが１位と決まっても，ＡとＤの勝ち負けがわからないので順位が決まらない。

5　立体図形―体積，表面積

⑴　右の図のような立体ができる。この立体は，四角形ABCDが回転してできる円柱から，三角形ABCが回転してできる円錐《すい》を取りのぞいた立体なので，花子さんの考えは正しい。また，太郎くんの考えで，右の図で斜線部分の三角形と太い点線で囲まれた三角形は，回転させる前は合同な三角形だが，回転させてできる立体は異

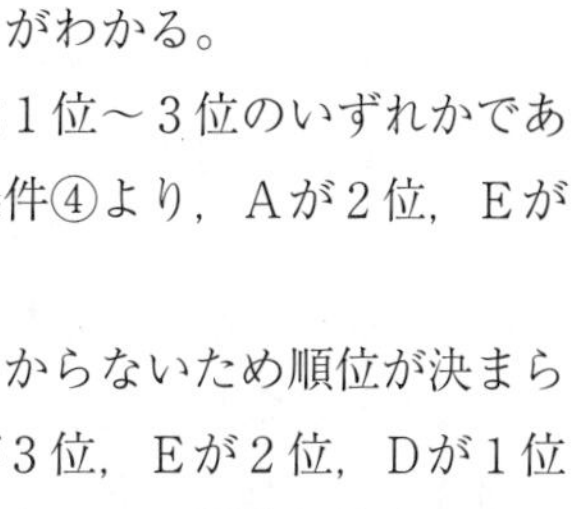

なる形になるから，太郎くんの考えは正しくない。

(2)　円柱の体積は，$3\times3\times3.14\times4=36\times3.14(\mathrm{cm}^3)$である。また，取りのぞいた円錐の体積は，(底面積)×(高さ)÷3で求められるから，$3\times3\times3.14\times4\div3=12\times3.14(\mathrm{cm}^3)$となる。よって，この立体の体積は，$36\times3.14-12\times3.14=(36-12)\times3.14=24\times3.14=75.36(\mathrm{cm}^3)$と求められる。

(3)　この立体の表面積は，円柱の底面，円柱の側面，取りのぞいた円錐の側面の面積の和となる。まず，円柱の底面積は，$3\times3\times3.14=9\times3.14(\mathrm{cm}^2)$である。また，円柱の側面は，展開図で表すと長方形になり，たての長さは円柱の高さと等しく，横の長さは底面の円の円周の長さと等しいから，円柱の側面積は，$4\times(3\times2\times3.14)=24\times3.14(\mathrm{cm}^2)$となる。さらに，取りのぞいた円錐の側面積は，(母線の長さ)×(底面の半径)×(円周率)で求められるから，$5\times3\times3.14=15\times3.14(\mathrm{cm}^2)$となる。よって，この立体の表面積は，$9\times3.14+24\times3.14+15\times3.14=(9+24+15)\times3.14=48\times3.14=150.72(\mathrm{cm}^2)$と求められる。

社　会　＜A試験＞（理科と合わせて60分）＜満点：50点＞

解　答

1 **問1**　太平洋ベルト　**問2**　**東京**…京浜(工業地帯)，イ　**愛知**…中京(工業地帯)，ア　**大阪**…阪神(工業地帯)，ウ　**問3**　**1**　八幡製鉄所　**2**　石炭　**3**　オーストラリア　**問4**　ウ　**問5**　ウ　**問6**　**A**　イ　**B**　ウ　**C**　ア　**2** **問1**　エ　**問2**　ア　**問3**　イ　**問4**　刀狩(令)　**問5**　太閤(検地)　**問6**　ウ　**問7**　ウ　**問8**　治外法権(領事裁判権)　**問9**　エ　**問10**　ウ　**問11**　ウ　**問12**　エ　**3** **問1**　**あ**　政務　**い**　半数　**問2**　**A**　(ア)　**B**　(オ)　**C**　(カ)　**D**　(キ)　**問3**　①　(ウ)　②　(エ)　③　(キ)　④　(ア)

解　説

1 **日本の工業地帯・工業地域についての問題**

問1　関東南部から，東海・近畿中央部・瀬戸内を経て，九州北部にいたる帯状の地域を「太平洋ベルト」という。ここには，生産額の多い工業地帯・工業地域が集中している。

問2　京浜工業地帯は，東京都と神奈川県の東京湾岸を中心に発達した工業地帯で，印刷・出版業がさかんである。中京工業地帯は，愛知県と三重県の伊勢湾岸を中心に発達した日本最大の工業地帯で，機械工業の割合が高く，中でも自動車などの輸送用機械の出荷額が大きい。阪神工業地帯は，大阪府と兵庫県の大阪湾岸を中心に発達した工業地帯で，戦前には日本最大の生産額をあげていた。

問3　**1～3**　北九州工業地帯は，現在の福岡県北九州市に建設された八幡製鉄所(1901年操業開始)を中心に発達した。鉄こう石の輸入先である中国に近く，背後に筑豊《ちくほう》炭田をひかえて石炭が得られたことから製鉄業がさかんになり，京浜・中京・阪神とともに四大工業地帯を形成した。しかし，第二次世界大戦後，エネルギー革命で動力源の中心が石炭から石油にかわると，石炭産業は衰《おとろ》えていった。また，鉄こう石の輸入先もオーストラリアなどに変化したため，日本の工業に占《し》める生産額の割合が下がった。

問4　関東内陸工業地域は，関東地方の埼玉・群馬・栃木の3県にまたがる工業地域で，自動車や電気機械・電子機器の生産がさかんである。その生産額は，中京工業地帯・阪神工業地帯についで全国第３位となっている。なお，アの鹿島臨海工業地域は茨城県，イの京葉工業地域は千葉県にある。統計資料は『日本国勢図会』2021／22年版による。

問５　北陸工業地域は，新潟・富山・石川・福井の４県にまたがる工業地域で，絹織物・漆器《しっき》などをつくる伝統工業や，古くから行われている製薬業などがさかんである。なお，アの瀬戸内工業地域は岡山・広島・山口・香川・愛媛の５県にまたがる。イの東海工業地域は静岡県にある。

問６　**A**　太平洋ベルトの沿岸部に集中しているので，原料のほとんどを輸入する石油化学工業の工場である。　**B**　原料である石灰《せっかい》石の産地である埼玉県や山口県に分布しているので，セメント工場である。　**C**　ほぼ全国に広がっており，特に九州や関東内陸から東北に集中しているので，半導体工場である。

2　各時代の歴史的なことがらについての問題

問１　行基は奈良時代の僧で，各地をめぐって社会事業を行い，東大寺大仏の造立《ぞうりゅう》にも協力して大僧正《だいそうじょう》に任じられた。なお，アの鑑真《がんじん》は日本に渡来した唐(中国)の高僧，イの空也は平安時代に念仏を広めた僧，ウの玄防《げんぼう》は天皇の政治を助けた奈良時代の僧。

問２　聖武天皇は仏教を厚く信仰し，仏教の力で国を安らかに治めようと願い，国ごとに国分寺・国分尼《に》寺を建てさせるとともに，都の平城京に東大寺大仏を造立した。なお，イの天武天皇とエの天智天皇は飛鳥時代の天皇，ウの桓武天皇は平安京に都をうつした天皇。

問３　平清盛は大輪田泊《おおわだのとまり》(現在の神戸港の一部)を修築し，宋(中国)と民間貿易を行った。

問４，**問５**　豊臣秀吉は刀狩と太閤検地を行い，農民統制をすすめた。刀狩は，一揆《いっき》を防ぐため農民から武器を取り上げ，武士と農民の身分を固定する兵農分離政策であった。また，太閤検地は，全国的規模で土地を調査して土地の等級や耕作者を決め，それを検地帳に記録するという政策で，農民は農業に専念して年貢を納めることを強制された。

問６　松平定信は白河藩(福島県)の藩主から江戸幕府の老中に就任すると，寛政の改革(1787～93年)を行った。なお，アの田沼意次《おきつぐ》はその前に政治を行った老中，イの徳川吉宗は享保《きょうほう》の改革を行った第８代将軍，エの水野忠邦《ただくに》は天保の改革を行った老中。

問７　寛政の改革では，生活に苦しむ旗本・御家人を救うため，借金を帳消しにする棄捐《きえん》令が出された。なお，アは享保の改革，イは田沼意次の政治，エは天保の改革で行われたこと。

問８　江戸時代末に幕府が欧米諸国との間で結んだ不平等条約では，外国人の犯罪を日本の法律で裁けないという治外法権(領事裁判権)を外国に認めた。また，日本には外国製品に任意に関税をかける権利である関税自主権がなかった。しかし，ノルマントン号事件(1886年)をきっかけに不平等条約改正の世論が高まり，1894年に外務大臣の陸奥宗光《むつむねみつ》の努力で治外法権が撤廃《てっぱい》された。また，1911年には外務大臣の小村寿太郎《じゅたろう》の努力で関税自主権が回復された。

問９　大日本帝国憲法は，君主権の強いドイツ(プロシア)憲法を参考に作成され，1889年２月11日に発布された。

問10　原敬《たかし》は岩手県出身の政治家で，1918年に米騒動《そうどう》の責任を取って総辞職した寺内正毅《まさたけ》内閣のあとを受け，初めて本格的な政党内閣を組織した。華族ではない初の首相として「平民宰相《さいしょう》」とよばれ，国民の人気が高かったが，1921年に東京駅で暗殺された。なお，アの黒田清隆は大日本帝国憲法発布のときの首相，イの犬養毅《いぬかいつよし》は五・一五事件(1932年)で暗殺された首相，エの伊藤博文は初代内閣総理大臣。

問11　グラフを見ると，第一次世界大戦(1914～18年)の期間には，輸出額が輸入額を上回っていることがわかる。よって，ウが正しい。大戦中，ヨーロッパ諸国がアジアに目を向けられなくなったことで，日本はアジア諸国への輸出を大きくのばした。

問12　米騒動は，富山県魚津の主婦たちの行動が新聞で大きく報道されたことで全国に広まったが，これはシベリア出兵(1918～22年)をきっかけとする米価の上昇がおもな原因となって起こった。なお，アは1925年，イは1932年，ウは1923年のできごと。

3　国のおもな行政機関についての問題

問1　あ　各省の責任者である国務大臣の下には，大臣を補佐する副大臣と政務官(大臣政務官)がおかれ，政務官は担当分野により複数の人があてられる。2001年の中央省庁再編のさい，政務次官にかえて設置された。　**い**　内閣を構成する国務大臣は内閣総理大臣に任命され，国会議員でなくてもなれるが，その過半数は国会議員でなければならないとされている。

問2　A　内閣府は，中央省庁の中で内閣総理大臣を直接の長とする機関で，内閣の重要政策を担当する。　**B**　厚生労働省は，医療《いりょう》・社会保障や労働者の権利保障・労働環境の整備などの仕事を担当する。　**C**　農林水産省は，農業・林業・漁業などの生産や食料の安全性の確保などの仕事を担当する。　**D**　国土交通省は，国土の開発や交通・気象などの仕事を担当する。

問3　①　国税庁は国税の適正・公平な課税や徴収《ちょうしゅう》を行う機関で，財務省に属している。　②　スポーツ庁はスポーツの振興とスポーツに関する施策を行う機関で，文部科学省に属している。　③　気象庁は天気や地震・津波・火山活動などに関する業務を行う機関で，国土交通省に属している。　④　公正取引委員会は経済活動における公正な取り引きを実現することを目的とする機関で，内閣府に属している。

理　科　＜A試験＞（社会と合わせて60分）＜満点：50点＞

解　答

1　**問1**　ウ　**問2**　（おしべ，めしべの順に）　**アサガオ**…エ，イ　**ヘチマ**…オ，コ　**問3**　エ　**問4**　(1)　ウとエ　(2)　エとキ　(3)　イとエ　**2**　**問1**　アからイへ　**問2**　(①→)④→②→⑤→③　**問3**　ア　**問4**　イ　**問5**　(例)　月の公転軌道が完全な円ではないため，地球から近いときや遠いときがあるから。　**問6**　ウ　**問7**　B　**3**　**問1**　ウ　**問2**　ウ　**問3**　80.0g　**問4**　**食塩**…2.2g　**ミョウバン**…65.1g　**問5**　210g　**4**　**問1**　ア　**問2**　並列(つなぎ)　**問3**　F　**問4**　A，B，E　**問5**　図3　**問6**　図7　**5**　イ

解　説

1　アサガオとヘチマについての問題

問1　アサガオやヘチマの種をまくのは，春から初夏にかけてである。このころ，夏鳥のツバメが日本にわたってきて産卵し，卵をあたためているすがたが見られる。なお，カエルの冬眠は冬，アブラナが芽を出すのは一般《いっぱん》に秋，コオロギが鳴くのは秋，セミの羽化は夏に見られるできごとであ

る。

問２　アサガオは１つの花におしべとめしべの両方があるが，ヘチマはおしべとめしべのうち，おしべだけを持つお花とめしべだけを持つめ花をさかせる。図１の左にある花はアサガオの花で，イがめしべ，エがおしべにあたる。図１の右にある花はヘチマのめ花で，がくの下にふくらんだ部分があるのが特ちょうである。この部分はコのめしべの先に花粉がつくことで，実(果実)へと成長していく。図１の中央にある花はヘチマのお花で，つぼみが集まっている。オがおしべにあたる。

問３　ヘチマの花粉はエのようにラグビーボールのような形をしていて，アサガオの花粉はアのように球形をしていて表面にたくさんの突起《とっき》がある。

問４　(1)　実を作るためにおしべが必要かどうかを調べるときには，調べたい条件以外はすべて同じになっている実験を比べる。おしべの花粉がめしべの先について受粉することで実ができるので，花が開花する前のつぼみの状態でおしべを取ったエと，エとおしべの有無以外の条件が同じであるウを比べればよい。ウとエで，ふくろをかぶせているのは，他の花から花粉が運ばれて受粉することがないようにするためである。　　(2)　自家受粉が開花する前に行われるかどうかを確かめるためには，つぼみの状態でおしべを取ってふくろをかぶせたウと，ウとおしべ以外の条件を同じにして開花させているキを比べる。　　(3)　ここでは，めしべに同じ花のおしべで作られたものではない花粉がつくことで実ができることを確かめればよい。つぼみの状態でおしべを取り，ふくろをかぶせなければ，異なる花で作られた花粉が運ばれてきたときに受粉することができる。そのため，イと，イと同じようにしたものにふくろをかぶせて花粉が運ばれてこないようにしたエを比べるとよい。

２　月についての問題

問１　地球が西から東に自転しているため，月は東から出て西にしずむように見える。

問２　①の満月は右側から欠けていき，④→②の順に月の形が変化した後，新月となる。その後は右側から満ちていき，⑤→③の順に月の形が変化していく。

問３　②の月は，夜空には日の出前に東から南東の方角に３時間ほどだけ見える月なので，アが選べる。

問４　西の地平線にしずむときに，③の月は曲線状の弓にはられたまっすぐなげんを上にしているように見えることから，上げんの月とよばれる。

問５　月の公転軌道《きどう》が完全な円ではないため，地球と月との距離《きょり》は一定ではなく，地球に近いときには月が大きく見えて，地球から遠いときには月が小さく見える。

問６　月の満ち欠けの周期は約29.5日のため，７月24日の次に満月になるのは８月22日となる。

問７　⑤の月のように，地球から見て右側が少しだけ光って見える月は，図２のＢの位置にある。なお，図２で，新月となるＡの位置から反時計回りに月が移動していくと，月は右側から満ちていくので，月がＢの位置にあるときに⑤の月になると考えることもできる。

３　物のとけ方についての問題

問１　氷がとけるという意味の「物がとける」は，固体が液体に状態変化すること(ゆう解)をさし，状態変化をしているものとして，ア，イ，エがあてはまる。一方，食塩が水にとけるという意味の「物がとける」は，物の形が見えなくなるほど小さくなり，液全体に広がること(よう解)で，ウでは砂糖が全体に広がってとける。

問２　表１を表したグラフはウのようになる。食塩は水の温度が変化してもとける量に大きな変化が見られないが，水の温度が高くなるにつれて少しずつとける量がふえていく。一方，ミョウバンは温度変化によるとける量の変化が大きく，水の温度が低いときには食塩よりもとける量が少ないが，水の温度が高くなると食塩よりもとける量が多くなる。

問３　表１より，80℃の水100gに食塩は40.0gまでとける。水の量を，200÷100＝２(倍)の200gにすると，とける食塩の量も２倍の，40.0×２＝80.0(g)になる。

問４　表１より，食塩は80℃の水100gに40.0gまでとけ，20℃の水100gには37.8gしかとけないので，80℃の水100gにとけるだけ食塩をとかしたものを20℃にすると，40.0－37.8＝2.2(g)の食塩が出てくる。一方，ミョウバンは80℃の水100gに71.0gまでとけ，20℃の水100gに5.9gしかとけないため，80℃から20℃にすると，71.0－5.9＝65.1(g)のミョウバンを取り出すことができる。

問５　問４より，80℃の水100gに食塩をとけるだけとかして，100＋40.0＝140(g)の水よう液を作り，それを20℃に冷やすと食塩が2.2g出てくる。このときに出てきた食塩の，3.3÷2.2＝1.5(倍)の3.3gの食塩を取り出すためには，80℃の水に食塩をとけるだけとかして，140×1.5＝210(g)の水よう液を作ればよい。

4 電気回路についての問題

問１　豆電球は電流の向きに関係なく光る。また，かん電池の向きを反対にしても，電流の大きさに変わりはなく，明るさも変わらない。

問２　図４のように，電気の通り道が枝分かれしているかん電池や豆電球のつなぎ方を並列つなぎという。なお，図５のように，電気の通り道がひとつの道すじになるかん電池や豆電球のつなぎ方を直列つなぎという。

問３～５　図１の回路に流れる電流の大きさを１とすると，図１の豆電球とかん電池に流れる電流の大きさもそれぞれ１となる。図２の豆電球は並列つなぎになっていて，流れる電流の大きさは，豆電球Ａと豆電球Ｂがそれぞれ１，かん電池が２である。図３の豆電球は直列つなぎで，豆電球Ｃ，豆電球Ｄ，かん電池に流れる電流の大きさはいずれも$\frac{1}{2}$になる。図４のかん電池は並列つなぎで，豆電球Ｅには１の大きさの電流が流れ，かん電池にはそれぞれ$\frac{1}{2}$の大きさの電流が流れる。図５のかん電池は直列つなぎで，豆電球Ｆと２つのかん電池にはいずれも２の大きさの電流が流れることになる。豆電球は流れる電流の大きさが大きいほど明るく光り，流れる電流が同じ大きさの場合は同じ明るさで光る。そのため，図１の豆電球よりも明るく光るのは豆電球Ｆ，図１の豆電球と同じ明るさで光るのは豆電球Ａ，豆電球Ｂ，豆電球Ｅである。また，かん電池に流れる電流の大きさが小さいほど，かん電池は長持ちするため，図１～３のうち，かん電池がもっとも長持ちするのは，図３になる。

問６　図１のかん電池に流れる電流を１とする。図６は２つのかん電池が直列つなぎ，２つの豆電球が直列つなぎになっていて，豆電球とかん電池にはそれぞれ，$2\times\frac{1}{2}=1$の大きさの電流が流れる。図７は，直列つなぎの２つの豆電球にそれぞれ$\frac{1}{2}$の大きさの電流が流れ，並列つなぎになっている２つのかん電池にはそれぞれ，$\frac{1}{2}\div 2=\frac{1}{4}$の大きさの電流が流れることになる。図８は２つのかん電池が直列つなぎのため，並列つなぎの２つの豆電球にはそれぞれ２の大きさの電流が流れて，かん電池にはそれぞれ，$2\times 2=4$の大きさの電流が流れる。図９は，２つのかん電池が並列つなぎ，２つの豆電球が並列つなぎになっていて，豆電球とかん電池にはそれぞれ１の大きさの電流が流れることになる。よって，図７のかん電池に流れる電流がもっとも小さいため，もっとも長持ちする。

5 ワクチンについての問題

DNA とは遺伝子のことである。そして，DNA の遺伝情報を写し取り，伝えるものをメッセンジャー RNA といい，これをもとにタンパク質が作られていく。

国語 ＜Ａ試験＞（50分）＜満点：100点＞

解答

一 **問1** 外的世界への適応のために個人が身につけた態度 **問2** エ **問3** ウ **問4** ④ ちゅうじつ ⑥ そっちょく **問5** ア **問6** イ **問7** ア 二 **問1** イ **問2** エ **問3** ウ **問4** エ **問5** A 自分(自身) B 二人 **問6** ウ **問7** エ **問8** 同星の場合は順位上位者が昇段となる決まり **問9** エ 三 **問1** 下記を参照のこと。 **問2** (1) しりぞ (2) さいこうちょう (3) は **問3** (1) オ (2) ア (3) エ (4) イ

●漢字の書き取り

三 **問1** (1) 奮 (2) 収集 (3) 序列

解説

一 **出典は榎本博明《えのもとひろあき》の『「さみしさ」の力 孤独《こどく》と自立の心理学』による。**ペルソナは人間関係を円《えん》滑《かつ》にするための仮面だが，本来の姿をあらわす場を持たないと苦しくなると述べられている。

問1 次の文に，ペルソナとは「外的世界への適応のために個人が身につけた態度」のことだと書かれている。

問2 「円滑」とは，ものごとがすらすらと進むようすをいうので，エがよい。

問3 二文前の内容から，「ペルソナ」とは仕事上の役割をうまくこなすために身につける態度といえるので，ウが選べる。アとエで身につけるべきだとしているのは体力や健康であり，イはすべての営業担当者は行動の予測がつきにくく，信頼《しんらい》されずに仕事がはかどらないという意味になっているので，合わない。

問4 ④ すなおにしたがい，まじめにつとめるようす。 ⑥ かくしたりかざったりせず，ありのままであるようす。

問5 続く部分に注目する。ペルソナとは人間関係を円滑にするための仮面なので，いったんそれを身につけると，その環境《かんきょう》に身を置いたとたん，ペルソナをつけたときの行動パターンに切り替《か》わる習性が身についてしまい，本来の個性が出せなくなるのである。よって，アがふさわしい。

問6 「それとの同一視」の「それ」とは，形成されたペルソナを指す。同一視が強くなるとペルソナはそのひとの全人格をおおってしまうのだから，「同一視」とは，ペルソナとその人本来の姿を同じだとみなすことをいう。よって，イが選べる。

問7 ぼう線部⑧は，ペルソナとの同一視が強くなりすぎ，本来のその人らしい生き方がしにくく

なることをいう。そうならないように，「ペルソナを脱《ぬ》ぎ捨てて本来の姿をあらわす場をもつことも必要」だと次の段落で筆者は述べているので，アがあてはまる。

二　出典は大崎善生《おおさきよしお》の『将棋《しょうぎ》の子』による。プロ棋士への夢がついえたと思った中座真《ちゅうざまこと》が，奇跡《きせき》的に四段昇段《しょうだん》を決めることになった三段リーグ最終日のドラマを描《えが》いている。

問１　ぼう線部⑥の前後に，このときの中座の状況《じょうきょう》が説明されている。最終局で敗れた中座はプロ棋士への夢はついえたと思ったが，競争相手たちも敗れていたため，奇跡的に四段昇段をかなえた。思いがけず栄冠《えいかん》をつかんだことを知り，その場にへたりこんだときの写真なので，イがあてはまる。

問２　「痛み」を「鋭利《えいり》な硝子《がらす》の破片《はへん》が胸に突《つ》き刺《さ》さったような」とたとえた表現である。このように，「ようだ」「みたい」などを使った比喩《ひゆ》を，「直喩」という。

問３　奨励《しょうれい》会には，26歳《さい》までに四段に昇段できない者は退会するというルールがあった。リーグ戦で勝ち越《こ》せば29歳まで参加できるというルールにこのころには一部改正されていたものの，中座は昇段できなければ今期で退会しようと心に決めていたと後にある。よって，ウが合う。

問４　なかなかプロ棋士になれず，先々に不安をかかえて苦しんでいた中座は，25歳のときにその不安を捨てたと続く部分にある。残り１年を全力で戦おうと前を向き，また，奨励会での経験はどんな人生を歩むことになっても無駄《むだ》にはならないだろうと考えたのだから，エがよい。

問５　**Ａ**　２連勝しなければ四段昇段は無理だろうと考えていた中座は，２局目に完敗してしまった。プロ棋士になる夢がやぶれ去ったと感じた中座は，「一歩も動けない王様」に自分の姿を重ねているのだから，「自分」（自身）が入る。　**Ｂ**　最終局で敗れて四段昇段をのがしたと思い，帰り支度を始めた中座は，競争相手の二人が負ければ自分が昇段することを知らされた。空らんＢをふくむ文は，中座の昇段が決まったことを知らせる言葉なので，「二人とも負けましたので」とするのがよい。

問６　「さまざまな感情」は次の文に説明されている。「最終局に勝てなかった悔《くや》しさ」もあげられているが，最終局では今泉に敗れているので，「木村に勝てなかった悔しさ」とあるウがあてはまらない。

問７　「26歳の青年」，すなわち中座を翻弄《ほんろう》し，茫然《ぼうぜん》と座《すわ》りこませた「運命の悪戯《いたずら》」とは，今泉に敗れて奨励会の退会を覚悟《かくご》した後，競争相手の敗戦によって，思いがけず四段昇段を勝ち取ったことを指す。よって，エがふさわしい。

問８　ぼう線部⑤とぼう線部⑥の間に，頭ハネとは「同星の場合は順位上位者が昇段となる決まり」のことだと説明されている。

問９　上位３人のうち，順位が自分より下の野月，藤内《とうない》と勝敗で並べば，頭ハネによって中座は確実に昇段できることになるので，エがよい。

三　漢字の読みと書き取り，ことわざの意味

問１　(1)　音読みは「フン」で，「奮起」などの熟語がある。　(2)　とり集めること。　(3)　「年功序列」は，勤務年数や年齢《ねんれい》によって職場での地位が決まること。

問２　(1)　音読みは「タイ」で，「退去」などの熟語がある。　(2)　いちばん高まっている状態。　(3)　音読みは「エイ」で，「映写」などの熟語がある。訓読みにはほかに「うつ(る)」がある。

問３　⑴「枯《か》れ木も山のにぎわい」とは，“つまらないものでもないよりはましだ”という意味。　⑵「一事が万事《ばんじ》」は，一つのことを見ればほかのすべてがわかることをいう。　⑶「帯に短したすきに長し」は，中途半端《ちゅうとはんぱ》で役に立たないこと。　⑷「光陰《こういん》矢のごとし」は，時間のたつのは早いという意味のことわざ。

2022年度　東海大学付属浦安高等学校中等部

〔電　話〕　(047)351－２３７１
〔所在地〕　〒279－8558　千葉県浦安市東野３－11－１
〔交　通〕　JR京葉線 ―「舞浜駅」より徒歩18分またはバス
東京メトロ東西線 ―「浦安駅」よりバス

【算　数】〈Ｂ試験〉（50分）〈満点：100点〉

〈注意〉途中の式・計算・答えは，すべて解答用紙に書き入れなさい。

1　次の問いに答えなさい。

(1)　$13-3\times3$　を計算しなさい。

(2)　$\frac{1}{9}\div\frac{3}{8}\times\frac{3}{2}$　を計算しなさい。

(3)　$9.012\div0.6-0.7\times8.6$ を計算しなさい。

(4)　$1.3-0.3\div\frac{2}{5}$ を計算しなさい。

(5)　$32-\left\{18+12\times\left(\frac{2}{3}-\frac{1}{4}\right)\right\}$　を計算しなさい。

(6)　２から30までの整数の中で，１とその数の２つしか約数を持たない数は何個ありますか。

2 次の問いに答えなさい。

(1) A地点からB地点までの距離《きょり》は 1.5 km です。縮尺が５万分の１の地図上では何 cm になりますか。

(2) １周が 1750mの池の周りを，妹と姉が同じ地点からそれぞれ反対方向に進みます。姉が分速 75 m，妹が分速 65 m で歩くとき，２人が２回目に出会うのは何分後ですか。

(3) 15Lで満水になる水そうがあります。これに空《から》の状態から一定の割合で水をためていきます。このとき，水そうから毎分 500 mL の割合で水が抜《ぬ》けていきます。この水そうを10分で満水にするには，毎分何Lずつ水を入れればいいですか。

(4) Aさんが１人ですると 14 日かかり，Bさんが１人ですると 21 日かかる仕事があります。この仕事にAさん，Bさんの２人が一緒《しょ》に５日間働いて，残りをAさんが１人でしました。この仕事が仕上がったのは仕事をはじめて何日後ですか。

(5) 濃《のう》度が６％の食塩水が500*g*あります。この食塩水から水を蒸発させて10%の食塩水にするとき，蒸発させる水は何*g*になりますか。

(6) 四角形ABCDは１辺が10 cm の正方形です。
点E，F，G，Hはそれぞれの辺の真ん中の点です。
このとき，斜《しゃ》線部分の面積は何 cm^2 ですか。

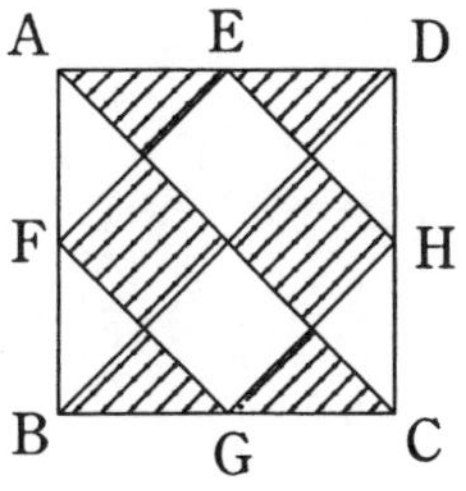

3　１辺が６ cmの立方体があります。図１はこの立方体を１辺が１cmの立方体になるように切り分けたものです。このとき，次の問いに答えなさい。

(1)　１辺が１cmの立方体は何個できますか。

図１

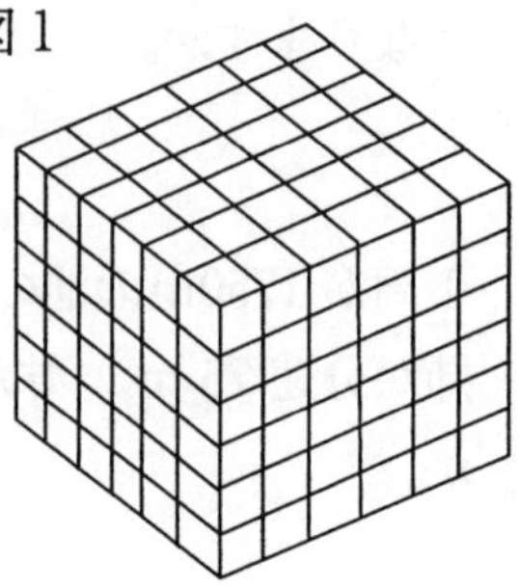

(2)　図２は切り分ける前の１辺が６cmの立方体で，点A，B，C，Dはそれぞれの辺の真ん中の点です。面ABCDで切り分け，斜《しゃ》線部分の立体を取り除いてから，図１のように切り分けるとき，１辺が１cmの立方体は何個できますか。

図２

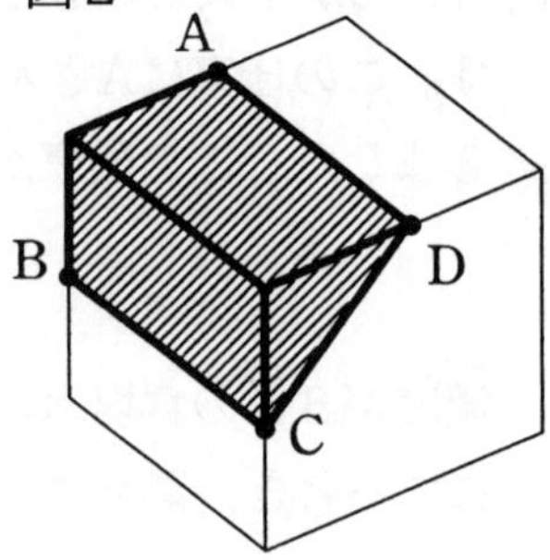

4 あるお店では，原価 2500 円で商品を仕入れました。
店員であるAさんとBさんはそれぞれ商品の売り方について話しています。

> Aさん「①この商品を売るなら原価の４割は利益が出るようにしたいね。」
> Bさん「それならば売れ残った場合を考えて，②定価の３割引きにしたときでも，Aさんが言った通りの利益が出るように定価を付けようよ。」
> Aさん「でもなんだか高すぎる気もするなあ。」
> Bさん「もう少し考えてみようか。」

このとき，次の問いに答えなさい。

(1) ①の場合，定価は何円ですか。

(2) ②の場合，定価は何円ですか。

(3) ２人は協力してこの商品を25個売ることにしましたが，５個売れ残ってしまいました。そこで，売れ残った商品を定価から２割引きで販《はん》売したところすべて売り切れました。売り上げ額の合計金は90000円でした。２人がつけた定価は何円ですか。

5 AからIに１，３，５，７，９，11，13，15，17を１つずつ入れ，正方形ABED，BCFE，DEHG，EFIH，ACIGの頂点の和がいずれも36になるようにします。このとき，次の問いに答えなさい。

A — B — C
|　　|　　|
D — E — F
|　　|　　|
G — H — I

(1) AからIの数の和はいくつですか。
(2) Eに当てはまる数はいくつですか。
(3) Aに当てはまる数が５，Gに当てはまる数が１のとき，Fに当てはまる数はいくつですか。

【社　会】〈B試験〉(理科と合わせて60分)〈満点：50点〉

1　日本には多くの湖や沼があり、それぞれに特徴があります。下のA～Fの湖の説明を読み、あとの問いに答えなさい。

A 宍道《しんじ》湖

この湖は、湾が砂州《さす》によって外海から隔《へだ》てられ湖沼《こしょう》化した湖で、日本で7番目に大きい湖です。漁業が盛んで、特に(　1　)は全国有数の産出量をほこっています。

B 浜名《はまな》湖

この湖も湾が砂州によって外海から隔てられ湖沼化した湖で、日本で10番目に大きい湖です。漁業が盛んで、特に(　2　)の養殖は有名で、関連した商品もつくられています。

C 霞《かすみ》ヶ浦

この湖は、日本第で2番目に大きい湖ですが、平均水深は約4mと、広くて浅いという特徴があります。この湖の水は上水道や農業用水、工業用水として利用されていますが、水質の悪化が問題となっていて、浄化対策が行われています。

D 奥多摩湖

この湖は、東京への水の供給のために、①川をせき止める工事によって作られた湖で、水道専用貯水池としては日本最大級をほこります。また、湖の水は水道のほか、発電にも利用されています。

E 屈斜路《くっしゃろ》湖

この湖は、②火山の活動によってできた大きな凹地(くぼんだ土地)に水がたまってできた湖で、日本では6番目に大きい湖です。近隣の温泉から流れてくる温泉水のために湖全体の水質が酸性となっているため、魚類の生息はわずかとなっています。

F 猪苗代《いなわしろ》湖

この湖は地殻《ちかく》の変動によってできた凹地(くぼんだ土地)に水がたまってできた湖で、日本で4番目に大きい湖です。この湖の水は周辺の農業用水として利用されるほか、発電にも利用されています。

問1　文A～Fの湖の位置を、下の日本地図ア～サからそれぞれ1つずつ選び、記号で答えなさい。

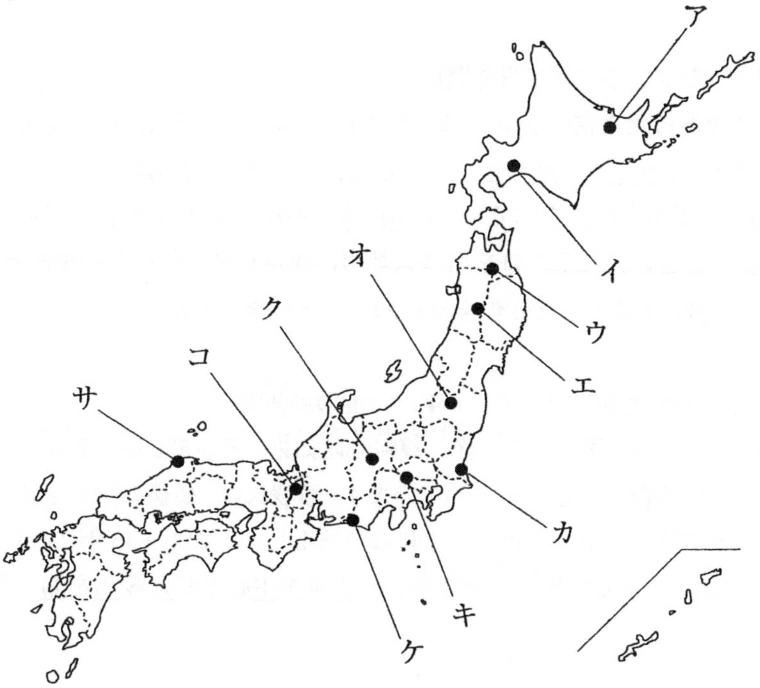

問2　文中の(1)・(2)にあてはまる水産物をそれぞれ答えなさい。

問3　文中の下線部①について、このようにして作られた湖のことを何というか、漢字2字で答えなさい。またこの川をせき止めた建築物を何というか、カタカナで答えなさい。

問4　文中の下線部②について、この地形を何というか、カタカナで答えなさい。

問5　D・Fの文中の二重下線について、湖の水を利用した発電の方式を何というか、漢字2字で答えなさい。

問6　多くの湖はその景観や周囲の環境、施設によって多くの人を呼び寄せ、地域の大切な産業の一つとなっています。このような産業を何と呼びますか、漢字 2 字で答えなさい。

2 次の文は2021年～2022年に開催あるいは開催予定の行事について書かれたものです。文を読み、あとの問いに答えなさい。

【2022年3月】東京マラソン2021(開催延期)

2021年に開催予定であった東京マラソンは延期され、2022年3月に開催予定です。東京はかつて江戸とよばれていました。最初に江戸城を築いたのは太田道灌《おおたどうかん》でしたが、この地に移り住んだ[　A　]が大規模な開発をはじめ、a 関ヶ原の戦いに勝利した後に幕府を開いたことで、江戸は世界一ともいわれる人口をもつ大都市に成長しました。この幕府政治はb 元禄《げんろく》時代の頃に安定期をむかえ、260年余りにわたって続きました。

【2022年4月】長野県の善光寺《ぜんこうじ》において、7年に一度の御開帳《ごかいちょう》

『善光寺縁起』には、その本尊である一光三尊阿弥陀如来《いっこうさんぞんあみだにょらい》こそ、552年に百済《くだら》から日本へ伝えられた日本最古の仏像であると記されています。蘇我《そが》氏は、仏像の扱いをめぐって対立した物部《もののべ》氏を破って強大な権力を得ることになりました。しかし645年には[　B　]皇子と中臣鎌足《なかとみのかまたり》が中心となって蘇我入鹿《いるか》を討ち、c 天皇を中心とした政治をおこなうための改革を始めました。

【5月】世界水泳選手権2022福岡大会開催予定

現在の福岡市の中心地は、古代より博多とよばれた土地で、日本における海外諸国との窓口でした。d 607年にはじまる遣隋《けんずい》使・遣唐《けんとう》使などの派遣や海外からの使節の受け入れもこの地を拠点におこなわれていましたし、e 外交と九州防備のための役所も置かれていました。この地ゆかりの人物として、歌人であり、天神様としても知られている[　C　]がいます。

【7月】参議院議員通常選挙

参議院はかつて貴族院とよばれ、1890年に衆議院と共に開設され、長く日本の議会政治を担ってきました。そうした議会を開設することを決めたのは、のちに内閣制度をつくり、初代総理大臣の地位についた[　D　]でした。彼はまた f 大日本帝国憲法制定の中心人物でもありました。

【10月】栃木県で国民体育大会(国体)開催予定

競技会場となっているのは、県庁所在地である宇都宮《うつのみや》市を中心に、那須《なす》市や日光市など広域にわたっています。このあたりは古くから武家の力が強く、宇都宮や那須などの地名も、もとは有名な武士の名前です。また g「坂東《ばんどう》の大学」とよばれた学校も建てられ、h 日本に最初に訪れたキリスト教宣教師によって海外にまで伝えられ、有名になりました。

問1　文中の[　A　]～[　D　]にあてはまる人名を解答欄に合うように漢字で答えなさい。

問2　文中の下線部について、それぞれの問いに答えなさい。

a　この場所を下の地図のア～エから選び、記号で答えなさい。

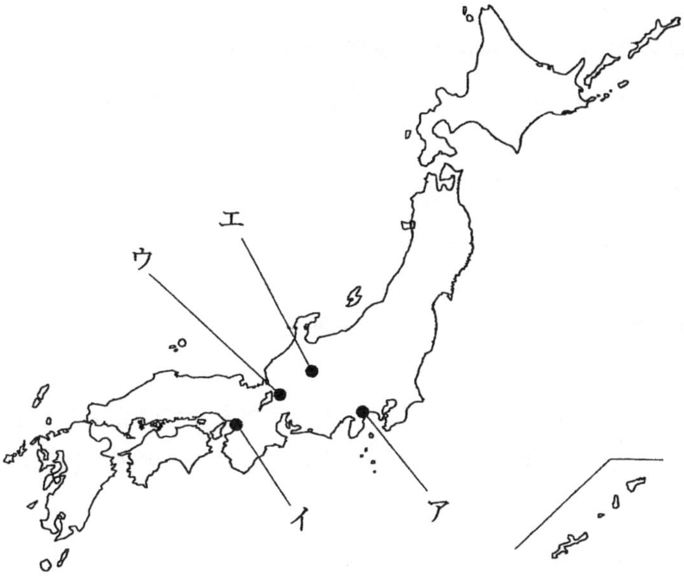

b　この時代の記述として正しくないものを下のア～エから１つ選び、記号で答えなさい。

ア．17 世紀後半から 18 世紀初め頃、5 代将軍綱吉《つなよし》の時代の文化です。

イ．文化の中心地は上方《かみがた》、いわゆる大坂や京都などでした。

ウ．松尾芭蕉は東北地方を旅して、俳諧《はいかい》集『奥の細道』を書きました。

エ．近松門左衛門《ちかまつもんざえもん》は『曽根崎《そねざき》心中』など浮世絵《うきよえ》で人気を集めました。

c　この出来事を何といいますか、下のア～エから１つ選び、記号で答えなさい。

ア．寛政《かんせい》の改革　　イ．大化の改新　　ウ．建武《けんむ》の新政　　エ．大政奉還

d　この使節の説明について正しくないものを下のア～エから１つ選び、記号で答えなさい。

ア．この使節の派遣を決定したのは聖徳太子《しょうとくたいし》(厩戸王《うまやどおう》)の時代でした。

イ．この使節の第１回の大使として派遣されたのは小野妹子《おののいもこ》でした。

ウ．第１回の使節は、「日出づるところの天子、書を日没するところの天子にいたす。」という天智《てんじ》天皇の手紙を持参しました。

エ．最初の使節が派遣された時、隋の皇帝は煬帝《ようだい》でした。

e　この役所名を下のア～エから１つ選び、記号で答えなさい。

ア．長崎奉行　　イ．九州探題《たんだい》　　ウ．鎮西《ちんぜい》奉行　　エ．大宰府

f　この憲法がモデルとした国を下のア～エから１つ選び、記号で答えなさい。
　ア．フランス　　イ．イギリス　　ウ．イタリア　　エ．プロイセン(ドイツ)

g　この学校の名前を下のア～エから１つ選び、記号で答えなさい。
　ア．大学寮《りょう》　　イ．金沢文庫　　ウ．鳴滝《なるたき》塾　　エ．足利学校

h　この人物の名前をカタカナで答えなさい。

3　次の先生と生徒の会話を読み、あとの問いに答えなさい。

先生：今日は司法権について勉強します。下の二枚の写真を見てください。写真①は弁護士が身につけるバッジ（弁護士記章）です。裁判において、弁護士はどのような役割があるかわかりますか？

生徒：困っている人の手助けをしているのだと思います。

先生：正解です。具体的に裁判には、お金を貸したのに返してくれないとか、離婚や相続で争いになったとか、私たちの日常の生活の中で起こる問題を解決する（A）裁判と、検察官が（B）となって、（C）を訴える（D）裁判などがあります。このような裁判において弁護士は、事件の一方の代理人となって、困っている人の手助けをしたり、「弁護人」として、被疑《ひぎ》者や被告人を弁護したりします。
続いて写真②を見てください。これは、日本の最高裁判所にある「正義の女神像」です。写真①と②に共通するものはわかりますか？

生徒：（E）です。

先生：正解です。では（E）は何を意味しているのでしょうか？

生徒：司法は（F）でなければいけないということではないでしょうか。

先生：その通りです。そのため、裁判は原則（G）で行われ、日本国憲法７６条において「裁判官は、その良心に従い（H）してその職権を行い、この憲法および（Ｉ）にのみ拘束《こうそく》される」ことが規定されています。これを「司法権の（H）」といいます。

生徒：裁判官の身分が保障されていることも大切ですよね。

先生：その通りです。裁判官が定年や心身の故障以外で罷免《ひめん》されることがあるのは、最高裁判所の裁判官のみ実施される（Ｊ）と国会が、罷免の訴追を受けた裁判官を裁判するために組織する（K）だけです。

生徒：公平で公正な裁判が保障されているから私たちも安心して暮らすことができるのですね。今日はありがとうございました。

①

②

問１　文中の（A）～（D）にあてはまる言葉を、それぞれ漢字２字で答えなさい。

問２　文中の（E）に入る言葉を、下のア～エから１つ選び、記号で答えなさい。

ア．王冠《おうかん》　イ．ひまわりの模様　ウ．剣　エ．天秤《てんびん》

問３　文中の（F）にあてはまる最も適切な言葉を、下のア～エから１つ選び、記号で答えなさい。

ア．公平・公正　イ．不公平・不公正　ウ．親切　エ．不親切

問４　文中の（G）～（I）にあてはまる言葉を、下のア～オからそれぞれ１つずつ選び、記号で答えなさい。

ア．法律　イ．命令　ウ．公開　エ．非公開　オ．独立

問５　文中の（J）・（K）にあてはまる言葉を、それぞれ漢字４字で答えなさい。

【理　科】〈B試験〉（社会と合わせて60分）〈満点：50点〉

1　生物と地球環境に関するあとの各問いに答えなさい。

問1　地球上の水についての次の文と図1を参考にして，（　①　）～（　③　）にあてはまる言葉を漢字で答えなさい。

地球上の水は（　①　）して水蒸気になり，（　②　）中にふくまれています。（　②　）中の水蒸気は上空に運ばれて（　③　）になり，雨や雪となって地上にもどってきます。

図1

問2　私たち人間も，問1のように水が循環《じゅんかん》している環境の中で生活しています。人の水の使い道は，主にお風呂・トイレ・台所・洗たく・飲料水などがあります。１人当たりの１日に必要な水の量は約何Lですか。次のア～エより正しいものを１つ選び，記号で答えなさい。

ア．50L　　イ．300L　　ウ．800L　　エ．1000L

問3　図２のように，地球上に存在する水の割合として97.5%は海水ですが，２番目に多い水はどの場所の水ですか。次のア～エより正しいものを１つ選び，記号で答えなさい。

ア．南極や北極のこおった水　　イ．地下水　　ウ．川の水　　エ．湖の水

図２

問4　次の文の〇〇〇に入る３文字の言葉を，ひらがなで答えなさい。

生物は水以外に，生物同士《どうし》も関わりあって生活しています。その１つの場所が〇〇〇です。〇〇〇にはアサリやカニなど数多くの生物がすみ，それらを食べるたくさんの生物の命を支えています。土地利用の拡大などによって埋め立てられ，全国の〇〇〇は図３のように50年あまりで40%減少しました。

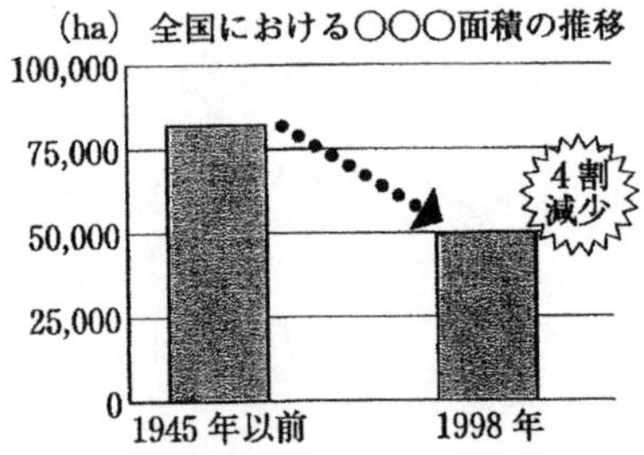

図３

問５　生物は空気とも関わり合っています。主に植物と空気の間で重要なやりとりをしている空気中の物質は酸素と（　気体Ａ　）です。図４を参考に，その他の気体に含まれる気体Ａの名前を答えなさい。

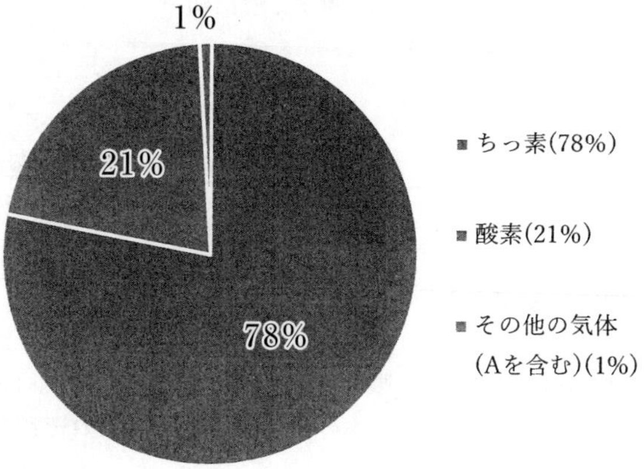

図４

問６　問５の空気中の増加原因として，あてはまらないものを次のア～エより１つ選び，記号で答えなさい。

ア．ガソリンで走る自動車
イ．森林の伐採《ばっさい》
ウ．火力発電
エ．オゾン層の破かい

2 火山についてあとの各問いに答えなさい。

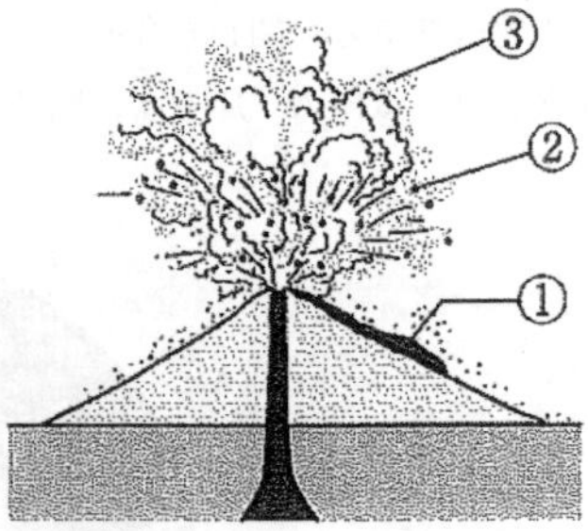

図1

問1　図1は火山が噴火《ふんか》した時の様子です。①～③に当てはまる噴出物《ふんしゅつぶつ》を次のア～ウよりそれぞれ選び，記号で答えなさい。

ア．溶岩《ようがん》　　イ．火山灰　　ウ．火山弾《だん》

問2　火山の地下深い場所で，高温で岩石がどろどろに溶《と》けたものを何といいますか。

問3　火山の形によって，火山の噴出物のねばりけと噴火の様子は異なります。図2，図3のような形をした火山のねばりけと噴火の様子の特ちょうとして正しいものを次のア～エよりそれぞれ選び，記号で答えなさい。

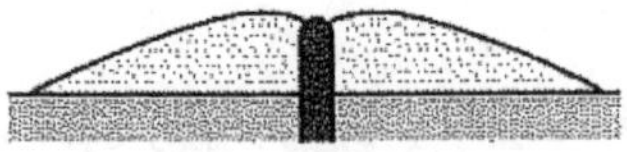
図2

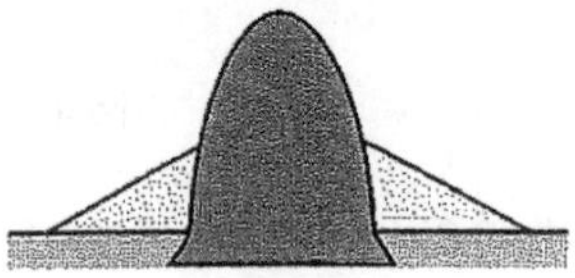
図3

ア．ねばりけは弱く，噴火はおだやか
イ．ねばりけは弱く，噴火は激しい
ウ．ねばりけは強く，噴火はおだやか
エ．ねばりけは強く，噴火は激しい

問4　火山のはたらきでできた地層には他の地層では見られない特ちょうがあります。その特ちょうとして正しいものを次のア～エより1つ選び，記号で答えなさい。

ア．貝などの化石がふくまれる。
イ．木や枝の化石がふくまれる。
ウ．小さな穴があいた石が混ざり，角ばった石が多くふくまれる。
エ．角ばった石がほとんどなく，丸みをおびた石が多くふくまれる。

問5　1914年に鹿児島県の桜島で大噴火が起こりました。もともとは大隅《おおすみ》半島と桜島は瀬《せ》戸《と》海峡《かいきょう》と呼ばれる海を隔《へだ》てていました。図4ように現在，桜島は大隅半島と地続きになっています。なぜ地続きになったのかを噴火・溶岩・海という3つの言葉を使って説明しなさい。

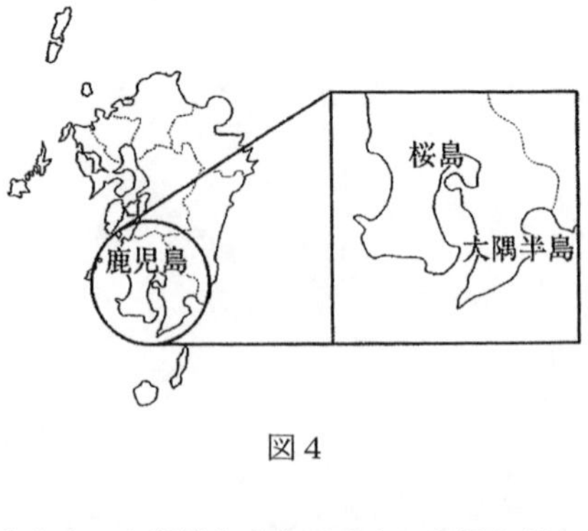

図4

問6　日本には活火山が多くあります。富士山もその1つです。富士山で大規模な噴火が発生した場合どのような影響がでるのかを国では予測しています。富士山の噴火が起きることにより首都圏の農作物は甚大《じんだい》な被害《ひがい》を受けるとされています。その理由の1つを，太陽の光・日照時間という2つの言葉を使って説明しなさい。

3　A君は学校で金属の性質について調べるために次の実験を行いました。あとの各問いに答えなさい。

【実験１】　ろうをぬった金属の板をガスバーナーで熱し，熱の伝わり方を調べた。

【実験２】　鉄（スチールウール）と銅を空気中で燃やした。

問１　金属に共通する性質を，次のア～エよりすべて選び，記号で答えなさい。
ア．光沢がある
イ．たたくとうすく広がる
ウ．磁石に引きつけられる
エ．電気をよく通す

問２　実験１について，金属の板の×の部分を加熱したとき，熱はどのように伝わっていきますか。熱の伝わる順番とはんい（①→②→③→④）が正しく示されたものをア～エより１つ選び，記号で答えなさい。

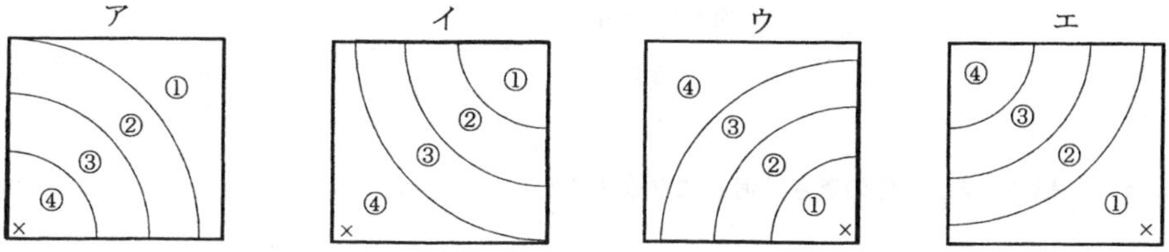

問３　実験１について，A君は形を変えた金属の板でも熱の伝わり方を調べました。×の部分を加熱したとき，ア～エの●の位置にあるろうがとける順番はどのようになりますか。早い順になるように記号で答えなさい。

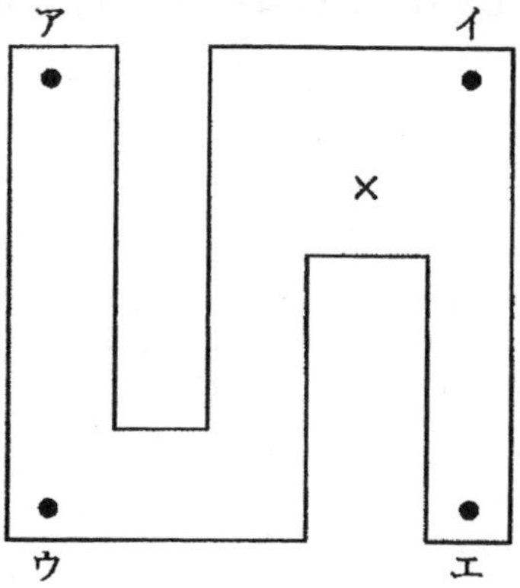

図１

問4　実験2について，図2はそれぞれの金属を燃やしたときに使用した金属の重さと，増加した重さの関係を表しています。例えば，鉄を20g燃やすと8g増加するため，全体の重さは28gになります。図2についてあとの各問いに答えなさい。

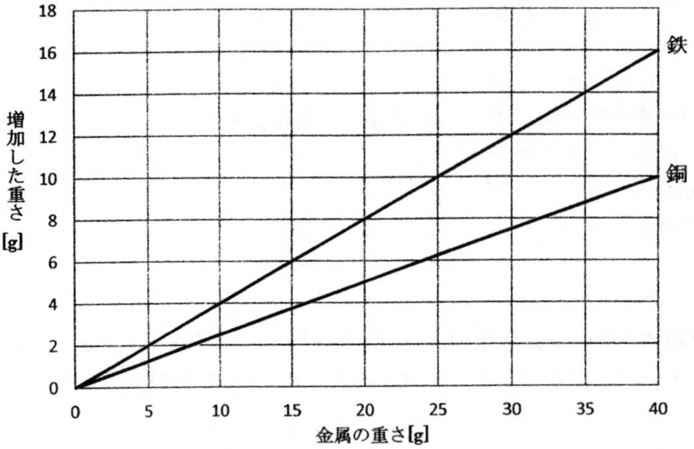

図2

(1) 銅12gをすべて燃やすと，全体の重さは何gになりますか。

(2) 鉄25gをすべて燃やすのに，最低何gの空気が必要になりますか。ただし，空気はちっ素の重さが75%，酸素の重さが25%とします。

(3) 図2をみると，どちらの金属も燃やしたあとは重くなっています。なぜ重くなったのか15文字以内で理由を答えなさい。

4　電磁石の性質について，あとの各問いに答えなさい。

問１　コイルにしんを入れて電流を流すと，磁石のはたらきをするものはどれですか。次のア～カよりすべて選び，記号で答えなさい。

ア．ガラスのぼう　　イ．鉄のぼう　　ウ．木のぼう　　エ．綿ぼう　　オ．プラスチックぼう
カ．鉄のくぎ

問２　電磁石のつくり方についてもっとも正しいものを次のア～オより１つ選び，記号で答えなさい。

ア．コイルの導線には，銅線を使う
イ．コイルの導線には，エナメル線を使い，エナメル線のはしは紙やすりでけずる
ウ．コイルにものを入れない
エ．導線のまわりに方位磁針を置く
オ．コイルに強力な磁石を近づける

問３　図１のような回路をつくり電流を流して，電磁石をアルミニウムのクリップに近づけましたが，クリップが電磁石にひきつけられませんでした。考えられる理由を次のア～オよりすべて選び，記号で答えなさい。

ア．コイルのまく向きが反対であるため
イ．クリップに近づける電磁石の向きが反対であるため
ウ．電池の向き（＋と－）が反対であるため
エ．手で直接電磁石を持っているため
オ．クリップがアルミニウムでできているため

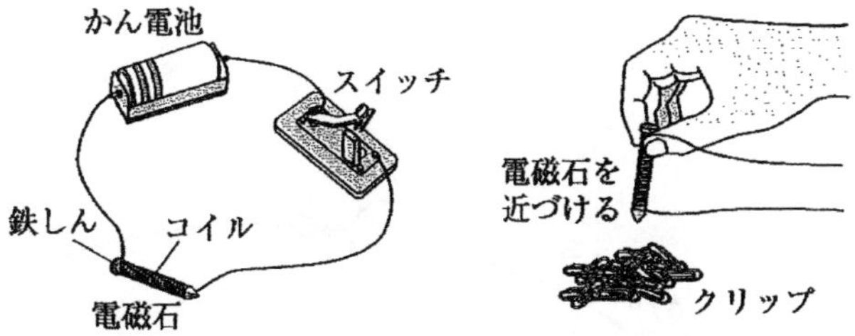

図１

問4　図2のように，導線を100回または200回まいた電磁石に導線とかん電池をつないで電流を流し，クリップを近づけました。あとの各問いに答えなさい。ただし，導線の長さはすべて同じです。

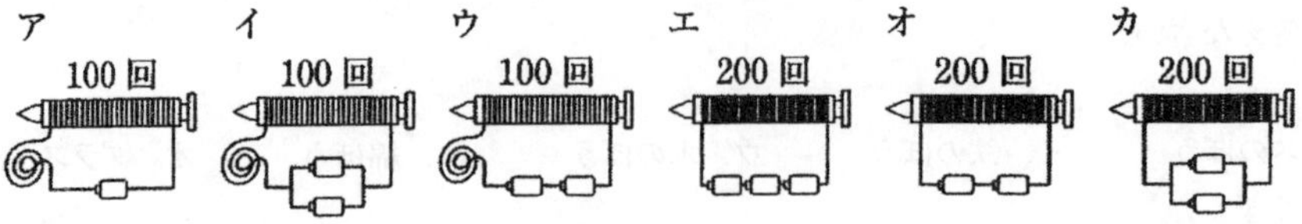

図2

(1) 図2の電磁石のうち，クリップを引きつける力がいちばん強いのはどれですか。ア～カより1つ選び，記号で答えなさい。

(2) 図2のウとオの結果をくらべると，何と電磁石の強さの関係を調べることができますか。

問5　電磁石を使っているものを，次のア～カよりすべて選び，記号で答えなさい。

ア．電気自動車　　イ．洗たく機　　ウ．方位磁針　　エ．保温びん
オ．リニアモーターカー　　カ．電気毛布

5　次の文章を読んで，あとの問いに答えなさい。

2021年5月26日午後8時過ぎに皆既《かいき》月食が観測されました。日本で見られる皆既月食は約3年ぶりです。天気に恵《めぐ》まれた北日本や沖縄県などでは，わずかに届いた太陽の光で赤っぽく見える月を肉眼で見ることができました。

問　皆既月食が起きるのは，月がどの位置にあるときですか。月の位置として正しい場所を図1のア～エより1つ選び，記号で答えなさい。

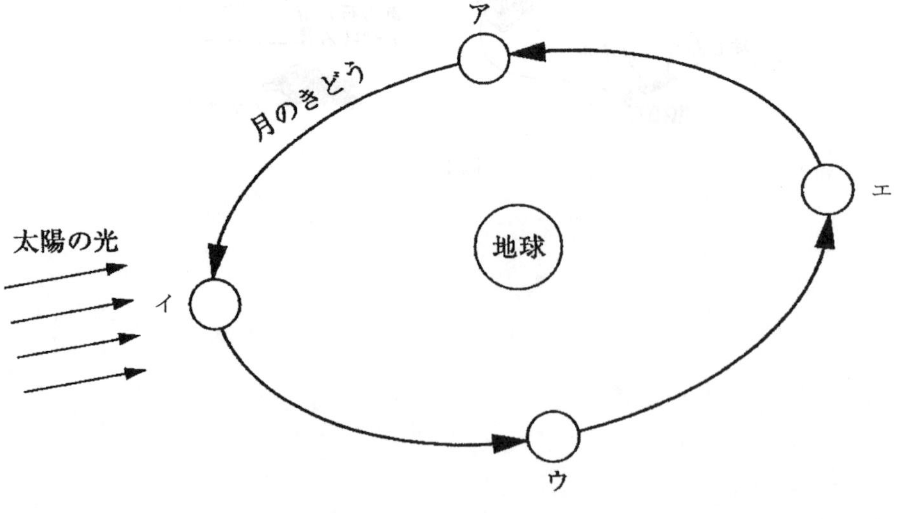

図1

問七　――線部⑥「私は、見てはいけないものを見てしまったような後ろめたい気になって、一瞬、目を逸らしてしまう」とありますが、目を逸らしてしまう理由として、最も適切なものを次の中から一つ選び、記号で答えなさい。

ア　せっかく作った弁当が無駄《むだ》になったことに怒《いか》りを覚えているマユのママの怒りの矛先《ほこさき》が、自分に向かないようにしたかったから。

イ　夫と別々に暮らすということだけでなく、介護《かいご》もしなくてはいけなくなったことに悲しんでいるマユのママを見ていられなくなったから。

ウ　せっかく作った弁当さえ年老いたマユのバーバが食べないことに、マユのママがひどく悲しんでいる様子を見ていられなかったから。

エ　マユのバーバが全くお弁当を食べないので、マユ自身も怒《いか》りをおぼえてきてしまったから。

三　次の各問いに答えなさい。

問一　次の（1）～（3）の文の――線部を漢字に直しなさい。

（1）彼《かれ》はスポーツでてかげんをしない。

（2）花火は夏のふうぶつしだ。

（3）彼女は多大なこうせきを残した。

問二　次の（1）～（3）の――線部を平仮名に直しなさい。

（1）あの看板は街の景観を損ねる。

（2）危うく事故にあうところだった。

（3）お供え物をそえる。

問三　次の漢字を組み合わせて四字熟語を4つ作りなさい。（同じものを何度用いてもよい。）

漢字　　引・末・転・機・一・節・我・発・枝・念・葉・起・田・水・心

問四 ③ に当てはまる接続語として、最も適切なものを次の中から一つ選び、記号で答えなさい。

ア だから

イ また

ウ でも

エ ところで

問五 ――線部④「同じ境遇の王様やお姫様もたくさんいる」とはどういうことですか。最も適切なものを次の中から一つ選び、記号で答えなさい。

ア マユのバーバと同じように家族がなかなか来られず、一人ぼっちで過ごしている人が多くいるということ。

イ マユのバーバと同じように物忘れが進み、家族のこともわからなくなってしまった人がたくさん老人ホームにはいるということ。

ウ マユのバーバと同じように周囲のスタッフから明るく声をかけられ、楽しく過ごしている人が多くいるということ。

エ マユのバーバと同じように家族から大切にされている人がこの施設《しせつ》にはたくさんいるということ。

問六 ――線部⑤「それで今日は、ママが家からお弁当を作って持ってきたのだ」とありますが、お弁当を持ってきた理由として、最も適切なものを次の中から一つ選び、記号で答えなさい。

ア マユのバーバがほとんど老人ホームの食事を受け付けなくなったので、手料理なら食べられるのではと考え、持ってきて食べさせようと考えたから。

イ 老人ホームの食事は貧相であったので、マユのバーバの健康のためにも手料理を食べさせたいと考えたから。

ウ 老人ホームの食事にはマユのバーバの嫌《きら》いなものが多かったので、好きなものを作って食べさせてあげようと考えたから。

エ 食べなれた手料理をマユのバーバに食べさせることで、マユやその母親のことを思い出してくれるのではないかと考えたから。

らしてしまう。そして、ママの心が、火山みたいに大爆発《ばくはつ》するんじゃないかと身構える。でも、実際のママは爆発しない。ただ、その表情をもっと濃《こ》くするだけだ。何もできない分だけ、私はより切なくなる。私がバーバのお弁当を食べたところで、ママの悲しみは癒《いや》されない。

(『あつあつを召し上がれ』小川糸)

問一 ——線部①「はーなちゃん」とは、誰が、誰を呼んでいるのですか。解答用紙に合うように、それぞれ漢字二字を考えて答えなさい。

問二 ——線部①「はーなちゃん」と呼ばれるようになった理由として、最も適切なものを次の中から一つ選び、記号で答えなさい。

ア 親しみを込めて呼んだ方が仲良くなりやすいと考えたから。

イ 物忘れが激しく、家族のこともわからなくなり、子供に戻ったようであったから。

ウ 昔呼ばれていたあだ名で呼ぶことで記憶を取り戻すかもしれないと考えたから。

エ かわいらしい名前で呼ぶことで喜んでほしいと考えたから。

問三 ——線部②「ママは、不安を打ち消すみたいに、フライパンにこびりついた汚れを必死に洗い落としていた」とはどういうことですか。最も適切なものを次の中から一つ選び、記号で答えなさい。

ア 自分のこの先の暮らしに不安を覚え、何かに打ち込むことで気をまぎらわそうとしているということ。

イ これから先マユのバーバの介護《かいご》をしなくてはいけないのではないかという不安に陥《おちい》り、落ち着かないということ。

ウ マユのバーバの持病が悪化したことを悟《さと》り、今後の暮らしが立ち行かなくなるのではないかという不安から目を背けようとしているということ。

エ マユのバーバが、物忘れが進行していることに気づき、今後更《さら》に悪化していくのではないかという不安を必死にかき消そうとしているということ。

理由を掲《かか》げて引っ越せたから。これで、スーパーマーケットや公園で、いちいちパパを探さなくてもよくなる。私も、せいせいした。というか、ホッとした。

　ママは最後まで、バーバの面倒《めんどう》を自分で見ようとした。それは、娘《むすめ》の私から見てもいじらしいほどだった。朝、運送会社での事務の仕事に行く前にバーバの様子を見に団地に立ち寄り、昼間は会社を抜け出してバーバとお昼を食べ、夕方仕事が終わったら、またバーバの晩ご飯を作りに団地に寄る。そんな生活、長くは続かないと、子供心にそう思っていた。でも、ママはがんばった。そういう生活を二年近く、続けたことになる。しかも、バーバの面倒を見ているママは、なんだか幸せそうだった。

　［③］、ある日ママは会社で倒《たお》れた。青白い顔で横になっているママに、私は涙《なみだ》を流して訴《うった》えた。ママ、ママが死んじゃうよ。そしたら私、孤児《こじ》になっちゃう。

　本気だった。本当に、このままではバーバよりも先にママが死んでしまうと思ったのだ。

　バーバは、数週間前からこのホームに入居した。きれいだし、優しい人達がいつも明るく声をかけてくれるし、④同じ境遇《きょうぐう》の王様やお姫様もたくさんいる。だけど、バーバは食事をほとんど受け付けなくなった。見た目は私の食べている給食なんかより、ずっとずっと美味しそうなのに。

　⑤それで今日は、ママが家からお弁当を作って持ってきたのだ。料理、得意じゃないくせに。私の運動会にだって、そんな豪勢《ごうせい》なお弁当、作ったためしがないくせに。

「はーなちゃん、あーん」

　ママは根気よく、バーバの口元に食べ物を運ぶ。ホウレンソウの胡麻《ごま》和え、切干大根の煮物《にもの》、炊《た》き込《こ》みご飯、卵焼き。何箇所かにプチトマトも散らして。全部今朝、ママが早起きして作ってきたものだ。でも、どれも拒否《きょひ》。バーバのくちびるは開かずの扉《とびら》となり、頑《かたく》なに閉ざされたまま動かない。

「はーなちゃん、はい、もう一回、あーんして」

　それでもママは、バーバの口元に食べ物を運び続ける。そんな時、ママの口は「へ」の字に歪《ゆが》み、眉間《みけん》には溝《みぞ》のように深い皺《しわ》が刻まれている。⑥私は、見てはいけないものを見てしまったような後ろめたい気になって、一瞬、目を逸《そ》

二 次の文章を読んで、あとの問いに答えなさい。

①はーなちゃん、だって。笑っちゃう。あんなに喧嘩《けんか》ばっかりしていたくせに。そもそも、おばあちゃんをそんな風に呼ぶもんじゃありません、といつだったか目くじら立てて怒《おこ》ったのは、どこの誰《だれ》だっけ。あの頃《ころ》、バーバはまだバーバだった。もちろん、今だって、バーバはバーバだけど。

ママは私にも、はなちゃんと呼べと言う。おばあちゃんはもう、子供に戻ったんだから、と。精神年齢《ねんれい》は、マユと、同級生くらいなんじゃない？　いや、もっと下か。ほらマユ、下に弟か妹が欲しいって、前に言ってたじゃない。だから、はなちゃんをマユの妹だと思えばいいんじゃないの？　なんて、平気でぬかす。身勝手もいいところだ。

（中略）

それに、目の前のベッドに横たわる老人が、同級生？　妹？　逆立ちしたって、そんなの無理だ。いつからママは、強靭《きょうじん》な鎧《よろい》を脱《ぬ》ぎ捨《す》てたのだろう。

おばあちゃんの様子がちょっと変なの。確かあれは、私が小学五年生になる少し前だった。食器を洗いながら、ママはぽつりと言った。ママのこと、一瞬、誰だかわからなかったみたいなの。②ママは、不安を打ち消すみたいに、フライパンにこびりついた汚《よご》れを必死に洗い落していた。けれど、不安はやがて現実のものとなった。

バーバは、まず最初にママを消去した。私は、バーバの悪口をいっぱい言った罰《ばつ》だと思った。ざまあみろ、と内心ママを嘲笑《あざわら》っていた。でも、ほどなく私も消去された。みんなみんな、消去された。だから、全員おあいこだ。バーバは今、バーバ一人しか住んでいないお城のお姫《ひめ》様として君臨する。そのお城には、茨《いばら》で作った生垣《いけがき》がぐるり巡《めぐ》らされていて、部外者は容易に侵入《しんにゅう》できない。

バーバの様子がおかしくなって、私達は、バーバが住んでいた団地の近くのアパートに引っ越した。ちょうどよかった、とママは強がった。（中略）私達が出ていくのは筋が違うでしょう、と言い張ってママはその町から動こうとしなかった。でも、私はいつも、どこかでパパに会っちゃうんじゃないかと、びくびくしながら暮らしていた。パパだけならまだしも、パパの新しい家族に会っちゃったら、お互いに気まずくなる。

だから、せいせいした、とママは言ったのだ。敗北する形ではなく、新たな

問七 [イ] には「ウオウサオウ」という四字熟語が当てはまります。これを漢字に直しなさい。また、その意味として最も適切なものを次の中から一つ選び、記号で答えなさい。

ア 見せかけだけで中身が伴《ともな》わないさま。

イ 声に出さなくても互《たが》いに理解しあえること。

ウ 学問や道徳などをみがきあげること。

エ あわてふためいて混乱するさま。

問八 ——線部⑤「保護者」の内容として本文に書かれていないものを次の中から一つ選び、記号で答えなさい。

ア 友人

イ 兄弟

ウ インターネット

エ 作家

問九 次の一文が入る最も適切な箇所を [1] ～ [4] の中から一つ選び、番号で答えなさい。

「それを探るのは、常に、奥へ、奥へと言葉の森を分け入っていくイメージである。」

問十 次の1～4の文が、筆者の主張と同じであれば○を、同じでなければ×を、それぞれ答えなさい。

1 本を読むときは理解できない箇所があってもいい。

2 自分で読む本は自分で選ぶべきだ。

3 本は速く正確に読めるよう、訓練しなければならない。

4 一冊の本の背景には広大な知の世界が広がっている。

問三 [ア] に当てはまることわざとして最も適切なものを次の中から一つ選び、記号で答えなさい。

ア 石橋を叩《たた》いて渡《わた》る

イ 馬の耳に念仏

ウ 鬼《おに》に金棒

エ 快刀乱麻《らんま》を断つ

問四 ――線部②『なぜ？』という疑問を持ちながら読むこと。」とありますが、これと同じ内容を述べている部分はどこですか。文章中から二十二字で抜《ぬ》き出しなさい。

問五 ――線部③「深みのある読書」とはどういうことですか。最も適切なものを次の中から一つ選び、記号で答えなさい。

ア なぜという疑問を持ちながら読むことによって、短期記憶のみを利用し、理解していくこと。

イ 一冊の本を支える様々な知識を、スロー・リーディングを通じてゆっくりと吸収していくこと。

ウ 本への理解よりも読書自体の経験を楽しめるように、よどみなく気楽にページをめくること。

エ 自分自身の価値観を揺さぶる経験をするために、書いてあることを素直に受け取ること。

問六 ――線部④「登場人物の名前や特徴なども、つい忘れてしまう」とありますが、それはなぜですか。最も適切なものを次の中から一つ選び、記号で答えなさい。

ア 無意識のうちに速読をしてしまっているから。

イ 忘れたとしても前のページに戻れば問題はないから。

ウ 自分のワーキングメモリの容量が減少しているから。

エ 人間のワーキングメモリの処理能力を超《こ》えているから。

一冊の本をじっくりと時間をかけて読めば、実は、一〇冊分、二〇冊分の本を読んだのと同じ手応えが得られる。これは、比喩《ひゆ》でも何でもない。実際に、その本が生まれるには、一〇冊、二〇冊分の本の存在が欠かせなかったからであり、私たちは、スロー・リーディングを通じて、それらの存在へと開かれることとなるのである。［4］

（『本の読み方　スロー・リーディングの実践』平野啓一郎）

※1　虚心…心に何のこだわりも持たずに、素直であること。
※2　真摯…真面目で熱心なこと。
※3　カフカ…ドイツ語作家。
※4　ドストエフスキー…ロシアの小説家。
※5　トーマス・マン…ドイツの小説家。
※6　ゲーテ…ドイツの詩人・小説家・劇作家。
※7　シラー…ドイツの詩人・劇作家。
※8　ゴーゴリ…ロシアの小説家・劇作家。

問一　――線部①「本を読んでいると、『どうしてこんなことが書いてあるのだろう？』と疑問に思う部分が多々ある」とありますが、こうした状況《じょうきょう》の時に筆者はどうすることが大切であると述べていますか。最も適切なものを次の中から一つ選び、記号で答えなさい。

ア　理解できない所をメモして、覚えておくこと。
イ　立ち止まって何度も振り返って、人に聞くこと。
ウ　分からないことをそのままにせず、心に留めておくこと。
エ　最後まで諦《あきら》めずに、その場で理解できるまで考え抜《ぬ》くこと。

問二　空欄《くうらん》［A］、［B］、［C］、［D］に入る言葉として最も適切なものを次の中から一つずつ選び、記号で答えなさい。

ア　また
イ　しかし
ウ　そして
エ　とにかく
オ　むしろ

のである。そんなときに、本だけがノンキな子供向けの内容だったとしたら、そっぽを向きたくなるのも当然だろう。

『金閣寺』ショックのあと、私はしばらく、三島の本ばかりを読みあさり、気がつけばすっかりファンになっていた。そのうちに、今度は、彼が小説やエッセイの中で言及しているいろいろな作家のことが気になり始めた。たとえば、彼が※5トーマス・マンが好きだと言う。それじゃあ、マンを読んでみようと思う。マンを読むと、今度は※6ゲーテの話が出てくる。それで、次はゲーテ。すると今度は、※7シラーが出てくる。それじゃあシラー……と、その連鎖《れんさ》は延々《えんえん》と続いていく。 D 、三島が別のところでドストエフスキーについて何か書いている。すると今度は、ドストエフスキー。ドストエフスキーを読むと、次は※8ゴーゴリ……等々。三島はその意味で、まさしく私にとって読書の道順を示してくれた「保護者」だった。そして、三島が影響を受けた様々な作家の小説を読んだあと、もう一度、『金閣寺』をはじめとする彼の作品を読み返すと、最初に読んだときよりも、はるかによく、その内容が分かるようになっていて、私はひどくうれしかった。

そのうちに、三島を通じて出会った別の作家のほうにむしろのめり込むようになったりして、今度は自分の読書の偏《かたよ》りを自覚し、それを矯正《きょうせい》するような本選びを心がけるようになった。 1

そうしたことを通じて、私は読書の喜びを知り、自分の好き嫌いを知った。しかし、それ以上に学んだことは、ある作家のある一つの作品の背後には、さらに途方《とほう》もなく広大な言葉の世界が広がっているという事実である。どの一つの連鎖が欠落していても、その作品は生まれてこなかったかもしれない。言葉というものは、地球規模《きぼ》の非常に大きな知の球体であり、そのほんの小さな一点に光を当てたものが一冊の本という存在ではないかと思う。一つの作品を支えているのは、それまでの文学や哲学《てつがく》、宗教、歴史などの膨大《ぼうだい》な言葉の積み重ねである。そう考えるとき、私たちは、本を「先へ」と早足で読み進めていくというのではなく、「奥《おく》へ」とより深く読み込んでいくというふうに発想を転換《てんかん》できるのではないだろうか？ 2

作者は一体、何を言おうとしているのだろうか？　そしてその主張は、どんなところから来ているのだろうか？ 3

その都度前のページに戻れば、それでいいのである。もちろん私も、※4ドストエフスキーの名前のややこしい登場人物が大勢出てくるような小説を読むときには、しょっちゅうページをさかのぼって、「なんだったっけ?」と確認し直している。

　スラスラとよどみなく読めるのが当たり前と言われると、なんとなく、そうしてページを元に戻るのも屈辱《くつじょく》的だが、そもそも人間の頭の構造からして、それが当然だと分かってしまえば、気楽にページのあちこちを［イ］しながら本を読めるようになるものである。逆に、一切、そんな必要がないという人がいれば、「本当かな?」と、少し意地悪く疑ってみよう。

　分からなくなった箇所《かしょ》をそのままにしておいて、読み進めていっても、内容の理解は半減してしまう。忘れた部分は、「なんだったっけ?」としっかり確認してから、改めて前進すればいいのである。

　読書を始めるに当たっては、誰でも「⑤保護者」が必要だ。子供の頃から、書店や図書館で、いきなり自分で本を選んでいたという人はいないだろう。最初は、先生や親が、「これを読みなさい」と選んでくれる。それが読書好きの友達や兄弟だったりすることもあるかもしれない。そのうちに、中学生くらいになって、少し読書に慣れてくると、自分で読みたい本、読みたくない本の選択《せんたく》ができるようになる。その段階からは、もう「保護者同伴《どうはん》」の必要はなく、読者として「独り立ち」してゆくこととなる。そうして考えると、最初に、魅力《みりょく》的な「保護者」と出会えたかどうかは、その後の読書の歩みに大きな違《ちが》いをもたらすことであろう。

　もちろん、その「保護者」は、生きている人間でなくても構わない。

　私が読書にのめり込むようになったきっかけは、一四歳のときに読んだ三島由紀夫の『金閣寺』だった。それは、今にして思えば、ほとんど「なんだこりゃ?」的な衝撃《しょうげき》で、どこまで内容が理解できたかも怪《あや》しいものだったが、しかし、だからこそ、私はひどく興味をそそられたのだと思う。一般に、子供に読書をすすめるときには、その理解力に応じた子供向けの本を買い与《あた》えがちだが、個人的には、そういう本は面白くなかった。そもそも、実際の人生では、親類の死だとか、両親の離婚《りこん》だとか、決して子供の理解力の及《およ》ばないような出来事が容赦《ようしゃ》なく起こり、私たちは、それなりにそれを受け止めながら成長してゆく人が得てきた豊かな内容を、ほんの少しでも自分も得たいと考えるならば、まずはゆっくりと時間を取って、「なぜ、わざわざ、作者はこんな書き方をしているのだろう？　なぜ、あえてこんなことを書いているのだろう？」と考えるところから始めなければならない。それは、新書やビジネス書のように、今日、明日役に立つことは教えてはくれないかもしれないが、自分自身の価値観を大きく揺《ゆ》さぶるような経験をもたらしてくれるかもしれないのである。

謎《なぞ》解きというのは、推理小説の中で、作者が敷《し》いたレールに沿ってだけするものではない。良書には、どんなものにでも謎はある。それを解く術は、個々の読者が自分自身で発見しなければならない。

常に②「なぜ？」という疑問を持ちながら読むこと。これは、③深みのある読書体験をするための一番の方法である。そして、読者が本を選ぶように、本もまた、読者を選ぶのである。会話の中で、聴《き》く気のない相手に対して、人が「この人に話しても仕方がない」とそっぽを向いてしまうように、「なぜ？」という疑問を持たない人には、本は永遠に口を閉ざしてしまうだろう。

最近の研究で、人間の脳の短期的な情報処理能力について多くのことが分かってきている。パソコンの一次キャッシュに当たるようなこの領域は、人間の脳の場合「ワーキングメモリ」と呼ばれていて、その容量は私たちが想像していた以上に小さいようだ。

人間のワーキングメモリは少しずつしか情報処理ができないから、本を読むときに、速読で大量に情報をインプットしようとしても、そもそも無理がある。スロー・リーディングによって、小分けにして、その都度《つど》長期記憶《きおく》との間を往復しながら情報を処理していかないと、理解は進まないのである。

これほど小さなメモリを使って本を読んでいる以上、少し前に読んだことを忘れてしまうのは、不思議なことではない。［C］、一回読んだだけで、すべて覚えているほうが異常である。私たちには、いつもどこか、「天才願望」があって、速読本は、そこに巧みにつけ込み、「やればできる！」的な暗示的表現をこれでもかとたたみかけてくるが、クールな大人は、そんな謳《うた》い文句にコロッとやられないことにこそ胸を張るべきだ。

外国文学の長編小説などを読んでいると、④登場人物の名前や特徴《とくちょう》なども、つい忘れてしまう。私の『葬送《そうそう》』という小説についてもよくそう言われたが、

二〇二二年度 東海大学付属浦安高等学校中等部

【国語】〈Ｂ試験〉（五〇分）〈満点：一〇〇点〉

一 次の文章を読んで、あとの問いに答えなさい。

①本を読んでいると、「どうしてこんなことが書いてあるのだろう？」と疑問に思う部分が多々ある。どんなに好きな作家でも、所詮《しょせん》はアカの他人が書いているのだから、当然である。読みながら、納得できないと感じたり、こう書いたほうがいいんじゃないかと自分なりに考えてみたりすることもあるだろう。自分が作者であったならとシミュレートしてみることは、スロー・リーディングの楽しみの一つである。

Ａ、大切なのは、立ち止まって、「どうして？」と考えてみることだ。本というのは、そういった疑問を持った瞬間《しゅんかん》に、そういう疑問を持った人にだけ、こっそりとその秘密を語り始めるものなのだ。疑問を持ったら、素通りせず、ましてや一方的に本の欠陥《けっかん》だなどと決めつけずに、※１虚心《きょしん》にその一節に耳を傾《かたむ》けてみよう。たとえ、そのときには理解できなくても、そうして気にかけることで、その一節は読後も記憶《きおく》に残り続け、何年か経ってから、「ああ、ずっと不思議だったけど、あれはそういうことだったのか！」と理解できるときが訪れるものである。そのとき初めて、長い時間をかけて、作者の最も深い場所から発せられた声は、読者に届くのである。結果的に、その後、何の発見もなかったとしても、それはそれで損ではないだろう。

たとえば、作者の思いや考えが凝縮《ぎょうしゅく》されている詩などは、「なぜ？」という疑問を抱《いだ》かなければ、永遠に「意味不明」で終わってしまうだろう。もちろん、言葉の美しさだけを楽しむというのも詩の味わい方かもしれない。

Ｂ、「なぜ？」という問いかけに最も※２真摯《しんし》に答えてくれるのもまた、詩というジャンルである。

またたとえば、※３カフカや安部公房《ぼう》の小説などを読んでいると、奇妙《きみょう》な設定や言動に次々と出くわすことになる。しかし、彼らの作品を単に「ワケワカンナイ」と投げ捨ててしまえば、自分で自分を「ア」状態にしてしまうことになる。確かにそれらの作品は難解だが、そこから、長い歴史の中で多くの

2022年度

東海大学付属浦安高等学校中等部 ▶解 答

※ 編集上の都合により，Ｂ試験の解説は省略させていただきました。

算 数 ＜Ｂ試験＞（50分）＜満点：100点＞

解 答

[1] (1) 4 (2) $\frac{4}{9}$ (3) 9 (4) 0.55 (5) 9 (6) 10個 [2] (1) 3 cm (2) 25分後 (3) 毎分２L (4) 11日後 (5) 200ｇ (6) $50cm^2$ [3] (1) 216個 (2) 180個 [4] (1) 3500円 (2) 5000円 (3) 3750円 [5] (1) 81 (2) 9 (3) 3

社 会 ＜Ｂ試験＞（理科と合わせて60分）＜満点：50点＞

解 答

[1] 問１ Ａ サ Ｂ ケ Ｃ カ Ｄ キ Ｅ ア Ｆ オ 問２ １ しじみ ２ うなぎ 問３ 人造(湖)，ダム 問４ カルデラ 問５ 水力(発電) 問６ 観光 [2] 問１ Ａ 徳川家康 Ｂ 中大兄 Ｃ 菅原道真 Ｄ 伊藤博文 問２ ａ ウ ｂ エ ｃ イ ｄ ウ ｅ エ ｆ エ ｇ エ ｈ （フランシスコ・)ザビエル [3] 問１ Ａ 民事 Ｂ 原告 Ｃ 被告 Ｄ 刑事 問２ エ 問３ ア 問４ Ｇ ウ Ｈ オ Ｉ ア 問５ Ｊ 国民審査 Ｋ 弾劾裁判

理 科 ＜Ｂ試験＞（社会と合わせて60分）＜満点：50点＞

解 答

[1] 問１ ① 蒸発 ② 空気 ③ 雲 問２ イ 問３ ア 問４ ひがた 問５ 二酸化炭素 問６ エ [2] 問１ ① ア ② ウ ③ イ 問２ マグマ 問３ 図２…ア 図３…エ 問４ ウ 問５ （例） 桜島が噴火したときに流れ出た溶岩が海へ流れこんだから。 問６ （例） 火山灰により太陽の光がさえぎられ，日照時間が減ってしまうから。 [3] 問１ ア，イ，エ 問２ ウ 問３ イ→エ→ウ→ア 問４ (1) 15ｇ (2) 40ｇ (3) （例） 空気中の酸素と結びついたから。 [4] 問１ イ，カ 問２ イ 問３ オ 問４ (1) エ (2) （例） 導線をまいた回数 問５ ア，イ，オ [5] エ

国語　＜Ｂ試験＞（50分）＜満点：100点＞

解答

一 **問1**　ウ　**問2**　**A**　エ　**B**　イ　**C**　オ　**D**　ア　**問3**　イ　**問4**　立ち止まって，「どうして？」と考えてみること　**問5**　エ　**問6**　エ　**問7**　**漢字**…右往左往　**意味**…エ　**問8**　ウ　**問9**　3　**問10**　**1**　○　**2**　×　**3**　×　**4**　○

二 **問1**　（マユの）母親（がマユの）祖母（を呼んでいる）　**問2**　イ　**問3**　エ　**問4**　ウ　**問5**　イ　**問6**　ア　**問7**　ウ

三 **問1**　下記を参照のこと。　**問2**　(1)　けいかん　(2)　あや　(3)　そな　**問3**　一念発起，枝葉末節，心機一転，我田引水

●漢字の書き取り

三 問1　(1)　手加減　(2)　風物詩　(3)　功績

2021年度　東海大学付属浦安高等学校中等部

〔電　話〕 (047) 351－2371
〔所在地〕 〒279-8558　千葉県浦安市東野3－11－1
〔交　通〕 JR京葉線─「舞浜駅」より徒歩18分またはバス
東京メトロ東西線─「浦安駅」よりバス

【算　数】〈A試験〉 (50分) 〈満点：100点〉

〈注意〉 途《と》中の式・計算・答えはすべて解答用紙に書き入れなさい。

1 次の各問いに答えなさい。

(1) $31-4\times7$ を計算しなさい。

(2) $7\frac{1}{3}-3\frac{2}{5}$ を計算しなさい。

(3) $12\div9\times(13-5)$ を計算しなさい。

(4) $6\frac{2}{3}\div\frac{5}{6}-1\frac{1}{2}$ を計算しなさい。

(5) $1.24\times13+7\times1.24$ を計算しなさい。

(6) $1.25\times7-2\div\frac{4}{5}$ を計算しなさい。

2 次の各問いに答えなさい。

(1) ある美容室に2人の美容師Aさん，Bさんがいます。お客さん1人の髪《かみ》の毛を切るのにAさんは18分，Bさんは24分かかります。8時間ずっと働くとすると，2人合わせて最大何人の髪の毛を切ることができますか。

(2) 25人分のくつが入る下駄《げた》箱が66台あります。1クラス45人いたとき，最大で何クラス入れられますか。また，使用しない場所は何か所ありますか。

(3) ある1本の紙テープを6等分するところを間違《まちが》って8等分してしまったため，分けた1本ずつの紙テープの長さが1m短くなってしまいました。このとき，もとのテープの長さは何mですか。

(4) 正方形の折り紙を以下のように折り，その後一部分を切り取ります。ただし，太線が折り目とします。

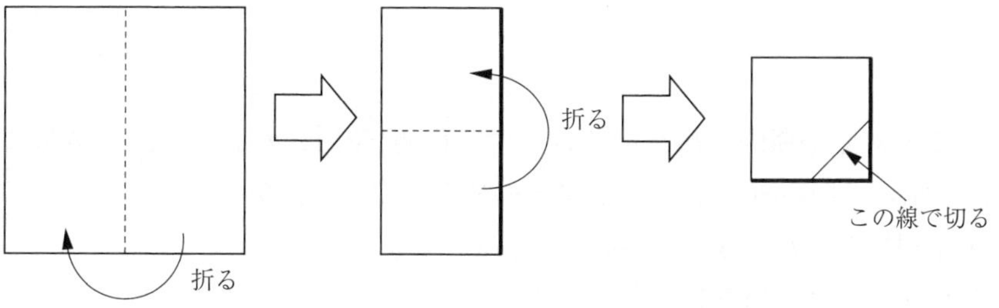

このとき，折り紙を開くと(ア)～(エ)のどの図形になりますか。

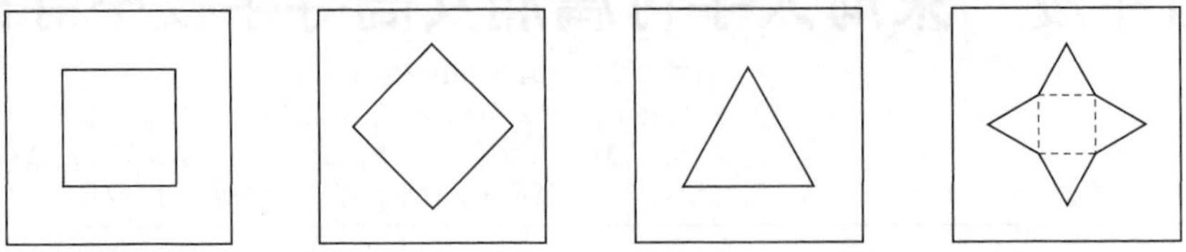

(ア)　(イ)　(ウ)　(エ)

(5)　5人の生徒の平均身長は155cmでした。そこにAさんを加えて平均身長を調べたところ，156cmになりました。Aさんの身長は何cmですか。

(6)　ある店で500房《ふさ》のバナナを売りました。通常1房100円のバナナをタイムセールの間だけ3割引きで売りました。すべて売り切ったとき，41300円の売上がありました。タイムセールの間に何房のバナナを売りましたか。

3　1周1.4kmの池の周りをAさんは毎分140m，Bさんは毎分210mでジョギングします。2人が同じ地点から同時に走り始めるとき，次の問いに答えなさい。

(1)　AさんとBさんが反対方向に進む場合，初めて出会うのは何分後ですか。

(2)　AさんとBさんが同じ方向に進む場合，BさんがAさんに追いついたのは，Bさんが何周したときですか。

4　ガソリン1Lにつき，12.5km走る車があります。この車で，浦安から480km離《はな》れた京都へ時速90kmで向かいます。このとき，次の問いに答えなさい。

(1)　浦安から京都まで行くのに，ガソリンは何L使いますか。

(2)　浦安から京都までは何時間何分かかりますか。ただし，2時間運転をしたら必ず40分の休憩《けい》をとるものとします。

5　右の図のように，正方形と円が接する図形があります。正方形の面積が50cm^2のとき，次の問いに答えなさい。ただし，円周率は3.14とします。

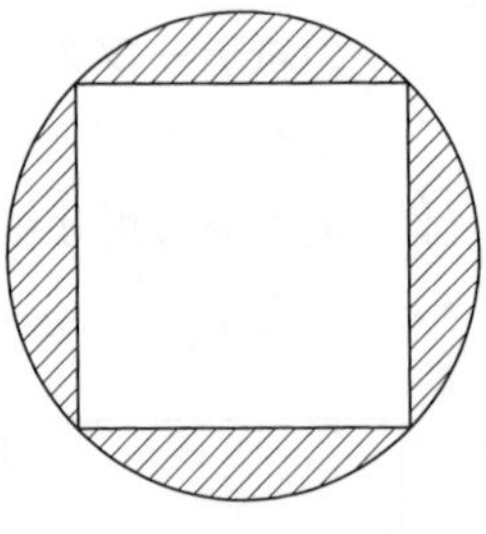

(1)　正方形の対角線の長さは何cmになりますか。

(2)　斜《しゃ》線部分の面積は何cm^2になりますか。

6　ある家では，オンラインで定期的に商品を買います。毎週150円分のトマト，2週間に1回850円分のお刺身《さしみ》，3週間に1回980円分の野菜ジュースを買うことになっています。すべての商品が届いたときを1週目としたとき，次の問いに答えなさい。

(1)　次にすべての商品が届くのは，何週目になりますか。

(2)　支払《はら》い合計金額が10000円を超《こ》えるのは，何週目になりますか。

【社　会】〈**A試験**〉（理科と合わせて60分）〈満点：50点〉

1　次の文章を読み，あとの問いに答えなさい。

わたしたちは住んでいる地域や世界の国々のようすを知るために，さまざまな地図を利用しています。地図は①縮尺《しゅくしゃく》の大小によって，身近な地域に用《もち》いられる地形図と国単位より広い地域に用いられる世界地図に分かれています。国土地理院《こくどちりいん》発行の地形図は特に指定がない限り，図の上方が（　１　）の方位を示し，建物や土地利用などが②地図記号であらわされています。また，海面からの高さが同じ地点を結んだ（　２　）が記入されていて，土地の高低や傾斜《けいしゃ》のようすを知ることもできます。

一方，世界地図には多くの種類があり，③図法によって何を正しくあらわすことができるかが異なります。そのため，それぞれの図法の性質を理解し，使いみちに合った地図を選ぶことが大切です。

問１　文中の（１）・（２）にあてはまることばを答えなさい。

問２　文中の下線部《かせんぶ》①は実際の距離を地図上に縮めた割合のことです。２万５千分の１の地形図で浦安駅から本校までの長さをバス通りに沿って測ると14**cm**ありました。実際の距離は何**m**になりますか。

問３　文中の下線部②に関連して，図Aで浦安駅南口から交番を左にみて通りを直進し，右にみえる寺院を通り過ぎたあとにある最初の地図記号は何をあらわしていますか。

図A

地理院地図（電子国土 web）より作成

問４　図Bは1894～1915年に作成された本校周辺の地形図と現在の地形図を比較したものです。写真①にみられる本校の前の道路の段差《だんさ》はもともと何であったと考えられますか。次のア～エから１つ選び，記号で答えなさい。※現在の地形図の矢印の先が本校。

ア．水田のあぜ道

イ．畑のうね道

ウ．川岸の堤防

エ．海岸の堤防

図Ｂ

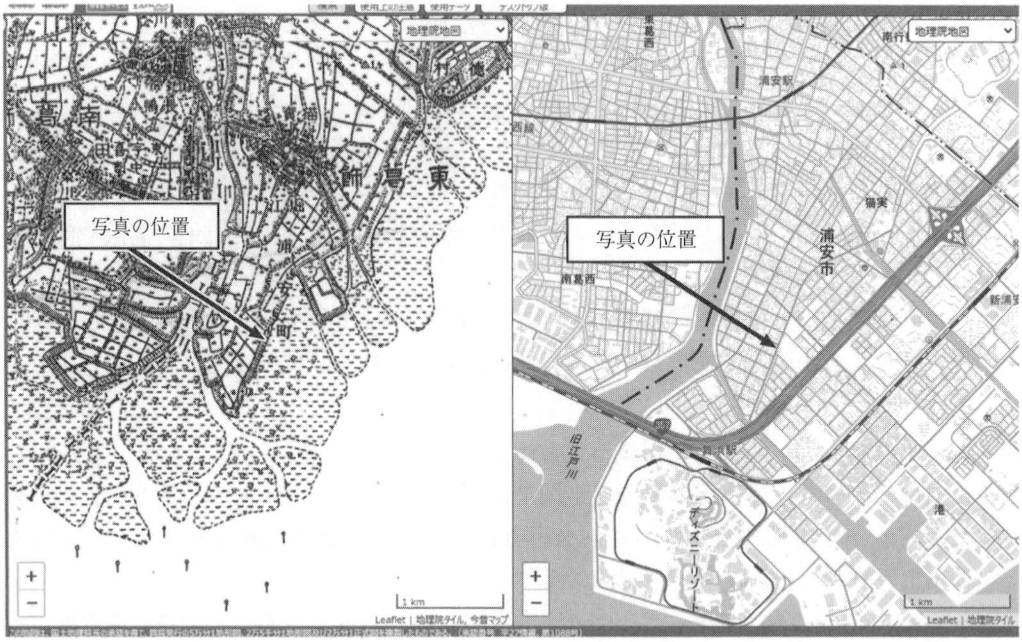

古今マップ　on the webより作成

写真①

問５　図Ｃ～Ｅの図法名として正しいものを次のア～エからそれぞれ１つずつ選び，記号で答えなさい。

ア．モルワイデ図法　　イ．メルカトル図法　　ウ．グード図法　　エ．正距方《せいきょほう》位《い》図法

問６　下線部③に関連して，世界各国の人口分布をあらわすためには図Ｃ～Ｅのうちどれを使えばよいか，図Ｃ～Ｅから１つ選び，アルファベットで答えなさい。また，その理由は何が正しくあらわされているからか，漢字２文字で答えなさい。

問７　図Ｃ～Ｅの各図中にある「東京ーサンフランシスコ」を結ぶ直線のうち，実際の最短距離をあらわしているものはどれか，図Ｃ～Ｅから１つ選び，アルファベットで答えなさい。なお，各図の縮尺が異なるので，図中の線の長さは関係しません。

問８　図Ｃ～Ｅのうち，かつて航海図として使われていたものはどれか，図Ｃ～Ｅから１つ選び，アルファベットで答えなさい。

問９　図Ｃ～Ｅのうち，航空図として利用されているものはどれか，図Ｃ～Ｅから１つ選び，アルファベットで答えなさい。

図C

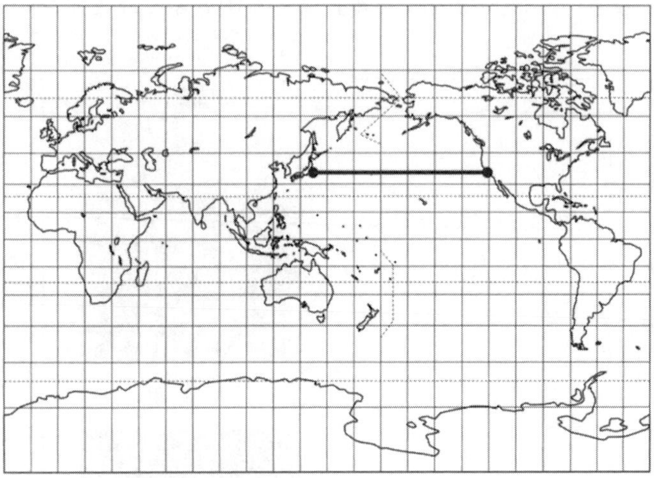

図D

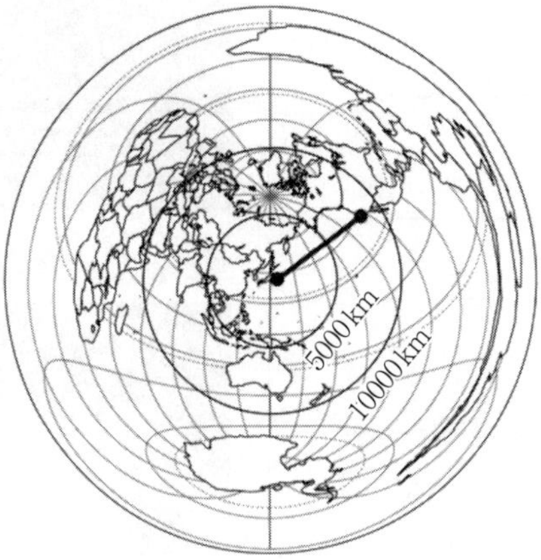

図E

2　次の文は東海浦子さんが夏休みの自由研究で作成した歴史人物カルタの一部です。文を読み，あとの問いに答えなさい。※人物像は伝承《でんしょう》によるものもふくみます。

A　卑弥呼《ひみこ》

まじないで
人々をおさめた
(1)の女王

B　聖徳太子《しょうとくたいし》

①十七条《じゅうしちじょう》の憲法《けんぽう》で
天皇中心の国づくりを
目指《めざ》した

C　(2)

『源氏物語《げんじものがたり》』を
かきながら
彰子《しょうし》に仕えた

D　源頼朝《みなもとのよりとも》

弟の力などを
借りて開いた
②鎌倉幕府《かまくらばくふ》の初代将軍

E　後醍醐天皇《ごだいごてんのう》

③武士の慣習《かんしゅう》を
無視した政治で
反発をまねいた

F　④豊臣秀吉《とよとみひでよし》

農民から出世して
関白《かんぱく》・太政大臣まで
のぼりつめた

G　徳川吉宗《とくがわよしむね》

⑤幕府の権威《けんい》と
財政《ざいせい》の立て直しに
力を尽くして
「米将軍《こめしょうぐん》」と呼ばれた

H　西郷隆盛《さいごうたかもり》

⑥倒幕《とうばく》を果たすも
士族の不満が高まり
(3)戦争をおこして
政府軍に敗北した

問1　文中の(1)～(3)にあてはまる言葉や人名をそれぞれ漢字で答えなさい。

問2　文中の下線部①について，この憲法《けんぽう》の内容として正しくないものはどれですか。次のア～エから1つ選び，記号で答えなさい。

ア．仏教を信じること。

イ．天皇の命令にしたがうこと。

ウ．遣隋使《けんずいし》を派遣《はけん》すること。

エ．仲たがいをやめること。

問3　文中の下線部②について，次の出来事と関連のある人物を以下のア～エから選び，記号で答えなさい。

武士の慣習や道徳に基づく，御成敗式目《ごせいばいしきもく》を定めた。

ア．北条時政《ほうじょうときまさ》　イ．北条時頼《ほうじょうときより》　ウ．北条時宗《ほうじょうときむね》　エ．北条泰時《ほうじょうやすとき》

問4　文中の下線部③について，この政治を「□の新政」という。空欄《くうらん》にあてはまる言葉を漢字2字で答えなさい。

問5　文中の下線部④について，この人物が行った政策として正しくないものを次のア～エから1つ選び，記号で答えなさい。

ア．全国の土地の調査を行い，コメの収穫高による石高《こくだか》制に改めた。

イ．キリスト教を邪教《じゃきょう》として，宣教師《せんきょうし》(バテレン)に国外退去を命じた。

ウ．ポルトガル商人を抑えるため，生糸《きいと》貿易を特定の商人による取引に限定した。

エ．寺院の建立《こんりゅう》を名目に，諸国の農民から武器を没収した。

問6　文中の下線部⑤について，このために行った改革の内容として正しいものの組み合わせを以下のア～カから選び，記号で答えなさい。

A	誰でも自由に投書することができる目安箱《めやすばこ》を設置した。
B	裁判《さいばん》の公正をはかるために，裁判の基準となる公事方《くじがた》御定書《おさだめがき》をつくった。
C	印旛沼《いんばぬま》や手賀沼《てがぬま》の干拓など，新田開発をめざした。
D	江戸に出てきている農民を村に帰らせ，農村の再建をはかった。

ア．A・B　イ．A・C　ウ．A・D　エ．B・C　オ．B・D　カ．C・D

問7　文中の下線部⑥について，この時代に大政奉還を行い，政権を天皇に返上した将軍を次のア～エから選び，記号で答えなさい。

ア．徳川家茂《とくがわいえもち》　イ．徳川家斉《とくがわいえなり》　ウ．徳川家定《とくがわいえさだ》　エ．徳川慶喜《とくがわよしのぶ》

3　日本国憲法についての文を読み，あとの問いに答えなさい。

日本国憲法は，①1946年11月3日に公布され，その半年後の1947年5月3日から施行《しこう》されました。この憲法が施行されたことは戦後の民主化政策の中でもっとも重要なできごとの一つであると言えます。 この憲法は，民主主義の考えにもとづき，(　　)・②平和主義・③基本的人権の尊重の三大原則を中心として前文および103条から成り立っています。 ④憲法改正には，憲法は国の最高法規であるため，法律と違って慎重《しんちょう》な手続きを進めています。

問1　文中の(　)にあてはまる言葉を漢字で答えなさい。

問2　文中の下線部①について，日本国憲法が(A)公布された日，(B)施行された日は，現在国民の祝日になっています。それぞれ何という祝日ですか。次のア～エからそれぞれ1つずつ選び，

記号で答えなさい。

ア．建国記念の日　　イ．憲法記念日　　ウ．文化の日　　エ．秋分の日

問3　文中の下線部②について，次の条文を読み，問いに答えなさい。

1，日本国民は，正義と秩序《ちつじょ》を基調とする国際平和を誠実に希求《ききゅう》し，国権の発動たる（ A ）と，武力による威嚇《いかく》又は武力の行使は，国際（ B ）を解決する手段としては，永久にこれを放棄《ほうき》する。 2，前項の目的を達するため，陸海空軍その他の戦力は，これを保持しない。国の（ C ）は，これを認めない。

文中の(A)・(B)・(C)にあてはまる言葉を次のア～オからそれぞれ1つずつ選び，記号で答えなさい。

ア．戦力　　イ．戦争　　ウ．紛争《ふんそう》　　エ．交戦権　　オ．武力

問4　文中の下線部③について，(1)～(3)の問いに答えなさい。

(1)　基本的人権の説明として正しいものを次のア～エから1つ選び，記号で答えなさい。

ア．20歳以上の男女だけに認められている権利

イ．だれもが生まれながらにしてもっている権利

ウ．税金を納めているすべての国民に認められている権利

エ．25歳以上の男子だけに認められている権利

(2)　基本的人権のうち，すべて国民は法の下に平等であって，人種・信条《しんじょう》・性別・身分などによって左右されない権利のことを何というか，漢字で答えなさい。

(3)　憲法では，国民の基本的人権を尊重するとともに，国民に課せられた義務も定めています。そして特に重要なものを三大義務といいます。（　）にあてはまる言葉を漢字2字で答えなさい。

国民の三大義務 ・教育の義務 ・勤労の義務 ・（　　）の義務

問5　下線部④についての次の文を読み，(1)～(3)の問いに答えなさい。

国会で改正の議案が出されると，衆議院・参議院とも総議員の（　A　）以上の賛成で発議される。次に国会で発議された改正案について（ B ）をおこない，有効投票数の過半数が賛成すれば改正が決まり，（ C ）が国民の名で公布する。

(1)　文中の(A)にあてはまる語句を次のア～エから1つ選び，記号で答えなさい。

ア．3分の2　　イ．2分の1　　ウ．3分の1　　エ．4分の1

(2)　文中の(B)にあてはまる言葉を答えなさい。

(3)　文中の(C)にあてはまる言葉を答えなさい。

【理　科】〈A試験〉（社会と合わせて60分）〈満点：50点〉

1　地球上のあらゆるところで，生物どうしの間に「食べる・食べられる」という関係がなりたっています。たとえば，シマウマ(草食動物)がライオン(肉食動物)に食べられるという関係が見られます。あとの各問いに答えなさい。

問1　動物には，ライオンのようにおもに肉を食べるもの，シマウマのようにおもに草を食べるもの，ヒトのようにどちらも食べるものがいます。頭部の骨格を見ても歯の形の特徴《とくちょう》で違いが見られます。シマウマの頭部の骨格を，次のア～オより1つ選び，記号で答えなさい。

ア　　イ　　ウ　　エ　　オ

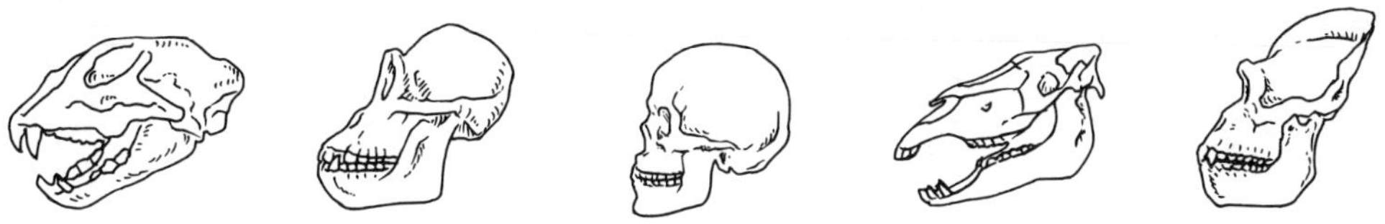

問2　シマウマとライオンの目のついている位置とその理由について説明したものを次のア～エより1つずつ選び，記号で答えなさい。

ア．広い範囲が見えるように，目が顔の正面についている。

イ．広い範囲が見えるように，目が顔の両側についている。

ウ．ものが立体的に見えるように，目が顔の正面についている。

エ．ものが立体的に見えるように，目が顔の両側についている。

問3　ある地域でシマウマの数が急に減少すると，その地域の植物およびライオンなどの肉食動物の数はそれぞれ一時的にどうなりますか。次のア～エより1つ選び，記号で答えなさい。

ア．植物も肉食動物も減る。

イ．植物は増え，肉食動物は減る。

ウ．植物も肉食動物も増える。

エ．植物は減り，肉食動物は増える。

問4　文中の(A)～(C)にあてはまる語句を下から選び答えなさい。

「食べる・食べられる」のような関係をつくっている生物の数を調べると，「食べられる」側の生物ほど数が(　A　)なります。よって「食べられる」側の生物の全体の重さが(　B　)なります。「食べる」側の生物(食べる生物)ほど，体が大きく，数は(　C　)なるのがふつうです。ただし，体の大きさについては例外もあります。たとえば，アフリカの草原などでは，体の小さいヒョウなどが体の大きいシマウマやキリンを食べることがあります。

軽く　　重く　　多く　　少なく

問5　森林や草原などの地中では，落ち葉などのかれた植物からはじまる「食べる・食べられる」という関係もあります。この「食べる・食べられる」という関係のことを何といいますか。ひらがなで答えなさい。

また，落ち葉のくさったものなどを食べている動物を次のア～オよりすべて選び，記号で答えなさい。

ア．モグラ　　イ．カブトムシの幼虫　　ウ．ムカデ

エ．ヤスデ　　オ．ダンゴムシ

2 川を流れる水のはたらきを調べるため，図1のように砂山を作りました。そこに溝《みぞ》を作り，水を流しました。図2は水の流れた溝の高さと距離を表しています。あとの各問いに答えなさい。

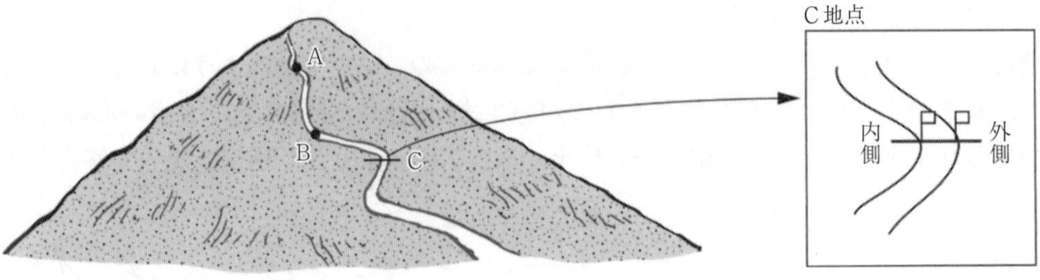

図1

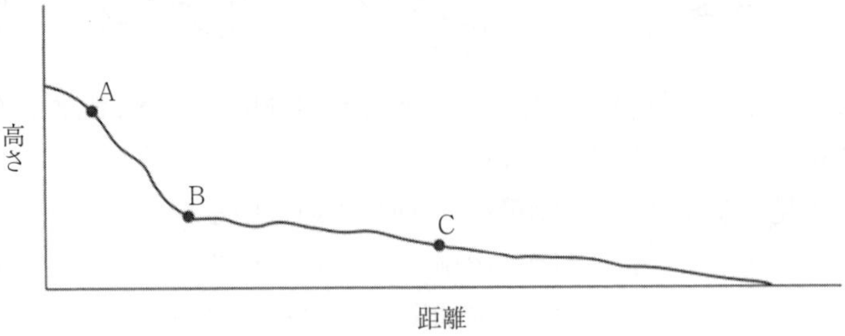

図2

問1　A地点で水の量を変えて，水の流れの速さを比べました。その結果として正しいものを次のア～ウより1つ選び，記号で答えなさい。

ア．水の量が少ないほうが速い。

イ．水の量が多いほうが速い。

ウ．水の量を変えても速さは変わらない。

問2　問1で砂山のけずられ方，運ばれ方を比べました。その結果として正しいものを次のア～ウより1つ選び，記号で答えなさい。

ア．水の量が少ないほうが砂はけずられ，より多くの砂が運ばれる。

イ．水の量が多いほうが砂はけずられ，より多くの砂が運ばれる。

ウ．水の量によって砂のけずられ方，運ばれ方は変わらない。

問3　問1，2の結果を参考に，水を多く流した場合，流水の3作用のうち何の作用が大きくなることがわかりますか。ひらがなで2つ答えなさい。

問4　B地点の特徴として正しいものを，次のア～エより1つ選び，記号で答えなさい。

ア．流れが急に速くなり，砂を積もらせるはたらきがある。

イ．流れが急に速くなり，砂をけずるはたらきがある。

ウ．流れが急におそくなり，砂をけずるはたらきがある。

エ．流れが急におそくなり，砂を積もらせるはたらきがある。

問5　C地点の内側と外側に旗を立てて，おがくず(木のくず)を含《ふく》んだ水を頂上より流しました。内側と外側の結果の違いについて正しいものを次のア～エより1つ選び，記号で答えなさい。

ア．内側は旗が倒《たお》れ，おがくずが多くたまった。外側は旗は倒れず，おがくずはあまりたまらなかった。このことにより，内側のほうが流れが速いことがわかる。

イ．内側は旗が倒れ，おがくずはあまりたまらなかった。外側は旗は倒れず，おがくずは多くたまった。このことにより，内側のほうが流れが速いことがわかる。

ウ．内側は旗が倒れず，おがくずが多くたまった。外側は旗は倒れ，おがくずはあまりたまらなかった。このことにより，外側のほうが流れが速いことがわかる。

エ．内側は旗が倒れず，おがくずはあまりたまらなかった。外側は旗は倒れ，おがくずが多くたまった。このことにより，外側のほうが流れが速いことがわかる。

問6　流す水の量を増やしていくと，溝から水があふれてしまいます。それを防ぐために，実際の川では色々な対策をしています。次の①～④の対策とその対策の目的ａ～ｄの組み合わせとして，正しいものを下のア～オの中から１つ選び，記号で答えなさい。

対策：①遊水池　②さ防ダム　③護岸工事　④放水路

目的：ａ．コンクリートやブロックで堤《てい》防を固める。

ｂ．大雨が降った時に，大量の水を一時的に貯《た》める。

ｃ．川の途中からの新しい川や人工の水路。

ｄ．石や砂などが下流に流されるのを防ぐ。

	①	②	③	④
ア	a	c	b	d
イ	a	c	d	b
ウ	b	d	a	c
エ	b	d	c	a
オ	d	b	a	c

3　表１は実験で使用する８種類の水よう液です。表２は水よう液に関する実験の内容を示した文章です。あとの各問いに答えなさい。

表１

ア．アルコール水	イ．アンモニア水
ウ．塩酸	エ．さとう水
オ．食塩水	カ．水酸化ナトリウム水よう液
キ．石灰水	ク．炭酸水

表2

	内　容
実験1	さとう，食塩，水酸化ナトリウムをはかりとり，水に溶《と》かして水よう液をつくりました。また，アンモニア水，塩酸，アルコール水は，もとのこい液に水を加えてうすい水よう液をつくりました。
実験2	水よう液の性質をリトマス紙で調べました。
実験3	ムラサキキャベツから得たムラサキの液体を画用紙にはけでぬり，かわかしたあとに，アルコール水をのぞいた7種類の水よう液で絵をかき，ムラサキ色の画用紙の色の変化を観察しました。 
実験4	炭酸水をのぞいた7種類の水よう液に鉄の板を入れて，鉄の板からあわが出るかどうかを観察しました。 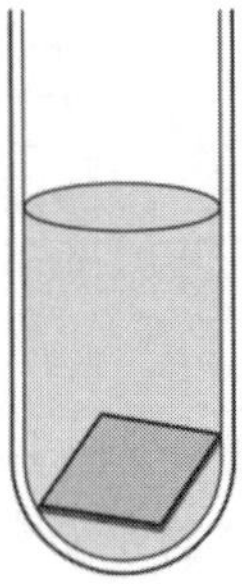
実験5	同じこさの塩酸と水酸化ナトリウム水よう液を同じ量ずつ混ぜ合わせました。混ぜ合わせたあと，水よう液の性質を調べました。

問1　実験1でつくったさとう水は，100gの水に5gのさとうを溶かした水よう液です。さとう水のこさは何%になりますか。答えは，四捨五入し小数第1位まで求めなさい。

問2　実験2で，赤色リトマス紙を青くした水よう液を表1よりすべて選び，記号で答えなさい。その結果から，水よう液の性質は何性を示すと考えられますか。

問3　実験3で，かいたところ，赤むらさき色や赤色を示した水よう液を表1よりすべて選び，記号で答えなさい。

問4　実験4で，鉄の板からあわを出した水よう液を表1より1つ選び，記号で答えなさい。

問5　実験5で，混ぜ合わせたあとの水よう液は何性を示しましたか。

問6　8種類の水よう液がわからない中で，石灰水を選び出すにはどのような方法がありますか。正しいものを次のア～オより1つ選び，記号で答えなさい。

ア．青色リトマス紙の色の変化を調べる。

イ．赤色リトマス紙の色の変化を調べる。

ウ．気体を通じて水よう液の色の変化を調べる。

エ．金属を入れて，金属からあわが出るかどうかを調べる。

オ．水よう液に，においがあるかどうかを調べる。

4　とじこめた空気を利用して，図1のような空気でっぽうをつくって玉をとばし，的に当てるゲームをしました。あとの各問いに答えなさい。

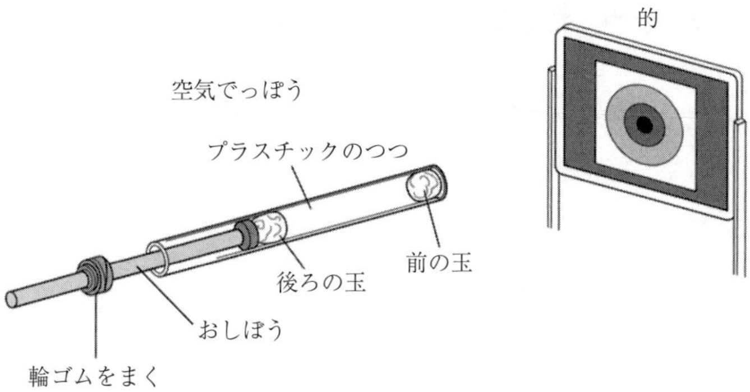

図1

問1　空気でっぽうの後ろの玉の役割として正しく説明したものを次のア～エより1つ選び，記号で答えなさい。

ア．前の玉を直接おす。

イ．前の玉とはさみ，空気をとじこめる。

ウ．おしぼうをおしこみすぎないようにする。

エ．おしぼうの位置の目印にする。

問2　図1のように，おしぼうに輪ゴムをまくのはなぜですか。その理由を答えなさい。

問3　空気でっぽうの玉が飛ぶ理由を説明した文中の空らんに，あてはまる言葉を漢字2文字で書きなさい。

つつの中にとじこめた空気は，おしこめられたことにより(　　)が小さくなり，おし返す力が大きくなるため。

問4　図2のように空気でっぽうのつつの中に空気でふくらませた小さな風船をとじこめました。おしぼうでつつの中の空気をおすと，風船はどうなりますか。正しく説明している文を次のア～エより1つ選び，記号で答えなさい。

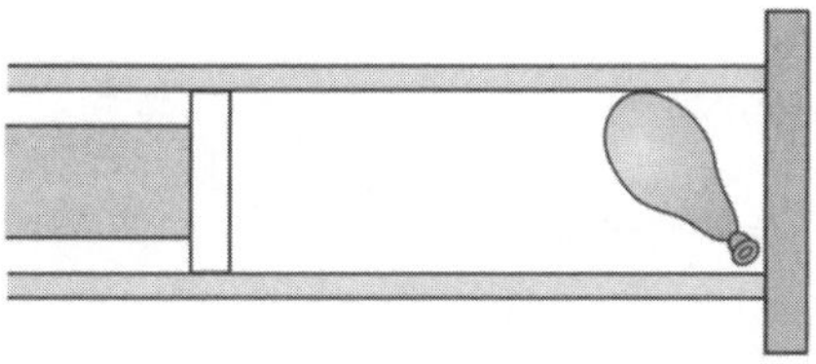

図2

ア．風船の中の空気もおされるので，風船はちぢむ。

イ．風船の中の空気もおされるので，風船はふくらむ。

ウ．風船の中の空気はおされないので，風船は変化しない。

エ．つつの中の空気がおされてへったので，風船はふくらむ。

問5　図2の風船に空気のかわりに水を入れて，同じようにつつの中の空気をおすと，風船はどうなりますか。正しいものを次のア～ウより1つ選び，記号で答えなさい。

ア．ちぢむ　　イ．ふくらむ　　ウ．変化しない

問6　問5の結果からわかることを説明しなさい。

5　次の文章の内容と最も関係の深いものを，下のア～エの中から１つ選び，記号で答えなさい。

2020年６月23日，最新の世界ランキング「TOP 500」で，理化学研究所と富士通が手がける「富岳(ふがく)」が１位となったと，研究者らで作る国際会議が発表しました。日本の世界一は，2011年11月の「京(けい)」以来，８年半ぶりでした。「富岳」は，同じく理化学研究所と富士通が開発した「京」の後継機《こうけいき》であり，計算速度は毎秒約41京回(京は１兆の１万倍)で，「京」の約40倍です。現在は試運転中で，新型コロナウイルスの治療薬《ちりょうやく》候補の探索《たんさく》などに使われています。今後，気象や地球環境《かんきょう》の予測，創薬《そうやく》など幅《はば》広い分野での活用が見込《こ》まれます。

ア．宇宙ロケット　　イ．スーパーコンピュータ

ウ．人工知能ロボット　　エ．スマートフォン

ア　これからも玉子丼を食べさせてくれるだろうという期待。
イ　上じいと一緒にご飯が食べられなくなる寂しさ。
ウ　この一回しか天丼が食べられないという焦り。
エ　今後は上じいと会わなくても良い喜び。

問八　空欄 ⑦ に当てはまる言葉を文章中から抜き出しなさい。

問九　本文の内容にふさわしいものはどれですか。最も適切なものを次の中から一つ選び、記号で答えなさい。
ア　「最後の晩餐」は上じいとの最後の食事ではなくなった。
イ　上じいは「最後の晩餐」に玉子丼を選んだ。
ウ　洋服屋の仕事が決まったために「最後の晩餐」を上じいがごちそうした。
エ　「最後の晩餐」中に上じいと三好はけんかした。

三　次の各問いに答えなさい。

問一　次のカタカナを漢字に直しなさい。
(1) シジ政党に投票する。
(2) 会社のソウギョウ者に会う。
(3) 背筋にオカンが走る。

問二　次のことわざの空欄に入る言葉をひらがなで書きなさい。
(1) （　）の川流れ
(2) 井の中の（　）大海を知らず
(3) 泣きっ面に（　）

問三　次の四字熟語の空欄には同じ言葉が入ります。漢字一字で答えなさい。
(1) （　）種（　）様…　皆同じではなく、それぞれに異なること
(2) （　）給（　）足…　生活に必要なものを全て自分で作ること
(3) （　）世（　）代…　一生に一度だけの立派なことをすること

問四　村上春樹の作品はどれですか。最も適切なものを一つ選び、記号で答えなさい。
ア　銀河鉄道の夜　イ　1Q84
ウ　吾輩は猫である　エ　夢をかなえるゾウ

問五　『学問のすすめ』で知られ、一万円札にもなっている人物は誰ですか。最も適切なものを一人選び、記号で答えなさい。
ア　樋口一葉　イ　夏目漱石
ウ　紫式部　エ　福沢諭吉

じめて二ヶ月。職場には同世代の人間もいるし、一緒にご飯を食べるくらいの仲間も何人かいた。

　でも、俺の働いたお金で、ご飯を一緒に食べたい。そう思って、頭に浮かぶのは上じいだけだった。

　いつものうどん屋で待ってる、と電話で告げたら、上じいはご機嫌《きげん》にやってきた。定年退職した上じいは少し痩せて、上じいというあだ名がさらにはまっていた。

「なんや、三好。お前がごちそうしてくれんのか」

　上じいはそう言うと、嬉《うれ》しそうに「玉子丼二つ」と注文した。

「なんか、照れるな」

　俺は目の前の上じいの姿に、わずかに赤くなった。

「ついこないだ、これが最後の晩餐やなって、三好しくしくしとったくせになあ」

　上じいは俺をからかいながら、おいしそうに玉子丼を食べた。

　それ以来、俺の給料日イコール上じいと玉子丼を食べる日、となったのだ。

（瀬尾まいこ『おしまいのデート』）

問一　傍線部①「働きはじめて二年近く、ずっと続いている習慣」になったのはなぜですか。最も適切なものを次の中から一つ選び、記号で答えなさい。

ア　いつも上じいが時間を持て余しているから。

イ　悪さをして上じいを困らせたいから。

ウ　働いたお金でご飯を一緒に食べたいのは上じいだけだから。

エ　上じいの体調が悪くなるのを止めたいから。

問二　傍線部②「一人になることが多かった」のはなぜですか。適切でないものを次の中から一つ選び、記号で答えなさい。

ア　母さんはバリバリ働いているから。

イ　父さんがいないから。

ウ　母さんとけんかばかりするから。

エ　母さんが恋愛をばんばんするから。

問三　傍線部③「そりが合わなかった」とありますが、この言葉と同じ意味を持つ慣用句で用いられる動物は何ですか。「～が合わない」に合うように漢字で答えなさい。

問四　「上じい」とはどのような人物ですか。適切でないものを次の中から一つ選び、記号で答えなさい。

ア　定年間近の社会の教師である。

イ　髪《かみ》が白く、痩せている。

ウ　気の抜けたような話し方をする。

エ　三年一組の担任である。

問五　傍線部④「勝手に決めつけ」とあるが、何を決めつけたのですか。次の空欄（Ⅰ）（Ⅱ）に当てはまる言葉を文章中から抜き出して答えなさい。

> 上じいは（Ⅰ　三字）の理由を、三好が（Ⅱ　四字）しているからだと勝手に決めつけた。

問六　空欄 ⑤ に当てはまる上じいのセリフはどれですか。最も適切なものを次の中から一つ選び、記号で答えなさい。

ア　ここはうどんより丼ものがうまいんや。知っとるか。

イ　わしより先に食べ始めるな。覚えとけ。

ウ　箸じゃなくてスプーンで食え。店のルールや。

エ　食う前には、いただきますと言え。作った人に失礼や。

問七　傍線部⑥「もうごちそうしてくれへんのか？」と言った時の三好の気持ちはどれですか。最も適切なものを次の中から一つ選び、記号で答えなさい。

その日以来、俺はちょくちょく上じいと食事をした。俺が悪さをして生徒指導室なんかに呼び出されると、上じいが間延びした調子で、
「なんや、三好。またやったのか。どうや、飯でも食おうか」
と誘ってきた。毎日空腹だった俺は、ほいほいと上じいについていった。

（中略）

「天丼二つ」
二月も終わりかけの寒い日、上じいはいつものうどん屋で大きな声で誇《ほこ》らしげに注文をした。
「なんや、今日は玉子丼ちゃうの？」
俺は上じいの顔を見た。いったいどういう風の吹《ふ》き回しだろう。上じいがおごってくれるのは、この店で一番安い玉子丼と決まっていた。
「そうや。今日は奮発して天丼や。最後の晩餐《ばんさん》やからな」
「最後の晩餐？」
「そや。もう、三好、就職が決まったんやろう？」
俺は大型スーパーから内定の通知をもらっていた。卒業間際になってようやく進路が確定したのだ。
「それはそうやけど、上じい、⑥もうごちそうしてくれへんのか？」
「当たり前や。就職決まったのに、なんでわしがごちそうせなあかんねん。まさか、三好はまだちゃらちゃらするつもりなんか？」
「そんなつもりはない。俺かって、まともになるわ。そやけど、悪さしんと夕飯にありつけへんってことか？」
「そうや。まともなやつにごちそうしとったら、生徒みんなにごちそうせなあかんことになるやないか。そんなんしとったら、わしの貯金がなくなるわ」
上じいはそう言いながら、運ばれてきた天丼に目を輝かせた。
「すごいなあ。見てみろ三好。海老が載《の》ってるぞ」
「ああ、そうやな」
「そうやなって、しけた面すんな」
上じいは手を合わせると、すぐに海老を口に入れた。
「なんや寂《さみ》しいな」
俺は天丼を前にして、ぼそりと言った。
「寂しいってか。三好は案外センチメンタルなんやな」
「なんやねん。上じいかって、俺と一緒に飯食えへんようになるの寂しいやろ」
俺がそう言うと、上じいは「あほ言え」と笑った。
「どうせ、もうすぐ三好、卒業やないか。わしとも高校とも、おさらばや」
「そやけど……」
「ぐずぐず言うとらんと、はよ食べな。天ぷらがまずなるで。せっかく揚《あ》げたてやのに。こんなごちそうめったに食べられへんやろ。よう味わって食べや」
天丼は玉子丼より数段豪華《ごうか》だった。でも、俺はなんだか胸が詰まって、味なんかさっぱりわからなかった。⑦よりも、もうこの店で玉子丼を食べられないことが寂しかった。
だけど、最後の晩餐の三ヶ月後、俺と上じいはまたこの店で玉子丼を食べることになる。
仕事について、二回目の給料日。給料を何に使おうかと考えて、すぐに俺の頭に浮かんだのが、玉子丼だ。
一回目の給料は、新しく借りたアパートの敷金《しききん》や生活用品にあっけなく消えてしまい、ほとんどお金が残らなかった。二回目の給料にしてようやく、使い道を考える余裕《よゆう》ができたのだ。
俺は就職が決まってから、家を出て一人暮らしをはじめた。働きは

に来てくれることもあったけど、中学生になり、高校生にもなると、一人でたいていのことができるようになってくるし、子どもの時みたいにかわいげもないから、ほうっておかれることが多くなった。当然のことだけど、これは結構難しい。

（中略）

そんな高校三年生の夏の日、二組の山根とけんかをした。くだらないことをぐちぐち言うやつで、理由は忘れたけど、むかついたから顔面を殴《なぐ》ったら、鼻血が噴《ふ》き出てしまった。山根が必要以上に大騒《おおさわ》ぎしたおかげで、俺は放課後、担任の本田にしこたま怒られるはめになった。

本田は四十代半ばの数学教師で、几帳面《きちょうめん》で周りをつくろうことばかり一生懸命《いっしょうけんめい》なやつで、もともと俺と③そりが合わなかった。長い本田の説教のせいで、とっぷり日も暮れてから生徒指導室を出ると、二組の担任である上じいが立っていた。今度は山根の担任に文句を言われるのかと、うんざりした顔を向けると、上じいは意外なことに、

「飯を食おう」と誘《さそ》ってきた。

「なんで、俺が隣《となり》のクラスの担任と飯食わなあかんねん」

と、俺は断った。

それまで上じいと接点はなかった。授業は教えてもらってはいたけど、担任になったこともないし、クラブの顧問《こもん》でもなかったから、話をしたこともなかった。

ところが上じいは、

「まあ、三好。そう言うなって」

と言いながら、俺を無理やり学校近くのうどん屋に連れて行った。

上じいは定年間近の社会の教師だった。もちろん、上じいというのはあだ名で、本当の名前は上田だ。だけど、頭はきれいに白くなっていて、痩《や》せてよぼよぼしていて、年寄りしか着ないようなえんじ色のカーディガンを着て、気の抜けたようにしゃべり、のらりくらりと動き、とにかく上じいというあだ名がぴったりだった。

上じいに連れて行かれたうどん屋は、カウンター席と三つのテーブル席しかない小さな古びた店で、俺たち以外に客はいなかった。店の主人は人のよさそうなおじさんで、にこにこしながら鍋《なべ》に向かっていた。

「まあ、食え。お前がけんかするのは、いらいらしとるからやろ？いらいらすんのは、腹減っとるからや」

上じいは④勝手に決めつけて、俺を座らせると、

「玉子丼二つ」

と、注文した。

「俺、玉子丼なんか全然好きちゃうのに、勝手に決めんなや」

反抗的《はんこうてき》だった俺はそう言ったけど、本当は店の中の甘いだしのにおいに急速に腹が減って、何でもいいから早く食べたかった。上じいも、

「なんや、お前、人におごってもらうのに、ええもん食おうとするつもりか。ごちそうしてもらう時は、一番安いもん食うのが礼儀《れいぎ》と決まっとるんや」

と言って、俺の言い分なんて聞いてくれなかった。

玉子丼はすぐに運ばれてきた。甘辛い、いいにおいがする。半熟の玉子がつやつやして見るからにおいしそうだ。

俺がさっそく箸《はし》をつけようとすると、上じいに、

「　⑤　」

と頭をはたかれた。なんなんだよ。と言いたかったけど、何より早く食べたかった俺は、素直に「いただきます」と手を合わせた。一人で飯を食べる時に、「いただきます」なんて言うことは、まずない。手を合わせるなんて、小学校の給食以来でなんだか照れくさかった。

（中略）

られません。他人のことばをあまりに額面どおりに受け取る最近の傾《けい》向《こう》については、またいつかいっしょに考えることにして、大学院生の話にもどりましょう。私は、「院生になってまで」と驚くと同時に、ひどく痛ましさも覚えました。悩むことを禁止されて(と彼女は思い込み続けてきていたわけです)、どんなに生きにくかったかと、それまでの彼女の日々を想ったのです。

(清水真砂子『大人になるっておもしろい?』)

問一　傍線部《ぼうせんぶ》A〜Cのカタカナを漢字に直しなさい。

問二　傍線部①「大学院生のことば」とはどのような言葉ですか。文章中から二十字で抜き出しなさい。(記号も一字に含《ふく》める。)

問三　傍線部②「ここでもそうだったか」とはどういうことを指していますか。文章中から十六字で抜き出しなさい。

問四　空欄《くうらん》③に当てはまる言葉を文章中から抜き出しなさい。

問五　次の文章は、傍線部④「ことばを失った」時の筆者の気持ちを述べたものです。空欄(Ⅰ)(Ⅱ)に当てはまる言葉を文章中から抜き出して答えなさい。

> 悩むことを(Ⅰ　四字)ことと思い込ませたのはいったい誰なのか。いったいなぜなのか。そもそも生きていれば悩みが生じることは(Ⅱ　五字)のことであり、悩みを持つことが良い、悪いの問題ではない。

問六　傍線部⑤「いや驚きました」とありますが、何に驚いたのですか。最も適切なものを次の中から一つ選び、記号で答えなさい。

ア　四〇代の人々の悩み
イ　高校の先生のことば
ウ　先生のことばを真に受けた学生
エ　私が学生に尋ねた質問

問七　空欄⑥に当てはまる語はどれですか。最も適切なものを次の中から一つ選び、記号で答えなさい。

ア　もちろん　　イ　つまり
ウ　しかし　　エ　それでは

問八　本文の内容にふさわしいものはどれですか。最も適切なものを次の中から一つ選び、記号で答えなさい。

ア　最近は悩むことを肯定的に捉える人が増加傾向にある。
イ　最近はどの人も乱暴なもの言いをする傾向にある。
ウ　最近は悩むことを禁止されて生きやすい傾向にある。
エ　最近は悩むことはいけないことだと受け取る人が多い傾向にある。

二

次の文章をよく読み、後の問いに答えなさい。

毎月、二十四日の給料日には必ず玉子丼を食べる。①働きはじめて二年近く、ずっと続いている習慣だ。彼女と、ではない。六十二歳のじいさんとだ。

(中略)

俺《おれ》が初めて上じいと玉子丼を食べたのは、高校三年生の時だ。

俺の家は、生まれながらにして母子家庭だった。父親がいないのは、慣れさえすればどうでもいいことだけど、困るのはもっと実質的なことだ。

父親がいないとなると、経済的に不自由になる。ということは、母さんはバリバリ働かないといけない。それに、亭主《ていしゅ》がいないとなると、自由もある。ということは、母さんはいい年をして恋愛《れんあい》もばんばんする。

仕事も恋愛もしまくる母さんの下、必然的に俺は②一人になることが多かった。小学生のころは、母さんの実家のばあちゃんが様子を見

中

二〇二一年度　東海大学付属浦安高等学校中等部

【国　語】〈**A試験**〉（五〇分）〈満点：一〇〇点〉

一　次の文章をよく読み、後の問いに答えなさい。

一〇年程前、東京のある私立女子大学での小さな学会に招かれて、話をしたときのことです。Aサンカシャはほとんどが大学の教師たちでしたが、階段教室のうしろのほうの席に、会場となった大学の学生たちも聞きにきてくれていました。

話し終わってBエンダイの上を片付けていると、三、四人の若い女性が階段を下りてきたと思うと、そのうちの一人が私に声をかけてきました。彼女は、ここの大学院生ですが、と名乗った後、真剣《しんけん》な面持ちで、確かめるように言ったものです。

「先生、本当に悩《なや》んだっていいんですよね」

その日、どんなテーマで話したのだったか、テーマ自体は憶《おぼ》えていないのですが、講演の中で私は、私自身が当時日々向かい合っていたCキンム先の短大の学生たちの多くが悩むことを否定的に捉《とら》えていることにふれ、せっかくの悩みを否定的に捉えるのはもったいないことではないか、と話したのでした。

①大学院生のことばに、私は、②ここでもそうだったかと思うと同時に、院生にまでなってまだそうかと内心ひどく驚《おどろ》いたのを憶えています。後日、私はキンム先の学生たちとさらに語らい、卒業生たちとも語らって、悩むことを否定的に受け取り、——確かに快か不快かで測れば、［　③　］のほうに目盛りの針は傾《かたむ》くでしょうが——「できることなら避《さ》けて通りたい」を飛び越えて、してはいけないこととまで考えている人が一〇代、二〇代に限らず、四〇代の人々にもけっこういることを知ることになって、④ことばを失ったのですが……。

好きで悩んでいるわけではもちろんないけれど、生きていれば悩みが生じてくるのはあたりまえのこと。それは良い、悪いの問題ではないし、選択できることでもない。いくら、いけないと言われたって、ないことにはできないはず。それをいけないことと思い込まされて、学生たちはどうやって生きてきたんだろう。悩むことはいけないことと若い人たちに思い込ませたものはいったい何なんだろう。誰《だれ》なんだろう。これもまたここ何年か、あわせて考え続けていることです。

まだ短大にキンムしていた頃、私は一度だけ学生たちに尋《たず》ねてみたことがあります。

「悩むことはいけないことだなんて、どうしてそう思うようになったの？　誰かに言われたの？」と。「そんなこと、みんな言ってますよ」、学生の一人は答えました。「高校の先生にだって、悩んでいる暇《ひま》があったら単語の一つも覚えろ、バカ！　って言われました」

⑤いや驚きました。その高校の先生のことばにではありません。そんなことばを真に受けてきた学生に、です。私だって、その先生と似たようなことばはたぶん幾度《いくど》となく口にしています。高校生にも、大学生にも。たぶんと言ったのは、ほとんど意識しないほど、日常的なもの言いだからです。いくら若い人たちに悩むなと言っても、若い人たちの耳にそんなことばは届かず、悩み続けるだろうとこちらは思っていた。悩みなどというものは、悩むな、と言われたからってどうこうなるものではない、と思っていた。だからこそ、安心して、乱暴といえば乱暴な口もきけたのです。

それが、ここ一〇年か十数年、どうも様子が違ってきたことを私もうすうす感じてはいました。でもまさかここまでとは⁉　［　⑥　］、全員が、というのではありません。ただ、笑ってすますことのできないほどには、そういう人たちが増えてきている。そう感じないではい

2021年度

東海大学付属浦安高等学校中等部 ▶解説と解答

算　数　＜Ａ試験＞（50分）＜満点：100点＞

解　答

1 (1)　3　(2)　$3\frac{14}{15}$　(3)　$10\frac{2}{3}$　(4)　$6\frac{1}{2}$　(5)　24.8　(6)　6.25　2 (1)　46人　(2)　36クラス，30か所　(3)　24m　(4)　(イ)　(5)　161cm　(6)　290房　3 (1)　4分後　(2)　3周　4 (1)　38.4L　(2)　6時間40分　5 (1)　10cm　(2)　28.5cm^2　6 (1)　7週目　(2)　11週目

解　説

1　四則計算，計算のくふう

(1)　$31-4\times7=31-28=3$

(2)　$7\frac{1}{3}-3\frac{2}{5}=7\frac{5}{15}-3\frac{6}{15}=6\frac{20}{15}-3\frac{6}{15}=3\frac{14}{15}$

(3)　$12\div9\times(13-5)=12\div9\times8=\frac{12\times8}{9}=\frac{32}{3}=10\frac{2}{3}$

(4)　$6\frac{2}{3}\div\frac{5}{6}-1\frac{1}{2}=\frac{20}{3}\times\frac{6}{5}-1\frac{1}{2}=8-1\frac{1}{2}=7\frac{2}{2}-1\frac{1}{2}=6\frac{1}{2}$

(5)　$A\times B+A\times C=A\times(B+C)$となることを利用すると，$1.24\times13+7\times1.24=1.24\times(13+7)=1.24\times20=24.8$

(6)　$1.25\times7-2\div\frac{4}{5}=8.75-2\times\frac{5}{4}=8.75-\frac{5}{2}=8.75-2.5=6.25$

2　四則計算，相当算，平面図形の構成，平均，売買損益，つるかめ算

(1)　8時間は，60×8＝480(分)なので，8時間ずっと働くと，Ａさんは，480÷18＝26あまり12より26人，Ｂさんは，480÷24＝20より，20人の髪《かみ》の毛を切ることができる。よって，2人合わせて最大，26＋20＝46(人)の髪の毛を切ることができる。

(2)　66台の下駄《げた》箱には全部で，25×66＝1650(人分)のくつが入る。よって，1クラス45人のとき，1650÷45＝36あまり30より，最大で36クラス入れられて，使用しない場所は30か所ある。

(3)　6等分したときの1本の長さは，もとのテープの，$1\div6=\frac{1}{6}$，8等分したときの1本の長さは，もとのテープの，$1\div8=\frac{1}{8}$となる。よって，もとのテープの，$\frac{1}{6}-\frac{1}{8}=\frac{1}{24}$にあたる長さが1mだから，もとのテープは，$1\div\frac{1}{24}=24$(m)と求められる。

(4)　切った折り紙を1つずつもどしていくと，右の図のようになる。よって，開いた後の図形は(イ)である。

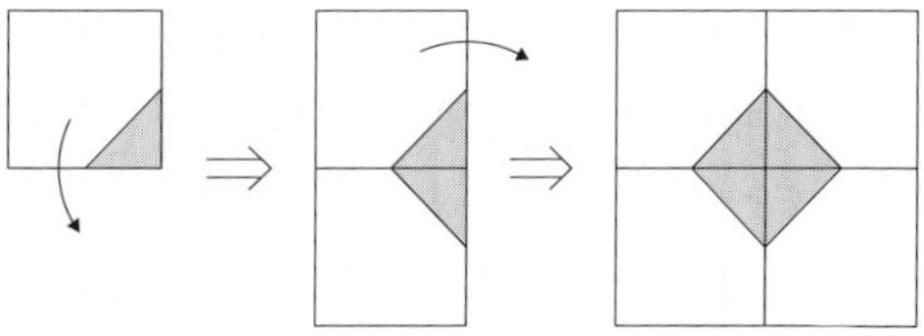

(5)　(合計)＝(平均)×(人数)より，Ａさん以外の5人の身長の合計は，155×5＝775(cm)である。また，Ａさんを加えた6人の身長の合計は，156×6＝936(cm)となる。よって，Ａさんの身長は，936−775＝161(cm)とわかる。

⑹　500房《ふさ》すべてを通常の値段で売ったときの売上は，100×500＝50000(円)である。実際の売上はこれよりも，50000－41300＝8700(円)少ないので，割引きした金額の合計が8700円とわかる。１房あたりの割引きした金額は，100×0.3＝30(円)だから，タイムセールの間に売った数は，8700÷30＝290(房)と求められる。

3　旅人算

⑴　同じ地点から反対方向に進む場合，初めて出会うのは，２人が合わせて池の周り１周の道のりを進んだときである。池の周り１周の道のりは，1.4km＝1400mであり，ＡさんとＢさんは１分あたり合わせて，140＋210＝350(m)進むから，初めて出会うのは，1400÷350＝４(分後)とわかる。

⑵　同じ地点から同じ方向に進む場合，ＢさんがＡさんに追いつくのは，ＢさんがＡさんよりも，池の周り１周分，つまり，1400mだけ多く進んだときである。ＢさんはＡさんよりも１分あたり，210－140＝70(m)多く進むから，ＢさんがＡさんに追いついたのは，1400÷70＝20(分後)となる。このときまでにＢさんは，210×20＝4200(m)進んだから，4200÷1400＝３(周)したときとわかる。

4　単位あたりの量，速さ

⑴　12.5km走るのにガソリンを１Ｌ使うので，浦安から京都まで行くのに使うガソリンの量は，480÷12.5＝38.4(L)と求められる。

⑵　480kmを時速90kmで走ると，走る時間の合計は，480÷90＝$5\frac{1}{3}$(時間)となり，これは，60×$\frac{1}{3}$＝20(分)より，５時間20分である。また，２時間運転をしたら休憩《きゅうけい》をとるので，５時間20分＝２時間＋２時間＋１時間20分より，休憩の回数は２回となる。よって，休憩時間の合計は，40分×２＝80分＝１時間20分なので，浦安から京都までにかかる時間は，５時間20分＋１時間20分＝６時間40分とわかる。

5　平面図形—長さ，面積

⑴　正方形の面積はひし形の面積と同じように，(対角線の長さ)×(対角線の長さ)÷２で求められる。よって，右の図のように，この正方形の対角線の長さを□cmとすると，□×□÷２＝50(cm^2)と表せる。したがって，□×□＝50×２＝100となるので，100＝10×10より，対角線の長さは10cmとわかる。

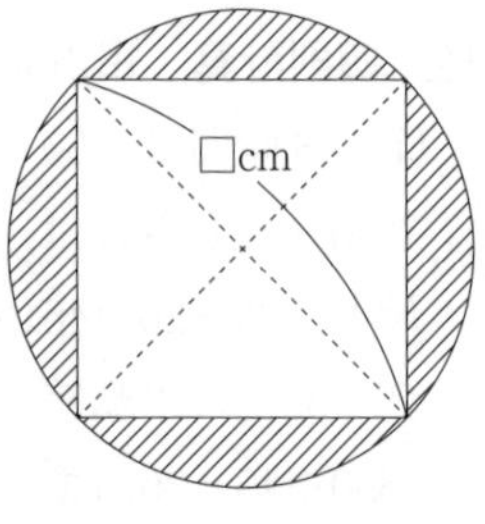

⑵　円の半径は，対角線の長さの半分なので，10÷２＝５(cm)である。よって，円の面積は，５×５×3.14＝78.5(cm^2)で，正方形の面積は50cm^{2}だから，斜線《しゃせん》部分の面積は，78.5－50＝28.5(cm^2)と求められる。

6　周期算，調べ

⑴　トマトは毎週，お刺身《さしみ》は２週間に１回，野菜ジュースは３週間に１回届くから，各商品の届く週をまとめると，右の表のようになる(○は届く週，×は届かない週を表す)。よって，１週目の次にすべての商品が届くのは，７週目とわかる。

	１週目	２週目	３週目	４週目	５週目	６週目	７週目
トマト	○	○	○	○	○	○	○
お刺身	○	×	○	×	○	×	○
野菜ジュース	○	×	×	○	×	×	○
金額	1980円	150円	1000円	1130円	1000円	150円	1980円

⑵　表より，７週目までの支払《しはら》い合計金額は，(1980＋150＋1000)×２＋1130＝7390(円)となる。また，７週目～12週目の商品の届き方は，１週目～６週目と同じになる。すると，８週目までの合

計金額は，7390＋150＝7540(円)，９週目までの合計金額は，7540＋1000＝8540(円)，10週目までの合計金額は，8540＋1130＝9670(円)，11週目までの合計金額は，9670＋1000＝10670(円)だから，支払い合計金額が10000円を超《こ》えるのは，11週目とわかる。

社　会　＜Ａ試験＞（理科と合わせて60分）＜満点：50点＞

解　答

1 **問１**　**１**　北　**２**　等高線　**問２**　3500(m)　**問３**　消防署　**問４**　エ　**問５**　**C**　イ　**D**　エ　**E**　ア　**問６**　E，面積　**問７**　D　**問８**　C　**問９**　D

2 **問１**　**１**　邪馬台国　**２**　紫式部　**３**　西南　**問２**　ウ　**問３**　エ　**問４**　建武　**問５**　ウ　**問６**　ア　**問７**　エ

3 **問１**　国民主権　**問２**　(A)　ウ　(B)　イ　**問３**　**A**　イ　**B**　ウ　**C**　エ　**問４**　(1)　イ　(2)　平等(権)　(3)　納税　**問５**　(1)　ア　(2)　国民投票　(3)　天皇

解　説

1 **地図と地形図についての問題**

問１　**１**　特に指定がないかぎり，地形図では上が北，右が東，下が南，左が西をあらわす。これと異なる場合には，方位記号が示される。　**２**　海面からの高さが同じ地点を結んだ線を等高線といい，土地の高低や傾斜《けいしゃ》のようすなどを知ることができる。

問２　実際の距離は，(地形図上の長さ)×(縮尺の分母)で求められる。よって，縮尺２万５千分の１の地形図における14cmの実際の距離は，14×25000＝350000(cm)＝3500(m)となる。

問３　浦安駅南口の交番(X)を左にみて通りを直進すると，ほぼ南に進むことになる。右にみえる寺院(卍)を通り過ぎてさらに進むと，消防署(Y)が右にみえる。

問４　写真①にみられる段差の付近は，図Ｂより，かつては現在より海岸線が内側にあったと考えられる。ここから，この段差のあるところはかつて海岸線になっており，堤防がつくられていたと推測できる。図Ｂの右側の新しい地図では，この付近が埋《う》め立てられていることがわかる。

問５　**C**　メルカトル図法は，縦の線である経線と横の線である緯線が直角に交わるように描く図法で，緯度０度の緯線(赤道)から離れるほどゆがみが大きくなる。　**D**　正距方位図法の地図では，中心からの方位と距離が正しくあらわされるが，形などは正確にあらわされない。　**E**　モルワイデ図法の地図は楕円《だえん》形をしており，形や方位は正確にあらわせない。　なお，グード図法は面積が正しい図法だが，陸地の形をより正確にあらわすため，海の部分が切られている。

問６　Ｅのモルワイデ図法の地図では，面積が正しくあらわされる。どのくらいの面積の国にどのくらいの人口がいるかをおおむね正しくあらわせるため，分布図に適している。

問７　地図上の２地点の最短距離を知りたい場合には，距離と方位が正しくあらわされるＤの正距方位図法の地図を用いるとよい。

問８　メルカトル図法では，経線の上が常に北を示し，角度が正しく，地図上の２地点を結んだ直線が航路としてあらわされるので，航海図に利用されてきた。

問９　距離と方位が正しくあらわされる正距方位図法の地図は，中心から目的地までの最短距離と，そこへの方角を示すことができるので，航空図として利用されている。

2 歴史上の人物を題材にした問題

問１ **１** 中国の古い歴史書『魏志《ぎし》』倭人《わじん》伝には，３世紀の日本では争いが続いていたが，邪馬台《やまたい》国《こく》の女王として卑弥呼《ひみこ》を立てたところ，争いがおさまったと記されている。卑弥呼はまじないによって国をおさめ，魏(中国)に使いを送るなど外交も行った。 **２** 紫式部《むらさきしきぶ》は平安時代中期の宮廷女官で，一条天皇のきさきの彰子《しょうし》(藤原道長のむすめ)に仕え，この時代に発明されたかな文字を使って長編小説『源氏物語』を著した。 **３** 西郷隆盛は薩摩《さつま》藩(鹿児島県)出身の政治家で，1866年に長州藩(山口県)の木戸孝允《たかよし》との間で薩長同盟を結び，1868年から始まった戊辰《ぼしん》戦争でも活《かつ》躍《やく》するなど，倒幕と明治維新に貢献《こうけん》した。明治維新後は新政府の中心人物の一人となったが，征韓《せいかん》論(武力を用いてでも朝鮮を開国させようという考え方)が認められず，1873年に政府を去った。西郷はその後の1877年，故郷の鹿児島で不平士族におし立てられて西南戦争を起こしたが，政府軍にやぶれて自害した。

問２ 聖徳太子は604年に十七条の憲法を制定し，役人や豪族が守るべき心がまえを示した。遣隋使の派遣のような政治・外交上のきまりを定めたものではないので，ウが正しくない。

問３ 御成敗《ごせいばい》式目(貞永《じょうえい》式目)は，1232年に鎌倉幕府の第３代執権《しっけん》北条泰時《やすとき》が定めた日本初の武家法で，初代将軍であった源頼朝以来の先例や武家社会の慣習・道徳などをもとに作成された。行政や刑事訴訟《そしょう》など51か条からなるこの法律は，その後の武家法の手本となった。なお，アは初代，イは第５代，ウは第８代の鎌倉幕府執権。

問４ 後醍醐《ごだいご》天皇は，足利尊氏ら多くの武士の協力を得て1333年に鎌倉幕府をほろぼすと，翌34年，年号を「建武」と改めて天皇による政治を復活させた。これを建武の新政という。しかし，この新政は公家中心の政治であったために武士の不満をまねき，足利尊氏にそむかれて２年半あまりで失敗に終わった。

問５ 豊臣秀吉は1587年に宣教師(バテレン)を国外追放するなど，キリスト教への規制を強めたが，ポルトガルやスペインとの間での南蛮《なんばん》貿易は認めたため，徹底《てってい》されなかった。よって，ウが正しくない。なお，「生糸貿易を特定の商人による取引に限定」する政策は糸割符《いとわっぷ》制度とよばれ，江戸幕府が外国との貿易のさいに適用した。

問６ 江戸幕府の第８代将軍徳川吉宗は享保《きょうほう》の改革(1716～45年)とよばれる幕政改革を行い，そのなかで庶民《しょみん》の意見を聞くために目安箱を設置したり，裁判の基準となる公事方御定書《くじかたおさだめがき》を定めたりした。なお，Ｃは老中田沼意次《おきつぐ》の政策，Ｄは寛政の改革を行った老中松平定信や，天保の改革を行った老中水野忠邦の政策。

問７ 徳川慶喜《よしのぶ》は「徳川御三家」の１つ水戸藩(茨城県)の藩主・斉昭《なりあき》の子で，1866年に江戸幕府の第15代将軍に就任した。しかし，薩摩藩や長州藩を中心に倒幕の気運がさらに高まると，もはや幕府による政治は続けられないとさとった慶喜は翌67年10月に大政奉還《ほうかん》を行い，朝廷に政権を返上した。なお，アは第14代，イは第11代，ウは第13代将軍。

3 日本国憲法についての問題

問１ 国民主権とは，国の政治の最終的な方針を決定する権限が国民にあることをいい，基本的人権の尊重，平和主義とともに，日本国憲法の三大原則の１つとされている。

問２ **(A)，(B)** 日本国憲法は1946年11月３日に公布され，翌47年５月３日に施行された。現在，公布日の11月３日は「文化の日」，施行日の５月３日は「憲法記念日」として，国民の祝日となっている。なお，アは２月11日，エは９月23日ごろ。

問３　Ａ～Ｃ　日本国憲法は前文と第９条で平和主義をかかげ，第９条１項ではこれを具体的に「国権の発動たる戦争と，武力による威嚇《いかく》又《また》は武力の行使は，国際紛争《ふんそう》を解決する手段としては，永久にこれを放棄《ほうき》する」と規定している。また，２項では戦力を保持しないこと，国の交戦権を認めないことが述べられている。

問４　⑴　基本的人権とは，人間が生まれながらにしてもっている最も基本的な権利のことで，日本国憲法は第11条でこれを「侵《おか》すことのできない永久の権利」として国民に保障している。よって，イが正しい。　⑵　基本的人権のうち，差別されず，平等にあつかわれる権利を平等権という。日本国憲法第14条は「法の下の平等」についての規定で，「すべて国民は，法の下に平等であって，人種，信条，性別，社会的身分又は門地(家がら)により，政治的，経済的又は社会的関係において，差別されない」としている。　⑶　日本国憲法で定められた国民の三大義務とは，子どもに普通教育を受けさせる義務，勤労の義務，納税の義務の３つである。

問５　⑴～⑶　日本国憲法を改正する場合，衆参各議院の総議員の３分の２以上の賛成を得て，国会が発議(国民に提案)する。その後，国民投票が行われ，有効投票数の過半数の賛成が得られると，憲法改正が承認される。改正された憲法は，天皇が国民の名で公布する。

理　科　＜Ａ試験＞（社会と合わせて60分）＜満点：50点＞

解　答

[1] **問１**　エ　**問２**　シマウマ…イ　ライオン…ウ　**問３**　イ　**問４**　Ａ　多く　Ｂ　重く　Ｃ　少なく　**問５**　関係…しょくもつれんさ　記号…イ，エ，オ　[2] **問１**　イ　**問２**　イ　**問３**　しんしょく(作用)，うんぱん(作用)　**問４**　エ　**問５**　ウ　**問６**　ウ　[3] **問１**　4.8％　**問２**　記号…イ，カ，キ／アルカリ性　**問３**　ウ，ク　**問４**　ウ　**問５**　中性　**問６**　ウ　[4] **問１**　イ　**問２**　(例)　おしぼうをにぎった手をつつにぶつけないようにするため。　**問３**　体積　**問４**　ア　**問５**　ウ　**問６**　(例)　水はおされても体積が変化しない。　[5] イ

解　説

[1] 動物の特ちょうと食物連さについての問題

問１　シマウマは草食動物で，頭部は長く，草をちぎる前歯(門歯)と草をすりつぶす奥《おく》歯(きゅう歯)が発達している。よって，シマウマの頭部の骨格はエである。

問２　草食動物のシマウマは，広い範囲《はんい》を見わたして敵を見つけやすいように，目が顔の両側についている。一方，肉食動物のライオンは，ものが立体的に見え，えものまでの距離《きょり》を正確にとらえやすいように，目が顔の正面についている。

問３　シマウマの数が減少すると，シマウマが食べていた植物は，食べられなくなるため一時的に増える。また，シマウマをエサとしているライオンなど肉食動物は，食べるものが少なくなるので数が一時的に減る。

問４　「食べる・食べられる」の関係ではふつう，「食べられる」側の生物の方が「食べる」側の生物の数より圧倒《あっとう》的に多く，全体の重さで比べても「食べられる」側の生物の方が重い。また，「食べる」側の生物はふつう，体の小さいものをエサとするので，「食べられる」側の生物に比べて体が大きい。

問５　生物どうしの「食べる・食べられる」という関係を食物連さという。また，ア～オの動物では，カブトムシの幼虫，ヤスデ，ダンゴムシが落ち葉のくさったものなどを食べる。モグラとムカデはほかの動物(こん虫など)を食べる。

2　**流れる水のはたらきについての問題**

問１　水の量を多くすると，同じ時間に流れる水の量が増えるので，流れる速さは速くなる。

問２，問３　水の量が多く，流れる速さが速くなると，流れる水が砂山をけずるはたらきであるしん食作用や，砂を運ぶはたらきの運ぱん作用が大きくなる。

問４　図２を見ると，Ｂ地点を境に斜面《しゃめん》のかたむきが急だったものがゆるやかになっている。このような場所では流れが急におそくなるため，上流から運ばれてきた砂を積もらせるたい積作用が大きくなる。

問５　Ｃ地点のように流れが曲がっているところでは，曲がりの内側は流れがおそくなり，外側は流れが速くなる。そのため，内側では，しん食作用や運ぱん作用が小さく，たい積作用が大きくはたらくので，旗は倒《たお》れず，おがくずが多くたまる。一方，外側では，たい積作用が小さく，しん食作用や運ぱん作用が大きくはたらくから，旗は倒れ，おがくずはあまりたまらない。

問６　①の遊水池は，流域で大雨が降ったさい，川の流量を調節するために水を一時的に貯《た》めるところである。②のさ防ダムは，川の上流でよく見られ，土砂が下流に流されないようにせき止める役目をする。③の護岸工事は，川岸や海岸がしん食されるのを防ぐため，コンクリートやブロックなどで堤防《ていぼう》を固める工事のこと。④の放水路は，川の途《と》中《ちゅう》から海やほかの川などへ放流するためにつくった水路をいう。

3　**水よう液の性質についての問題**

問１　水よう液のこさは，(溶《と》けている物質の重さ)÷(水よう液全体の重さ)×100で求めることができる。さとう水のこさは，５÷(５＋100)×100＝4.76…より，4.8％である。

問２　８種類の水よう液のうち，赤色リトマス紙を青色に変える水よう液はアンモニア水，水酸化ナトリウム水よう液，石灰水の３種類で，これらの水よう液はアルカリ性を示す。

問３　ムラサキキャベツから得たムラサキの液体(ムラサキキャベツ液)は，中性にはむらさき色，強い酸性には赤色，弱い酸性には赤むらさき色，強いアルカリ性には黄色，弱いアルカリ性には緑色を示す。したがって，かいた絵が赤むらさき色や赤色になるのは，塩酸や炭酸水のような酸性の水よう液を使ったときである。

問４　鉄の板を塩酸に入れると，水素のあわをさかんに出しながら鉄がとける。

問５　塩酸と水酸化ナトリウム水よう液を混ぜ合わせると，たがいの性質を打ち消し合い(これを中和という)，食塩(塩化ナトリウム)と水ができる。適量ずつ混ぜ合わせて完全に中和すると，水よう液は中性の食塩水となる。

問６　石灰水には，二酸化炭素を通じると白くにごるという性質がある。この反応は，気体が二酸化炭素かどうかを確かめるときや，水よう液が石灰水かどうかを確かめるときに用いられる。

4 空気でっぽうについての問題

問１　空気でっぽうの後ろの玉は，前の玉との間の空気をとじこめ，おしちぢめる役割をする。後ろの玉がないと，おしぼうをおしたときに空気がもれてしまい，おしちぢめにくくなる。

問２　おしぼうをおしきったときに後ろの玉が前の玉の位置あたりで止まるように，おしぼうに輪ゴムをまいて，おしぼうがつつに入りすぎないようにするとよい。こうすることでおしぼうを勢いよくおしたときに手がつつに当たってケガをしないようにすることができる。

問３　空気はおしちぢめられると体積が小さくなり，もとの体積にもどろうとして，おし返す力が大きくなる。空気でっぽうは，とじこめられた空気がおし返す力を利用して前の玉を飛ばすしくみになっている。

問４　空気でっぽうの中の気圧が高くなり，風船の中の空気も外側からおされるので，風船はちぢむ。

問５，問６　風船に水を入れた場合は，つつの中の空気をおしても，風船はちぢまない(ふくらみもしない)。これは，水はおされても体積がほとんど変わらないからである。

5 スーパーコンピュータ「富岳《ふがく》」についての問題

理化学研究所などが手がけた日本のスーパーコンピュータ「富岳」は，2020年６月に行われた国際スーパーコンピュータ会議の評価で第１位となった。同年，新型コロナウイルスに関する医学的研究や感染《かんせん》拡大のシミュレーションなどに使われた。

国　語　＜Ａ試験＞（50分）＜満点：100点＞

解　答

一 **問１**　下記を参照のこと。　**問２**　「先生，本当に悩んだっていいんですよね」　**問３**　悩むことを否定的に捉えていること　**問４**　不快　**問５**　Ⅰ　いけない　Ⅱ　あたりまえ　**問６**　ウ　**問７**　ア　**問８**　エ　二 **問１**　ウ　**問２**　ウ　**問３**　馬(が合わない)　**問４**　エ　**問５**　Ⅰ　けんか　Ⅱ　いらいら　**問６**　エ　**問７**　イ　**問８**　卒業　**問９**　ア　三 **問１**　下記を参照のこと。　**問２**　(1)　かっぱ　(2)　かわず　(3)　はち　**問３**　(1)　多　(2)　自　(3)　一　**問４**　イ　**問５**　エ

●漢字の書き取り

一 **問１**　Ａ　参加者　Ｂ　演台　Ｃ　勤務　三 **問１**　(1)　支持　(2)　創業　(3)　悪寒

解　説

一 **出典は清水真砂子《しみずまさこ》の『大人になるっておもしろい？』による。**悩《なや》むことを否定的に捉《とら》える人が増えてきた傾向《けいこう》にふれ，生きていれば悩みが生じるのはあたりまえだと述べている。

問１　Ａ　集団や行列などに加わる人。　Ｂ　演説や講演などを行う人の前に置く台。　Ｃ　会社や役所などに勤めること。

問２　悩みを否定的に捉えるのはもったいないと話した筆者を驚《おどろ》かせた「大学院生のことば」とは，前にある「先生，本当に悩んだっていいんですよね」ということばである。

問３　「ここ」とは，このとき筆者が話をした「東京のある私立女子大学」を指す。筆者が日々向かい合っていた勤務先の短大の学生たちと同様，ここの大学院生も「悩むことを否定的に捉えていること」に筆者は驚いたのである。

問４　直前にある，「悩むことを否定的に受け取」ることについて述べた部分である。それが「快か不快か」と問われれば，確かに「不快」のほうに属することは，筆者も認めている。

問５　Ⅰ，Ⅱ　次の段落で，筆者は「生きていれば悩みが生じてくるのはあたりまえのこと」だと述べたうえで，「悩むことはいけないことと若い人たちに思い込《こ》ませたものはいったい何なんだろう」と疑問に思っている。

問６　続く二文にあるように，筆者は，その高校の先生のことばにではなく，先生の「ことばを真に受けてきた学生」に驚いたのだから，ウがふさわしい。

問７　悩むことはいけないことだと考える人は増えてきたが，当然，全員がそう考えているわけではないという文脈なので，“言うまでもなく”という意味の「もちろん」があてはまる。

問８　ア　最近増えているのは，悩むことを「否定的に」捉える人だと書かれているので，誤り。　イ　悩みが生じるのはあたりまえだという前提のもと，筆者もときに乱暴な口をきいたと述べているが，それは，最近「どの人も乱暴なもの言いをする傾向にある」ということではないので，正しくない。　ウ　悩むことを禁止されたら生きにくいだろうと述べられているので，合わない。

二　出典は瀬尾《せお》まいこの『おしまいのデート』による。毎月の給料日には，元高校教師の上じいと必ず玉子丼を食べる習慣になっている「俺《おれ》」が，そうなったいきさつを語っている。

問１　本文の最後のほうに，働いたお金でご飯を一緒《いっしょ》に食べたい相手として，「俺」の頭に浮《う》かぶのは上じいだけだったと書かれている。よって，ウがふさわしい。

問２　直前の段落から，母さんはバリバリ働き，恋愛《れんあい》もばんばんすることや，父親がいないことがわかるので，ウが選べる。

問３　「そりが合わない」とは，“気が合わず，うまくやっていけない”という意味。これと同じ意味を表す，動物を用いた慣用句は「馬が合わない」である。

問４　傍線《ぼうせん》部③をふくむ段落に，上じいは「二組の担任」だと書かれている。

問５　Ⅰ，Ⅱ　傍線部④の直前で上じいは，「お前がけんかするのは，いらいらしとるからやろ？いらいらすんのは，腹減っとるからや」と決めつけている。

問６　続く部分で，「俺」が素直《すなお》に「いただきます」と手を合わせたようすが描《えが》かれているので，上じいから，食べる前にはいただきますと言うように注意されたものとわかる。

問７　この後の二人の会話に注意する。上じいがごちそうしてくれるのは今回が最後だと告げられた「俺」は「寂《さび》しいな」と話し，上じいも自分と同じ気持ちではないかとたずねている。よって，イがふさわしい。

問８　「俺」は上じいから，就職が決まり，高校も「卒業」するのだから，玉子丼をごちそうするのは最後だと告げられている。確かに高校を「卒業」するのは「寂しい」ことかもしれないが，自分にとっては，上じいと今後「この店で玉子丼を食べられないこと」がつらかったのである。

問９　最後の場面で，上じいは「俺」にごちそうされた玉子丼を食べている。「最後の晩餐《ばんさん》」では高校卒業前の「俺」に上じいがごちそうしていたが，「俺」は就職後，自分の給料で上じいと玉子丼を食べるようになったのだから，アが選べる。

三 漢字の書き取り，ことわざの完成，四字熟語の完成，文学作品と作者

問１ (1) ほかの人の考えや意見に賛成し，あとおしすること。 (2) 新しく事業を始めること。 (3) 発熱によって起こる，からだがぞくぞくするような寒け。

問２ (1)「かっぱの川流れ」は，達人もときには失敗することのたとえ。 (2)「井の中のかわず大海を知らず」は，“自分のせまい見識にとらわれ，広い世界を知らない”という意味。 (3)「泣きっ面《つら》にはち」は，悪いことに悪いことが重なること。

問３ (1) 似た意味の言葉には，「千差万別《ばんべつ》」などがある。 (2) 似た意味の言葉には，「独立独歩」などがある。 (3) 似た意味の言葉には，「後生一生」などがある。

問４ 村上春樹《むらかみはるき》の作品にはほかに，『ノルウェイの森』『海辺のカフカ』などがある。なお，『銀河鉄道の夜』は宮沢賢治《みやざわけんじ》，『吾輩《わがはい》は猫《ねこ》である』は夏目漱石《なつめそうせき》，『夢をかなえるゾウ』は水野敬也《みずのけいや》の作品である。

問５ 福沢諭吉《ふくざわゆきち》は『学問のすすめ』の著者で，現在流通している一万円札に描かれた人物である。なお，アの「樋口一葉《ひぐちいちよう》」は現在の五千円札に描かれた人物で，『たけくらべ』などの作品がある。イの「夏目漱石」は以前の千円札に描かれていた人物で，『坊《ぼ》っちゃん』『こころ』などの作品がある。ウの「紫《むらさき》式部」は二千円札に描かれた人物で，『源氏物語』を著した。

Dr.福井の
入試に勝つ！ 脳とからだのウルトラ科学

寝る直前の30分が勝負！

みんなは，寝る前の30分間をどうやって過ごしているかな？　おそらく，その日の勉強が終わって，くつろいでいることだろう。たとえばテレビを見たりゲームをしたり——。ところが，脳の働きから見ると，それは効率的な勉強方法ではないんだ！

実は，キミたちが眠っている間に，脳は強力な接着剤を使って海馬《かいば》(脳の，知識をためる倉庫みたいな部分)に知識をくっつけているんだ。忘れないようにするためにね。もちろん，昼間に覚えたことも少しくっつけるが，やはり夜——それも“寝る前”に覚えたことを海馬にたくさんくっつける。寝ている間は外からの情報が入ってこないので，それだけ覚えたことが定着しやすい。

もうわかるね。寝る前の30分間は，とにかく勉強しまくること！　そうすれば，効率よく覚えられて，知識量がグーンと増えるってわけ。

では，その30分間に何を勉強すべきか？　気をつけたいのは，初めて取り組む問題はダメだし，予習もダメ。そんなことをしても，たった30分間ではたいした量は覚えられない。

寝る前の30分間は，とにかく「復習」だ。ベストなのは，少し忘れかかったところを復習すること。たとえば，前日の勉強でなかなか解けなかった問題や，1週間前に勉強したところとかね。一度勉強したところだから，短い時間で多くのことをスムーズに覚えられる。そして，30分間の勉強が終わったら，さっさとふとんに入ろう！

ちなみに，寝る前に覚えると忘れにくいことを初めて発表したのは，アメリカのジェンキンスとダレンバッハという2人の学者だ。

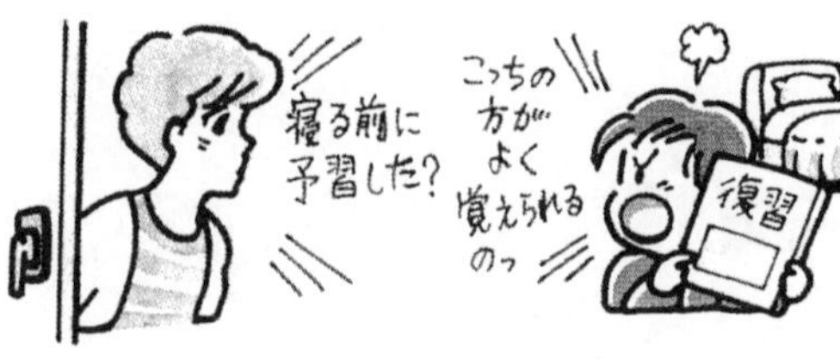

Dr.福井(福井《ふくい》一成《かずしげ》)…医学博士。開成中・高から東大・文Ⅱに入学後，再受験して翌年東大・理Ⅲに合格。同大医学部卒。さまざまな勉強法や脳科学に関する著書多数。

中　2021年度　東海大学付属浦安高等学校中等部

〔電　話〕　(047)351－２３７１
〔所在地〕　〒279－8558　千葉県浦安市東野３－11－１
〔交　通〕　JR京葉線 ―「舞浜駅」より徒歩18分またはバス
東京メトロ東西線 ―「浦安駅」よりバス

【算　数】〈B試験〉(50分)〈満点：100点〉

〈注意〉途中の式・計算・答えは，すべて解答用紙に書き入れなさい。

1　次の各問いに答えなさい。

(1)　$4+6\div 2$ を計算しなさい。

(2)　$3\frac{1}{2}-2\frac{4}{5}$ を計算しなさい。

(3)　$12\div 2\times(9-3)$ を計算しなさい。

(4)　$2\frac{2}{3}\times 1\frac{3}{4}+\frac{1}{2}$ を計算しなさい。

(5)　$8.5\times 7+8.5\times 3$ を計算しなさい。

(6)　$2.7\times 9+\frac{7}{12}\div\frac{5}{6}$ を計算しなさい。

2 次の各問いに答えなさい。

(1) みかん６個とりんご３個を買うと780円，みかん４個とりんご３個を買うと620円です。みかん１個の値段は何円ですか。

(2) ふもとから山頂まで７㎞の登山道を行きは時速２㎞で登り，帰りは時速４㎞で下りました。往復で歩いた時間は何時間何分かかりましたか。ただし，行きも帰りも一定の速さであるとします。

(3) 長針，短針がある時計が２時20分を示しているとき，長針と短針が作る小さい角の大きさは何度ですか。

(4) １辺が８㎝の正方形があります。各辺の真ん中の点を順に結び，内側に正方形を作りました。この操作を４回くり返したところ，右の図のようになりました。斜線《しゃせん》部分の面積は何㎠ですか。

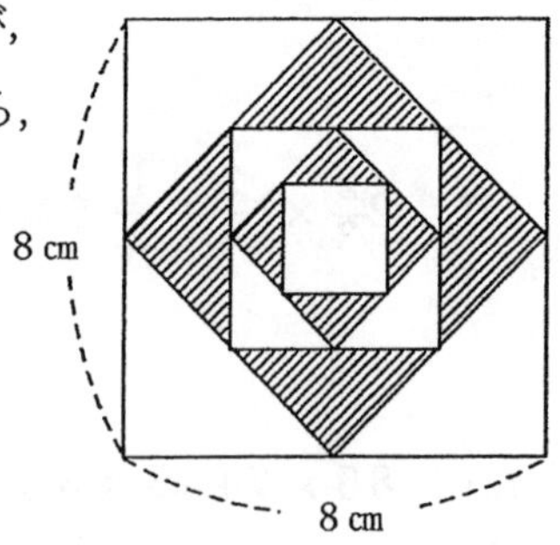

(5) ある家族は父と母と子ども３人の５人家族です。父は母より２才年上で，子どもは３人とも２才差です。１番上の子どもは母が32才の時に生まれました。現在５人の年れいの合計は90才です。このとき，父の年れいは何才ですか。

(6) $\frac{5}{7}$を小数で表すとき，小数第23位の数字はいくつになりますか。

3　30人のクラスで国語と算数が好きかどうかを調べたところ，国語が好きな人は14人，算数が好きな人は20人，国語も算数も好きではない人は4人でした。このとき，次の問いに答えなさい。

(1)　国語と算数の両方が好きな人は何人になりますか。

(2)　国語か算数のどちらか一方が好きな人は何人になりますか。

4　２つの１けたの整数Ａ，Ｂについて，Ａ☆Ｂ＝Ａ×５－Ｂ÷２とします。
例えば，３☆６＝３×５－６÷２＝15－３＝12となります。このとき，次の問いに答えなさい。ただし，Ａ，Ｂは０でないものとします。

(1)　４☆８はいくつになりますか。

(2)　Ａが６のとき，結果が28になりました。Ｂにあてはまる数はいくつになりますか。

5　２つの容器Ａ，Ｂには濃度の異なる食塩水が入っています。Ａから200g，Ｂから200gの食塩水を混ぜると10％の食塩水Ｃができ，Ａから500g，Ｂから300gの食塩水を混ぜると9.5％の食塩水Ｄができます。このとき，次の問いに答えなさい。

(1)　食塩水Ｃには何ｇの食塩が入っていますか。

(2)　容器Ｂの食塩水の濃度は何％ですか。

6　右の図のように１辺が６㎝の立方体があります。点Ｐ，Ｑは辺ＡＢを３等分する点で，点Ｒ，Ｓは辺ＣＤを３等分する点です。この立方体を４点Ｐ，Ｅ，Ｈ，Ｓを通る平面と，４点Ｑ，Ｆ，Ｇ，Ｒを通る２つの平面で切り取り，３つの立体に分けました。このとき，次の問いに答えなさい。

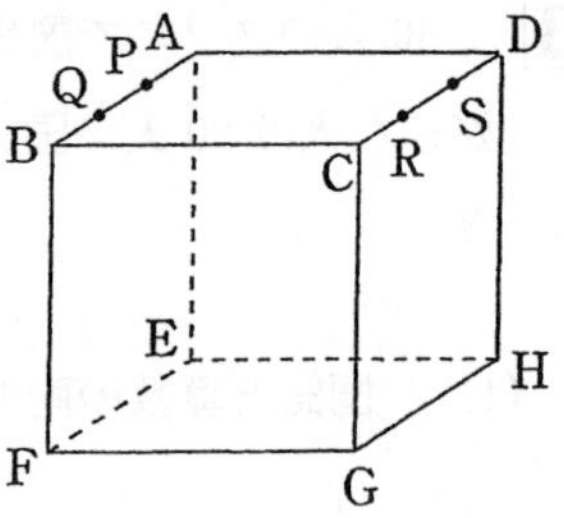

(1)　四角形ＰＱＦＥの面積は何㎠になりますか。

(2)　３つの立体のうち，最も大きい立体の体積は何㎤になりますか。

【社　会】〈Ｂ試験〉（理科と合わせて60分）〈満点：50点〉

1　次の文を読み、あとの問いに答えなさい。

日本は、①周囲を海に囲まれた島国で、（１）大陸の東側に位置し、総面積は約３８万平方キロメートルです。国土は南北に細長く、北海道、（２）、四国、九州と約７０００もの小さな島々からなり、国土の広がりは、東西南北のどの方角でも、島によって定められています。

北端は北方領土の１つである択捉《えとろふ》島です。北方領土は日本固有の領土ですが、現在は（３）連邦に占拠《せんきょ》されています。南端の沖の鳥《おきのとり》島では、かつて②島の周囲をコンクリートで固める工事を行いました。

西端は（４）県の八重山《やえやま》諸島に属する与那国《よなぐに》島です。隣接《りんせつ》する台湾《たいわん》とは、約 111km の距離にあり、年に数回、台湾の山並みが見えることもあります。東端の（５）島には、政府の関係者が住み、一般の人は住んでいません。
ほかにも日本には、様々な島があります。③外国からものや文化が日本に伝わってくるときの玄関口や中継《ちゅうけい》地として歴史的に重要な役割を果たしてきた島、また、④豊かで特徴的な自然や文化が残り、多くの観光客が訪れている島があります。

しかし一方で、本土との交通の便が悪く、医療体制が十分に整っていないなど不便なこともあります。また、大きな産業が少ないため、⑤若者が都会に転出し、高齢化が進んでいることも、深刻な問題となっています。

問１　文中の（１）～（５）にあてはまることばを答えなさい。

問２　文中の下線部①について、地図中Ａの海を何と言いますか。漢字で答えなさい。

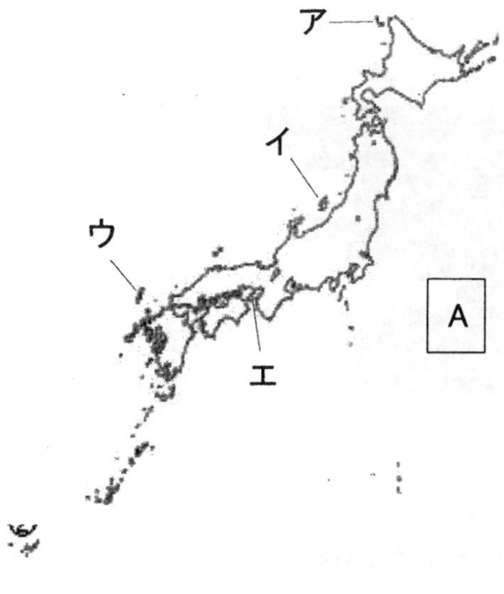

問３　文中の下線部②について、工事が行われた理由を次のア～エから１つ選び、記号で答えなさい。

ア　島の周りのサンゴを保存するため。

イ　排他《はいた》的経済水域を確保するため。

ウ　島の住民を津波などの災害から守るため。

エ　大きな気象観測所を造るため。

問４　文中の下線部③について、次の文はある島についての説明です。この島の場所を、５ページの地図中のア～エから１つ選び、記号で答えなさい。

この島は古くから朝鮮半島との関わりが深く、江戸時代には鎖国中の幕府と朝鮮の仲介《ちゅうかい》役として大事な役割を果たしていました。

問５　文中の下線部④について、次の文はある島についての説明です。島の名前を漢字で答えなさい。

この島は世界自然遺産に登録されていて、有名な杉の木があります。島にはとても高い山があり、一年を通して雨が多いことも特徴です。

問６　文中の下線部⑤について、次のグラフは鹿児島県徳之島《とくのしま》町の男女別人口構成を表しています。誤っている文を、次のア～エから１つ選び、記号で答えなさい。

2015年 徳之島町の人口構成

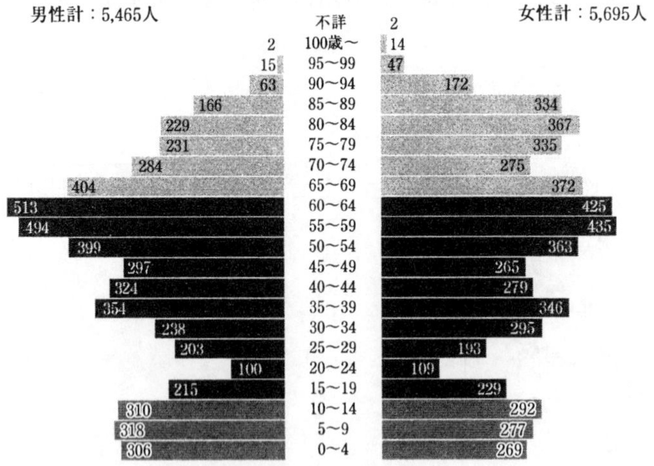

ア　２０代より１０代の人数が多い。

イ　８０歳以上では、男性より女性の方が多い。

ウ　一番人口が多いのは、男女ともに６０歳～６４歳である。

エ　６４歳以下で一番人口が少ないのは、男女ともに２０歳～２４歳である。

2 次の文を読み、あとの問いに答えなさい。

私たちの生活は、新型コロナウイルスによる感染症《かんせんしょう》によって大きな影響を受けることになりました。しかし歴史を勉強すると、私たちは病気との戦いや、健康を維持しようと一生懸命《けんめい》に工夫して生きてきたことが分かります。

かつて石器を用いて狩りをしていた人々の生活を大きくかえる道具として（ １ ）が生み出されました。日本では縄文《じょうもん》時代にあたります。この道具を用いて煮炊《にた》きすることによって口にできる食料が増加し、また保存もできるようになることによって人々の健康は大きく改善されました。次の（ ２ ）時代になると、それまでの狩りに代わって農業が食料生産の中心になり、人々の健康を大きく改善させました。

奈良時代には、当時の人口の３割ほどが亡くなったともいわれる天然痘《てんねんとう》の流行などがありました。そこで①天皇は、人々の健康と国を守るため仏教の力にたよろうと、都に②東大寺《とうだいじ》、地方には国分寺《こくぶんじ》・国分尼寺《にじ》を建てることにしました。また日本の仏教界の基礎をつくるため③鑑真《がんじん》をまねき、また薬なども輸入されたりしました。

平安時代には、貴族同士の権力争いの結果、④藤原道長《ふじわらのみちなが》が摂政《せっしょう》の地位について藤原氏の全盛時代を築きましたが、その後も権力争いは続き、地方の政治や災害などに対応がなされなかったため、各地で犯罪が増加し、人々は安心して暮らせなくなりました。そこに登場したのが⑤武士です。彼らは各地で武士団を結成し、治安を回復させていきました。それら武士団の２大勢力は源氏と平氏でしたが、⑥1185年に源氏が平氏を滅ぼしたことで鎌倉時代が始まりました。

江戸時代には戦争がなく、食糧生産も安定し、商工業も発達しました。歌舞伎《かぶき》や⑦浮世絵《うきよえ》などの発達は、人々の健康が安定していたことの証《あかし》でしょう。そうした中にあっても、幕府は飢饉《ききん》（極端《きょくたん》に食料が不足すること）に備えて⑧現在の千葉県でサツマイモ栽培の研究をさせたり、長崎で貿易をしている⑨ヨーロッパの国から最新の医学や薬学の知識も取り入れました。

そして明治時代になると、［ Ａ ］がペスト菌を発見、［ Ｂ ］が赤痢《せきり》菌を、［ Ｃ ］が黄熱《おうねつ》病の研究で世界的に認められる、立派な研究者も生まれ、日本だけでなく、世界の人々の健康に尽くすことができるようになりました。

問１　文中の（ １ ）・（ ２ ）にあてはまることばを、それぞれ漢字２字で答えなさい。

問２　文中の下線部①～⑨について、それぞれの問いに答えなさい。

①この天皇名を次のア～エから１つ選び、記号で答えなさい。

ア　天智天皇　　イ　天武天皇　　ウ　持統天皇　　エ　聖武天皇

②この寺に関係する仏像を次のア〜エから１つ選び、記号で答えなさい。

ア

イ

ウ

エ

③この人物によって建てられた寺院を次のア〜エから１つ選び、記号で答えなさい。

ア　法隆寺　　イ　薬師寺　　ウ　唐招提寺　　エ　飛鳥寺

④この人物の詠《よ》んだ以下の歌の［　　］にあてはまる言葉を２字で答えなさい。

「この世をば　わが世とぞ思ふ［　　］の　欠けたることもなしと思へば」

⑤このうち、現在の千葉県・茨城県を根拠《こんきょ》地として、新皇《しんのう》と名乗った武士の名を次のア〜エから１つ選び、記号で答えなさい。

ア　平将門　　イ　平清盛　　ウ　源頼朝　　エ　源義経

⑥この戦いの場所を次のア～エから1つ選び、記号で答えなさい。

ア　屋島　　イ　桶狭間　　ウ　壇ノ浦　　エ　関ケ原

⑦この作者として正しくないものを次のア～エから1人選び、記号で答えなさい。

ア　歌川広重　　イ　葛飾北斎　　ウ　喜多川歌麿　　エ　松尾芭蕉

⑧この人物名を次のア～エから1つ選び、記号で答えなさい。

ア　青木昆陽　　イ　新井白石　　ウ　本居宣長　　エ　大塩平八郎

⑨この国名を次のア～エから1つ選び、記号で答えなさい。

ア　イギリス　　イ　フランス　　ウ　オランダ　　エ　スペイン

問3　文中の[A]～[C]に当てはまる人物の組み合わせとして正しいものを次のア～エから1つ選び、記号で答えなさい。

ア　[A]志賀潔 [B]北里柴三郎 [C]野口英世
イ　[A]野口英世 [B]志賀潔 [C]北里柴三郎
ウ　[A]北里柴三郎 [B]野口英世 [C]志賀潔
エ　[A]北里柴三郎 [B]志賀潔 [C]野口英世

３ 次の文を読み、あとの問いに答えなさい。

１８９０年に日本で最初に行われた衆議院議員総選挙では、選挙権が直接国税を１５円以上納めた、満＜　Ａ　＞歳以上の男性のみに認められた制限選挙でした。１９２５年には、満＜　Ａ　＞歳以上のすべての男性に選挙権をあたえる普通選挙法が制定されました。さらに１９４５年には、女性の選挙権が認められ、＜　Ｂ　＞歳以上の男女普通選挙が実現しました。現在では満＜　Ｃ　＞歳以上のすべての国民に選挙権が認められています。日本では普通選挙に加えて、国民一人に１票の投票ができる（　１　）選挙、だれがだれに投票したか、他人に知られないようにする（　２　）選挙、国民が（　３　）選ぶ（　３　）選挙などが保障されています。

衆議院議員選挙の場合は、小選挙区制と比例代表制をとりあわせた制度です。小選挙区制の場合は、政党に入っていなくても、選挙に立候補することができます。そのような人たちのことを（　４　）の候補といいます。現在の衆議院議員の定数は＜　Ｄ　＞名です。そのうち、小選挙区制の定数は＜　Ｅ　＞名で、１つの選挙区から＜　Ｆ　＞名を選ぶ方法です。比例代表制は、全国を大きく＜　Ｇ　＞のブロックに分けて、定数の＜　Ｈ　＞名を選びます。選挙は、私たち国民の代表を決める大切なものです。このように選挙方法を組み合わせて、国民の意見が国会で多く反映されるように工夫されているのです。

問１　文中の（　１　）～（　４　）にあてはまることばを漢字で答えなさい。

問２　文中の＜　Ａ　＞～＜　Ｃ　＞にあてはまる、最も近い数字を次のア～エからそれぞれ１つずつ選び、記号で答えなさい。

ア　１８　　イ　２０　　ウ　２５　　エ　３０

問３　文中の＜　Ｄ　＞　～　＜　Ｈ　＞にあてはまる数字を次のア～ケからそれぞれ１つずつ選び、記号で答えなさい。

ア　１　　イ　３　　ウ　５　　エ　１１　　オ　１７６
カ　２８９　　キ　３０５　　ク　３６５　　ケ　４６５

問４　文中の下線部の小選挙区制の説明として正しいものを、次のア～エから１つずつ選び、記号で答えなさい。

ア　候補者の名前を書いて投票する
イ　死票が少なくなる
ウ　少数政党が議席を獲得しやすい
エ　政党の名前を書いて投票する

【理　科】〈B試験〉（社会と合わせて60分）〈満点：50点〉

1　次の会話文を読み，あとの各問いに答えなさい。

浦君　「もう少しで妹が生まれるんだ。」
安君　「そうなんだ。浦君のお母さんのお腹は大きくなってるの？理科の授業でも勉強したけど，（1）の内側には，（2）というつくりがあって，（2）は赤ちゃんのお腹と（3）という管でつながっているんだって。お母さんのお腹の中では約（4）週間過ごすんだよ。」
浦君　「精子と卵が受精して1つの受精卵《じゅせいらん》から成長していくんだよね。この前病院に行って，お医者さんにお腹の中の赤ちゃんを見せてもらったら，からだの形や顔の様子，性別もわかったよ。」
安君　「お腹の中の様子も見ることができるんだ。」

問1　図1は，ヒトの卵と精子の図です。卵と精子は（ア）と（イ）のどちらを表していますか。それぞれ記号で答えなさい。

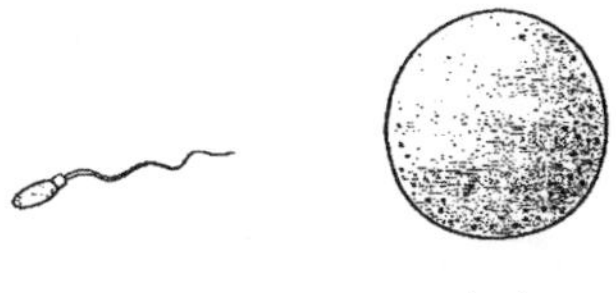

（ア）　　（イ）

図1

問2　文中の（1）～（3）にあてはまることばの組みあわせとして正しいものを次のア～エより1つ選び，記号で答えなさい。

	（1）	（2）	（3）
ア	へそのお	子宮	たいばん
イ	子宮	たいばん	へそのお
ウ	たいばん	子宮	へそのお
エ	子宮	へそのお	たいばん

問3　文中（4）に入る数字を次のア～オより1つ選び，記号で答えなさい。

ア．18　　イ．28　　ウ．38　　エ．58　　オ．78

問4　図2の胎児《たいじ》の周りを満たしている液体を何といいますか。漢字で答えなさい。

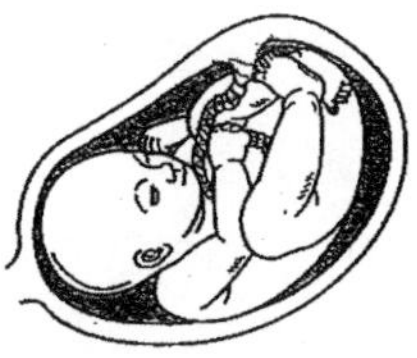

図2

問5　問4の液体はどのようなはたらきをしますか。正しいものを次のア～エより1つ選び，記号で答えなさい。

ア．胎児をしょうげきから守っている。
イ．胎児と母親をつなぎ，養分などの通り道となっている。
ウ．母親からの養分と胎児がいらなくなったものなどを交かんしている。
エ．胎児を成長させるための，栄養をためている。

問６　動物の種類によって，母親の中にいる期間や生まれてくるときの大きさに違いがあります。ヒトのように母親の中で育ち，乳を飲んで育つ動物をほ乳類といいます。下の表１は，ほ乳類が母親の中で過ごす期間を表にしたものです。①〜⑤の組みあわせとして正しいものを下のア〜オより１つ選び，記号で答えなさい。

表１

	母親のからだの中にいる期間
①	５９日〜６５日
②	およそ２３３日
③	６２３日〜６６０日
④	３１４日〜３７３日
⑤	およそ１６日

	①	②	③	④	⑤
ア	イヌ	ウマ	ゾウ	オランウータン	ハムスター
イ	イヌ	オランウータン	ゾウ	ウマ	ハムスター
ウ	ウマ	オランウータン	イヌ	ゾウ	ハムスター
エ	ハムスター	ウマ	ゾウ	オランウータン	イヌ
オ	ハムスター	オランウータン	イヌ	ゾウ	イヌ

2　月や星の動きについて観察しました。あとの各問いに答えなさい。

問1　夕方の西の空のようすを観察しました。このあと，図1の月はどちらに動きますか。正しいものを図中のア～エより1つ選び，記号で答えなさい。

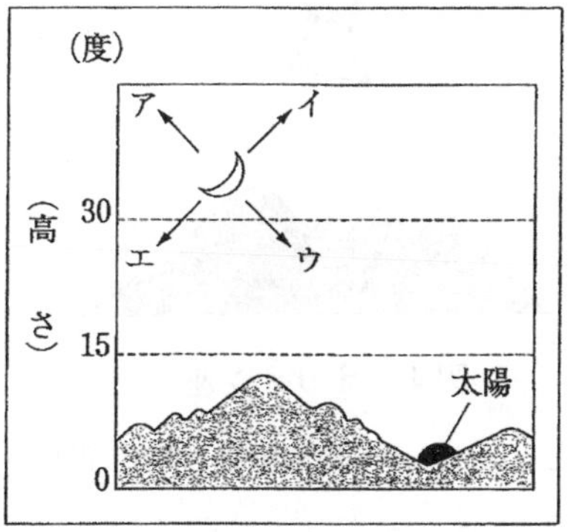

図1　夕方の西の空のようす

問2　午後6時の月のようすを観察しました。図2のような形の月を何の月といいますか。ひらがなで答えなさい。

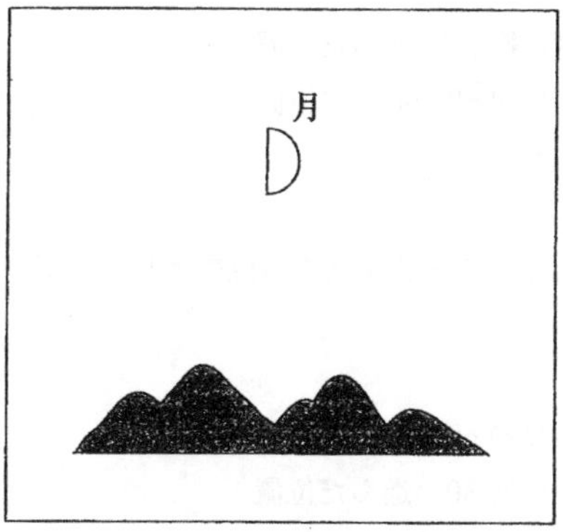

図2　午後6時に南中した月のようす

問3　北の空を観察すると，図3のように星が見えました。北の空に見えた○で囲った星の集団を何といいますか。また，㋐の部分の5倍離れた位置にある星Aは何といいますか。漢字3文字で答えなさい。

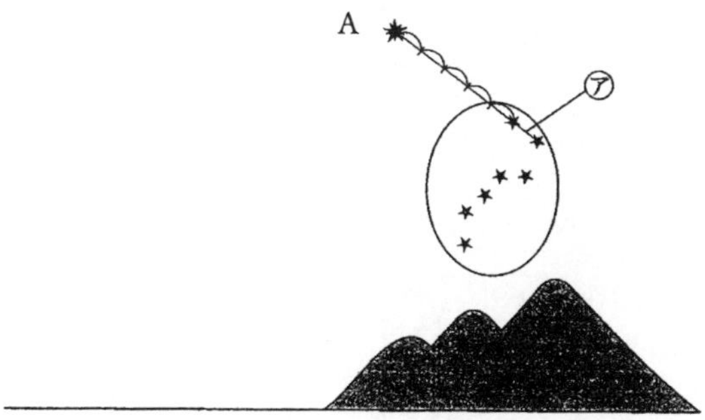

図3　夜の北の空のようす

2月5日の午後8時に日本のある地点でオリオン座を観察したところ，図4のように真南の最も高い位置で観察できました。そのあと，観察を続けると2月5日の午後9時には約15°西に進み，3月5日の午後8時には約30°西に進んでいることが観察できました。

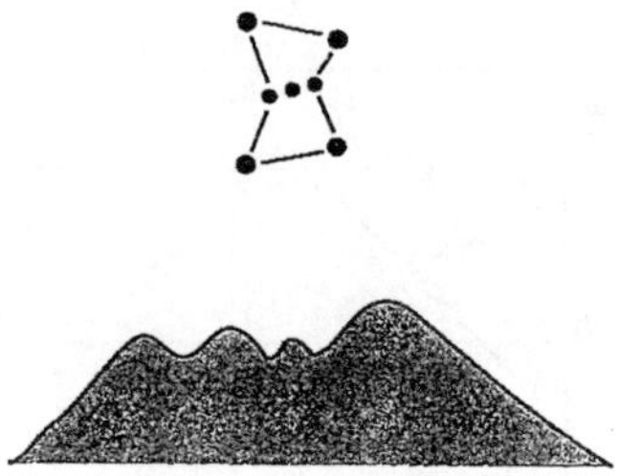

図4　オリオン座

問4　2月5日の午後10時に観測したときのオリオン座の位置として，正しいものを次のア～オより1つ選び，記号で答えなさい。

ア．真南の最も高い位置から東に約60°進んだ位置
イ．真南の最も高い位置から東に約30°進んだ位置
ウ．真南の最も高い位置
エ．真南の最も高い位置から西に約30°進んだ位置
オ．真南の最も高い位置から西に約60°進んだ位置

問5　3月5日の午後6時に観測したときのオリオン座の位置として，正しいものを次のア～オより1つ選び，記号で答えなさい。

ア．真南の最も高い位置から東に約60°進んだ位置
イ．真南の最も高い位置から東に約30°進んだ位置
ウ．真南の最も高い位置
エ．真南の最も高い位置から西に約30°進んだ位置
オ．真南の最も高い位置から西に約60°進んだ位置

3　物の性質を調べるために3種類の実験を行いました。実験内容を書いた文章を読み，あとの各問いに答えなさい。

実験1　試験管の口にせっけん水のまくをはり，まくを上にして試験管を両手でにぎった。その結果，空気の温度が上昇して，せっけん水のまくがふくらんだ。

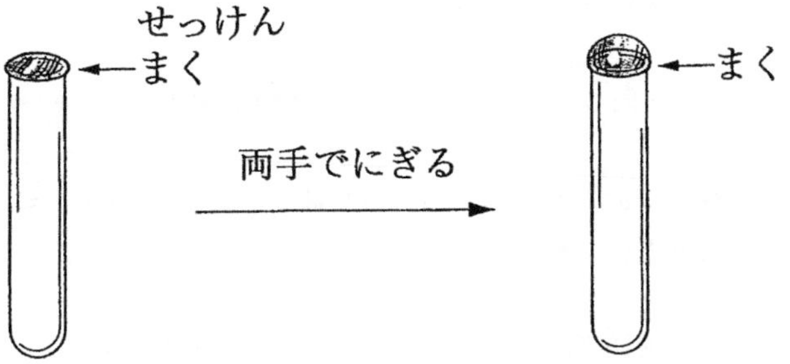

実験2　ゴムせんをつけたガラス管を，水を限界まで満たした試験管に差し込んだ。その後，ガラス管の初めの水面の位置に印をつけ，試験管を湯であたためた。その結果，水面が上昇した。

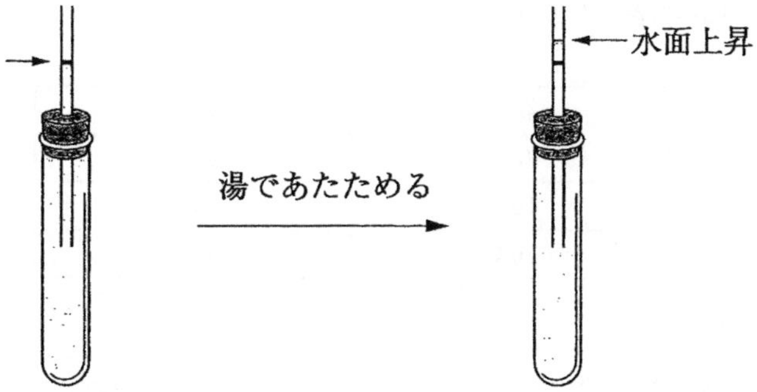

実験3　金属の球とその球の直径よりわずかに大きい金属の輪を用意した。球をガスコンロの火で熱して，輪を通るかを調べた。その結果，金属の球は輪を通らなかった。

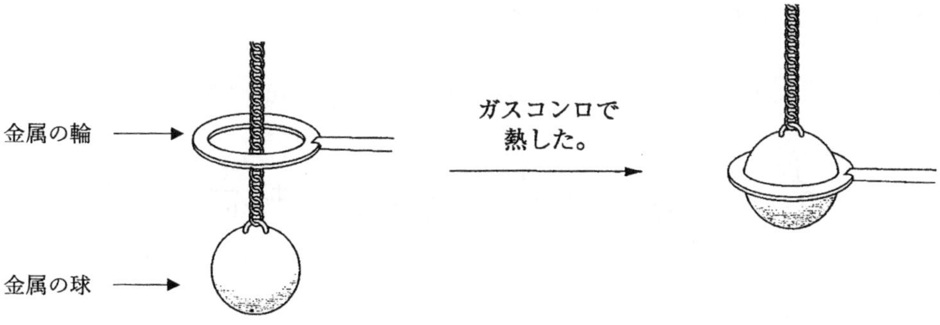

問１　実験１について，違う試験管を用意し，せっけん水のまくが下になるようにして試験管をにぎりました。せっけん水のまくはどのようになりますか。正しいものを次のア～ウより１つ選び，記号で答えなさい。

ア．せっけん水のまくは変化しない。
イ．せっけん水のまくはふくらむ。
ウ．せっけん水のまくは試験管の内側に入る。

問２　実験２について，この実験と同じ仕組みを利用している測定器具を答えなさい。

問３　実験３に関連して，金属でできている鉄道のレールにはある工夫がされています。次の文中の（　）に正しい語句を入れ，文章を完成させなさい。

レールが変形してしまうのを防ぐために，レールとレールのつなぎ目に（　　　　　　）を作っている。

問４　実験１～３を通して，物をあたためることでどのようなことがわかりましたか。簡単に説明しなさい。

問５　空気の体積が変わることに注目し，注射器に空気を取り，温度と体積の関係を調べました。表１に関する文章を読み，以下の問いに答えなさい。

表１

温度	体積
0℃	546mL
10℃	566mL
20℃	586mL

表をみると，空気の体積は温度とともに決まった量で増えているのがわかります。その量は，1℃上がるごとに（　①　）mL です。よって，空気の体積が変化する割合は，1℃上がるごとに 0℃のときの体積の（　②　）倍ずつとなります。

（1）　文中の空らん（　①　）にあてはまる数を答えなさい。

（2）　文中の空らん（　②　）にあてはまる数を，次のア～オより１つ選び，記号で答えなさい。

ア．$\frac{1}{68}$　　イ．$\frac{1}{136}$　　ウ．$\frac{1}{273}$　　エ．$\frac{1}{546}$　　オ．$\frac{1}{1092}$

4 電流による発熱を調べるために，【回路１】～【回路４】の実験を行いました。このとき太さ（直径）のちがう２本のニクロム線（①と②）を電熱線とし，どちらのニクロム線も同じ材質を用い，長さを同じにしました。また，各回路において電源装置から加わる電圧は常に一定としました。あとの各問いに答えなさい。

① 直径 0.6 ㎜ 　② 直径 0.3 ㎜ 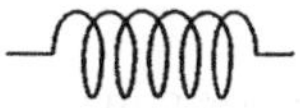

【回路１】

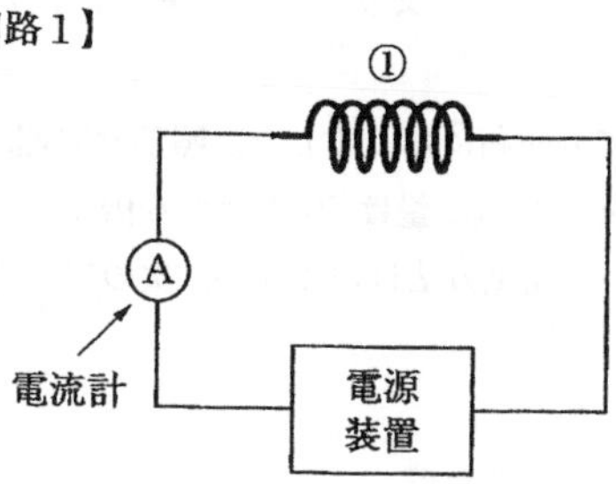

【回路２】

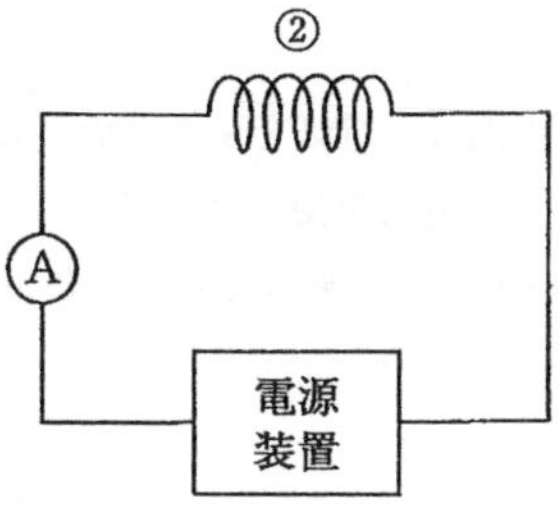

【回路３】

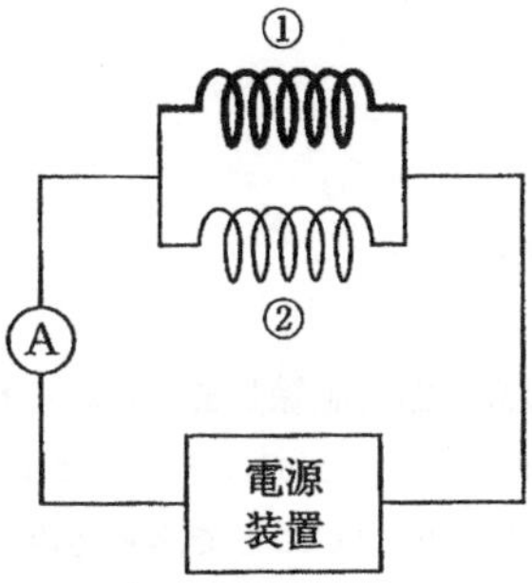

【回路４】

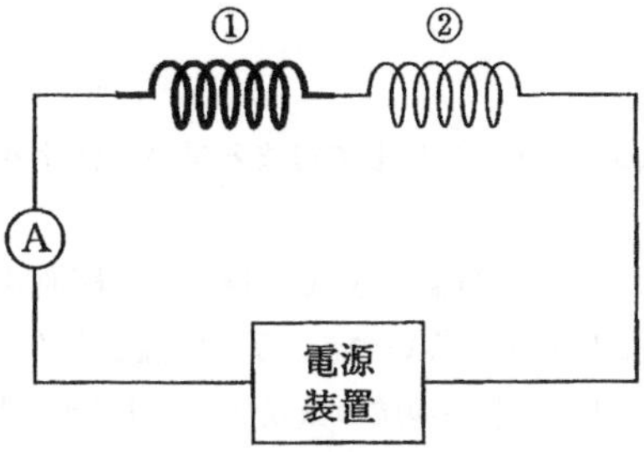

問１　回路１と回路２を比較すると，電流の流れ方はどのようになりますか。次のア～ウより１つ選び，記号で答えなさい。

ア．回路１の方が大きい　　イ．回路２の方が大きい　　ウ．等しい

問２　回路３のように，２つの電熱線をおいて回路をつなぐ方法を，何つなぎといいますか。

問３　回路３で，①と②の発熱の大きさはどのようになりますか。次のア～ウより１つ選び，記号で答えなさい。ただし，電熱線を回路３のようにつなぐと，それぞれの電熱線にかかる電圧の大きさは同じになります。

ア．①の発熱が大きい　　イ．②の発熱が大きい　　ウ．等しい

問4　回路4で，電熱線①と②の発熱の大きさはどのようになりますか。次のア～ウより1つ選び，記号で答えなさい。ただし，回路4のようにつなぐと，それぞれの電熱線に流れる電流の大きさは同じになります。

ア．①の発熱が大きい　　イ．②の発熱が大きい　　ウ．等しい

問5　電流による発熱を直接利用している器具はどれですか。次のア～オよりすべて選び，記号で答えなさい。

ア．ドライヤー　　イ．ブザー　　ウ．LED電球　　エ．トースター　　オ．アイロン

問6　わたしたちの生活は，電気を使えなかった時代と比べ，とても便利になりました。照明や料理，仕事，遊びなど多くのことに電気を使うようになり，日本で1年間に使う電気の量は50年前の6倍くらいに増えています。現在，日本で電気をつくるためにもっとも利用している発電方法は何ですか。次のア～カより1つ選び，記号で答えなさい。

ア．火力発電　　イ．風力発電　　ウ．水力発電

エ．地熱発電　　オ．太陽光発電　　カ．原子力発電

5　次の文中の（　①　）にあてはまる言葉を漢字4文字で答えなさい。

2020年6月ロシアで，気温が38℃に達し，北極地域での過去最高気温を記録しました。これは，6月の日別の平均最高気温より18℃も高いです。夏に気温が高くなるのはめずらしいことではありませんが，最近は異常な高温が続いていました。北極地域の気候は，1月の平均最高気温は氷点下42℃にまで落ち込み，6月には約20℃まで上昇します。しかし昨年は熱波が長引いており，欧州連合(EU)のコペルニクス気候変動サービス(CAMS)は一昨年3月から5月にかけて，北極地域の平均気温が平年より約10℃高かったと報告しました。

この背景には，人間活動による化石燃料の使用や森林の減少などにより，大気中の（　①　）ガスの濃度が急激に増加したためと考えられています。

問七　――線部⑦「淡々とした」とありますが、この意味として最も適切なものを次の中から一つ選び、記号で答えなさい。

ア　冷静であっさりとしている様子
イ　興奮して感情が高ぶっている様子
ウ　ぎこちなく、どうしていいかわからない様子
エ　不安そうに、機嫌《きげん》をうかがう様子

問八　――線部⑧「さて、と立ち上がる」とありますが、橋本さんは僕をどこに連れていこうとしましたか。文章中から八字で抜き出しなさい。

問九　［A］に共通して当てはまる言葉を、文章中から漢字一字で抜き出しなさい。

問十　――線部⑨「かえって新しい涙が目からあふれてしまった。」とありますが、なぜですか。最も適切なものを次の中から一つ選び、記号で答えなさい。

ア　自分の家庭がうまくいっていないことを急に思い出したから。
イ　お互いが相手のせいにしたため、父親とわかりあえなかったから。
ウ　橋本さんがどこに行くかを教えてくれなかったから。
エ　橋本さんと健太くんの仲を心底うらやましいと思ったから。

三　次の各問いに答えなさい。

問一　次の（1）～（3）の――線部を漢字に直しなさい。

（1）親のすすめで生命ほけんに入る。
（2）彼女はずぼしを突《つ》かれて困惑《こんわく》した。
（3）交通事故できゅうきゅうしゃを呼ぶ。

問二　次の（1）～（3）の――線部を平仮名に直しなさい。

（1）すさんだ心が和む。
（2）彼は意気地なしだ。
（3）何事にも真面目に取り組む。

問三　次の（1）～（4）の意味に当てはまることわざとして、最も適切なものを次の中からそれぞれ一つ選び、記号で答えなさい。

（1）用心を重ねて、物事を慎重《しんちょう》に行うこと。
（2）次から次へと災難がやってくること。
（3）相手の間違《まちが》いをからかったり、悪口を言ったりすること。
（4）はっきりと言わない方がかえって面白味があること。

ア　石橋を叩《たた》いて渡《わた》る　　イ　揚《あ》げ足を取る
ウ　絵に描《か》いた餅《もち》　　エ　終わりよければすべて良し
オ　言わぬが花　　カ　一難去ってまた一難

ら、僕たちはわかりあえなかった。

一人で車に戻《もど》りかけた橋本さんが、振り向いて僕を呼ぶ。僕はジャケットの袖《そで》で目元を拭《ぬぐ》って、ゆっくりと立ち上がる。瞼《まぶた》をこすったら、⑨かえって新しい涙《なみだ》が目からあふれてしまった。

(重松清『流星ワゴン』)

※1 混濁…混じってにごること、みだれること。

問一 ――線部①「島影の形もわかってきた」とありますが、「僕たち」はどこから島影を見ているのですか。文章中から十七字で抜き出しなさい。

問二 ――線部②「わかるんですか」とありますが、橋本さんが僕の状況を理解しているのはなぜですか。最も適切なものを次の中から一つ選び、記号で答えなさい。

ア 橋本さんは生前から僕のことを気にかけていたから。
イ 健太くんが僕の状況を橋本さんに教えたから。
ウ 同じ父親として、僕と橋本さんの気持ちが通じ合っているから。
エ 橋本さんには幽霊《ゆうれい》になってから手に入れた特殊《とくしゅ》な能力があるから。

問三 ――線部③「健太がぐっすり寝てくれるようになった」とありますが、それはなぜですか。最も適切なものを次の中から一つ選び、記号で答えなさい。

ア 一度死んでしまっているので二度死ぬことはないと分かったから。
イ 自分の命を奪《うば》った父に怒り続けることに疲《つか》れたから。
ウ 健太が睡眠《すいみん》の重要性に気づき、寝るようになったから。
エ 父親の運転に悪気がなかったことが分かったから。

問四 ――線部④「そっけない、突き放すような口調だった」とありますが、なぜですか。最も適切なものを次の中から一つ選び、記号で答えなさい。

ア わざと突き放すことで、生きたいという気持ちを奮起させたかったから。
イ 僕の死にたいと思う理由にいらだちを覚えたから。
ウ 僕に生きている方がいいと強く言い切ってほしかったから。
エ 僕を車に乗せたことを後悔《こうかい》していたから。

問五 ――線部⑤「風も止まる」とありますが、僕はこれによって何が可能になると感じていますか。文章中から二十字で抜き出しなさい。

問六 ――線部⑥「おたくの事情」とありますが、「事情」として**当てはまらない**ものを次の中から一つ選び、記号で答えなさい。

ア 広樹が不登校だということ
イ 広樹が暴力をふるうということ
ウ 僕の奥さんに秘密があるということ
エ 広樹が健太より体調がよくないということ

てる。

「でも、知ってますから、⑥おたくの事情は」

「どこまで知ってるんですか。ぜんぶですか？　ウチのこと、ぜんぶ知ってるんですか？」

「息子さん、ずっと学校に行ってないですよね」

「……あとは」

「あなたや奥さんに、暴力も」

⑦淡々《たんたん》とした口調だった。同情する響《ひび》きがなかったことに、少し救われた。

「じゃあ、女房のことも、知ってるんですね」

「ええ。離婚《りこん》届のしまってある場所も」

すごいな、とため息をついた。薄笑《うすわら》いが浮《う》かぶ。こんな力を得られるのなら、死ぬのも悪くないじゃないか。

「それから、奥さんが……」

「もういいです」とさえぎった。聞きたくなかった。橋本さんも口にしたくなかったのだろう、ほっとしたように何度かうなずいた。

「どうですか」さっきよりもっと薄っぺらに、僕は笑う。「橋本さんだって、家族がこんなになっちゃったら、死んでもいいっていう気持ちになるでしょ、なりませんか？」

橋本さんは黙《だま》っていた。

「教えてください、お願いします。僕は死んでるんですか？　まだ生きてて、夢を見てるんですか？」

今度もまた答えてもらえなかった。

短い沈黙のあと、橋本さんは、⑧さて、と立ち上がる。

「そろそろ行きましょうか」

「……どこにですか」

「私にもわかりません。でも、夜が明けたときには、あなたにとってたいせつなどこかに着いてるはずです。私は、あなたをそこまでお連れするだけですから」

座ったまま、「ここにいたら、だめですか」と訊いた。

「だめです。さあ、行きましょう」

「たいせつなどこか、って……どこなんですか？」

「私にもわかりません。でも、あなたはそこに行かなきゃいけないんです。ほら、早く。そろそろ夜が明けますから」

僕は潮の香りを胸に深く吸い込んで、［Ａ］のいる病院を見上げた。僕が死んでしまうのと、［Ａ］が息絶えるのと、どっちが先なのだろう。母と智子はたとえ僕が先に死んでも［Ａ］には伝えないはずだが、もしも知ったら、［Ａ］はどんな顔になり、どんな言葉をつぶやくのだろう。怒《おこ》るかもしれない。親の言いつけを聞かない子どもや親に嘘をつく子どもは犬畜生《いぬちくしょう》と同じだ、とよく言っていた。

目が潤《うる》む。最後の最後まで父とはわかりあえなかった。僕はそれを父のせいだと思い、父は僕が悪いんだと決めつけて、「わかりあえなかった」ということすとわりつく。

この町で高校卒業までの十八年間を過ごした僕は知っている。一日に二回、明け方とたそがれどきに、波がしらはほとんど立たなくなり、⑤風も止まる。朝凪《あさなぎ》と夕凪。ひとはそのときに生まれたり死んだりするのだと、小学生のうちに亡くなった母方の祖母に聞いたことがある。おとなになった僕は、もちろんそんな話を信じてはいない。信じてはいないのだが、風や波といっしょに時間も止まってしまうような朝凪と夕凪の頃なら、こちら側の世界と向こう側の世界との行き来は簡単かもしれないという気は、少しする。

橋本さんの声が聞こえた。

「私も健太も、死にたくなかった」

海を見つめたまま、つぶやくように、噛《か》みしめるように。

「自分が生きたいのか死にたいのかなんて考えることもなくてね、生きているのがあたりまえだと思い込んでて……」

声は、耳に流れ込んだあとも、僕たちのまわりに漂《ただよ》っていた。

「あなたはさっき、どうして、生きているほうがいいに決まってるだろう、と答えなかったんですか? もっと強くうなずいて、そんなことを訊いた私のほうが恥ずかしくなるくらい、きっぱりと答えてくれなかったんですか?」

僕は橋本さんの横顔から足元の砂浜に目を落とした。嘘《うそ》も見栄も要らないんだよな、と肩《かた》の力を抜いた。

「もう嫌だったんですよ、家に帰るのも、明日になるのも。先に進みたくなかった……どこにも行きたくなかったし、なにかをする気にもならなかったし……」

「わかりますよ」

「絶望してるわけじゃないんです。でも、この先に、希望がないっていうか、なんのためにこれから何十年も生きていくのかわからなくなったっていうか。贅沢《ぜいたく》で甘いし、弱くて、情けない考えだと思うけど、どうしようもないんですよ」

「わかりますよ、すごく」

「……わかったふりしないでくれませんか」

橋本さんの家族は幸せだったはずだ。家族で出かけた初めてのドライブで事故を起こすなんて、これ以上ないほどの不運で不幸な巡《めぐ》り合わせで、だから逆に、事故の直前までの一家の幸せが、僕の胸に滲《し》みる。

うらやましい、と思った。家族揃《そろ》って交通事故——我が家は、もう、それすらできない。家族でドライブに出かけた最後はいつだったろう。そのときに事故で三人とも死んでいれば、幸せな日々の記憶《きおく》だけ抱《いだ》いていられただろうか。

「五年前はね、ウチの息子も……広樹も、健太くんみたいだったんですよ。お父さんお父さんって、女房よりも僕のほうになついてて、勉強はそこそこだったけど、明るくて、元気のいい子でね……」

橋本さんは「違うでしょう」と笑い返した。「五年前じゃなくて、この春までは、でしょう?」

かまわず「女房だってね、昔は……」とつづけかけたが、急にむなしくなって、やめた。代わりに「わかったふりしないでほしいんですよ、とにかく」と吐《は》き捨《す》

「でも、この二、三年ですよ、③健太がぐっすり寝てくれるようになったのって。最初のうちはね、パパの運転なんかもうぜったいに信じないからって、寝てくれなかったんですよ。体は眠ってるのに、窓の上のグリップですか、あそこをぎゅっと握《にぎ》って、目をつぶらないんですよ、背筋も伸ばしたままで」

「じゃあ」僕は階段をのぼりながら言う。「いまはパパの運転、信頼《しんらい》してるんだ」

「というか、わかったんじゃないですか、あいつも。一度死んじゃったんだから二度も死ぬことなんてありえないんだ、って」

橋本さんは自分の言葉にハハッと短く笑ったが、すぐに真顔に戻って、ため息交じりにつづけた。

「寝てくれるようになってからも、しばらくのうちは大変でした。うとうとすると、すぐにうなされて、しまいには大声で絶叫《ぜっきょう》するんですよ。事故の瞬間《しゅんかん》のこと、あいつ、見てますからね、ぜんぶ」

僕は黙《だま》って、橋本さんの隣《となり》に座った。橋本さんは海を見つめていた。寂《さみ》しそうな横顔だった。

「でもね、もっと悲しくなるときがあるんですよ。いまでも、たまにあるんです。健太がね、寝言《ねごと》を言うんですよね、ママ、ママ……って。そういうの、つらいですよ、ほんと」

「奥さんは、いまは……」

「わかりません」

「見えないんですか」

「この世に未練の残りそうなものは、だめなんですよ。これでなかなか厳しくってね、思いどおりにはならないんです」

「一つ教えてもらえますか」

橋本さんは海を見つめたまま、「ええ、どうぞ」と言った。

「僕は、もう死んでるんですか？」

答えは返ってこなかった。

「死んでるんですよね？　いいんです、もう覚悟《かくご》してますから、ほんとうのことを教えてください」

少し間をおいて、「どっちがいいんですか？」と逆に訊《き》かれた。

「そりゃあ、まあ、死んでるよりは……」

「生きてるほうがいい？」

あいまいにうなずくと、「じゃあ生きてるんですよ」と言われた。④そっけない、突《つ》き放すような口調だった。

「ごまかさないで教えてください。ほんとに、覚悟はできてるんですから」

今度も返事はなかった。橋本さんは僕を振り向きもせず、ただ海を見つめるだけで、僕もそれ以上はもうなにも言わなかった。

どれくらい沈黙《ちんもく》がつづいただろう。あたりの空気が少しずつ重くなってきた。靄《もや》というほどはっきりとしたものではないが、夜の闇《やみ》にほんのわずかな白が溶《と》けて、潮のにおいが強くなる。波の音がくぐもる。じっとりとした湿《しめ》り気が頬《ほお》にま

二 次の文章は重松清『流星ワゴン』の一部である。以下の文章を読んで、あとの問いに答えなさい。

【5年前に交通事故死した橋本さん、健太君父子の乗る不思議なワゴン。そのワゴンに「もう死んでもいい」と思っていた僕《ぼく》は拾《ひろ》われた。】

車は胸の高さほどの防波堤《ぼうはてい》の前に停まっていた。波の音はおだやかで、沖には島影《しまかげ》が幾重《いくえ》にもかさなりあって浮かんでいた。船の明かりが遠くで瞬《またた》きながら、一列に並ぶ。

瀬戸内海《せとないかい》——間違《まちが》いない。ここは、僕のふるさとの海だ。

橋本さんは階段で防波堤の上にのぼり、気持ちよさそうに伸《の》びをした。

「いいところですねえ、のんびりしてて」

僕は車の横に立ちつくしたまま、海を見つめる。暗がりに目が慣れてくると、①島影の形もわかってきた。いちばん手前の大きな島とこちら側とに橋が架《か》かっている。五、六年前に開通したときに税金の無駄遣《むだづか》いだとさんざん批判された、有料道路の通る橋だ。この角度で見えるということは、いま、僕たちがいる場所は、父の入院している病院の建つ丘の真下だ。振《ふ》り向いて仰《あお》ぐと、病棟《びょうとう》の屋上に掲《かか》げられた看板の端《はし》が見えた。

「いま、お父さん、ひどく苦しまれてますよ。嫌《いや》な夢を見たんです。意識も※1混濁《こんだく》してきて、当直医の先生がとりあえず鎮静剤《ちんせいざい》を打って……明日の朝には主治医の、医局長さんでしたよね、その先生がモルヒネの使用を奥《おく》さんに勧《すす》めるはずです」

「②わかるんですか、そういうの」

「ええ、だいたいはね」

「女房《にょうぼう》や息子のことも、ご存じでしたよね」

「はい、だいたいのことは」

「……まいっちゃうな」

「でも、そういう相手と会ってるほうが楽でしょ？　見栄を張ったり嘘《うそ》をついたりしなくていいだけでも」

橋本さんは防波堤の上に座り込んで、僕を手招いた。

「こっちに来ませんか。遠いと声が大きくなって、健太が起きちゃうかもしれないから」

助手席の窓から中を覗《のぞ》き込《こ》むと、健太くんは首をかくんと左に倒《たお》し、口を半開きにして寝入《ねい》っていた。

「やっぱり眠《ねむ》るんですね」

「なにがですか？」

「いや、だから、健太くん……」

ああ、と橋本さんはうなずいて、まじめくさった顔で言った。

「寝てるんじゃなくて、死んでるんですけどね」

笑っていいのかどうか、よくわからない。

問三　空欄 D に当てはまる言葉として最も適切なものを次の中から一つ選び、記号で答えなさい。

ア　ひろく

イ　せまく

ウ　強く

エ　弱く

問四　――線部②「根底のところでは、まだ血のつながりというものは、現実問題としては生きています。」とありますが、それはなぜですか。最も適切なものを次の中から一つ選び、記号で答えなさい。

ア　個人主義の雰囲気《ふんいき》が高まってきているから。

イ　人間が最後に頼《たよ》れるものは家族だけだから。

ウ　人間は理性で考えるよりも先に感覚や情動が働くから。

エ　人間にとって血縁関係は、何よりも優先すべきものであるから。

問五　――線部③「血のつながり」とありますが、これが重視されすぎるとどのようなことが起こりますか。文章中から十七字で抜き出しなさい。

問六　空欄 E に当てはまる言葉として最も適切なものを文章中から抜き出しなさい。

問七　――線部④「前者」にあたる部分を、文章中から十八字で抜き出しなさい。

問八　本文の内容として、最も適切なものを次の中から一つ選び、記号で答えなさい。

ア　よりよい家族関係を形成するために、一番大事なことは一人一人の個人の自由である。

イ　私たちは、家族の血のつながりや自分の意志を改めて見つめなおすことが必要である。

ウ　私たちの人生は、動物の一種である以上、血縁関係を重視していくべきである。

エ　人間は血のつながりが強調されると反発したくなるため、家族のつながりを軽視するようになる。

われわれが理性とか判断とかいっていることより、もう一つ前に先行する人間の感覚、※3情動《じょうどう》というものがあって、そのレベルでは、まだ③血のつながりというのは作用しているはずです。

ただ、血のつながりばかりが重視されすぎると、「長男なら父親の家業を継《つ》ぐのが当然」とか、「おじいちゃんの面倒を見ろ」とかいったぐあいに、自分が自由に動けなくなるということも起こってきます。そうすると、血のつながりというものがわずらわしくなり、反発したい気持ちにもなってきます。

しかし、だからといって、それが完全になくなってしまったとか、大事なものでなくなってしまったとはいえないでしょう。人間がいかに[E]的な部分を発達させてきたといっても、やはり動物の一種であるからには、そういうものは必ず残っていると思うし、これからもなくなりはしないと思います。

私たちの人生には、自分ではどうにもならない運命的な部分と、自分自身の意志とか努力とかによる部分との両方の要素がありますが、④前者を代表するのが血のつながりと考えていいでしょう。

そこで、いまのわれわれにとっての、あるいはこれからの家族にとっての問題というのは、そのどちらを大事にしていくか、あるいは、両方を大事にしながら、どのように折りあいをつけていくかが重要になってくるだろうし、それによって、家族というもののとらえ方の※4ニュアンスも違ってくるだろうと思います。

（河合隼雄『父親の力　母親の力　「イエ」を出て「家」に帰る』）

※1　変遷…移り変わること。
※2　希薄…物事に向かう気持ちや意欲などが弱いこと。
※3　情動…一時的で急激な感情の動きのこと。
※4　ニュアンス…言葉などの微妙《びみょう》な意味合い、意図。

問一　空欄《くうらん》[A]、[B]、[C]に当てはまる言葉として最も適切なものを次の中からそれぞれ一つ選び、記号で答えなさい。

ア　たとえば　　イ　ところが　　ウ　だから　　エ　ただし

問二　――線部①「しだいに家族から離れていくようになりました。」とありますが、これによって起こることの説明として最も適切なものを次の中から一つ選び、記号で答えなさい。

ア　昔は家族が担ってきたものが他の人の手に移り、家族の結びつきが弱くなっているということ。
イ　家族は血縁関係でつながっているため、信頼関係が徐々に薄《うす》れてきているということ。
ウ　私たちの人生は、意志や努力による部分が大きいため、信頼関係を築く努力なくして家族というものは成立しないということ。
エ　われわれは自分の身は自分で守れるようになった結果、家族の絆が希薄になってきたということ。

中

二〇二一年度 東海大学付属浦安高等学校中等部

【国　語】〈B試験〉（五〇分）〈満点：一〇〇点〉

一　次の文章を読んで、あとの問いに答えなさい。

そもそも「家族」の定義からして、たいへんにむずかしい問題です。いろいろな考え方があり、時代によっても変わってきます。[A]、学問的な定義はとてもむずかしいのですが、いくつかの要素をあげることはできます。

[B]、血のつながり、つまり、家族にとって血縁《けつえん》というのは、世界的に見ても非常に重要視されています。

昔は、血縁関係のある者の集まりとしての家族が、一つの国のような存在でした。血族＝家族が繁栄《はんえい》しなければ自らの繁栄もなく、家族の繁栄と自分の繁栄というものがほとんど直結していました。その意味では、血のつながりというのがもっともわかりやすかったわけです。

[C]、時代の※1変遷《へんせん》とともに、従来は家族がやっていたことが、①しだいに家族から離《はな》れていくようになりました。

たとえば、昔は自分の身の安全は家族が守ってくれましたが、いまでは、家族に守ってもらわなくても、警察が守ってくれるようになりました。福祉《ふくし》の問題にしても、昔は歳《とし》をとって動けなくなったときに、家族が面倒《めんどう》を見てくれなかったら死ぬしかなかったけれど、いまでは、そういうことは国がやってくれるようになってきたし、お金によって請け負《う》う業者も出てきました。

このように、かつては家族にしかできないと思われていたことが、どんどん家族の手から離れて、それとともに家族の役割も※2希薄《きはく》になってきたように思われます。

そうなってきたのは、個人主義、つまり、一人一人の個人を大事にしていこうという風潮が高まってきて、個人を国とか公で守っていこうとする社会システムが発達してきたからでしょう。そして、そうしたシステムが発達すればするほど、血縁による家族同士の結びつきというものが[D]なっていくのは必然ともいえます。

人間は、自分の理性、判断、あるいは意志とか努力などによって、そうとうなことができるようになりました。そうした考え方でいけば、とくに血縁というものは必要ではなくなっていきます。血がつながっていなくても、家族として一緒に生活したいと思えばできるわけですから。

そうはいっても、人間も動物ですから、②根底のところでは、まだ血のつながりというものは、現実問題としては生きています。

たとえば、孫などが遊びにきたときに、おじいちゃん、おばあちゃんを見ただけで、自分から近寄っていって抱《だ》かれたりします。孫にしてみれば、理屈《りくつ》のうえでは血縁などということは全然わかっていないけれども、そういう行動をごく自然にとります。

2021年度

東海大学付属浦安高等学校中等部　▶解　答

※　編集上の都合により，Ｂ試験の解説は省略させていただきました。

算　数　＜B試験＞（50分）＜満点：100点＞

解　答

[1] (1)　7　(2)　$\frac{7}{10}$　(3)　36　(4)　$5\frac{1}{6}$　(5)　85　(6)　25　[2] (1)　80円　(2)　5時間15分　(3)　50度　(4)　20cm^2　(5)　40才　(6)　8　[3] (1)　8人　(2)　18人　[4] (1)　16　(2)　4　[5] (1)　40ｇ　(2)　12％　[6] (1)　24cm^2　(2)　144cm^3

社　会　＜B試験＞（理科と合わせて60分）＜満点：50点＞

解　答

[1] **問1**　**1**　ユーラシア　**2**　本州　**3**　ロシア　**4**　沖縄　**5**　南鳥　**問2**　太平洋　**問3**　イ　**問4**　ウ　**問5**　屋久島　**問6**　ウ　[2] **問1**　**1**　土器　**2**　弥生　**問2**　①　エ　②　ア　③　ウ　④　望月　⑤　ア　⑥　ウ　⑦　エ　⑧　ア　⑨　ウ　**問3**　エ　[3] **問1**　**1**　平等　**2**　秘密　**3**　直接　**4**　無所属　**問2**　**A**　ウ　**B**　イ　**C**　ア　**問3**　**D**　ケ　**E**　カ　**F**　ア　**G**　エ　**H**　オ　**問4**　ア

理　科　＜B試験＞（社会と合わせて60分）＜満点：50点＞

解　答

[1] **問1**　**卵**…(イ)　**精子**…(ア)　**問2**　イ　**問3**　ウ　**問4**　羊水　**問5**　ア　**問6**　イ　[2] **問1**　ウ　**問2**　じょうげん（の月）　**問3**　**集団**…北斗七星　**星A**…北極星　**問4**　エ　**問5**　ウ　[3] **問1**　イ　**問2**　温度計　**問3**　すき間　**問4**　（例）かさが増える。　**問5**　(1)　2　(2)　ウ　[4] **問1**　ア　**問2**　並列（つなぎ）　**問3**　ア　**問4**　イ　**問5**　ア，エ，オ　**問6**　ア　[5] 温室効果

国　語　＜Ｂ試験＞（50分）＜満点：100点＞

解　答

一　**問1**　A　ウ　B　ア　C　イ　**問2**　ア　**問3**　エ　**問4**　ウ　**問5**　自分が自由に動けなくなるということ　**問6**　理性　**問7**　自分ではどうにもならない運命的な部分　**問8**　イ　二　**問1**　父の入院している病院の建つ丘の真下　**問2**　エ　**問3**　ア　**問4**　ウ　**問5**　こちら側の世界と向こう側の世界との行き来　**問6**　エ　**問7**　ア　**問8**　たいせつなどこか　**問9**　父　**問10**　イ　三　**問1**　下記を参照のこと。**問2**　(1)　なご　(2)　いくじ　(3)　まじめ　**問3**　(1)　ア　(2)　カ　(3)　イ　(4)　オ

●漢字の書き取り

三　**問1**　(1)　保険　(2)　図星　(3)　救急車

Memo

2020年度　東海大学付属浦安高等学校中等部

〔電　話〕(047) 351－2 3 7 1
〔所在地〕〒279-8558　千葉県浦安市東野 3－11－1
〔交　通〕JR京葉線―「舞浜駅」より徒歩18分またはバス
東京メトロ東西線―「浦安駅」よりバス

【算　数】〈A試験〉(50分)〈満点：100点〉

〈注意〉途《と》中の式・計算・答えはすべて解答用紙に書き入れなさい。

1　次の各問いに答えなさい。

(1)　20－16÷4 を計算しなさい。

(2)　$3-2\frac{1}{2}+1\frac{3}{4}$ を計算しなさい。

(3)　$\left(1\frac{1}{2}-\frac{2}{3}\right)\div\frac{5}{6}$ を計算しなさい。

(4)　10－4.8×0.9 を計算しなさい。

(5)　$1.3\div0.2\div3\frac{1}{4}$ を計算しなさい。

(6)　3.14×25－19×3.14 を計算しなさい。

2　次の各問いに答えなさい。

(1)　電車が時速72kmで走っており，長さ200mの橋を渡り始めてから渡り終えるまで15秒かかりました。電車の長さは何mになりますか。

(2)　ドーナツを箱につめて売ります。360円の箱Aと600円の箱Bが合計で20箱売れたので，売り上げは8880円になりました。箱Aは何箱売れましたか。

(3)　畑の玉ねぎをすべて収穫《かく》するのに，機械Aを1台使うと21日，機械Bを1台使うと10日かかります。機械Aを3台と機械Bを2台同時に使って作業したとき，この畑の玉ねぎは何日目にすべて収穫できますか。

(4)　[2][0][2][0]の4枚のカードから3枚を使って3けたの整数を作ります。できた3けたの整数をすべて足《た》すといくつになりますか。

(5)　ある学校では月曜日から金曜日まで給食があります。毎日昼食時にストローの束を12束使い，放課後に束を補充《じゅう》します。月曜日の朝に束の在庫が44束あり，同じ週の金曜日に昼食で束の在庫がなくなりました。毎日，同じ数の束を補充していたとすると，1日に何束補充していましたか。

(6)　図のように，1辺が6cmの正方形ABCD上を点P，Qが反時計回りに動きます。点PはAを出発して毎秒1cmの速さでBまで動きます。また，点QはBを出発して毎秒2cmの速さでDまで動きます。点PとQが同時に動き始めたとき，2秒後の三角形DPQの面積は何cm^2になりますか。

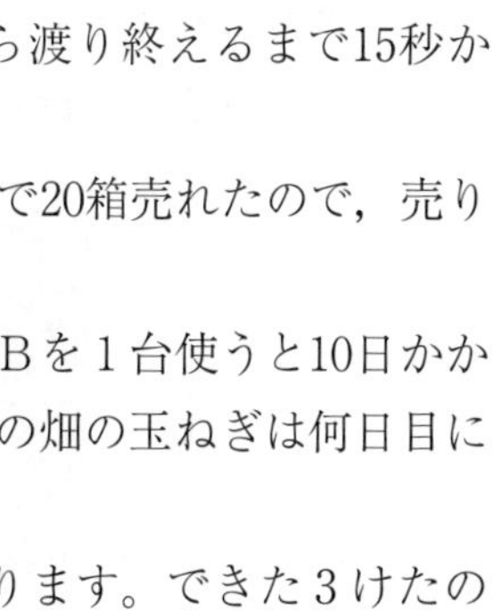

3　色のついた紙が次のようにある規則にしたがって並んでいます。

黄，青，黄，赤，黒，緑，黄，青，黄，赤，黒，緑，黄，青，黄，赤，……

このまま並べていくとき，次の問いに答えなさい。

(1)　20番目の紙は何色になりますか。

(2)　100番目までに青色の紙は何枚ありますか。

(3)　100枚目の黄色の紙は始めから数えて何番目になりますか。

4　30人のクラスで，晴れの日と雨の日の通学方法についてそれぞれアンケートを取りました。その結果，晴れの場合に自転車を利用しているのは17人，バスを利用していないのは21人，どちらも利用していない人は８人でした。このとき，次の問いに答えなさい。

(1)　晴れの日に自転車とバスの両方を利用している人は何人いますか。

(2)　晴れの日にバスのみを利用している人は何人いますか。

(3)　晴れの日にバスを利用しない人のうち，９人が雨の日ではバスを利用すると答えています。このとき，バスを利用しない人は何人いますか。

5　たて７cm，横15cm，高さ20cmの直方体の容器があります。また，たて５cm，横５cm，高さ30cmの水がしみこまない直方体Ａがあります。この容器の厚みはないものとし，次の問いに答えなさい。

(1)　空の容器に直方体Ａを底まで差し込んで水を960cm^{3}入れます。(図１)

水の高さは何cmになりますか。

図１

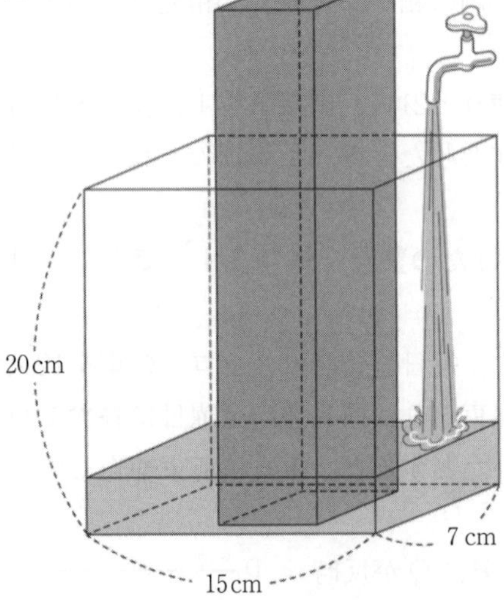

図２

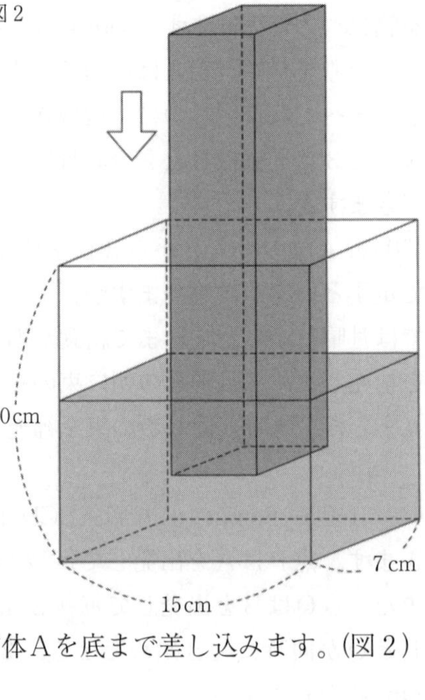

(2)　空の容器に水を840cm^{3}入れた後に直方体Ａを底まで差し込みます。(図２)

上がった水面は何cmになりますか。

【社　会】〈**A試験**〉（理科と合わせて60分）〈満点：50点〉

1　次の文章を読み，あとの問いに答えなさい。

産業の近代化をとげた日本の貿易の輸出入は，第二次世界大戦前後に次の表のように移り変わってきました。

時　　期	主な輸入品	主な輸出品
第二次世界大戦前	せんい原料	せんい品
高度経済成長期	工業原料・（ B ）	（ A ）・鉄鋼
安定成長期以降	（ A ）・（ B ）	（ A ）・自動車

第二次世界大戦前から高度経済成長期までは，原料や燃料を輸入して製品を輸出する（ 1 ）が行われていました。しかし，a石油危機によって経済成長率が低くなった安定成長期に入ると，日本の輸出品によって自国の産業が不振となった国との間で（ 2 ）が生じてしまい，その解消《かいしょう》のためにb日本企業が工場を海外に移すようになりました。また，1985年以降になると，アメリカの巨額の貿易赤字を減らすために通貨相場《そうば》が円高ドル安に誘導《ゆうどう》された結果，日本企業による海外生産製品の逆輸入によって，長く続いてきた（ 1 ）は終わりました。そして，日本のc最大の貿易相手国も2007年にアメリカから中国にかわり，現在に至《いた》っています。

問１　文中の空欄（１）～（２）にあてはまる語句をそれぞれ漢字４字で答えなさい。

問２　文中の下線部aはどのような出来事か。次のア～エから１つ選び，記号で答えなさい。

ア．石油価格の大幅な引き上げによって世界経済に大きな混乱が起きた。

イ．石油の生産が止まり，世界的に石油が不足した。

ウ．石油価格は変わらなかったが，石油の売り買いが止まってしまった。

エ．石油の生産は続いていたが，石油の売り買いが止まってしまった。

問３　文中の下線部bの結果，日本国内の生産や雇用《こよう》がおとろえてしまうことを何というか。次のア～エから１つ選び，記号で答えなさい。

ア．産業の高度化

イ．産業の情報化

ウ．産業の合理化

エ．産業の空洞化

問４　表中の（A）・（B）にあてはまるものはそれぞれ何か。次のア～エから１つずつ選び，記号で答えなさい。

ア．船舶

イ．機械類

ウ．プラスチック

エ．燃料

問５　下線部cの理由としてあてはまらないものを次のア～エから１つ選び，記号で答えなさい。

ア．中国で生産した衣類や家電製品などを輸入するようになった。

イ．中国の経済が成長し，工業生産が拡大した。

ウ．アメリカが深刻《しんこく》な不況になって，輸出する品物が減少した。

エ．アメリカの景気が良くなって，日本からの輸入が減った。

問6　右の地図は日本のおもな貿易港を示しています。自動車の輸出が多い上位2つの港を選び，番号で答えなさい。

問7　右の地図中の①と⑤に共通した輸出入額の高い製品は何か，次のア～エから1つ選び，記号で答えなさい。

ア．鉄鋼

イ．集積《しゅうせき》回路・精密機械

ウ．衣類

エ．石油製品

問8　右の地図中①～⑦のうち，輸出入総額がもっとも高い港はどれか。番号で答えなさい。

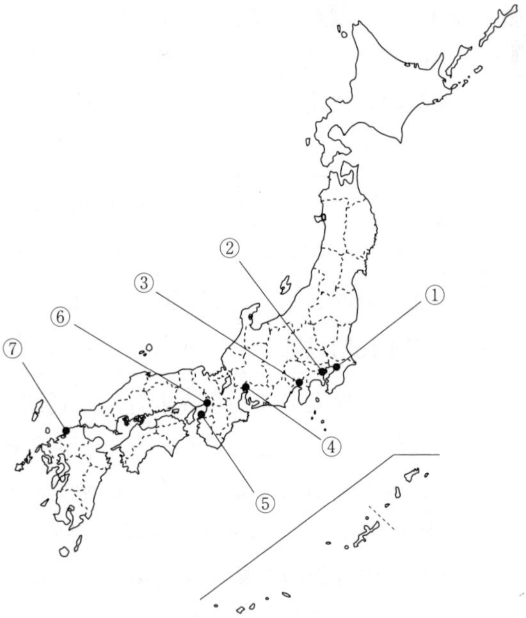

2　次の文章は東海浦子さんが夏休みの自由研究で日本の建築の歴史についてまとめたものです。文章を読み，あとの問いに答えなさい。

日本の建築の歴史

6年1組　東海　浦子

A　縄文《じょうもん》時代

(　1　)住居

地面を掘《ほ》って床《ゆか》をつくり，柱を組み上げてその上から草などをかけて屋根にした住居。

B　弥生《やよい》時代

高床倉庫《たかゆかそうこ》

湿気やねずみなどから食料を守るために，地面から高いところに床が張られた建物。ねずみ返しなどの工夫もされている。のちに住居も高床式に変化した。

C　平安時代

(2)造《づくり》

日常生活を送る施設を中心につくられ，広く美しい中庭のある①貴族の住居。屋根はひのきの皮でつくられた。固定された仕切りは少なく開放的《かいほうてき》なつくりになっている。

D　鎌倉《かまくら》時代

武《ぶ》家造《けづくり》

敵から守るために家のまわりをへいや堀で囲み，玄《げん》関《かん》・客間《きゃくま》・居間《いま》・馬屋《うまや》などを備《そな》えた質素で実用的な家である。②武士はここで武芸をみがいた。

E　室町《むろまち》時代

(3)造

禅宗《ぜんしゅう》の書斎《しょさい》から発展《はってん》したもので，この書斎を兼ねた居間を中心とした建築様式《けんちくようしき》。床の間・ふすま・たたみなど現在の和風建築の源《みなもと》となっている。写真は③慈照《じしょう》寺(銀閣)の東求堂である。

F　安土桃山《あづちももやま》時代

城郭

戦いに備えて堀や石垣などがつくられたが，支配者の権威《けんい》を示すために，天守《てんしゅ》の建築や柱への豪華《ごうか》な彫刻《ちょうこく》なども行われた。写真は④織田信長《おだのぶなが》が建てた安土城の復元模型である。

G　江戸時代

長屋《ながや》

町人の多くが住んだ平屋(1階建て)の集合住宅で，玄関を入るとすぐ台所があり，奥に4畳半《じょうはん》の部屋があるのが一般的《いっぱんてき》である。お風呂はなく，トイレは共同で使われる。⑤徳川家康《とくがわいえやす》が幕府《ばくふ》を開いた江戸では，長屋への集住が一因となり，大火事が多発したと言われている。

H　明治時代

洋風建築

明治維新《めいじいしん》が起こり，⑥富国強兵《ふこくきょうへい》を目指した日本はヨーロッパの国々の制度や産業，技術の導入《どうにゅう》を積極的《せっきょくてき》に行った。そのため，日本国内には西洋風の建物が見られるようになった。

問1　文中の(1)～(3)にあてはまる言葉を答えなさい。(ひらがなでもよい)

問2　文中のBの時代について，この時代の出来事として正しくないものはどれですか。次のア～エから1つ選び，記号で答えなさい。

ア．大陸から漢字や仏教が伝わってきた。
イ．卑弥呼《ひみこ》が邪馬台国《やまたいこく》の女王となった。
ウ．日本には100余《あま》りの国々ができていた。
エ．金属器《きんぞくき》が使用されるようになった。

問3　文中の下線部①について，次の和歌は平安時代に娘を天皇のきさきにして，政治の実権《じっけん》をにぎったある貴族がよんだものです。この人物の名前を下のア～エから1つ選び，記号で答えなさい。

この世をば　我が世とぞ思う　もち月の　かけたることも　なしと思えば

ア．藤原《ふじわらの》(中臣《なかとみの》)鎌足《かまたり》
イ．藤原頼通《ふじわらのよりみち》
ウ．藤原兼家《ふじわらのかねいえ》
エ．藤原道長《ふじわらのみちなが》

問4　文中の下線部②について，武士で初めて政治の実権をにぎった平家が滅《ほろ》んだ戦いを次のア～エから1つ選び，記号で答えなさい。

ア．屋島《やしま》の戦い
イ．壇ノ浦《だんのうら》の戦い
ウ．一ノ谷《いちのたに》の戦い
エ．宇治川《うじがわ》の戦い

問5　文中の下線部③について，慈照寺(銀閣)の東求堂を建てた室町幕府第8代将軍の名前を次のア～エから1つ選び，記号で答えなさい。

ア．足利義満《あしかがよしみつ}　イ．足利尊氏《あしかがたかうじ》
ウ．足利義昭《あしかがよしあき》　エ．足利義政《あしかがよしまさ》

問6　文中の下線部④について，織田信長は鉄砲《てっぽう》を使って甲斐《かい》の武田氏と戦いを行った。鉄砲はどこの国から伝わりましたか。次のア～エから1つ選び，記号で答えなさい。

ア．スペイン　イ．イギリス
ウ．ポルトガル　エ．イタリア

問７　文中の下線部⑤について，彼が開いた幕府はのちに武家諸法度《ぶけしょはっと》を定めました。この法令《ほうれい》の内容として正しくないものはどれですか。次のア～エから１つ選び，記号で答えなさい。

ア．諸大名《しょだいみょう》は城を新しく建てることができず，修理も許可《きょか》が必要となった。

イ．大名同士で争いが起きた場合，理由に関係なく両方とも処罰《しょばつ》された。

ウ．参勤交代が定められ，多くの大名は１年おきに自分の国と江戸に住むことになった。

エ．諸大名は許可なく結婚《けっこん》することを禁止《きんし》された。

問８　文中の下線部⑥について，産業を盛んにするためにつくられた官営模範工場の１つである富岡製糸場のある県はどこですか。右の地図を見て，都道府県名と位置の組み合わせとして正しいものを次のア～エから１つ選び，記号で答えなさい。

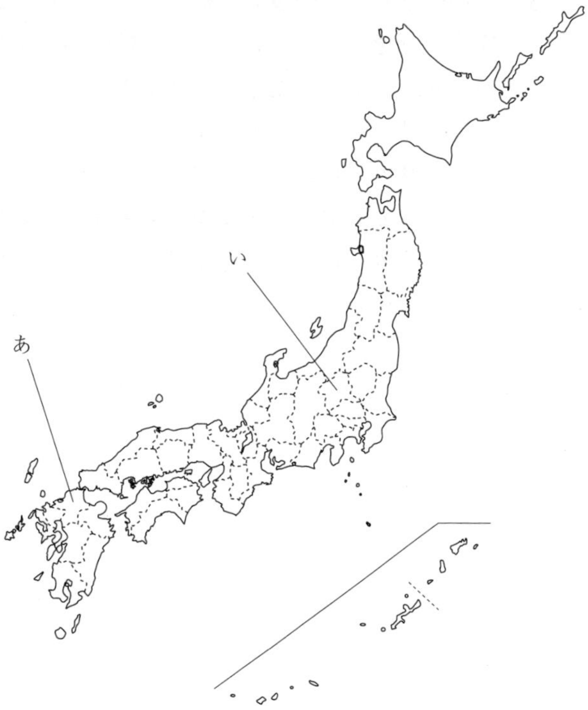

ア．群馬県－あ

イ．群馬県－い

ウ．福岡県－あ

エ．福岡県－い

3　次の文章を読み，あとの問いに答えなさい。

国際連合(国連)は，世界の平和を守り，国際協力を進めるために，それまであったａ国際連盟にかわって新たにつくられ，2019年時点で(　１　)か国が加盟しています。

国連は６つの主要機関と各委員会，専門機関などから成り立っています。その中で最高の機関は(　２　)ですが，国際平和と安全を守る機関として安全保障理事会も重要な役割をはたしています。安全保障理事会はｂ常任理事国５か国と非常任理事国10か国の15か国で構成されており，常任理事国の任期は無期限で，非常任理事国の任期は２年となっています。重要な議題は，常任理事国のうち１か国でも反対すれば決議は成立しません。これを常任理事国の(　３　)権といいます。また国連を運営する機関が事務局で，その責任者が(　４　)です。その他，①国連児童基金，②世界貿易機関，③世界保健機関，④国際原子力機関などの機関が連携《れんけい》して仕事にあたっています。

日本は1956年に国連に加盟して以来，国連中心主義の外交政策をとり，安全保障理事会や⑤国連平和維持活動への自衛隊参加など，国連のしくみの中で世界平和に協力しており，財政面でも大きく貢献《こうけん》しています。

※外務省「国連加盟国一覧」2019年３月現在より

問１　文中の(１)～(４)にあてはまる言葉を，漢字または数字でそれぞれ答えなさい。

問2　文中の波線部①～⑤の機関や活動のアルファベットの略語として正しいものはどれですか。次のア～オからそれぞれ1つずつ選び，記号で答えなさい。

ア．PKO　　イ．UNICEF　　ウ．WHO　　エ．IAEA　　オ．WTO

問3　文中の下線部aの設立を提案したアメリカ大統領を答えなさい。

問4　文中の下線部bについて，この構成国の組み合わせとして正しいものはどれですか。次のア～エから1つ選び記号で答えなさい。

ア．アメリカ・ロシア・ドイツ・フランス・中国

イ．アメリカ・ロシア・イギリス・フランス・中国

ウ．アメリカ・ドイツ・イギリス・フランス・日本

エ．アメリカ・ロシア・イギリス・ドイツ・日本

【理　科】〈**Ａ試験**〉（社会と合わせて60分）〈満点：50点〉

1　図１，図２の観察カードは，ツルレイシの成長とメダカの活動について観察したものです。あとの各問いに答えなさい。

植物の名前	ツルレイシ							
日時	4	月	20	日	11	時	天気	晴れ

スケッチ

調べたこと・気づいたこと
- ツルレイシが発芽してきた。
- 小さな葉っぱが２枚生えてきた。
- 種のからが土に落ちていた。

図１　ツルレイシの観察カード

動物の名前	メダカ							
日時	5	月	20	日	11	時	天気	晴れ

スケッチ

調べたこと・気づいたこと
- 水草に丸い玉のようなものがついていた。
- 玉の中を観察すると，ふ化する前のメダカの様子を見ることができた。

図２　メダカの観察カード

問１　観察カードの書き方として，あてはまらないものを次のア～エより１つ選び，記号で答えなさい。

ア．観察した生き物の名前を書く。　　イ．生き物の色や形，大きさを記録する。

ウ．観察した日付や気温を記録する。　エ．観察しにくいところは想像して記録する。

問２　図１のツルレイシの種から発芽した２枚の小さな葉を何といいますか。漢字２文字で答えなさい。

問３　季節の移り変わりによるツルレイシの様子として，あてはまらないものを次のア～エより１つ選び，記号で答えなさい。

ア．春になって暖かくなると，種が発芽し，ギザギザな葉が生えてきて，くきの長さが少しずつのびてくる。

イ．夏になって暑くなると，気温が上がるにつれて，くきののびる量が増えてくる。

ウ．秋になってすずしくなると，種を作るため，くきののびる量が増えてくる。

エ．冬になって寒くなると，根も葉も全て枯《か》れてくる。

問４　メダカを水そうで飼うときに必要な水草の役割として，あてはまらないものを次のア～エより１つ選び，記号で答えなさい。

ア．水草が酸素を作り出す。　　イ．水草が熱を発して，水温を一定にする。

ウ．メダカの隠《かく》れる場所ができる。　エ．メダカの卵を産み付けやすくする。

問５　メダカの卵を観察するときの方法について，正しくないものを次のア～エより１つ選び，記号で答えなさい。

ア．直接日光に当たる場所におき，卵を温めて観察する。

イ．卵は水草に付けたまま別の容器に移して観察する。

ウ．卵を入れた容器内の水温を一定に保って観察する。

エ．かいぼうけんび鏡やそう眼実体けんび鏡，ルーペで観察する。

問６　メダカの特ちょうについて，あてはまらないものを次のア～エより１つ選び，記号で答えなさい。

ア．メダカのオスは，せびれに切れこみがある。

イ．メダカのメスは，せびれに切れこみがない。

ウ．メダカのオスは，しりびれが三角形に近い。

エ．メダカのメスは，しりびれの後ろが短い。

2　次の文章を読んで，あとの各問いに答えなさい。

日本には，多くの川があります。また，川を流れる水は，土地の様子を大きく変化させます。川の上流では，水が土地をけずり，図１のような深い谷を作ります。上流では（　１　）作用が大きく，下流では（　２　）作用が大きくなります。上流の石は大きさが（　３　），形が（　４　）ものが多いです。また，最近では①両岸と川底の３面がコンクリートで固められていて，草や木などがない場所も多く見られるようになりました。

図１

問１　上の（１）～（４）にあてはまる言葉の組み合わせとして，正しいものを次のア～オより１つ選び，記号で答えなさい。

ア．１：たいせき　　２：しんしょく　３：小さく　４：角ばった

イ．１：たいせき　　２：しんしょく　３：大きく　４：丸い

ウ．１：しんしょく　２：たいせき　　３：小さく　４：角ばった

エ．１：しんしょく　２：たいせき　　３：大きく　４：角ばった

オ．１：しんしょく　２：たいせき　　３：大きく　４：丸い

問２　流れる水には３つのはたらきがあります。それは，「しんしょく作用」，「たいせき作用」ともう１つは何作用ですか。ひらがなで答えなさい。

問３　図１の地形を何といいますか。

問４　河口付近で，運ばれてきた土砂によりできる地形を何といいますか。漢字で答えなさい。

問５　下線部①について，なぜこのような場所が多くなったと考えられますか。正しいものを次のア～エより１つ選び，記号で答えなさい。

ア．生息する生き物の種類を増やすため

イ．環《かん》境の変化を少なくするため

ウ．洪水《こうずい》などの被害を少なくするため

エ．川の水がきれいな状態で維持《いじ》できるようにするため

問６　問５の結果，生き物たちの生息する環境には，どのような影響《えいきょう》がありますか。正しいものを次のア～エより１つ選び，記号で答えなさい。

ア．水深がどこでも同じで生活しにくい　　イ．大雨で増水した時も，生活しやすい

ウ．水草がなく，生活しやすい　　エ．大雨の時に，下流まで流されにくい

3 A～Eの５種類の水よう液があり，これらはそれぞれ炭酸水，塩酸，食塩水，石灰水，アンモニア水のいずれかです。それぞれどの水よう液か調べるため，『リトマス紙を水よう液につける実験』，『水よう液を蒸発皿で熱する実験』，『水よう液にアルミニウムを加える実験』を行いました。実験結果をまとめた表１を参考にして，あとの各問いに答えなさい。

表１　実験結果

	リトマス紙の色の変化		熱した場合	アルミニウムを入れた場合
	青色リトマス紙	赤色リトマス紙		
A	変化しなかった	青色に変わった	何も残らなかった	変化しなかった
B	赤色に変わった	変化しなかった	何も残らなかった	変化しなかった
C	変化しなかった	青色に変わった	白い粉が残った	変化しなかった
D	変化しなかった	変化しなかった	白い粉が残った	変化しなかった
E	赤色に変わった	変化しなかった	何も残らなかった	あわを出してとけた

問１　青色リトマス紙が赤色に変わった場合，その水よう液は何性を示していますか。

問２　気体がとけている水よう液は，A～Eのどれですか。あてはまるものをすべて選び，記号で答えなさい。

問３　CとDの水よう液は，それぞれどの水よう液ですか。水よう液の名前を答えなさい。

問４　においのする水よう液は，A～Eのどれですか。あてはまるものをすべて選び，記号で答えなさい。

問５　Eの水よう液を２つの試験管にわけ，一方の水よう液に，アルミニウム0.1gを加えると，すべてとけて125cm^3の気体が発生しました。もう一方の水よう液に，アルミニウム0.5gを加えたら，0.1gとけ残りました。この時，気体は何cm^3発生しましたか。

4 表１は，色々なものの伝わる音の速さを示したものです。あとの各問いに答えなさい。

表１

もの	１秒間に進む距離[m]
空気	340
海水	1500
氷	3000
鉄	6000

問１　表１の音の速さを比べると，以下の順番で大きくなります。正しいものを次のア～エの中から１つ選び，記号で答えなさい。

ア．固体＜液体＜気体　　イ．液体＜気体＜固体

ウ．気体＜固体＜液体　　エ．気体＜液体＜固体

問２　海水中を伝わる音の速さを利用して，船から海底までの深さを調べることができます。図１のように，船の底から垂直に音を出すと，1.6秒後に音がもどってきました。この場所の海の深さは何mですか。

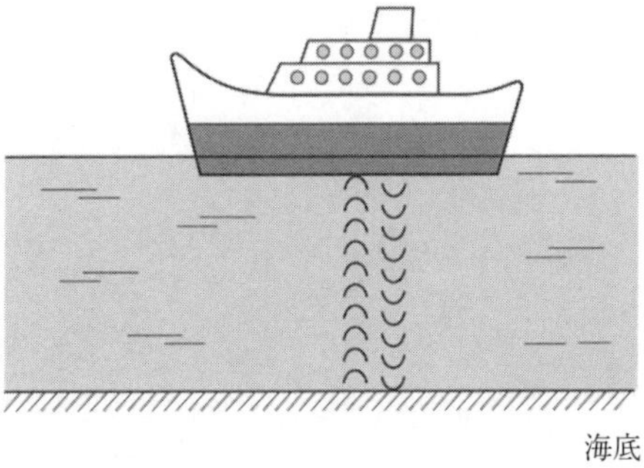

図１

問３　問２のように，音がものにあたってはね返ってくることを何といいますか。

問4　図2のように花火が開くときの光が見えてから，音が聞こえるまで少し時間がかかりました。その時間をはかると，2.5秒でした。花火から，見ている人までの距離は何mですか。

問5　問4において，光が見えてから音が聞こえるまでに時間差ができる理由を「音の速さ」と「光の速さ」という2つの言葉を使って簡単に説明しなさい。

図2

問6　図3のように，自転車に乗った少年の660m後ろに救急車が停止しています。少年が矢印の方向に1秒間で10m進む速さで動きはじめると同時に，救急車がサイレンを鳴らしました。少年は救急車のサイレンを何秒後に聞きはじめますか。

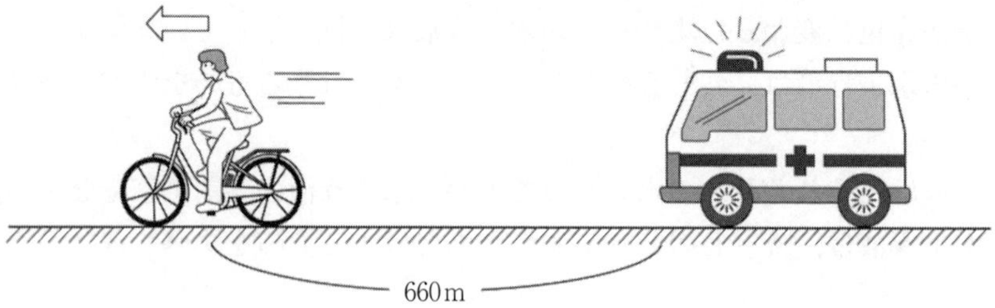

図3

5　次の文章を読んで，あとの問いに答えなさい。

スウェーデン王立科学アカデミーは，（ ① ）を開発した，吉《よし》野彰《のあきら》氏ら3人の科学者に2019年のノーベル化学賞を授与《じゅよ》すると発表した。同アカデミーは受賞理由について，「軽量かつ再充電可能で，強力な（ ① ）は現在，けい帯電話からノートパソコン，電気自動車まで，あらゆるものに使われている」「太陽光・風力発電によって相当量のエネルギーを蓄積《ちくせき》することも可能で，化石《かせき》燃料を使わない社会を実現する可能性をもたらした」と説明した。

問　(①)に入る電池の名前を次のア～エより1つ選び，記号で答えなさい。

ア．太陽電池　　イ．燃料電池

ウ．アルカリ乾電池　　エ．リチウムイオン電池項目を答えなさい。

資料①

1．お客様が迷惑と感じる行為

(1)　総合ランキング

順位(昨年)		迷惑行為項目	割合%(昨年)	
1	(1)	騒々しい会話・はしゃぎまわり等	33.2	(33.8)
2	(3)	座席の座り方	31.1	(29.6)
3	(4)	荷物の持ち方・置き方	29.8	(27.3)
4	(2)	歩きながらの携帯電話・スマートフォンの操作	29.6	(30.6)
5	(4)	乗降時のマナー	28.1	(27.3)
6	(6)	ヘッドホンからの音もれ	20.1	(22.6)
7	(7)	携帯電話・スマートフォンの着信音や通話	18.5	(19.3)
8	(9)	ゴミ・空き缶等の放置	16.0	(15.4)
9	(11)	喫煙	15.3	(13.0)
9	(10)	酔っ払って乗車する	15.3	(13.7)
11	(8)	車内での化粧	13.7	(15.7)
12	(12)	電車の床に座る	11.8	(11.8)
13	(13)	混雑した車内での飲み食い	10.3	(10.8)
14	(14)	混雑した車内で新聞や雑誌・書籍を読む	7.9	(7.8)
15	(15)	その他	6.4	(6.8)
16	(16)	電子機器類(ゲーム機・パソコン等)の操作音	4.8	(5.8)
17	(17)	特にない	0.4	(0.3)

※回答は最大3つまで選択可として設問しました。

四

次の各問いに答えなさい。

問一　次の――線部の漢字の読み方が他と違うものをそれぞれ一つずつ選び、記号で答えなさい。

(1)　ア　復興　イ　閉口　ウ　降参　エ　工面

(2)　ア　絶景　イ　形相　ウ　敬具　エ　境内

(3)　ア　首相　イ　発想　ウ　聡明　エ　車窓

問二　次の――線部を、漢字はひらがなに、カタカナは漢字に直しなさい。

(1)　水牛がムれをなす

(2)　へびやとかげの類いは苦手だ

(3)　シンセンな野菜を食べる

(4)　キャベツを刻んで皿に盛る

(5)　買い物でリョウシュウ証をもらう

問三　次の語の対義語として最も適切なものを次から一つずつ選び、それぞれ記号で答えなさい。

(1)　素人
ア　玄人　イ　凡人　ウ　名手　エ　助っ人

(2)　理性
ア　原因　イ　客観　ウ　感情　エ　事実

少年が求めたもの	木が与えたもの
おかね	りんご
家	A
B	みき

問四　少年は老人となり求めるものがなくなり、木も与えるものがなくなったところでラストシーンは終わります。このあと、少年と木はどうなると考えますか。この話の続きの一文を三〇字以内で答えなさい。

三　次の問いに答えなさい。

日本民営鉄道協会は、今年10月から2カ月間実施していた「駅と電車内のマナーに関するアンケート」の結果を発表しました。２４１９人の回答から「駅と電車内の迷惑行為ランキング」を公開しています。まなぶ君の家ではそれをもとに夕食の時間に家族で話し合いがありました。これらを踏まえて後の問いに答えなさい。

母　まなぶ、東海大浦安の中学生になると電車に乗って学校に行くんだからね。中学生になると荷物も多いし、お母さん心配しているの。

まなぶ　僕は毎日電車に乗るなんてわくわくするよ。電車では友達とゲームやサッカーの話をして盛り上がれたらいいな。

父　まなぶ、電車は大変だぞ。お父さんが電車を降りるとき、「降ります。」って叫んでも、入り口付近にいる人が場所を空けてくれなくて降りられないこともあるんだよ。まなぶだったら学校に遅刻してしまうかもね。

まなぶ　でも道徳の時間に、電車では駅に着いたらドア付近の人は一回降りて場所を空けるものだって先生が言ってたよ。もしみんなにそういう気持ちがあれば、お父さんみたいに困る人が出ないのにね。

母　そうね。ほかにも迷惑な行為といえば、電車内で大きな声で話をしている人をうるさいと感じることがあるね。自分たちだけがいる場所だって勘違いしていてはだめでしょう。

父　そうだな。人には気遣いができないといけないな。例えばまなぶがリュックを持って出かけるときは特にスペースを取るし、後ろの人にぶつけないように気を配らないとね。

まなぶ　そういえば、中学生になったら携帯電話買ってくれるんでしょう。電車の中ではゲームをしたり、音楽を聞いたりして、友達とは大声で話さないようにするよ。

母　まなぶ、だめよ。このランキングを見て！　アンケートの迷惑行為の上位には、携帯電話の項目が増えているの。通話よりも（　A　）を問題としている割合が多いみたい。

まなぶ　そうか、ぼくは中学生になったら、（　B　）を気を付けるよ。

母　まなぶ、まずは合格を勝ち取るためにあと少しがんばってね。

問一　まなぶ君の家の話し合いで(A)に入るものを資料①から読み取り、答えなさい。

問二　お父さんが電車内で経験した迷惑行為について、今年の順位と迷惑行為項目を答えなさい。

問三　(B)について、まなぶ君が中学生になったら、公共の場所ではどのようなことに気を付けたらよいですか。会話を参考に答えなさい。

問四　資料①の今年の1位から5位の項目で、まなぶ君の家での会話に含まれていないものが一つだけあります。その順位と迷惑行為

イ　俳句に適した題材を詠むこと
ウ　見たものに説明を尽くし伝えること
エ　変容の瞬間を切り取ること

問三　A　B　C　に入るものとして最も適切なものを次の中から一つずつ選び、それぞれ記号で答えなさい。（記号は一度しか使えません。）

ア　また
イ　しかし
ウ　もし
エ　たとえば
オ　だから

問四　――線部③「短い上に型があって制約されています」とありますが、俳句は何音で表現するものですか。算用数字で答えなさい。

問五　――線部④「『物の文学』」とありますが、物の文学といわれる理由を本文中の言葉を使って、二十五字以内で答えなさい。（句読点・記号も一字に含まれます。）

問六　(⑤)(⑥)に入るものとして最も適切なものを次の中から一つずつ選び、それぞれ記号で答えなさい。

ア　体得　　イ　表現　　ウ　説明　　エ　仮託

問七　――線部⑦の四字熟語は「二つのものの関係が、表と裏のように深い関わりがある」という意味です。□に当てはまる漢字を答えなさい。

問八　――線部⑧「時間経過を直接的に表現することも無理です」とありますが、芭蕉の句ではどのように時間経過を表現しますか。次の文の【　】に当てはまる言葉を指定された字数で答えなさい。

芭蕉の句は、写生された【A　2字】の中に漂わせた時間の経過を【B　10字】ことで、【C　2字】もの時間経過をあらわしている。

問九　――線部⑨の名句が収められている芭蕉の紀行文の題名を答えなさい。

問十　(⑩)に入るものとして最も適切なものを次の中から一つ選び、記号で答えなさい。

ア　俳句に改良を続けて新たな表現を模索することです。
イ　俳句の枠の中で時間経過を直接的に表現していくしかないのです。
ウ　俳句以外の表現手段を選ぶしかないのです。
エ　限られた文字数でわかりやすく言いたいことを全て説明することです。

二　次の文章を読んで、後の問いに答えなさい。

〔編集部注：課題文は著作権上の問題により掲載しておりません。作品の該当箇所につきましては次の書籍を参考にしてください〕

・シェル・シルヴァスタイン作、村上春樹訳『おおきな木』（あすなろ書房　二〇一〇年九月発行）二ページ冒頭～五二ページ最終行

問一　少年は木のもとでどのようなことをしてあそびましたか。次に挙《あ》げたもの以外を本文中より二つ答えなさい。

> えだにぶらさがる
> はっぱをあつめて、かんむりをつくり王になる
> りんごをたべる

問二　少年がおかねを必要とする理由は何ですか。本文中の言葉を使って答えなさい。

問三　少年が求めたものと木が与えたものを整理しました。次のAB に当てはまる言葉を答えなさい。

中

二〇二〇年度
東海大学付属浦安高等学校中等部

【国　語】〈**A試験**〉（五〇分）〈満点：一〇〇点〉

一　次の文章を読んで、後の問いに答えなさい。

私はつねに、「俳句とは何か」ということを自分に問い続けています。私だけではなく、①古今の俳人の多くが、そのように問い続けてきたことと思います。

俳句とは、つねに②自分を律する文学だと思います。③短い上に型があって制約されています。それゆえに、いっさいの説明を拒みます。言いたいことはすべて〝物〟に仮託《かたく》して表します。だから④「物の文学」、「沈黙の文学」といわれるのです。いかに黙るか……それが俳句を詠《よ》むということです。

このような非常にストイックな手段を表現者に課すのです。自分につねにブレーキをかけていなければならないのです。［A］、俳句になるものとならないものとは、自ずからあり、それは自分で見分けなければなりません。

このようなことは、（⑤）されて理解することではなくて、（⑥）していくものだと思うのです。つねに自己との闘《たたか》い、おのれを律しつつの格闘《かくとう》が必要なのです。それを乗り越えてこそ、俳句の楽しさもまた体得してゆくことができます。

言い尽くさないということと、何でも詠めるということは実は⑦表裏一□なのです。

人に説明しなくては伝わらないような特異な内容を詠むのは、俳句では無理です。説明するだけの文字数がないからです。［B］UFOを見たとか、本来あるはずのないものがあったとか。実際それを見た人にしかわからないものを俳句に詠むのは無理なのです。

また⑧時間経過を直接的に表現することも無理です。俳句は瞬間を切り取るものです。今目の前にあるもののうつろいゆく瞬間を詠むのです。その切り取った時間の断片（つまり瞬間）に、時の経過を漂《ただよ》わせることはできます。

芭蕉の名句を例に挙げます。

⑨夏草や兵《つはもの》どもが夢の跡

古戦場が今では一面夏草に覆《おお》われています。そこにはかつて一戦を交えた武将たちの夥《おびただ》しい数の夢が今も尚《なお》くすぶっているかのようです。眼前《がんぜん》の夏草を写生しながらも、そこに千年もの時間経過が表出されています。これは読者が読み取っていく時間経過です。こういうことがあって、ああいうこともあって、［C］今はこうなった……というような時間経過を俳句では表現しません。それをどうしても伝えたいならば、（⑩）

（茂木健一郎、黛まどか『俳句脳―発想、ひらめき、美意識』）

問一　――線部①「古今の俳人」について、次の問いに答えなさい。

(1)　読み方をひらがなで答えなさい。

(2)　意味として最も適切なものを次の中から一つ選び、記号で答えなさい。

ア　今より優れた俳人

イ　昔から今日に至るまでの俳人

ウ　昔から有名な俳人

エ　広い世界の俳人

問二　――線部②「自分を律する文学」を創作する際に求められることとして、当てはまらないものを次の中から一つ選び、記号で答えなさい。

ア　言いたいことにブレーキをかけること

2020年度

東海大学付属浦安高等学校中等部 ▶解説と解答

算　数　＜Ａ試験＞（50分）＜満点：100点＞

解　答

1 (1) 16　(2) $2\frac{1}{4}$　(3) 1　(4) 5.68　(5) 2　(6) 18.84　**2** (1) 100m　(2) 13箱　(3) 3日目　(4) 622　(5) 4束　(6) $16cm^2$　**3** (1) 青色　(2) 17枚　(3) 297番目　**4** (1) 4人　(2) 5人　(3) 12人　**5** (1) 12cm　(2) 2.5cm

解　説

1 **四則計算，計算のくふう**

(1) $20-16\div4=20-4=16$

(2) $3-2\frac{1}{2}+1\frac{3}{4}=3-\frac{5}{2}+\frac{7}{4}=\frac{12}{4}-\frac{10}{4}+\frac{7}{4}=\frac{9}{4}=2\frac{1}{4}$

(3) $\left(1\frac{1}{2}-\frac{2}{3}\right)\div\frac{5}{6}=\left(\frac{3}{2}-\frac{2}{3}\right)\div\frac{5}{6}=\left(\frac{9}{6}-\frac{4}{6}\right)\div\frac{5}{6}=\frac{5}{6}\times\frac{6}{5}=1$

(4) $10-4.8\times0.9=10-4.32=5.68$

(5) $1.3\div0.2\div3\frac{1}{4}=\frac{13}{10}\div\frac{1}{5}\div\frac{13}{4}=\frac{13}{10}\times\frac{5}{1}\times\frac{4}{13}=2$

(6) $A\times C-B\times C=(A-B)\times C$となることを利用すると，$3.14\times25-19\times3.14=25\times3.14-19\times3.14=(25-19)\times3.14=6\times3.14=18.84$

2 **通過算，つるかめ算，仕事算，場合の数，ニュートン算，点の移動，面積**

(1) 時速72kmを秒速に直すと，72×1000÷60÷60＝20(m)になるから，この電車が15秒で走る距離《きょり》は，20×15＝300(m)とわかる。これは，上の図1のように橋の長さと電車の長さの和にあたるので，電車の長さは，300－200＝100(m)と求められる。

図1

図2

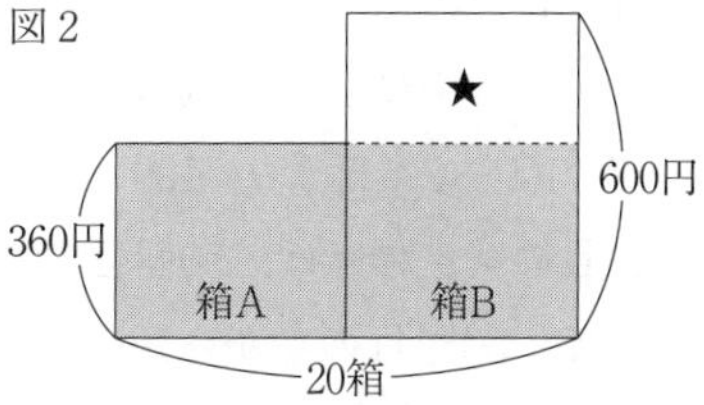

(2) 面積図に表すと，右上の図2のようになる。この図形全体の面積が8880円であり，かげをつけた長方形の面積は，360×20＝7200(円)だから，★印をつけた長方形の面積は，8880－7200＝1680(円)とわかる。また，この長方形のたての長さは，600－360＝240(円)なので，横の長さ(箱Ｂの個数)は，1680÷240＝7(箱)と求められる。よって，箱Ａの個数は，20－7＝13(箱)である。

(3) 玉ねぎ全体の量を21と10の最小公倍数である，21×10＝210とすると，機械Ａ1台が1日に収《しゅう》穫《かく》する量は，210÷21＝10，機械Ｂ1台が1日に収穫する量は，210÷10＝21となる。よって，機械Ａを3台と機械Ｂを2台同時に使うとき，1日に収穫できる量は，10×3＋21×2＝72となるから，210÷72＝2余り66より，2日間作業をしたときに66の玉ねぎが残る。残った玉ねぎを収穫するのにあと1日必要なので，すべて収穫できるのは，2＋1＝3(日目)である。

⑷　百の位は２と決まるから，できる３けたの整数は{200，202，220}の３個である。よって，これらの和は，200＋202＋220＝622となる。

⑸　右の図３のように表すことができる。在庫がなくなるまでに使ったのは{月，火，水，木，金}の５日間なので，在庫がなくなるまでに使った数は，12×５＝60(束)である。よって，在庫がなくなるまでに補《ほ》充《じゅう》した数は，60－44＝16(束)とわかる。また，在庫がなくなるまでに補充したのは{月，火，水，木}の４日間だから，１日に補充した数は，16÷４＝４(束)と求められる。

図３

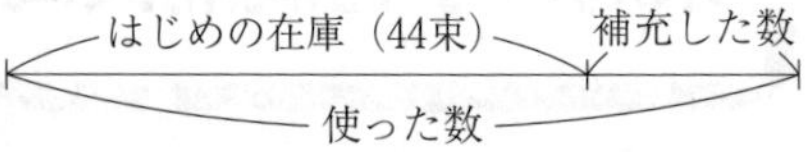

⑹　点Ｐは２秒間で，１×２＝２(cm)，点Ｑは２秒間で，２×２＝４(cm)動くので，２秒後には右の図４のようになる。このとき，三角形DAPの面積は，２×６÷２＝６(cm^2)，三角形DCQの面積は，６×(６－４)÷２＝６(cm^2)，三角形QPBの面積は，(６－２)×４÷２＝８(cm^2)である。また，正方形ABCDの面積は，６×６＝36(cm^2)だから，三角形DPQの面積は，36－(６＋６＋８)＝16(cm^2)とわかる。

図４

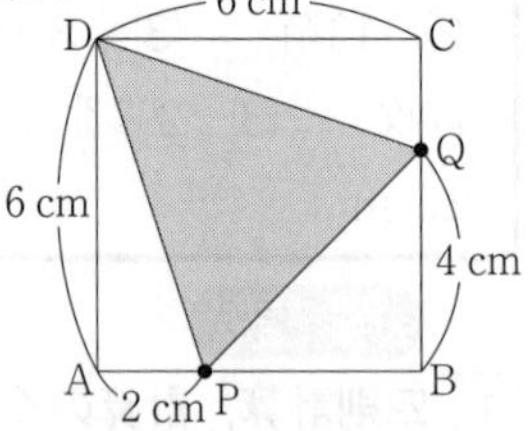

3　周期算

⑴　{黄，青，黄，赤，黒，緑}の６色がくり返し並んでいる。20÷６＝３余り２より，20番目までには３回くり返し，さらに２枚並んでいる。よって，20番目の色は２番目の色と同じであり，青色とわかる。

⑵　100÷６＝16余り４より，100番目までには16回くり返し，さらに４枚並んでいる。青色の紙は１つのくり返しの中に１枚あり，余りの４枚の中にも１枚あるから，全部で，１×16＋１＝17(枚)と求められる。

⑶　黄色の紙は１つのくり返しの中に２枚あるので，100÷２＝50より，100枚目の黄色の紙は，50回目のくり返しの中で２番目にあらわれる黄色とわかる(上の図を参照)。よって，50回目の左から数えて３番目にあるから，はじめから数えて，６×49＋３＝297(番目)とわかる。

4　集まり

⑴　晴れの場合にバスを利用しているのは，30－21＝９(人)だから，右の図のように表すことができる。この図で，アの人数は，30－(９＋８)＝13(人)なので，自転車とバスの両方を利用している人数(イの人数)は，17－13＝４(人)とわかる。

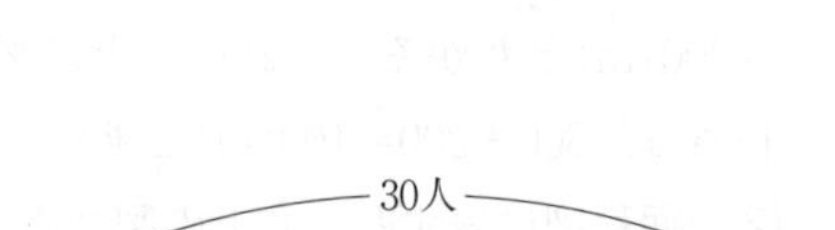

⑵　バスのみを利用しているのはウの人数だから，９－４＝５(人)である。

⑶　晴れの日にバスを利用しない21人のうち，９人が雨の日ではバスを利用するから，雨の日にバスを利用しない人の数は，21－９＝12(人)とわかる。

5　水の深さと体積

⑴　容器の底面積は，７×15＝105(cm^2)，直方体Ａの底面積は，５×５＝25(cm^2)だから，正面か

ら見ると下の図①のようになる。図①で，水の体積は960cm^{3}であり，水が入っている部分の底面積は，105−25＝80(cm^2)なので，水面の高さは，960÷80＝12(cm)とわかる。なお，これは容器の高さよりも低いから，水が容器からあふれることはない。

(2)　下の図②のように，直方体Ａを差し込《こ》む前の水面の高さは，840÷105＝８(cm)である。また，直方体Ａを差し込んでも水の体積は840cm^{3}のままなので，下の図③のように直方体Ａを差し込んだ後の水面の高さは，840÷80＝10.5(cm)になる。よって，上がった水面は，10.5−８＝2.5(cm)である。

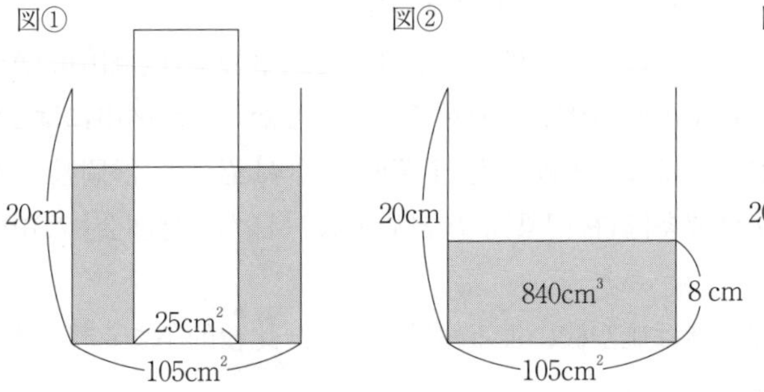

社　会　＜Ａ試験＞（理科と合わせて60分）＜満点：50点＞

解　答

1　**問1**　**1**　加工貿易　**2**　貿易摩擦　**問2**　ア　**問3**　エ　**問4**　**A**　イ　**B**　エ　**問5**　エ　**問6**　②，④　**問7**　イ　**問8**　①　**2**　**問1**　**1**　竪穴(たてあな)　**2**　寝殿(しんでん)　**3**　書院(しょいん)　**問2**　ア　**問3**　エ　**問4**　イ　**問5**　エ　**問6**　ウ　**問7**　イ　**問8**　イ　**3**　**問1**　**1**　193　**2**　総会　**3**　拒否　**4**　事務総長　**問2**　①　イ　②　オ　③　ウ　④　エ　⑤　ア　**問3**　ウィルソン　**問4**　イ

解　説

1　日本の貿易についての問題

問1　**1**　日本はかつて，工業原料や燃料を輸入して工業製品を輸出する「加工貿易」を行ってきた。しかし，現在では工業製品の輸入が増えている。　**2**　日本の輸出が増えると，それを輸入するアメリカでは自国の産業がふるわなくなるとして，貿易を規制するなどの対抗措置《そち》をとった。この貿易摩擦《まさつ》の問題に対して，日本企業は輸出の自主規制やアメリカからの農畜産物などの輸入の自由化を行うとともに，工場の海外移転を進めるようになった。

問2　石油危機(オイルショック)は，1973年の第四次中東戦争をきっかけに，アラブの産油国が原油(石油)の生産量削減《さくげん》と輸出価格の大幅《おおはば》な値上げをしたことによって起こった。これまで安い石油をエネルギー資源として工業の発展を進めてきた日本経済は大きな打撃《だげき》を受け，高度経済成長期が終わった。よって，アとなる。

問3　企業が生産拠点《きょてん》を海外に移すと，国内での生産や雇用《こよう》が減り，国内経済が低迷していく。これを「産業の空洞化《くうどうか》」という。

問４　**Ａ**　現在，日本の貿易の中心品目は，輸出も輸入も機械類となっている。　**Ｂ**　日本はエネルギー資源がとぼしいため，輸入では燃料が大きな割合を占《し》めている。

問５　戦後長い間，日本の最大の貿易相手国はアメリカであったが，近年急速な経済成長をとげた中国が最大となった。その転機である2007年は，アメリカで住宅ローン(サブプライムローン)の問題が表面化して金融《きんゆう》機関の経営危機が起こり，翌年には大手投資銀行のリーマンブラザーズの倒産《とうさん》をきっかけに，「リーマンショック」とよばれる世界的な金融危機が起こった。つまり，アメリカの深刻な不況が影響《えいきょう》している。よって，エがあてはまらない。

問６　日本からの自動車の輸出金額が最も多いのは，トヨタ自動車の本社(豊田市)がある愛知県の名古屋港で，同じ県の三河港，神奈川県の横浜港の順である。しかし，地図中には三河港の表示がないので，②・④となる。なお，①は成田国際空港(千葉県)，③は沼津《ぬまづ》港(静岡県)，⑤は関西国際空港(大阪府)，⑥は大阪港，⑦は博多港(福岡県)。統計資料は『日本国勢図会』2019／20年版による(以下同じ)。

問７　成田国際空港と関西国際空港は航空機による輸送なので，比較《ひかく》的小さく軽いが金額の高い集積回路や精密機械が輸出入の中心になる。

問８　日本最大の貿易港は成田国際空港で，以下，名古屋港，東京港が続く。

２ 日本の建築の歴史についての問題

問１　**１**　「竪穴《たてあな》住居」は縄文時代の一般的な住まいで，地面をおおむね円形に掘《ほ》り下げて柱を立て，草などで屋根をふいた造りである。　**２**　「寝殿造《しんでんづくり》」は平安時代の貴族の住まいの建築様式で，正殿《せいでん》(寝殿)の北や東西に対屋《たいのや》を設けて渡り廊下《ろうか》で結び，正殿に南面する庭には築山《つきやま》や池を配置した。　**３**　「書院造」は室町時代の銀閣(慈照《じしょう》寺)に用いられた建築様式で，畳《たたみ》をしいた部屋に，床《とこ》の間《ま》・違い棚《だな》・明かり障子《しょうじ》やふすまを配した造りで，現在の和風建築のもととなっている。

問２　大陸から漢字や仏教が伝わったのは古墳時代のことなので，アが正しくない。

問３　藤原道長は平安時代後半に活躍《かつやく》した貴族で，娘４人を天皇の后《きさき》，娘の生んだ子を天皇とし，その外祖父として政治の実権をにぎり，子の頼通《よりみち》とともに藤原氏の全盛期を築いた。資料の和歌は，３人目の娘を嫁《とつ》がせたときに道長がよんだもので，自分を満月に見立て，人生に欠けたところもなく自分の思い通りになっていることを誇《ほこ》らしくうたっている。なお，アの鎌足《かまたり》は藤原氏の祖先，ウの兼家《かねいえ》は道長の父。

問４　平安時代末の源平の争乱では，一ノ谷の戦い(兵庫県)，屋島の戦い(香川県)を経て，1185年に壇ノ浦《だんのうら》の戦い(山口県)で源氏が平氏を滅《ほろ》ぼした。なお，エの宇治川の戦いは1184年に起こった源氏どうしの戦い。

問５　銀閣は，室町幕府の第８代将軍足利義政が京都東山に営んだ別荘で，第３代義満が北山に営んだ金閣(鹿苑《ろくおん》寺)にならったものである。なお，イの尊氏《たかうじ》は初代，ウの義昭《よしあき》は第15代将軍。

問６　鉄砲は，1543年にポルトガル人が種子島《たねがしま》(鹿児島県)に漂着して日本に伝わった。このときは戦国時代ということで，鉄砲はまたたく間に広まり，戦国時代の統一を早めることになった。

問７　「武家諸法度」は江戸幕府が大名を統制するために定めた法令であるが，大名どうしについて，争いが起こると理由に関係なく両方が処罰《しょばつ》される「けんか両成敗」という項目はない。よって，イが正しくない。

問8　明治政府は殖産興業《しょくさんこうぎょう》政策の一環として，1872年に群馬県に官営の富岡製糸場を建設した。よって，イが正しい。なお，「あ」の福岡県では，日清戦争(1894～95年)で日本が勝利したさいに得た賠償《ばいしょう》金をもとにして八幡《やはた》製鉄所が建てられた。

3　国際連合についての問題

問1　**1**　国際連合(国連)は1945年に原加盟国51か国で発足したが，現在(2019年末時点)の加盟国は193か国となっている。　**2**　総会は国連の最高機関で，全加盟国で構成され，採決では一国一票の投票権を持ち，重要問題は出席投票国の３分の２以上の賛成で，その他の問題は過半数の賛成で決められる。　**3**　安全保障理事会は世界の平和と安全を守る国連の中心機関で，常任理事国５か国と総会で選ばれる非常任理事国10か国の合計15か国で構成される。採決は常任理事国をふくむ９か国以上の賛成が必要であるが，常任理事国には「拒否《きょひ》権」が認められていて，１か国でも反対すると決定できない。　**4**　事務局は国連の事務すべてを管理する機関で，その責任者を事務総長という。2020年２月現在の事務総長は，元ポルトガル首相のアントニオ・グテーレスが務めている。

問2　①　国連児童基金(UNICEF)は紛争や飢餓《きが》で苦しむ子どもたちを救済するために設立された機関で，現在はおもに発展途上国の子どもたちの保健・衛生・栄養向上のために活動している。②　世界貿易機関(WTO)は関税などの貿易のさまたげとなるものをなくし，自由貿易を促進《そくしん》することを任務としている。　③　世界保健機関(WHO)は世界の人々の健康増進や，伝染病防止などのために活動をしている。　④　国際原子力機関(IAEA)は，原子力の軍事への転用を監視《かんし》するなどして，原子力の平和利用を進めていくことを目的としている。　⑤　国連平和維持活動(PKO)は，紛争地域に平和維持軍(PKF)などを派遣して，平和を保つことを目的に，停戦監視や選挙監視などの任務を行う活動である。日本もこの活動のため，1992年から自衛隊を派遣している。

問3　国際連盟は，アメリカのウィルソン大統領の提唱で1920年に発足した世界初の国際平和機関で，本部はスイスのジュネーブに置かれた。しかし，大国のアメリカが加盟せず日本が脱退《だったい》するなど，大国の足並みが乱れ，第二次世界大戦(1939～45年)が始まるころには機能しなくなった。なお，国際連合の本部はアメリカのニューヨークに置かれている。

問4　安全保障理事会の常任理事国は，アメリカ・ロシア・イギリス・フランス・中国の５か国である。よって，イが正しい。

理　科　＜A試験＞（社会と合わせて60分）＜満点：50点＞

解　答

1 **問1**　エ　**問2**　子葉　**問3**　ウ　**問4**　イ　**問5**　ア　**問6**　ウ　**2** **問1**　エ　**問2**　うんぱん(作用)　**問3**　V字谷　**問4**　三角州　**問5**　ウ　**問6**　ア
3 **問1**　酸(性)　**問2**　A，B，E　**問3**　**C**　石灰水　**D**　食塩水　**問4**　A，E　**問5**　500cm^3　**4** **問1**　エ　**問2**　1200m　**問3**　反射　**問4**　850m　**問5**　(例)　音の速さと比べて，光の速さは非常に速いから。　**問6**　２秒後　**5**　エ

解　説

1 ツルレイシとメダカの観察についての問題

問１　観察しにくいところは，観察しにくかった理由もふくめて，想像したものではなく，できるだけ忠実《ちゅうじつ》に記録する。

問２　発芽のときに最初に出てくる葉を子葉という。ツルレイシは発芽のときの子葉が２枚出る双《そう》子葉類に分類される。

問３　ツルレイシは春に発芽し，夏にくきを大きくのばして成長する。そして，花をさかせて秋には種ができ，冬には根も葉も枯《か》れて，種で冬を越《こ》す。秋の種を作るころにくきは大きくのびない。

問４　メダカを飼うときに水そうに水草を入れると，水草が光合成を行って酸素を作り出す。また，水草はメダカの隠《かく》れる場所や卵を産み付ける場所になる。水草が水温を一定にすることはない。

問５　メダカを入れた水そうを直射日光が当たるところに置くと，水温が上昇《じょうしょう》してメダカの卵の生育に適さなくなる。よって，直接日光が当たらない明るい場所に置くのがよい。

問６　メダカのオスはせびれに切れこみがあり，しりびれが平行四辺形に近い形をしている。一方，メスはせびれに切れこみがなく，しりびれは三角形に近い形をしている。

2 川の水のはたらきについての問題

問１　川の上流はかたむきが急なので，土地をけずるしんしょく作用というはたらきが大きい。これに対して，川の下流はかたむきがゆるやかになるので，運ばれてきた土砂を積もらせるたいせき作用というはたらきが大きくなる。また，川の上流の石は，深い谷に落ちてきたものなので大きく，流れる水のはたらきを受けていないため角ばったものが多い。

問２　流れる水には，土砂を運ぶうんぱん作用というはたらきもある。

問３　谷を流れる川が川底をどんどんけずりとり，谷はしだいに深くなっていく。このようにしてできた深い谷は，断面がＶ字型のようなのでＶ字谷という。

問４　河口付近では，流れが非常におそくなって運ばれてきた土砂がたいせきし，川の流れの中に三角州《す》とよばれる三角形の島のような地形ができる。

問５　台風や大雨による河川の洪水《こうずい》などの被《ひ》害を防ぐために，特に都市部を流れる小さな川では，川岸や川底をコンクリートで固めて水を効率よく流すための工事が行われたところが多い。

問６　コンクリートで固められた川は水深がどこでも同じで，大雨で増水したときの流速は速くなる。このため，水草などの水辺の植物が育つことができず，その結果，水辺にすむこん虫や魚，鳥などもすめない環境《かんきょう》になる。

3 水よう液の性質についての問題

問１　炭酸水や塩酸などの酸性の水よう液は，青色のリトマス紙につけると赤色に変化させる。

問２　気体がとけている水よう液を加熱すると，とけていた気体も水とともに空気中に逃げていくので，あとに何も残らない。

問３　Ｃの水よう液は，赤色のリトマス紙が青色に変化したことからアルカリ性で，水よう液を蒸発皿で熱すると白い粉が残ったことから固体がとけていた水よう液とわかる。このような性質をもつのは石灰水である。Ｄの水よう液は，青色・赤色のリトマス紙とも変化がなかったので，中性の食塩水である。

問４　アンモニア水と塩酸はどちらもにおいがある。アンモニア水はアルカリ性で，気体がとけているので加熱したあとに何も残らないことからＡの水よう液とわかる。塩酸は酸性で，加熱したあとに何も残らず，アルミニウムを入れるとあわを出してとけることからＥの水よう液である。

問５　アルミニウムを0.5ｇ加えたときに塩酸と反応したアルミニウムは，0.5－0.1＝0.4(ｇ)だから，発生する気体の体積は，$125\times\frac{0.4}{0.1}=500(\mathrm{cm}^3)$になる。

4 音の速さについての問題

問１　空気は気体，海水は液体，氷と鉄は固体だから，表より，音の速さは，気体＜液体＜固体とわかる。

問２　音は海水中では１秒間に1500ｍ進み，海底に届くまでに，1.6÷２＝0.8(秒)かかっているので，海の深さは，1500×0.8＝1200(ｍ)となる。

問３　音はものにぶつかるとはね返る性質があり，これを音の反射という。

問４，問５　光の速さは秒速約30万kmと非常に速いのに対し，音の速さは秒速約340ｍとおそい。このため，花火の光は一瞬《いっしゅん》のうちに届くが，音が聞こえるまでには時間差が生じる。よって，花火から見ている人までの距離《きょり》は，340×2.5＝850(ｍ)と求められる。

問６　救急車のサイレン(音)と少年までの距離は１秒間に，340－10＝330(ｍ)ずつ縮まる。したがって，少年は，660÷330＝２(秒後)にサイレンを聞きはじめる。

5 リチウムイオン電池についての問題

2019年のノーベル化学賞は，リチウムイオン電池の開発・実用化に貢献《こうけん》した吉野彰《あきら》さんら３人の科学者にあたえられた。リチウムイオン電池は再充電《じゅうでん》が可能な電池の中でも軽くて強力であり，ノートパソコンやスマートフォンなどに広く使われている。

国語　＜Ａ試験＞（50分）＜満点：100点＞

解答

一 **問１** ⑴ ここんのはいじん　⑵ イ　**問２** ウ　**問３** Ａ ア　Ｂ エ　Ｃ オ　**問４** 17　**問５** （例） 説明する音数がなく，物に仮託してしか表せないから。　**問６** ⑤ ウ　⑥ ア　**問７** 体　**問８** Ａ 夏草　Ｂ 読者が読み取っていく　Ｃ 千年　**問９** おくのほそ道(奥の細道)　**問10** ウ　二 **問１** 木のぼり／かくれんぼ(こかげでねむる)　**問２** （例） ものを買ってたのしみたいから。　**問３** Ａ えだ　Ｂ ふね　**問４** （例） 寒いと言う少年に，木は自分を燃やして温まるように言いました。

三 **問１** （例） 歩きながらの操作や，ヘッドホンからの音もれ　**問２** 順位…５　行為…乗降時のマナー　**問３** （例） 電車通学をするわけだから，駅や車内でマナーに反する行動をしていないか　**問４** 順位…２　行為…座席の座り方　四 **問１** ⑴ エ　⑵ イ　⑶ ア　**問２** ⑴，⑶，⑸ 下記を参照のこと。　⑵ たぐ　⑷ きざ　**問３** ⑴ ア　⑵ ウ

●漢字の書き取り

四 **問２** ⑴ 群　⑶ 新鮮　⑸ 領収

解　説

一　**出典は茂木健一郎《もぎけんいちろう》・黛《まゆずみ》まどかの『俳句脳―発想，ひらめき，美意識』による。**俳句には制約があり，表現できるものとできないものがあること，ストイックな文学であることなどを語っている。

問１　⑴「古今」は，昔から今に至るまでという意味で「ここん」と読む。「俳人」は，俳句をつくる人。　⑵「古今」の類義語には，「今昔《こんじゃく》」「新旧」などがある。

問２「自分を律する文学」，つまり「俳句」にはできないことが，本文の中ほどで述べられている。「文字数」が少ないという制約があるため，「説明しなくては伝わらない～内容を詠《よ》むのは，俳句では無理」だというのだから，ウがあてはまらない。

問３　**Ａ**　俳句は「いかに黙《だま》るか」という非常にストイックな表現を作者に求めるので「自分につねにブレーキをかけて」いなければならないし，俳句になるものかどうかは「自分で見分け」なければならないと並べているので，「また」が合う。　**Ｂ**　説明が必要なものの例として，「UFOを見たとか，本来あるはずのないものがあったとか」いった状況《じょうきょう》をあげているので，例をあげて示すはたらきの「たとえば」がよい。　**Ｃ**「こういうことがあって，ああいうこともあって」に続いて「今はこうなった」という文脈なので，前の内容から結果を導く「だから」がふさわしい。

問４　俳句は，五・七・五の十七音で表現する定型詩である。

問５　ぼう線部④と同じ段落で，俳句は短いうえに型があり制約されているため，説明を拒《こば》み，「言いたいことはすべて“物”に仮託《かたく》して表」すとある。この点をまとめる。

問６　⑤，⑥　俳句においては，言いたいことにブレーキをかけなくてはならないのに加え，俳句になるものかどうかは自分で見分けなくてはならないが，それを理解するのは「自己との闘《たたか》い」だと述べられている。つまり，自分自身で「乗り越《こ》えて」いくものだから，「説明」されて理解するのではなく「体得」していくものだといえる。

問７「表裏一体」の類義語には，「不可分」「切っても切れない」などがある。

問８　ぼう線部⑧に続く部分で，俳句における時間経過の表現は，切り取った「瞬間《しゅんかん》」に時の経過を漂《ただよ》わせるものだと述べられている。これを，芭蕉《ばしょう》の句を例に最後の段落で説明している。**Ａ**「夏草や兵《つはもの》どもが夢の跡《あと》」で写生されているのは，芭蕉の眼前で古戦場を覆《おお》っていた「夏草」である。　**Ｂ**　詠まれた時間経過が伝わるのは，「読者が読み取っていく」作業による。　**Ｃ**　兵どもが戦ったときから芭蕉の時代を経て現在までに，およそ「千年」もの時間が経過している。

問９『おくのほそ道(奥の細道)』は，芭蕉が1689年に江戸を出発し，奥州，北陸を旅した五か月ほどの間の紀行文である。「夏草や兵どもが夢の跡」は，源義経が討《う》ち死にした奥州の平泉(現在の岩手県南西部)をたずねて詠んだ句である。

問10　直前の「それをどうしても伝えたいならば」という仮定に対する解決策が入る。「それ」は，俳句では表現できない，「こういうことがあって～こうなった」という「時間経過」を指す。つまり，俳句にできないことを伝えるには，俳句以外の表現を使う必要があるので，ウが合う。

二　**出典はシェル・シルヴァスタイン作・村上春樹《むらかみはるき》訳の『おおきな木』による。**おおきな木と遊んでいた少年は，成長とともにおかねや家を木に求め，やがて年をとって木のもとに戻《もど》ってくる。

問１　初めから四行～十行目から読み取る。「木のぼり」「かくれんぼ」「こかげでねむる」があげられる。

問２　少年は「ものを買ってたのしみたいんだ」と言っておかねをほしがっている。

問3　**A**　木は「えだを切って，それで家をつくればいい」と言っている。　**B**　木は「みきを切ってふねをつくりなさい」と言っている。

問4　これまでの少年と木のやりとりをふまえて考える。少年と木がしみじみと語り合う，少年が木に感謝の気持ちを伝えるといった，優《やさ》しくおだやかな展開だけでなく，自然に続く内容なら皮肉な展開でもよい。

三　会話と資料の読み取り

問1　まなぶ君が「電車の中ではゲームをしたり，音楽を聞いたりして，友達とは大声で話さない」という方針を述べたとき，お母さんが迷惑行為《めいわくこうい》ランキング「上位」を見せて注意する場面である。携帯《けいたい》電話に関する迷惑行為の中では，通話よりも問題にされる割合が多いものがあるというのだから，4位の「歩きながらの携帯電話・スマートフォンの操作」，6位の「ヘッドホンからの音もれ」をもとにまとめる。

問2　お父さんは「『降ります。』って叫《さけ》んでも，入り口付近にいる人が場所を空けてくれなくて降りられないこともあるんだよ」と言っており，5位の「乗降時のマナー」にあたる。

問3　電車内のマナーについて，お父さんは「場所を空けてくれなくて降りられないこと」と「リュックを持って出かけるとき」の気配りについて話し，お母さんは「大きな声で話をしている」人や「携帯電話」の使い方を指てきしている。両方の意見を入れてまなぶ君が注意すべき点をまとめる。

問4　問2と問3で検討したように，お父さんが「乗降時のマナー」について，お母さんが「携帯電話」に関する迷惑行為について指てきしており，これがそれぞれ5位と4位にあたる。また，お父さんは荷物の持ち方について，お母さんは「電車内で大きな声で話をしている」ことをあげており，これはそれぞれ3位と1位にあたる。

四　同音異字の判別，漢字の書き取りと読み，対義語の知識

問1　(1)　読み方は順に，ア「ふっこう」，イ「へいこう」，ウ「こうさん」，エ「くめん」。　ア「復興」は，いったんおとろえたものが，再び盛《さか》んになること。　イ「閉口」は，手に負えなくて困ること。　ウ「降参」は，戦いや競争に負けていいなりになること。　エ「工面」は，やりくりして間に合わせること。　(2)　順に，ア「ぜっけい」，イ「ぎょうそう」，ウ「けいぐ」，エ「けいだい」と読む。　ア「絶景」は，すばらしい景色。　イ「形相」は，表情・顔つき。おそろしい表情に使うことが多い。　ウ「敬具」は，手紙文の結びの言葉。“つつしんで申し上げます”という意味。　エ「境内」は，寺社の敷地《しきち》内。　(3)　順に，ア「しゅしょう」，イ「はっそう」，ウ「そうめい」，エ「しゃそう」。　ア「首相」は，内閣総理大臣の通称《つうしょう》。　イ「発想」は，思いつき。　ウ「聡明」は，理解が早く賢《かしこ》いこと。　エ「車窓」は，車や電車などの窓。

問2　(1)　音読みは「グン」で，「大群」などの熟語がある。訓読みにはほかに「むら」がある。　(2)　音読みは「ルイ」で，「種類」などの熟語がある。　(3)　新しく生き生きとしているようす。　(4)　音読みは「コク」で，「時刻」などの熟語がある。　(5)　金品を受け取ること。

問3　(1)「素人」は，そのことについて未熟な人。それを職業や専門としていない人。「玄人」は，そのことがらについて熟達した人。それを職業，専門としている人。　(2)「理性」は，ものごとを筋道立て考え判断する能力。「感情」は，喜怒哀楽《きどあいらく》などの心の動き，気持ち。

Memo

2025年度用
中学スーパー過去問

■編集人 声の教育社・編集部
■発行所 株式会社 声の教育社
〒162-0814 東京都新宿区新小川町8-15
☎03-5261-5061(代) FAX03-5261-5062
https://www.koenokyoikusha.co.jp

※本書の内容についての一切の責任は当社にあります。内容・解説・解答・その他は当社ホームページよりお問い合わせ下さい。

カコを追いかけ
ミライをつかめ

よくある解答用紙のご質問

01

実物のサイズにできない

拡大率にしたがってコピーすると，「解答欄」が実物大になります。配点などを含むため，用紙は実物よりも大きくなることがあります。

02

A3用紙に収まらない

拡大率164％以上の解答用紙は実物のサイズ（「出題傾向＆対策」をご覧ください）が大きいために，Ａ３に収まらない場合があります。

03

拡大率が書かれていない

複数ページにわたる解答用紙は，いずれかのページに拡大率を記載しています。どこにも表記がない場合は，正確な拡大率が不明です。

04

１ページに２つある

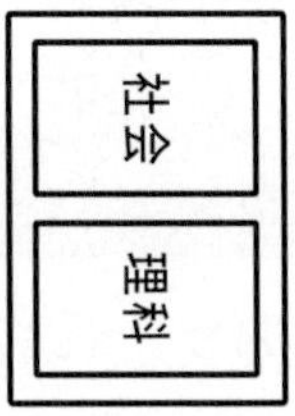

１ページに２つ解答用紙が掲載されている場合は，正確な拡大率が不明です。ほかの試験回の同じ教科をご参考になさってください。

東海大学付属浦安高等学校中等部

【別冊】入試問題解答用紙編

解答用紙は本体からていねいに抜きとり、別冊としてご使用ください。

※　実際の解答欄の大きさで練習するには、指定の倍率で拡大コピーしてください。なお、ページの上下に小社作成の見出しや配点を記載しているため、コピー後の用紙サイズが実物の解答用紙と異なる場合があります。

●入試結果表

— は非公表

年度	回	項目	国語	算数	社会	理科	2科合計	4科合計	2科合格	4科合格
2024	A試験	配点(満点)	100	100	50	50	200	300		最高点
		合格者平均点	—	—	—	—		—		268
		受験者平均点	61.9	68.1	27.7	27.4		185.1		最低点
		キミの得点								198
	B試験	合格者平均点	—	—	—	—	—	—	最高点 179	最高点 257
		受験者平均点	43.6	66.8	29.0	21.3	110.4	160.7	最低点	最低点
		キミの得点							117	180
2023	A試験	配点(満点)	100	100	50	50	200	300		最高点
		合格者平均点	—	—	—	—		—		276
		受験者平均点	57.7	72.8	35.7	31.0		197.2		最低点
		キミの得点								205
	B試験	合格者平均点	—	—	—	—	—	—	最高点 177	最高点 261
		受験者平均点	53.9	66.3	28.8	28.2	120.2	177.2	最低点	最低点
		キミの得点							127	191
2022	A試験	配点(満点)	100	100	50	50	200	300		最高点
		合格者平均点	—	—	—	—		—		279
		受験者平均点	64.4	67.4	30.1	25.5		187.4		最低点
		キミの得点								192
	B試験	合格者平均点	—	—	—	—	—	—	最高点 169	最高点 260
		受験者平均点	60.6	57.9	24.1	27.5	118.5	170.1	最低点	最低点
		キミの得点							127	175
2021	A試験	配点(満点)	100	100	50	50	200	300		最高点
		合格者平均点	—	—	—	—		—		283
		受験者平均点	77.1	63.1	27.2	30.9		198.3		最低点
		キミの得点								195
	B試験	合格者平均点	—	—	—	—	—	—	最高点 189	最高点 267
		受験者平均点	66.7	64.9	28.6	29.2	131.6	189.4	最低点	最低点
		キミの得点							138	206
2020	A試験	配点(満点)	100	100	50	50	200	300		最高点
		合格者平均点	—	—	—	—		—		274
		受験者平均点	62.0	64.7	28.7	34.0		189.4		最低点
		キミの得点								165

※　表中のデータは学校公表のものです。ただし、2科合計・4科合計は各教科の平均点を合計したものなので、目安としてご覧ください。

声の教育社

2024年度　東海大学付属浦安高等学校中等部

算数解答用紙　Ａ試験

番号		氏名		評点	／100

答えは□の中に書きなさい。

大問	小問	解答欄
1	(1)	
1	(2)	
1	(3)	
1	(4)	
1	(5)	
1	(6)	
2	(1)	円
2	(2)	時速　　km
2	(3)	午後　　時　　分
2	(4)	g
2	(5)	日目
2	(6)	cm^2
3	(1)	通り
3	(2)	通り
3	(3)	通り
4	(1)	人
4	(2)	人
4	(3)	人
5	(1)	時速　　km
5	(2)	km

（注）この解答用紙は実物を縮小してあります。Ｂ５→Ｂ４（141%）に拡大コピーすると、ほぼ実物大の解答欄になります。

〔算　数〕100点(推定配点)

1～5　各５点×20

2024年度　東海大学付属浦安高等学校中等部

社会解答用紙　A試験

番号		氏名		評点	／50

1

問1			問2		問3	
問4	(1)	(2)				
問5	海岸				問6	

2

問1		問2									
問3	制	問4									
問5		問6		問7							
問8		問9		問10		問11		問12			
問13		問14									

3

問1	A	B	C	D

問2		問3	(1)	(2)	問4	1	2	3	4

（注）この解答用紙は実物を縮小してあります。Ｂ５→Ｂ４（141%）に拡大コピーすると、ほぼ実物大の解答欄になります。

〔社　会〕50点(推定配点)

1　各２点×７　2　問１，問２　各１点×２　問３　２点　問４　１点　問５　２点　問６～問12　各１点×７　問13，問14　各２点×２　3　問１～問３　各２点×７　問４　各１点×４

２０２４年度　東海大学付属浦安高等学校中等部

理科解答用紙　Ａ試験

番号		氏名		評点	／50

1

問1		問2		問3	
問4					
問5					

2

問1	ア	イ	問2		問3	

問4	東経　　　度	問5		問6	ア	イ

3

問1		問2		問3	(1)	(2)	問4	
問5								

4

問1	A	B	C	問2			

問3	

問4		問5					

5

（注）この解答用紙は実物を縮小してあります。Ｂ５→Ｂ４（141％）に拡大コピーすると、ほぼ実物大の解答欄になります。

〔理　科〕50点（推定配点）

1～5　各２点×25＜1の問４，2の問１，問６，3の問３の(2)は完答＞

２０２４年度　東海大学付属浦安高等学校中等部

国語解答用紙　A試験

番号		氏名		評点	/100

一

問一	
問二	
問三	
問四	
問五	⑤　⑥　⑦　⑧
問六	
問七	
問八	

二

問一	
問二	
問三	
問四	
問五	
問六	
問七	
問八	
問九	

三

問一	①　②　③　④　⑤
問二	①　②　③　④　⑤
問三	①　②　③　④　⑤

（注）この解答用紙は実物を縮小してあります。Ｂ５→Ｂ４（141％）に拡大コピーすると、ほぼ実物大の解答欄になります。

〔国　語〕100点(推定配点)

一　問1　5点　問2　4点　問3　5点　問4，問5　各4点×5　問6　5点　問7，問8　各4点×2　二　問1，問2　各4点×2　問3　5点　問4～問6　各4点×3　問7　5点　問8，問9　各4点×2　三　各1点×15

２０２４年度　東海大学付属浦安高等学校中等部

算数解答用紙　Ｂ試験

番号		氏名		評点	／100

答えは□の中に書きなさい。

1	(1)	
	(2)	
	(3)	
	(4)	
	(5)	
	(6)	
2	(1)	円
	(2)	g
	(3)	km
	(4)	午後　時　分

2	(5)	日目
	(6)	cm^2
3	(1)	円
	(2)	月　日
4	(1)	回以上
	(2)	回
	(3)	回
5	(1)	m
	(2)	分
	(3)	m

（注）この解答用紙は実物を縮小してあります。Ｂ５→Ｂ４(141%)に拡大コピーすると、ほぼ実物大の解答欄になります。

〔算　数〕100点(推定配点)

1～5　各５点×20

2024年度　東海大学付属浦安高等学校中等部

社会解答用紙　B試験

番号		氏名		評点	／50

1

	A		B		C	
	記号	都市名	記号	都市名	記号	都市名
問1		市		市		市

					A	B
問2		問3		問4	県	県

問5		問6		問7		問8	

2

問1		問2		問3		問4	
問5		問6		問7			
問8		問9					

問10		問11		問12		問13		問14	

3

	1	2		3	4
問1			問2		

	A	B	C
問3			

問4		問5		問6		問7		問8	

（注）この解答用紙は実物を縮小してあります。B５→B４（141%）に拡大コピーすると，ほぼ実物大の解答欄になります。

〔社　会〕50点（推定配点）

1　問１～問３　各１点×８　問４　各２点×２　問５，問６　各１点×２　問７　２点　問８　１点　2　問１～問８　各１点×８　問９　２点　問10　１点　問11　２点　問12～問14　各１点×３　3　問１　各１点×２　問２，問３　各２点×５　問４～問８　各１点×５

２０２４年度　東海大学付属浦安高等学校中等部

理科解答用紙　Ｂ試験

番号		氏名	

評点	／50

1

問1		問2		問3			
問4		問5					

2

問1		問2	→ → → →

問3	

問4	X	Y	Z	問5	

3

問1		問2		問3	

問4	途中式	答え	問5	
		g		g

4

問1		問2		問3	

問4

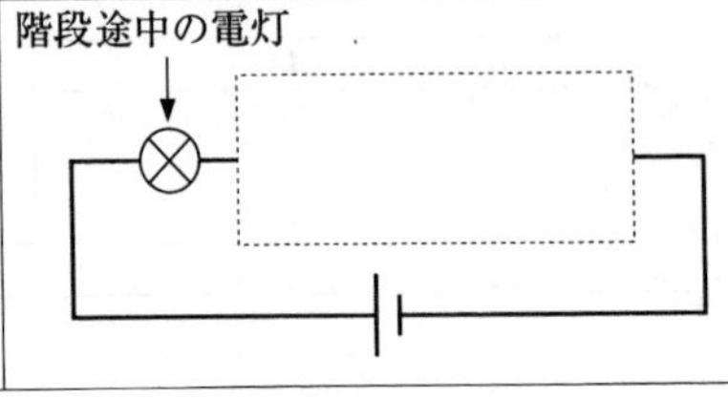

問5			
問6	(ア)	(イ)	(ウ)

5

（注）この解答用紙は実物を縮小してあります。Ｂ５→Ｂ４（141％）に拡大コピーすると、ほぼ実物大の解答欄になります。

〔理　科〕50点(推定配点)

1　各２点×５　2　問１～問３　各２点×３＜問２は完答＞　問４　Ｘ，Ｙ　各１点×２　Ｚ　２点　問５　２点　3～5　各２点×14＜3の問３，問４，4の問１，問２，問５は完答＞

２０２４年度　東海大学付属浦安高等学校中等部

国語解答用紙　Ｂ試験

番号		氏名		評点	/100

一

問一　問二　問三　問四　問五　問六　問七　問八

二

問一　問二　問三　問四　人間失格　こころ　問五　問六　問七　問八

三

問一　①　②　③　問二　問三　問四　問五　①　②　③　問六　問七　①　②　問八　①　②　問九　①　②

（注）この解答用紙は実物を縮小してあります。Ｂ５→Ｂ４（141％）に拡大コピーすると、ほぼ実物大の解答欄になります。

〔国　語〕100点(推定配点)

一　問１～問４　各４点×４　問５　６点　問６～問８　各４点×３　二　問１～問３　各４点×３　問４　各３点×２　問５～問８　各４点×４　三　各２点×16

２０２３年度　東海大学付属浦安高等学校中等部

算数解答用紙　Ａ試験

番号		氏名		評点	／100

答えは ▭ の中に，必要があれば余白には途《と》中の計算および式を書きなさい。

1	(1)	
	(2)	
	(3)	
	(4)	
	(5)	
	(6)	
2	(1)	枚
	(2)	分　秒後
	(3)	%
	(4)	円
	(5)	cm²
	(6)	cm³
3	(1)	%
	(2)	倍
4	(1)	cm
	(2)	cm
5	(1)	人
	(2)	人
6	(1)	毎分　L
	(2)	毎分　L

(注) この解答用紙は実物を縮小してあります。Ｂ５→Ｂ４(141%)に拡大コピーすると、ほぼ実物大の解答欄になります。

〔算　数〕100点(推定配点)

1～5　各５点×20

２０２３年度　東海大学付属浦安高等学校中等部

社会解答用紙　Ａ試験

番号		氏名		評点	／50

1

問1		問2		問3	

問4	(1)		(2)				(3)		

問5		問6	あ	い	う	え	問7	

問8	

2

問1		問2		問3			の乱			
問4		問5		問6		問7		問8		
問9		問10		問11						

3

問1		

問2	(B)	(C)	(D)	(E)	問3	(1)	(2)	問4	

問5	(1)	(2)	(3)
	税	税	税

（注）この解答用紙は実物を縮小してあります。Ｂ５→Ｂ４（141%）に拡大コピーすると、ほぼ実物大の解答欄になります。

〔社　会〕50点（推定配点）

1　問１～問３　各１点×３　問４　各２点×３　問５～問７　各１点×６　問８　２点　2　問１～問６　各１点×６　問７～問11　各２点×５　3　問１，問２　各１点×５　問３～問５　各２点×６

2023年度　東海大学付属浦安高等学校中等部

理科解答用紙　A試験

番号		氏名		評点	／50

1

			①	②
問1		問2		

問3		問4	→　→	問5	色

問6	

2

					①	②
問1		問2		問3		

問4		問5		問6	

3

問1		問2		問3		問4		問5	

問6	

4

	A	B
問1	cm	cm

			A	B
問2		問3	cm	cm

問4	g	問5		問6	g

5

（注）この解答用紙は実物を縮小してあります。Ｂ５→Ｂ４（141％）に拡大コピーすると、ほぼ実物大の解答欄になります。

〔理　科〕50点（推定配点）

1　各１点×7＜問４，問６は完答＞　2～4　各２点×21＜2の問５，3の問１は完答＞　5　１点

二〇二三年度　東海大学付属浦安高等学校中等部

国語解答用紙　A試験

番号		氏名		評点	/100

一

問一　（がある から。）

問二　問三

問四　八字　九字

問五

問六　十三字　十八字

問七　読み方　意味

問八　問九

二

問一　（から。）

問二　問三　問四　問五　問六

問七　問八

三

問一	①		②		③		④	
問二	①		②		③		④	
問三	①		②					
問四	①		②					
	③		④					

問五	①	ア		イ		②	ウ		エ	
	③	オ		カ		④	キ		ク	

（注）この解答用紙は実物を縮小してあります。Ｂ５→Ｂ４（141％）に拡大コピーすると、ほぼ実物大の解答欄になります。

〔国　語〕100点（推定配点）

一　各４点×12　二　問１～問６　各４点×６　問７，問８　各５点×２　三　各１点×18

2023年度　東海大学付属浦安高等学校中等部

算数解答用紙　B試験

番号		氏名		評点	／100

答えは［　　］の中に，必要があれば余白には途《と》中の計算および式を書きなさい。

1	(1)	
	(2)	
	(3)	
	(4)	
	(5)	
	(6)	
2	(1)	m
	(2)	日目
	(3)	%
	(4)	分後
	(5)	曜日
	(6)	cm^2
3	(1)	人
	(2)	cm
	(3)	：
4	(1)	円
	(2)	個
5	(1)	人
	(2)	人
	(3)	人

（注）この解答用紙は実物を縮小してあります。Ｂ５→Ｂ４（141％）に拡大コピーすると、ほぼ実物大の解答欄になります。

〔算　数〕100点（推定配点）

1～5　各５点×20

２０２３年度　東海大学付属浦安高等学校中等部

社会解答用紙　B試験

番号		氏名		評点	／50

1

問1		問2		問3		問4	
問5		問6					
問7		問8					

	A	B	C	D		
問9					問10	

2

	(ア)				(イ)			
問1								
	(ウ)							

	①	②	③
問2			

3

	(1)	(2)	(3)	(4)				
問1					問2		問3	

4

	(1)				(2)
問1					

	(①)	(②)	(③)	(④)		
問2【1】					問2【2】	

	①	②	③	④
問3				

（注）この解答用紙は実物を縮小してあります。B５→B４(141%)に拡大コピーすると、ほぼ実物大の解答欄になります。

〔社　会〕50点(推定配点)

1　問1～問3　各1点×3　問4　2点　問5　1点　問6　2点　問7　1点　問8　2点　問9　各1点×4　問10　2点　2　各2点×6　3　問1　各1点×4　問2，問3　各2点×2　4　問1　(1)　2点　(2)　1点　問2　【1】　各1点×4　【2】　2点　問3　各1点×4

2023年度　東海大学付属浦安高等学校中等部

理科解答用紙　B試験

番号		氏名	

評点	／50

1

問1	性別	種類	問2	

問3	名前	記号

問4	頭部	はたらき	問5	

2

問1		問2		問3	

問4	①	②	問5	kg

問6	g

3

問1			問2		問3	

問4	①	②	問5		問6	

4

問1		問2		問3	
問4		問5		問6	

5

問1		問2	

(注) この解答用紙は実物を縮小してあります。B５→B４(141%)に拡大コピーすると、ほぼ実物大の解答欄になります。

〔理　科〕50点(推定配点)

1　各１点×8＜問３の記号は完答＞　2～5　各２点×21＜2の問４，3の問１，問２は完答＞

二〇二三年度　東海大学付属浦安高等学校中等部

国語解答用紙　B試験

番号　　氏名　　評点　／100

一

問一　……ということ。

問二　問三　問四　問五

問六　問七　⑥　⑩

問八　問九　問十　問十一

二

問一

問二　問三

問四　④　⑤　問五　問六

三

問一　①　②　③

問二　①　②　③

問三　①　②　③

問四　①　②　③　④　⑤

問五　①　②　③　④

(注) この解答用紙は実物を縮小してあります。B5→B4 (141%)に拡大コピーすると、ほぼ実物大の解答欄になります。

〔国　語〕100点(推定配点)

一　問1～問6　各4点×6　問7　各2点×2　問8　4点　問9～問11　各5点×3　二　各5点×7　三　各1点×18

２０２２年度　東海大学付属浦安高等学校中等部

算数解答用紙　Ａ試験

番号		氏名		評点	／100

答えは□の中に，必要があれば余白には途《と》中の計算および式を書きなさい。

大問	小問	単位	大問	小問	単位
1	(1)		2	(5)	%
	(2)			(6)	時間　分
	(3)		3	(1)	本
	(4)			(2)	枚
	(5)		4	(1)	
	(6)	個		(2)	位
2	(1)	個		(3)	
	(2)	cm^2	5	(1)	
	(3)	m		(2)	cm^3
	(4)	月　日		(3)	cm^2

（注）この解答用紙は実物を縮小してあります。Ｂ５→Ｂ４（141％）に拡大コピーすると，ほぼ実物大の解答欄になります。

〔算　数〕100点(推定配点)

1～5　各５点×20

2022年度　東海大学付属浦安高等学校中等部

社会解答用紙　A試験

番号		氏名		評点	／50

1

問1								
問2	東京		愛知					
	工業地帯		工業地帯					
	大阪							
	工業地帯							
問3	(1)		(2)		(3)			
問4		問5		問6	A	B	C	

2

問1		問2		問3					
問4			令	問5			検	地	
問6		問7		問8					
問9		問10		問11		問12			

3

問1	(あ)		(い)	
問2	A	B	C	D
問3	①	②	③	④

（注）この解答用紙は実物を縮小してあります。B５→B４(141%)に拡大コピーすると、ほぼ実物大の解答欄になります。

〔社　会〕50点(推定配点)

1　問１　２点　問２　各１点×６　問３　各２点×３　問４～問６　各１点×５　2　問１～問５　各１点×５　問６～問12　各２点×７　3　問１　各２点×２　問２，問３　各１点×８

２０２２年度　　東海大学付属浦安高等学校中等部

理科解答用紙　Ａ試験

番号		氏名		評点	／50

1

問1		問2	アサガオ	おしべ	めしべ	ヘチマ	おしべ	めしべ	問3	

問4	(1)　　と	(2)　　と	(3)　　と

2

問1	から　　へ	問2	①→　→　→　→

問3		問4		問5	

問6		問7	

3

問1		問2		問3	g

問4	食塩　　g	ミョウバン　　g	問5	g

4

問1		問2	つなぎ	問3		問4	

問5	図	問6	図

5

（注）この解答用紙は実物を縮小してあります。Ｂ５→Ｂ４（141％）に拡大コピーすると、ほぼ実物大の解答欄になります。

〔理　科〕50点(推定配点)

1　問１　２点　問２　各１点×４　問３　２点　問４　各１点×３　2～4　各２点×19＜2の問２，4の問４は完答＞　5　１点

二〇二二年度　東海大学付属浦安高等学校中等部

国語解答用紙　A試験

番号		氏名		評点	/100

一

問一					
問二		問三			
問四	④		⑥		
問五		問六		問七	

二

問一		問二			
問三		問四			
問五	A		B		
問六		問七			
問八					
問九					

三

問一	(1)		(2)		(3)			
問二	(1)		(2)		(3)			
問三	(1)		(2)		(3)		(4)	

（注）この解答用紙は実物を縮小してあります。B５→B４（141%）に拡大コピーすると、ほぼ実物大の解答欄になります。

〔国　語〕100点(推定配点)

一　各５点×８　二　各４点×10　三　各２点×10

２０２２年度　東海大学付属浦安高等学校中等部

算数解答用紙　Ｂ試験

番号		氏名		評点	／100

答えは□の中に，必要があれば余白には途《と》中の計算および式を書きなさい。

1	(1)		2	(5)	g
	(2)			(6)	cm²
	(3)		3	(1)	個
	(4)			(2)	個
	(5)		4	(1)	円
	(6)	個		(2)	円
2	(1)	cm		(3)	円
	(2)	分後	5	(1)	
	(3)	毎分　L		(2)	
	(4)	日後		(3)	

（注）この解答用紙は実物を縮小してあります。Ｂ５→Ａ３(163%)に拡大コピーすると、ほぼ実物大の解答欄になります。

〔算　数〕100点(推定配点)

1～5　各５点×20

２０２２年度　東海大学付属浦安高等学校中等部

社会解答用紙　Ｂ試験

番号		氏名		評点	／50

1

	A	B	C	D	E	F
問1						

	(1)	(2)
問2		

	つくり		建築物		
問3		湖		問4	

問5		発電	問6	

2

	A	B	C	D
問1				

	a	b	c	d	e	f	g	h
問2								

3

	(A)	(B)	(C)	(D)
問1				

問2		問3	

	(G)	(H)	(I)
問4			

	(J)	(K)
問5		

（注）この解答用紙は実物を縮小してあります。Ｂ５→Ｂ４（141%）に拡大コピーすると、ほぼ実物大の解答欄になります。

〔社　会〕50点（推定配点）

1　問１，問２　各１点×８　問３～問６　各２点×５　2　問１　各２点×４　問２　各１点×８　3　問１～問３　各１点×６　問４，問５　各２点×５

２０２２年度　　東海大学付属浦安高等学校中等部

理科解答用紙　B試験

番号		氏名	

評点	／50

1

問1	①	②	③

問2		問3		問4	

問5		問6	

2

問1	①	②	③	問2		問3	図2	図3

問4		問5	

問6	

3

問1		問2		問3	→ → →

問4	(1) g	(2) g	(3)

4

問1		問2		問3	

問4	(1)	(2)	問5	

5

（注）この解答用紙は実物を縮小してあります。B５→B４(141%)に拡大コピーすると、ほぼ実物大の解答欄になります。

〔理　科〕50点(推定配点)

1　問1〜問4　各1点×6　問5，問6　各2点×2　2　問1　各1点×3　問2〜問6　各2点×6　3，4　各2点×12＜3の問1，問3，4の問1，問3，問5は完答＞　5　1点

二〇二二年度　東海大学付属浦安高等学校中等部

国語解答用紙　B試験

番号		氏名		評点	/100

一

問一								
問二	A		B		C		D	
問三								
問四								
問五		問六		問七	漢字		意味	
問八		問九		問十	1	2	3	4

二

問一	マユの		がマユの		を呼んでいる
問二		問三		問四	
問五		問六		問七	

三

問一	（1）	（2）	（3）
問二	（1）	（2）	（3）
問三			

（注）この解答用紙は実物を縮小してあります。B5→B4（141%）に拡大コピーすると、ほぼ実物大の解答欄になります。

〔国　語〕100点(推定配点)

一　問1　4点　問2　各2点×4　問3　4点　問4　5点　問5, 問6　各4点×2　問7　各2点×2　問8, 問9　各4点×2　問10　各1点×4　二　各5点×7＜問1は完答＞　三　各2点×10

2021年度　東海大学付属浦安高等学校中等部

算数解答用紙　A試験

番号		氏名		評点	／100

答えは［　　］の中に，余白には途《と》中の計算および式を書きなさい。

大問	小問	解答	大問	小問	解答
1	(1)		2	(5)	cm
	(2)			(6)	房
	(3)		3	(1)	分後
	(4)			(2)	周
	(5)		4	(1)	L
	(6)			(2)	時間　分
2	(1)	人	5	(1)	cm
	(2)	クラス か所		(2)	cm^2
	(3)	m	6	(1)	週目
	(4)			(2)	週目

（注）この解答用紙は実物を縮小してあります。Ｂ５→Ｂ４（141%）に拡大コピーすると、ほぼ実物大の解答欄になります。

〔算　数〕100点（推定配点）

1～6　各５点×20＜2の(2)は完答＞

２０２１年度　東海大学付属浦安高等学校中等部

社会解答用紙　Ａ試験

番号		氏名		評点	／50

1

	1	2
問1		

問2	m	問3	

			C	D	E		記号	理由
問4		問5				問6		

問7		問8		問9	

2

	1	2	3
問1			

問2		問3		問4	
問5		問6		問7	

3

問1	

	(A)	(B)		(A)	(B)	(C)
問2			問3			

	(1)	(2)	(3)
問4		権	

	(1)	(2)	(3)
問5			

（注）この解答用紙は実物を縮小してあります。Ｂ５→Ｂ４（141％）に拡大コピーすると、ほぼ実物大の解答欄になります。

〔社　会〕50点（推定配点）

1　問１～問３　各２点×４　問４～問９　各１点×９　2　各２点×９　3　問１～問４　各１点×９　問５　各２点×３

２０２１年度　　東海大学付属浦安高等学校中等部

理科解答用紙　Ａ試験

番号		氏名		評点	／50

1

問1		問2	シマウマ	ライオン	問3	

問4	A	B	C

問5	関係	記号

2

問1		問2		問3	作用	作用
問4		問5		問6		

3

問1	%	問2	記号	性		
問3		問4		問5	性	問6

4

問1		問2			
問3		問4		問5	
問6					

5

（注）この解答用紙は実物を縮小してあります。Ｂ５→Ｂ４（141%）に拡大コピーすると、ほぼ実物大の解答欄になります。

〔理　科〕50点(推定配点)

1　各１点×9＜問５の記号は完答＞　2～4　各２点×20＜3の問２の記号，問３は完答＞　5　１点

二〇二二年度　東海大学付属浦安高等学校中等部

国語解答用紙　A試験

番号		氏名		評点	/100

一

問一	A		B		C	
問二						
問三						
問四						
問五	I		II			
問六		問七		問八		

二

問一		問二		
問三	が合わない	問四		
問五	I		II	
問六		問七		
問八		問九		

三

問一	(1)		(2)		(3)	
問二	(1)		(2)		(3)	
問三	(1)		(2)		(3)	
問四		問五				

（注）この解答用紙は実物を縮小してあります。Ｂ５→Ｂ４（141%）に拡大コピーすると、ほぼ実物大の解答欄になります。

〔国　語〕100点(推定配点)

一　問１　各２点×３　問２～問８　各４点×８　二　各４点×10　三　各２点×11

２０２１年度　東海大学付属浦安高等学校中等部

算数解答用紙　B試験

番号		氏名		評点	／100

答えは□の中に，余白には途《と》中の計算を書きなさい。

1	(1)		2	(5)	才
	(2)			(6)	
	(3)		3	(1)	人
	(4)			(2)	人
	(5)		4	(1)	
	(6)			(2)	
2	(1)	円	5	(1)	g
	(2)	時間　分		(2)	%
	(3)	度	6	(1)	cm^2
	(4)	cm^2		(2)	cm^3

（注）この解答用紙は実物を縮小してあります。Ｂ５→Ａ３（163%）に拡大コピーすると、ほぼ実物大の解答欄になります。

〔算　数〕100点(推定配点)

1～6　各５点×20

２０２１年度　東海大学付属浦安高等学校中等部

社会解答用紙　Ｂ試験

番号		氏名	

評点	／50

1

	(1)	(2)	(3)
問1			
	(4)	(5)	

問2		問3		問4		問5		問6	

2

	(1)	(2)
問1		

	①	②	③	④	⑤	⑥	⑦	⑧	⑨
問2									

問3	

3

	(1)	(2)	(3)	(4)
問1				

	<A>	<B>	<C>		<D>	<E>	<F>	<G>	<H>
問2				問3					

問4	

（注）この解答用紙は実物を縮小してあります。Ｂ５→Ｂ４（141％）に拡大コピーすると、ほぼ実物大の解答欄になります。

〔社　会〕50点（推定配点）

1　問１，問２　各２点×６　問３，問４　各１点×２　問５　２点　問６　１点　2　問１　各２点×２　問２　①～③　各１点×３　④　２点　⑤～⑨　各１点×５　問３　１点　3　問１　各２点×４　問２，問３　各１点×８　問４　２点

2021年度　東海大学付属浦安高等学校中等部

理科解答用紙　B試験

番号		氏名		評点	／50

1

問1	卵	精子	問2		問3		問4	
問5		問6						

2

問1		問2	の月			
問3	集団	星A				
					問4		問5	

3

問1		問2		問3	
問4					
問5	(1)	(2)			

4

問1		問2	つなぎ	問3		問4	
問5		問6					

5

（注）この解答用紙は実物を縮小してあります。Ｂ５→Ｂ４(141%)に拡大コピーすると、ほぼ実物大の解答欄になります。

〔理　科〕50点(推定配点)

1～5　各２点×25<1の問１，4の問５は完答>

二〇二二年度　東海大学付属浦安高等学校中等部

国語解答用紙　B試験

番号　　氏名　　評点　／100

一

問一　A　B　C

問二　問三　問四

問五

問六

問七

問八

二

問一

問二　問三　問四

問五

問六　問七　問八

問九　問十

三

問一　(1)　(2)　(3)

問二　(1)　(2)　(3)

問三　(1)　(2)　(3)　(4)

(注) この解答用紙は実物を縮小してあります。B5→A3(163%)に拡大コピーすると、ほぼ実物大の解答欄になります。

〔国　語〕100点(推定配点)

一, 二　各4点×20　三　各2点×10

２０２０年度　東海大学付属浦安高等学校中等部

算数解答用紙　Ａ試験

番号		氏名		評点	／100

答えは［　　］の中に，余白には途《と》中の計算および式を書きなさい。

大問	小問	解答	大問	小問	解答
1	(1)		2	(5)	東
1	(2)		2	(6)	cm^2
1	(3)		3	(1)	色
1	(4)		3	(2)	枚
1	(5)		3	(3)	番目
1	(6)		4	(1)	人
2	(1)	m	4	(2)	人
2	(2)	箱	4	(3)	人
2	(3)	日目	5	(1)	cm
2	(4)		5	(2)	cm

（注）この解答用紙は実物を縮小してあります。Ｂ４用紙に139％拡大コピーすると，ほぼ実物大で使用できます。（タイトルと配点表は含みません）

〔算　数〕100点(推定配点)

1～5　各５点×20

２０２０年度　東海大学付属浦安高等学校中等部

社会解答用紙　Ａ試験

番号		氏名		評点	／50

1

	1				2			
問1								

問2		問3		問4	A	B

問5		問6		問7		問8	

2

	1	2	3
問1			

問2		問3		問4		問5		問6	

問7		問8	

3

	1	2
問1		
	3	4

	①	②	③	④	⑤
問2					

問3		問4	

〔社　会〕50点(推定配点)

1　問1～問3　各2点×4　問4～問6　各1点×5　問7，問8　各2点×2　2　問1　各2点×3　問2～問5　各1点×4　問6～問8　各2点×3　3　問1　各2点×4　問2　各1点×5　問3，問4　各2点×2

２０２０年度　東海大学付属浦安高等学校中等部

理科解答用紙　Ａ試験

番号		氏名		評点	／50

1

問1		問2		問3	
問4		問5		問6	

2

問1		問2	作用	問3	
問4		問5		問6	

3

問1	性	問2	
問3	C	D	
問4		問5	cm^3

4

問1		問2	m	問3	
問4	m				
問5					
問6	秒後				

5

〔理　科〕50点(推定配点)

1～5　各2点×25＜3の問2，問4は完答＞

二〇二〇年度　東海大学付属浦安高等学校中等部

国語解答用紙　A試験

番号　　氏名　　評点 /100

一

問一 (1) (2)　問二
問三 A B C　問四
問五
問六 ⑤ ⑥　問七
問八 A B C
問九　問十

二

問一
問二
問三 A B
問四

三

問一
問二 順位 行為
問三
問四 順位 行為

四

問一 (1) (2) (3)
問二 (1) (2) (3) (4) (5)
問三 (1) (2)

(注) この解答用紙は実物を縮小してあります。B４用紙に143%拡大コピーすると、ほぼ実物大で使用できます。(タイトルと配点表は含みません)

〔国　語〕100点(推定配点)

一 問1～問4　各2点×7　問5　6点　問6, 問7　各2点×3　問8　各3点×3　問9　4点　問10　2点　二 問1, 問2　各4点×3　問3　各2点×2　問4　6点　三 問1　5点　問2　3点<完答>　問3　6点　問4　3点<完答>　四 各2点×10

大人に聞く前に解決できる!!

計算と文章題400問の解法・公式集

声の教育社

基本から応用まで全受験生対応!!

定価1980円(税込)